Isabel Wolff est née dans le Warwickshire, en Angleterre. Après des études de littérature anglaise à Cambridge, elle devient journaliste et collabore à divers quotidiens comme l'*Evening Standard* et le *Daily Telegraph*. Reporter radio à la BBC, elle fait la revue de presse du journal télévisé du matin sur la BBC1, quand, en 1999, elle publie son premier roman, *Les tribulations de Tiffany Trott*. Toute la presse anglaise salue aussitôt la prose vive et expressive d'un auteur qui parvient à mêler élégamment l'humour à une critique très subtile des caractères. Ce premier roman devient bientôt un formidable succès de librairie en Grande-Bretagne et dans de nombreux pays. Avec *Les mésaventures de Minty Malone*, paru en 2000, Isabel Wolff s'est définitivement imposée comme un grand auteur de la littérature de mœurs.

Célibataire, Isabel Wolff vit à Londres et se consacre désormais à l'écriture.

AVIS
DE GRAND FRAIS

DU MÊME AUTEUR :
CHEZ POCKET

LES TRIBULATIONS DE TIFFANY TROTT
LES MÉSAVENTURES DE MINTY MALONE

ISABEL WOLFF

AVIS DE GRAND FRAIS

Traduit de l'anglais (Grande-Bretagne)
par Denyse Beaulieu

JC Lattès

Titre de l'édition originale :
OUT OF THE BLUE
publiée par HarperCollins Publishers.

ISBN : 2 - 266 - 12325 - 4

À mes filleuls,
Nadia, Raphael et Laurie

Aucun chien n'a été maltraité durant l'écriture de ce livre.

Janvier

Curieux, comme tout peut changer sans qu'on s'y attende, non ? Comme tout peut se transformer le temps d'un battement de cœur, d'un souffle... Comme un coup de tonnerre dans un ciel bleu. C'est ce qui s'est passé hier soir. Enfin, je crois. Comment dire ? Rien n'a plus été comme avant.

Pourtant, la soirée avait bien commencé. Elle a même été très réussie. Nous étions au restaurant, en train de rire et de bavarder avec les enfants, ma belle-mère et nos amis. Rien que nous huit. J'avais organisé cette petite fête en secret, pour remonter le moral de Peter. En ce moment, il a des soucis au travail. Il avait même oublié que c'était notre anniversaire de mariage – c'est vous dire. Ça ne lui était jamais arrivé auparavant. Mais lorsqu'il est rentré à la maison, j'ai compris que la date lui était totalement sortie de l'esprit. Le pauvre, il a soupiré en ouvrant ma carte de vœux...

— Ah, Faith, je suis désolé... Nous sommes le 6 aujourd'hui, c'est ça ?

Je hochai la tête.

— J'ai bien peur d'avoir complètement... oublié.

— Ce n'est pas grave, répliquai-je gaiement. Sincèrement, mon chéri. Je sais que tu es très préoccupé depuis quelque temps.

Peter est directeur de publication chez Fenton & Friend, un job qu'il a toujours adoré. Mais depuis qu'elle est arrivée l'an dernier, la nouvelle pédégère, Charmaine, lui donne du fil à retordre. Elle et sa saleté de sous-fifre, Oliver. Ou plutôt, « Oliver-de-terre », comme le surnomme Peter – pas devant lui, évidemment. À eux deux, Charmaine et Oliver ont fait un enfer de la vie de Peter.

— Comment ça s'est passé aujourd'hui ? lui ai-je prudemment demandé tandis qu'il accrochait son manteau.

Il a passé les doigts dans ses cheveux blond-roux et desserré sa cravate.

— Épouvantable ! La vieille pie m'a pris la tête avec ses maudits chiffres de vente. Elle ne m'a pas lâché une seconde. Devant tout le monde ! C'était horrible. Et Oliver était là, souriant de toutes ses bajoues, suintant la servilité par tous les pores... Je te jure, Faith, je vais me faire lourder bientôt. Ça ne peut pas durer.

— Eh bien, c'est à Andy de jouer, répondis-je.

L'œil de Peter se fit plus vague.

— Oui. Je vais faire confiance à Andy.

Au fait, Andy, c'est Andy Metzler. Un chasseur de têtes. Américain. L'un des meilleurs de Londres. Peter a l'air d'être en admiration devant lui. C'est toujours « Andy ceci », ou « Andy cela », alors j'espère vraiment qu'Andy va se montrer à la hauteur. Mais ce sera dur pour Peter de quitter Fenton & Friend : il y travaille depuis treize ans. Tant que ça a duré, c'était un peu comme notre mariage, en fait – une relation stable et heureuse, fondée sur l'affection, la loyauté et la confiance. Mais aujourd'hui, tout ça, c'est fini.

— J'imagine que rien ne peut durer éternellement, ajouta Peter d'un ton amer tandis qu'il nous versait à boire. Sans déconner, Faith, fit-il en retirant les dernières décorations de l'arbre de Noël. Je vais me faire virer, tout ça parce qu'Oliver-de-terre veut mon job.

Peter tente de prendre tout ça avec philosophie, mais je sais qu'il est très déprimé. Il n'est plus aussi gentil qu'avant. Et il a du mal à dormir. Du coup, voilà près de six mois que nous faisons chambre à part. Ce qui n'est pas une mauvaise chose, puisque je dois me lever à 3 h 30 du matin pour mon boulot à la télé. Je présente la météo sur *AM-UK !* depuis six ans maintenant, et j'adore ça, même s'il faut se lever atrocement tôt. Avant, je laissais le réveil couiner deux fois, je me glissais hors du lit et Peter se rendormait tout de suite. Mais, en ce moment, il ne supporte pas d'être dérangé, alors il dort dans la chambre d'amis au deuxième étage. Ça m'est égal. Je comprends. Et il n'y a pas que le sexe dans la vie ! Et puis, ça me permet de dormir avec Graham. J'adore Graham. Il est absolument superbe, et incroyablement intelligent. Quand il ronfle, ça m'agace un peu, mais il suffit que je lui enfonce un doigt dans les côtes en disant « Chut, mon chou » pour qu'il ouvre les yeux, me lance un regard énamouré et se rendorme aussitôt. Comme ça. Il a de la chance. Il dort très bien, même si parfois il fait des cauchemars. Là, il se met à tressauter violemment en donnant des coups de pied. Lui, ça ne le dérange pas d'être réveillé au milieu de la nuit quand je me lève pour aller au travail ; en fait – et ça, c'est vraiment adorable –, il aime bien se lever en même temps que moi. Il reste assis devant la salle de bains pendant que je prends ma douche. Puis j'entends le taxi qui arrive, je passe mon manteau et je lui dis au revoir.

Certains de nos amis trouvent que Graham est un nom plutôt bizarre pour un chien. Effectivement, comparé à Rex, Fido ou Kiki. Mais nous avons décidé de l'appeler Graham parce que nous l'avons trouvé sur Graham Street, à Chiswick, où nous habitons. C'était il y a deux ans. J'étais allée chez le dentiste pour une carie, et, lorsque je suis sortie, j'ai trouvé ce chien – un bâtard très jeune, et affreusement maigre – qui me regardait d'un air interrogateur, comme si nous nous connaissions depuis des années. Il m'a suivie jusqu'à la maison, en trottinant doucement derrière moi, puis il s'est assis devant le portail et a refusé d'en bouger. J'ai fini par l'inviter à entrer, je lui ai donné un sandwich au jambon, et voilà ! Nous avons téléphoné à la police ainsi qu'au refuge canin, mais personne ne l'a jamais réclamé – ce qui m'aurait brisé le cœur parce qu'à vrai dire, ça a été le coup de foudre. Tout comme avec Peter. Je l'adore – Graham, je veux dire. Oui, ça a collé tout de suite. Nous nous entendons vraiment bien. Je crois que si je l'aime tant, c'est à cause de sa façon si attendrissante de me faire confiance.

Peter a bien pris la chose – lui aussi aime les chiens – et, naturellement, les enfants étaient fous de joie, même si Katie, qui veut être psychiatre, trouve que je materne trop Graham. Elle dit que je projette mes désirs maternels frustrés sur le chien. Je sais... c'est ridicule, non ? Mais il faut prendre les adolescents très au sérieux, n'est-ce pas, parce que sinon, ils font des complexes. En tout cas, Graham est le bébé de la famille. Il n'a que trois ans, pas de pedigree, mais une classe folle. C'est une sorte de colley, avec une robe plumetée or rouge, une tache blanche sur la poitrine et un charme fou. Nous l'emmenons partout avec nous, sauf au restaurant, bien sûr. Alors, ce soir, Peter l'a installé sur son fauteuil, a allumé la télé – Graham adore les émissions de cuisine – en lui susurrant : « Ne t'inquiète pas, mon vieux, maman et moi on sort juste pour grignoter un morceau. »

Peter n'avait aucune idée de ce qui l'attendait. Il croyait que nous allions dîner en tête à tête. Je l'avais simplement prévenu que j'avais réservé une table chez Snow's. Alors quand nous sommes arrivés au restaurant, et qu'il a vu les enfants avec Sarah, sa mère, il a eu l'air étonné et ravi. J'avais aussi invité Mimi, une de nos vieilles amies de fac, et son nouveau mari, Mike.

— Quelle bonne idée ! s'exclama Peter tandis que nous retirions nos manteaux.

À vrai dire, je n'avais pas organisé cela que pour lui. C'était un peu pour moi aussi, parce que j'avais envie de marquer le coup. Car, ce jour-là, cela faisait quinze ans qu'on était mariés. Quinze ans ! Presque la moitié de nos vies.

— Quinze ans, dis-je en souriant pendant

que nous prenions place. Et je n'en regrette pas un jour.

J'ai été très heureuse dans mon couple, vous savez. Et croyez-moi, je le suis toujours. Je ne m'ennuie jamais. Vraiment jamais. Il y a toujours tellement de choses à faire... Bien sûr, nous n'avons pas beaucoup d'argent – nous n'en avons jamais eu – mais nous nous amusons bien. Enfin, nous nous amuserions si Peter ne travaillait pas tant : Charmaine lui fait lire des manuscrits presque tous les soirs, et moi, je dois me coucher vers 21 h 30. Mais les week-ends, on se rattrape. Et là, on passe vraiment de bons moments. Quand les enfants rentrent à la maison – ils sont en pension dans le Kent – nous faisons des tas de choses. On part pour de longues balades au bord de la Tamise. On s'occupe du jardin. On va au supermarché. Parfois, on fait un tour chez Ikea – celui de Brent Cross, bien que de temps en temps, pour changer, on essaie celui de Croydon. Parfois, on loue une cassette vidéo ou on regarde un peu la télé, et les enfants vont voir leurs copains. Enfin, c'est ce qu'ils feraient s'ils en avaient. Hélas, ce sont plutôt des solitaires. Ce qui m'inquiète un peu. Par exemple, Matt, qui a douze ans, passe des heures devant son ordinateur. C'est un accro : depuis qu'il est tout petit, il s'entraîne au maniement de la souris. Je me souviens, quand il avait cinq ans et que je le mettais au lit, il me disait : « S'il te plaît, maman, tu peux me réveiller à 6 heures demain matin pour que je puisse travailler sur l'ordinateur avant d'aller à l'école ? » Je trouvais ça un peu triste. D'ailleurs, il n'a pas changé. Mais comme il a l'air heureux, avec ses jeux et ses CD-roms, nous ne nous en mêlons pas. Je le dis toujours : on ne peut pas être doué pour tout. Il est nul à l'écrit, mais il est génial en maths – tellement qu'on le surnomme « Mattématiques ». C'est pour ça qu'on l'a envoyé à Seaworth, parce que ça se passait mal pour lui au collège. Mais il refusait de partir sans Katie, et comme elle, ça l'arrangeait de partir aussi... Parce que... Ne croyez pas que je me permettrais de critiquer mes enfants, mais disons qu'ils ne sont pas comme les autres. Katie, par exemple, est très mûre pour ses quatorze ans. Presque trop sérieuse. Elle ne fait que bouquiner. J'imagine qu'elle tient de Peter. Contrairement aux autres filles de son âge, elle ne s'intéresse pas du tout à la mode. Elle ne manifeste pas non plus le moindre soupçon de rébellion adolescente ; elle semble tout aussi « raisonnable » que moi. Et parce que je ne me suis jamais révoltée, curieusement, j'aimerais bien qu'elle le fasse, elle. Je n'arrête pas d'espérer qu'un weekend elle rentrera avec une crête d'Iroquois vert pomme ou, au minimum, un piercing au nez. Mais, pas de chance, tout ce qu'elle fait, c'est lire. Comme je l'ai déjà dit, elle est très portée sur la psychologie, elle a plein de bouquins sur Freud et Jung, et elle adore exercer ses aptitudes psychothérapeutiques sur nous. D'ailleurs, lorsque nous nous sommes attablés ce soir-là au restaurant, c'est ce qu'elle était en train de faire.

— Alors, Mamie, comment vis-tu ton divorce ? l'entendis-je demander à ma belle-mère.

J'adressai à cette dernière une grimace de sympathie, mais elle se contenta de me sourire.

— Eh bien, Katie, je le vis très bien, dit-elle.

Quand deux personnes sont malheureuses ensemble, parfois, il vaut mieux qu'elles se séparent.

— D'après toi, quels ont été les facteurs principaux de la détérioration de ta relation avec Papy ?

Sarah reposa son menu sur la table.

— Eh bien, ma chérie, je crois tout simplement que nous nous sommes mariés trop jeunes.

Parfois, on dit ça de Peter et moi. Nous nous sommes mariés à l'âge de vingt ans ; alors certaines personnes me demandent souvent – et je préférerais qu'elles s'abstiennent – s'il m'arrive de le regretter. La réponse est non. Jamais je ne me pose la question « et si... ? » parce que j'ai eu une vie très heureuse, vous savez, dans tous les sens du terme. Peter est un homme bien qui travaille dur. Il est génial avec les enfants, il est gentil et attentionné avec sa mère. Et puis, même s'il affiche quelques kilos de trop, il est assez bel homme. D'ailleurs – c'est drôle, je viens de le remarquer ce soir – il a minci. Le stress a dû le faire maigrir. En outre, depuis quelques temps, il est très élégant – j'ai même pu remarquer qu'il s'était acheté quelques jolies cravates. Selon lui, il doit être prêt à se rendre à un entretien d'embauche à tout moment : c'est pourquoi, tous les jours, il se met sur son trente et un pour aller au boulot. Donc, en dépit de ses angoisses actuelles, il porte beau. D'ailleurs, après tant d'années avec Peter, je ne pourrais désirer personne d'autre. Lorsque les gens me demandent si je fantasme sur des hommes, après quinze ans avec le même, je répond « absolument, catégoriquement, définitivement... presque jamais ». Bon, ne vous méprenez pas sur mon compte. Je suis un être humain, et je suis capable de trouver un homme séduisant. Par exemple, ce type qui est venu la semaine dernière pour réparer la lessiveuse. Il a réussi à remettre en route mon cycle délicat. Objectivement, je pouvais constater que c'était un beau mec. Oui, je l'admets, il était sexy. Et, à vrai dire, je fais de curieux rêves sur lui ces derniers temps. Des rêves très marquants, où figurent toutes sortes d'articles bizarres, comme un téléphone mobile, une télécommande et – ça, c'est vraiment étrange – un pot de sorbet à la mûre ! Dieu seul sait ce que cela peut vouloir dire. J'ai même interrogé Katie, qui m'a lancé un drôle de regard et m'a répondu que c'était simplement mon « ça » qui se déchaînait. Comme je l'ai déjà dit, je laisse parler ma fille. Mes rêves ne sont sans doute que le fruit de mon imagination trop fertile. Alors, non, je ne regarde personne d'autre, bien que je croise des tas d'hommes séduisants au boulot. Mais je ne me laisse jamais séduire, parce que je suis une femme comblée en ménage, et qu'il n'y a pas que le sexe dans la vie... Alors oui, pour répondre à votre question, mon mariage est très heureux.

Voilà pourquoi je voulais fêter nos quinze ans de bonheur, en réservant une table chez Snow's. Nous n'allons pas très souvent au restaurant. Peter doit parfois dîner avec des auteurs ou des agents littéraires – ce qui est fréquemment arrivé ces derniers temps – mais nous ne sortons pas tellement. Avec les études des enfants, nous n'en avons pas les moyens – heureusement, Matt est boursier –, et puis, évidemment, l'édition, ça ne rapporte pas beaucoup. Moi, je ne travaille qu'à mi-temps, puisque je rentre à la maison vers 11 heures du matin presque tous les jours. Mais comme j'ai pensé que Peter avait besoin d'une petite gâterie, alors nous voilà tous réunis chez Snow's. En fait, ça s'appelle *Snow's on the Green*, ce qui est assez approprié parce qu'aujourd'hui il y a de la neige sur la pelouse. Plus de deux centimètres. Elle a commencé à tomber ce matin, et, dès l'après-midi, elle formait de petites congères. J'adore la neige. Tous les bruits sont étouffés, et le monde devient silencieux, comme s'il dormait. Ça me donne envie de courir dehors, de taper dans les mains et de crier : « Réveillez-vous ! Réveillez-vous ! » Et puis cela me rappelle toujours le jour de notre mariage : ce jour-là, il neigeait aussi.

J'étais donc assise dans le restaurant, en train de regarder les flocons s'écraser doucement contre la vitre, tout en me demandant vaguement ce que me réservaient les quinze prochaines années. J'étais légèrement grisée par le champagne. Pas du vrai champagne, évidemment – plutôt un mousseux italien, mais excellent et moitié moins cher. J'ai jeté un coup d'œil autour de la table en écoutant les murmures de la conversation.

— Tes parents nous rejoignent-ils, Faith ? me demanda Sarah en grignotant une olive.

— Non, ils sont encore en vacances. Je crois qu'ils sont partis faire de la plongée à Sainte-Lucie. Ou alors de l'héli-ski en Alaska. Ou du saut à l'élastique au Botswana...

Maman et papa sont des retraités, ou plutôt, ce qu'on pourrait appeler des Renards Argentés, ou des Grisonnants Glamour. Ces derniers temps, ils courent de croisières en safaris, et de vacances en aventures vers des destinations de plus en plus exotiques. Après tout, pourquoi pas ? Ils ont travaillé toute leur vie. Maintenant, ils ont bien le droit de s'amuser.

— Non, Sarah, repris-je. Je n'arrive même plus à me rappeler où ils sont allés, tellement ils partent souvent.

— Ça, c'est une conduite flagrante d'évitement, annonça Katie, légèrement méprisante. Les vacances permanentes sont le meilleur moyen d'éviter de passer du temps avec nous. Dès l'instant où grand-papa a pris sa retraite, hop... ils se sont tirés.

— Oui, je sais, ma chérie, mais ils nous envoient toujours de belles cartes postales. Et ils téléphonent de temps en temps. Et grand-maman adore bavarder avec toi, n'est-ce pas, Matt ? protestai-je.

— Euh... oui, répondit-il un peu nerveusement en levant les yeux du menu. Oui, si tu veux.

Dernièrement, j'ai remarqué que maman demande souvent à parler à Matt. Elle adore papoter avec lui, elle l'appelle même à l'école. Je trouve formidable qu'ils soient devenus aussi complices.

— J'envie tes parents, avoua Sarah d'un ton plaintif. J'aimerais bien partir, moi aussi, mais c'est impossible, à cause du magasin.

Sarah est propriétaire d'une librairie de livres d'occasion à Dulwich. Elle l'a achetée il y a quinze ans avec sa prestation compensatoire, quand son mari, David, l'a quittée pour s'installer aux États-Unis avec une Américaine.

— Ah, j'ai un petit cadeau d'anniversaire, ajouta Sarah en me tendant un paquet enrubanné.

Peter m'aida à l'ouvrir. Il contenait deux magnifiques verres en cristal.

— C'est superbe, Sarah. Merci !

— Oui, merci maman, dit Peter.

— Vous savez, le quinzième anniversaire de mariage, ce sont les noces de cristal, expliqua-t-elle.

Brusquement, l'étiquette rouge de l'emballage attira mon regard : « Attention, fragile. »

— Tout le monde est là, maintenant ? reprit gaiement Sarah.

— Tout le monde, sauf Lily, répliquai-je. Elle a dit qu'elle serait un peu en retard.

Peter leva les yeux au ciel.

— Lily Jago ? souffla Mimi. Ouaouh ! À votre mariage, c'était la demoiselle d'honneur, non ? Elle est célèbre, maintenant.

— Oui, fis-je fièrement. Mais c'est largement mérité, parce qu'elle a travaillé vraiment fort pour en arriver là.

— Comment est-elle ? demanda Mimi.

— Genre lady Macbeth, lâcha Peter avec un rire creux. En moins gentille.

— Chéri ! protestai-je. Je t'en prie, ne dis pas ça... c'est ma plus vieille et ma meilleure amie.

— Elle traite ses collaborateurs comme des petites culottes jetables, ajouta-t-il, et elle se sert de leurs têtes comme de marches d'escalier.

— Peter, ce n'est pas juste, et tu le sais. Elle est très consciencieuse, et brillante aussi. Elle mérite son succès.

Avant, j'étais navrée que Peter n'aime pas Lily. Depuis, je m'y suis faite. Il ne comprend pas pourquoi je continue de la voir, et j'ai renoncé à tenter de le lui expliquer. Parce qu'en fait Lily compte beaucoup pour moi. Je la connais depuis vingt-cinq ans – depuis l'époque où nous étions pensionnaires chez les sœurs – et cela restera un lien indéfectible. Toutefois, je ne suis pas aveugle – je sais bien que Lily n'est pas un ange. Par exemple, elle est plutôt susceptible, et elle a une langue de vipère. C'est aussi une mangeuse d'hommes – et pourquoi pas ? Elle est célibataire et elle est belle. Pourquoi ne s'éclaterait-elle pas ? Pourquoi une femme sublime de trente-cinq ans – le plus bel âge – ne collectionnerait-elle pas les amants et les plaisirs ? Pourquoi une femme sublime de trente-cinq ans n'aurait-elle pas le droit de se sentir désirable et aimée ? Pourquoi une femme de trente-cinq ans n'aurait-elle pas droit à des week-ends dans des hôtels de charme à la campagne, avec des Jacuzzi et des serviettes moelleuses ? Pourquoi toutes les femmes de trente-cinq ans n'ont-elles pas droit aux fleurs, au champagne et aux petits cadeaux ? Ce que je veux dire, c'est que, une fois mariée, tout ça c'est fini ; le romantisme s'envole, et vous vous retrouvez avec le même bonhomme tous les soirs. Alors je n'ai rien à reprocher à Lily, rien du tout, encore qu'à mon avis son goût en matière d'amants n'est pas fameux. Toutes les semaines, on la voit dans les pages de *Hello !* ou de *OK !* avec tel footballeur, telle rock star ou tel acteur d'un nouveau feuilleton sur la quatrième chaîne. Et, chaque fois, je songe que Lily pourrait trouver mieux que ça. Oui, c'est vrai, elle n'a pas un goût génial en matière d'hommes. Au moins, ces derniers temps – Dieu merci ! –, a-t-elle laissé tomber les hommes mariés. Car je crains qu'elle n'ait un peu péché de ce côté-là. D'ailleurs, un jour, je lui ai rappelé que l'adultère était prohibé par le septième commandement.

— Je n'ai pas commis d'adultère, avait-elle répliqué, indignée. Je suis célibataire : c'était seulement de la fornication.

En fait, Lily n'a aucune envie de se marier ; elle se consacre entièrement à sa carrière. « Je suis libre comme l'amour ! » aime-t-elle proclamer. Je dois dire qu'elle représente un sacré défi pour un homme. Notamment parce qu'elle a des opinions *très* arrêtées, et des rancunes tenaces. Peter la trouve dangereuse, mais il se trompe. Elle est simplement tribale ; je veux dire par là qu'elle est loyale envers ses amis mais sans pitié pour ses adversaires, et je sais précisément dans quelle catégorie je me range.

— Lily avait douze autres invitations ce soir, précisai-je. Elle connaît tellement de monde !

— Oui, maman, lâcha Katie d'un ton détaché. Mais tu es sa seule amie.

J'en éprouvai un léger pincement d'orgueil.

— C'est peut-être vrai, ma chérie, mais je trouve quand même qu'elle est adorable de venir ce soir.

— Très aimable, ironisa Peter en finissant son second verre. J'ai hâte de la voir faire son entrée spectaculaire.

— Chéri, fis-je patiemment, Lily ne peut pas s'empêcher de faire une entrée. Enfin, ce n'est pas sa faute si elle est à tomber.

C'est vrai. Lily est tellement époustouflante qu'elle attire tous les regards. D'abord, elle est terriblement grande, mince comme un fil, et toujours vêtue de tenues exquises. Contrairement à moi. J'ai droit à quelques notes de frais pour acheter les fringues que je porte à l'antenne. Je m'habille en général chez Principles – j'ai toujours aimé ce qu'ils faisaient. Même si, dernièrement, j'ai commencé à jeter un coup d'œil chez Next, et Épisode. Lily, en revanche, perçoit une importante indemnité vestimentaire, et les créateurs lui envoient des vêtements, de sorte qu'elle a toujours l'air superbe – d'ailleurs, elle *est* superbe, point barre. Même Peter lui trouve beaucoup de talent, de culot et d'ambition. Parce qu'elle était très mal partie dans la vie, vous savez. Je me souviens du jour où elle est arrivée à la pension St. Bede. Je revois encore la révérende mère, debout sur l'estrade de l'auditorium principal, un matin, après la messe. Nous mourions toutes d'impatience de savoir qui était la fille qui se tenait à son côté.

— Mesdemoiselles, avait déclaré la révérende mère tandis que le silence se faisait. Je vous présente Lily. Lily Jago. Nous devons toutes être gentilles avec Lily, avait-elle poursuivi avec bienveillance, parce que Lily est très pauvre.

Je n'oublierai jamais, jusqu'à mon dernier jour, l'expression de fureur du visage de Lily. Naturellement, les filles n'ont pas été gentilles avec elles. Loin de là. Elles l'ont taquinée sur son accent, et ri de son manque de distinction ; elles ont raillé son évidente pauvreté et se sont affreusement moquées de sa famille. Elles l'appelaient « Lilypute », ce qu'elle exécrait. Puis, quand elles ont découvert à quel point elle était futée, elles l'ont détestée pour cela aussi. Moi, je l'aimais bien. Je me sentais attirée par elle, parce que moi aussi j'étais différente. À l'école, on riait beaucoup de moi. On m'appelait « Faith-la-Poire », parce qu'on me trouvait naïve. J'étais impossible à taquiner, parce que je ne pigeais jamais les blagues. C'est pourquoi on me traitait de poire, parce qu'on me trouvait trop crédule. C'est ridicule ! Je ne suis pas crédule, mais *confiante*. Ça, oui. Je veux faire confiance, et je *fais* confiance. J'accorde systématiquement le bénéfice du doute, et j'ai tendance à croire tout ce qu'on me dit. Parce que c'est comme ça que je veux vivre. J'ai décidé, il y a bien longtemps, que je n'avais aucune envie d'être cynique, comme Lily. Elle, elle est du genre soupçonneux, et, bien que je lui sois follement attachée, je ne souhaite pas lui ressembler. C'est sans doute pour cela que mon porte-monnaie est plein de pièces étrangères – car je ne vérifie jamais ce qu'on me rend. Les commerçants passent leur temps à me refiler leurs cents, leurs pfennigs et leurs pesetas. Mais je m'en fous, parce que je ne veux pas être le genre de femme qui est toujours sur ses gardes. Je suis d'un naturel optimiste – je crois toujours que les choses vont aller pour le mieux.

En mon mari aussi j'ai confiance. Je n'arrive tout simplement pas à croire que Peter pourrait me tromper. Et comme il ne m'a jamais trompée, ça veut dire que j'ai raison. Je suis convaincue que l'on peut créer sa propre destinée, par la force de son attitude mentale.

Cela dit, j'aime bien que Lily soit insupportable, parce que moi, je n'y arrive pas. Je me rappelle la fois où, à treize ans, nous avons fait le mur pour aller en ville... Nous avions menti à sœur Saint-Wilfred, en prétendant que nous allions nous promener. Mais nous avions pris le bus jusqu'à Reading – avec mon argent de poche. Évidemment. J'avais acheté des bonbons, Lily, des cigarettes, et elle avait bavardé avec des garçons. Puis, sur le chemin du retour, elle avait fait quelque chose d'épouvantable – elle était entrée chez le marchand de journaux pour piquer un exemplaire de *Harpers and Queen*. Je voulais qu'elle le rende, mais elle avait refusé. Elle m'avait simplement promis d'en parler à confesse. Plus tard, dans le dortoir, elle s'y était plongée, totalement envoûtée ; elle le feuilletait avec déférence, comme s'il s'agissait d'un texte sacré. Ce soir-là, elle jura tout haut qu'un jour elle serait la rédactrice en chef d'un magazine comme celui-ci ; et toutes les filles s'étaient tordues de rire. Mais aujourd'hui, c'est ce qu'elle est.

— Lily a passé pas mal de temps à New York, n'est-ce pas ? demanda Mimi en rompant son morceau de pain. J'ai lu plein d'articles sur elle dans la presse.

— Six ans, répondis-je. Elle a travaillé chez *Mirabella* et *Vanity Fair*.

Pendant que nous dégustions nos antipasti, je leur ai parlé de sa carrière, et de sa ténacité. Parce que je suis très fière de notre amitié. J'ai raconté qu'elle avait même abandonné ses études à Cambridge parce qu'on lui avait proposé un poste subalterne chez *Marie-Claire*. Ce fut le début de sa longue ascension vers les cimes enneigées – ou, plutôt, vers les couvertures en papier glacé – de la presse féminine. Elle était déterminée à en atteindre le sommet – et elle y est arrivée. Il y a trois ans, elle est devenue la première femme noire directrice de la rédaction de *Moi !*

Il s'agit bien sûr du magazine *Moi-même*, mieux connu sous le diminutif de *Moi !* Ou plutôt « mouah, mouah ! », comme le miaule souvent Peter. Là-dessus, il est affreusement snob. Il trouve les magazines féminins d'une banalité affligeante, et surnomme Lily « la Grande Prêtresse du Strass ». Mais, comme je dis toujours, chacun son goût. Lily est géniale dans ce qu'elle fait. Bon, c'est vrai que certains papiers sont assez idiots. Pas du tout mon genre de lecture. Tous ces « on adore/on déteste », ces gros titres sur « GRIS : le nouveau noir ! » ou « GROSSE : la nouvelle minceur ! » ou « VIEILLE : la nouvelle jeunesse ! » Mais le magazine est toujours superbe, avec des photos à tomber. Et puis c'est bien écrit : Lily prétend savoir très bien trier « les bons mots de l'ivraie » ! C'est vraiment une super battante. D'accord, elle est langue de pute. Mais elle ne ferait jamais quoi que ce soit pour me blesser. Ça, c'est une certitude.

Lily n'était toujours pas arrivée quand nous avons terminé nos entrées. En attendant nos plats – j'avais choisi une selle d'agneau –, la conversation s'est orientée vers le mariage, et plus particulièrement le nôtre, à Peter et moi.

— Quinze ans ! s'exclama Mimi avec un petit rire. Je n'arrive pas à y croire ! Je me rappelle si bien la cérémonie. Dans la chapelle de l'université. Nous étions morts de froid. Il neigeait, comme aujourd'hui.

— On peut dire que c'était un mariage en blanc ! plaisantai-je.

Peter pouffa.

— Quinze ans ! répéta Mimi. C'est à peine croyable ! Mon Dieu ! Je n'ai même pas encore célébré mon premier anniversaire de mariage !

Nous avons tous éclaté de rire et elle a adressé à Mike, son mari, un sourire attendri :

— Moi, je viens tout juste d'avoir mon *happy end* !

— Ton nouveau début, tu veux dire, répliqua-t-il.

Et ça m'a fait tout drôle d'entendre ça. Vraiment tout drôle. Effectivement, pour eux, c'était bien un nouveau début, puisqu'ils ne s'étaient mariés qu'en mai dernier. Ils se sont alors penchés sur Alice, leur bébé de six semaines endormi dans son couffin, tandis que moi, je pouvais contempler, de l'autre côté de la table, mes deux « bébés » de quatorze et douze ans. Et, brusquement, j'ai été frappée, comme souvent ces derniers temps, par l'idée que Peter et moi n'étions absolument pas en phase avec notre génération.

La plupart des gens de notre âge sont comme Mimi, c'est maintenant qu'ils commencent à se marier et à avoir des enfants. Mais nous, on a fait ça il y a quinze ans, et bientôt nos enfants vont quitter le foyer familial.

— Vous vous êtes mariés alors que vous étiez encore étudiants, n'est-ce pas ? demanda Mike.

— En licence. Nous étions pressés, expliquai-je. Pas vrai, mon chéri ?

Peter m'a regardée en souriant à travers les lueurs vacillantes des bougies.

— Nous étions fous amoureux, poursuivis-je, enhardie par le mousseux italien. Et, en bons catholiques, nous étions contre le péché !

En fait, je ne suis pas une si bonne catholique que ça, même si je l'étais autrefois. À présent, je suis ce qu'on pourrait appeler une catholique de Noël. Je vais à l'église trois ou quatre fois par an, tout au plus.

— Je me souviens de votre rencontre, dit Mimi. C'était au cours de notre premier semestre à Durham. Tu as vu Peter, Faith, et tu m'as chuchoté « Voilà l'homme que je vais épouser »... Et tu l'as fait !

— Nous étions comme la Superglu, gloussai-je. Entre nous, ça a collé en quelques secondes !

Cette réplique fit sourire la mère de Peter. J'adore Sarah. Nous nous sommes toujours bien entendues. Il est vrai qu'à l'époque elle avait quelques réticences : elle pensait que nous finirions par divorcer, comme elle. Mais ça n'a pas été le cas, et je suis sûre que nous ne le ferons jamais. Je le répète : j'ai confiance en l'avenir.

Peter se détendait enfin, Sarah papotait avec les enfants. Nous avions tous un peu bu, et nous commencions à nous sentir bien au chaud et à l'aise, lorsque soudain un courant d'air glacé balaya la salle. La porte s'était ouverte : Lily venait d'arriver.

Il est toujours désopilant de voir Lily faire une entrée. On peut pratiquement entendre le bruit des mâchoires qui tombent sur le parquet. Ce soir, c'était pareil. Elle en a tellement l'habitude qu'elle prétend qu'elle ne le remarque pas, mais moi, cela me fait toujours sourire.

— Mon chou, je suis *si* confuse, lança-t-elle en s'avançant, nimbée d'un nuage d'*Obsession*. Si confuse, répéta-t-elle tandis que sa longue pelisse de renard arctique glissait de ses épaules, prestement rattrapée par le maître d'hôtel. Tu comprends, Gore est en ville – Gore Vidal, pas Al Gore – et nous avons pris un petit verre au Ritz, puis j'ai dû me rendre à Cork Street pour une projection privée à *mourir* d'ennui...

Elle retira sa toque en fourrure ; des flocons de neige parsemaient ses longs cheveux noir ébène.

— Et Chanel lançait un nouveau parfum, poursuivit-elle, alors il fallait bien que je fasse une apparition... (Elle tendit au serveur un assortiment de petits sacs exquis.) Mais je ne suis restée que dix minutes à la soirée de lord Linley parce que j'avais envie d'être ici, avec toi.

Je jetai un coup d'œil en biais à Mimi : elle était bouche bée.

— Heureux anniversaire, ma Faith chérie ! s'exclama Lily en me remettant un sac de chez Tiffany.

À l'intérieur, dans une boîte capitonnée de soie, se trouvait un petit cylindre en argent sterling.

— C'est un télescope ? fis-je, intriguée, en l'élevant jusqu'à mon œil gauche. Ah ! Non, c'est un... Ah, comme c'est ravissant !

Tandis que je faisais tourner l'extrémité de la main droite, mille paillettes – rouges, mauves et vertes – s'organisaient en motifs éblouissants, comme les fractales d'un flocon de neige en technicolor.

— Quelle merveille ! murmurai-je. Un kaléidoscope. Je n'en avais pas vu depuis des années.

— Je n'arrivais pas à trouver ce que je voulais t'offrir, dit Lily, mais j'ai pensé que ça, c'était amusant. C'est pour Peter aussi, ajouta-t-elle en lui décochant un sourire félin.

— Merci, Lily, répliqua-t-il.

— Quel cadeau fantastique ! fis-je en la serrant contre moi. Hé, ton ensemble n'est pas mal non plus !

Aujourd'hui, elle portait un twin-set en cachemire vert émeraude, une jupe en gabardine au genou et une paire de bottes en python qui semblait venir de chez Jimmy Choo.

— Le cachemire, c'est tout bêtement Nicole Farhi, fit-elle. Mais j'en ai *tellement* marre de Voyage. Jil Sander m'a offert la jupe. C'est adorable, non ? Elle est tellement bien coupée qu'on devrait la classer parmi les armes offensives. Quand j'en aurai assez, Faith, elle sera à toi.

— Merci, Lily, répondis-je d'un ton piteux. Mais je n'arriverais pas à l'enfiler plus haut que les genoux.

Lily fait du 38, et moi du 42. Elle mesure près d'un mètre quatre-vingts – davantage quand elle porte des talons – et moi, seulement un mètre soixante-trois. Ce qui est curieux, parce qu'à l'âge de neuf ans nous étions exactement de la même taille. À l'époque, elle portait mes vêtements usagés mais aujourd'hui, c'est elle qui me refile les siens. Des deux, c'était elle qui était sans le sou, à présent c'est moi. Enfin, nous faisons tous des choix de vie, et, je le répète, le mien me rend heureuse.

Le serveur servit à Lily un verre de chablis, puis eut un regard pour le grand cabas Louis Vuitton posé sur ses genoux.

— Madame, puis-je vous débarrasser de ceci ? demanda-t-il.

Elle prit un air légèrement sournois.

— Non, non, merci. C'est mon sac à main, vous comprenez.

— Vraiment, madame ? fit-il d'un ton suspicieux.

— Absolument, lança Lily en lui décochant un sourire éblouissant, ses dents étincelantes scintillant comme du givre sur le bronze de sa peau. Je garde toujours celui-ci avec moi.

Je savais bien pourquoi. Lily est insupportable, elle a toujours enfreint les règles. Tandis que le serveur battait en retraite, elle posa le sac sous la table et ouvrit rapidement la fermeture Éclair. Puis elle me regarda, sourit et piqua le dernier morceau de viande sur mon assiette.

— Tiens, mon amour, murmura-t-elle tandis que sa main parfaitement manucurée glissait sous la table. Tante Faith veut te donner ça.

On entendit de petits bruits reniflants et renâclants, suivis d'un couinement aigu. Katie, Sarah et moi, nous avons soulevé la nappe et jeté un coup d'œil sous la table où Jennifer, le shihtzu de Lily, venait de dévorer mon reste d'agneau. Une langue rose pourlécha la petite face poilue tandis qu'une paire d'yeux énormes, globuleux et noirs, nous observait.

— Quelle adorable coiffure ! s'exclama Sarah en riant.

Les longs poils de Jennifer avaient été rassemblés sur le sommet de sa tête à l'aide d'une barrette en strass.

— Mais oui, elle est *trop* sublime, répliqua Lily avec un soupir. Tu ne trouves pas, Faith ? N'est-elle pas la plus jolie petite chose du monde ?

— Si, si, mentis-je en contemplant la mâchoire prognathe de Jennifer, ses dents de guingois, son menton barbu et son petit visage plat. Jennifer est absolument... adorable, ajoutai-je avec un sourire hypocrite.

Bon, c'est vrai, on peut trouver que Jennifer est un curieux nom pour un chien. En fait, elle s'appelle Jennifer Aniston. À cause de son long pelage soyeux et blond, et « parce qu'elle le vaut bien ». Enfin, je l'espère, parce que Lily dépense la moitié de son salaire pour ce toutou. Le sac à chien Louis Vuitton, par exemple – il vaut au bas mot cinq cents livres. Elle possède aussi huit colliers de chien Gucci, cinq laisses Chanel, deux impers Burberry, trois chapeaux melon Paul Smith, et vous devriez voir son lit ! Une vraie tente orientale, avec ses draperies chinoises et son tapis en soie. Le but de tout cela, apparemment, est de rappeler à Jennifer ses lointaines origines dans la Pékin impériale. Les shihtzu étaient des chiens sacrés, et Lily adore la sienne. Mais, entre vous et moi, Jennifer Aniston n'est pas mon genre de beauté. Ni celui de Graham. La plupart du temps, il se contente de la fixer, d'un air légèrement incrédule, comme s'il n'était pas tout à fait sûr qu'il s'agisse d'un chien.

— Comment va le canard ? demandai-je d'un ton gai pour changer de sujet.

— Génial. Voici le numéro de mars... Regarde !

Il vient tout juste d'arriver de l'imprimerie, je suis en train de le faire livrer partout en ville par coursier.

Le magazine était lourd, et étincelait comme de la glace sous les spots. « *Moi !* », proclamait le logo, au-dessus d'une photo de Kate Moss. Je jetai un œil aux gros titres de la couverture. « Pipis de luxe : les cinq étoiles des petits coins ! », « Les tops sont-elles tapées ? », et « Ça arrache : les dix meilleures pinces à épiler du marché ! »

— L'esbroufe fait vivre ! marmonna Peter en levant les yeux au ciel.

Je lui décochai un coup de pied discret, puis Sarah et moi avons feuilleté le magazine, en prenant soin d'admirer, tout haut, les photos merveilleuses, les articles géniaux et la mode, sublime. Et l'abondance de pubs, bien sûr. Il y en avait des pelletées. Certaines, je le savais, valaient plus de trente mille livres la page – plus que ce que je gagne en un an ! Il y en avait une pour une crème antirides particulièrement chère, avec une photo de chaton persan, et, même si je suis plutôt chien, je n'ai pas pu m'empêcher de m'extasier.

— Un réflexe classique de conditionnement, maman, commenta Katie d'un ton docte. Extrêmement efficace pour la vente. Il fonctionne en établissant une association entre un produit et une sensation agréable. Stayman et Batra ont réalisé une étude fascinante là-dessus, en 1991, démontrant que les états émotionnels affectent le choix des consommateurs.

Comme je l'ai déjà dit, Katie n'est pas une gamine comme les autres. Entre-temps, Lily continuait à parler diffusion, pagination, taux d'abonnements et Dieu sait quoi encore.

— Nous avons cent vingt pages de pub, annonça-t-elle fièrement, et cent trente d'éditorial. C'est le plus gros numéro de notre histoire. On est en train d'exploser !

En début de magazine se trouvaient un article sur les régimes et un portrait de Sharon Stone. Il y avait un extrait du dernier roman d'Ian McEwan et la chronique mondaine, des pages entières de lotions et de potions, et un concours pour gagner une voiture. Moi, j'adore les concours. Chaque fois que j'en ai l'occasion, je renvoie les formulaires. J'ai même gagné quelque chose dernièrement – j'étais folle de joie – un stock d'un an de liquide de rinçage pour la machine à laver la vaisselle.

À présent, Mimi, qui travaille à Radio 4, avait pris son courage à deux mains et interrogeait Lily sur sa carrière.

— Les magazines féminins sont en perte de vitesse, faisait-elle remarquer, mais le vôtre est en pleine courbe ascendante.

— Nous avons gagné vingt pour cent de diffusion depuis que j'ai pris la direction, triompha Lily. Chez *Vogue*, elles en tremblent dans leurs escarpins Louboutin !

— Aimeriez-vous être invitée à L'Heure des Femmes ? lui demanda Mimi. Lorsque je serai rentrée de mon congé de maternité ? Évidemment, vous pourriez parler de *Moi !* et de vos innovations éditoriales. Mais je crois que les auditeurs aimeraient aussi en savoir davantage sur vous : d'où vous venez, vos années de couventine...

Lily hoqueta de rire.

— Je n'étais pas précisément une élève modèle. Demandez donc à Faith !

Je souris et hochai la tête. C'était vrai. Mais il y a de bonnes raisons à cela. Même si elle est très douée, Lily a eu une scolarité difficile, et pour cause. Tout d'abord, elle a été arrachée à sa famille. Avec les meilleures intentions du monde, certes. Mais elle a été emmenée et placée dans un environnement auquel, c'était évident, elle ne pouvait s'adapter qu'avec difficulté. À l'âge de huit ans, son intelligence exceptionnelle avait été remarquée par une institutrice, qui en avait parlé au prêtre de la paroisse, qui avait alors contacté l'évêque, qui avait écrit à la révérende mère, laquelle avait accepté de la recevoir en tant que boursière. Voilà comment Lily avait quitté les Caraïbes pour être éduquée à St. Bede.

— Lily était une élève brillante, précisai-je. Elle voulait être la première en tout, et elle l'était !

— Sauf en bonne conduite, ajouta Lily avec un rire de gorge.

C'était absolument vrai. Nous devions aller à confesse tous les samedis matin, et elle y passait des heures. J'étais convaincue qu'elle devait inventer des choses, alors je me souviens lui avoir dit, une fois, qu'inventer ses fautes était un péché mortel.

— Fabriquer des péchés, c'est un peu comme faire perdre son temps à la police, avais-je expliqué.

— Je ne fabrique rien du tout, avait-elle répliqué, indignée, en faisant rouler ses immenses yeux bruns.

Hélas, Lily n'était pas exactement populaire. Elle pouvait être très cassante, et les autres filles redoutaient sa langue de vipère. Quand nous avions seize ans, sœur Saint-Joseph avait animé une séance d'orientation professionnelle, puis elle s'était tournée vers Dinah Shaw, qui était très bornée, et l'avait interrogée : « Et toi, Dinah, quand tu quitteras St. Bede, tu seras... »

— Retraitée ! avait coupé Lily.

Mais si, comme je l'ai déjà dit, Lily était devenue une rebelle, c'était grâce au snobisme affligeant des autres élèves. Venetia Smedley était la pire de toutes. Elle venait des îles de la Manche et on la surnommait la « Vache de Jersey ». Un matin, au petit déjeuner – je ne l'oublierai jamais –, Venetia annonça haut et fort : « Mes parents partent pour St. Kitts la semaine prochaine. Ils descendent toujours à l'hôtel Four Winds, à Banana Bay. Drôle de coïncidence, tu ne trouves pas, Lily ? Peut-être que ta mère va faire la chambre de la mienne. » Lily s'était contentée de la regarder, de poser sa cuillère et de répondre : « Oui, Venetia. C'est possible. » Mais, quelques mois plus tard, elle avait pris une revanche terrible. Venetia, qui était tombée de cheval l'année précédente, était équipée d'un bridge. Ça la gênait énormément et elle ne laissait personne la voir pendant qu'elle se lavait les dents. Alors, Lily a confectionné un caramel. Il était incroyablement collant, parce que – je ne l'ai appris qu'après coup – elle y avait mélangé de la colle. Puis elle en avait offert à Venetia. Quand les trois fausses dents de Venetia s'étaient détachées, Lily n'avait pu dissimuler son triomphe : « Oh, je suis *tellement* navrée, Venetia, avait-elle dit d'une voix doucereuse. J'avais oublié que tu portais un dentier. » Plus tard, j'avais retrouvé Lily en train de se tordre de rire dans le parc. Puis elle m'avait regardée joyeusement et m'avait murmuré : « La vengeance est mienne, a dit le Seigneur. Je vais les faire payer ! » Et elle a tenu parole.

À ce jour, Lily recouvre toujours ses dettes.

— J'ai eu Camilla Fanshawe au téléphone ce matin, ricana-t-elle, en se servant une cuillerée de guacamole. Elle épouse un petit banquier merdeux et elle me suppliait de couvrir son mariage dans la rubrique mondaine. Mais ça, Faith, c'est seulement parce que celui de Letty Brocklebank était dans *Tatler*. Camilla chialait presque en me répétant combien elle m'aimait quand on était à l'école, qu'elle était sûre que j'allais réussir parce que j'étais *si* intelligente... Alors, est-ce que j'allais couvrir son mariage ? Au nom de la solidarité entre anciennes de St. Bede ? Je l'ai laissée s'enfoncer, puis je lui ai répliqué, très gentiment : « Eh bien je suis terriblement désolée, Camilla, mais, hélas, nous ne couvrons pas les petites noces de province dans *Moi !* »

Oui, Lily est toujours la dernière à rire, c'est sûr. Elle les a toutes battues à plate couture – dans tous les sens du terme. Intellectuellement, bien sûr – ça, c'était plutôt facile –, mais elle les a aussi dépassées sur le plan social. Grâce à son radar personnel, elle a rapidement déchiffré les codes des classes dominantes. Ses manières ont changé, son maintien s'est amélioré et, en deux ans, sa voix était transformée. Finies ses riches inflexions des Caraïbes, vite remplacées par un accent acéré comme du cristal de Bohême. Peter prétend qu'elle souffre du « syndrome des voyelles irritables » mais, comme je l'ai déjà dit, il n'est pas franchement l'un de ses fans.

Mimi, manifestement fascinée par Lily, nous interrogeait toujours sur St. Bede. Alors nous lui avons expliqué qu'il y avait la messe tous les matins, la bénédiction le mercredi, le rosaire le jeudi, la confession le samedi et une messe chantée en latin le dimanche.

— Et on avait le temps de vous faire cours, avec tout ça ? s'enquit Mike.

— Mais oui, répondis-je, un peu pompette, et Lily était la championne ! Elle a eu douze mentions « excellent », quatre mentions « très bien » et elle a remporté un concours à Cambridge à l'âge de dix-sept ans.

— Et les sports ?

— On avait hockey et volley-ball.

— J'étais *nulle*, s'esclaffa Lily. Toute cette agitation, courir, sauter – quel ennui – ça n'en valait pas l'effort. Et j'étais également nulle en musique, gloussa-t-elle.

Je me suis tue. C'était parfaitement exact. En fait, elle avait une voix de crécelle et se tenir à son côté quand on chantait des cantiques n'était pas précisément une expérience musicale enrichissante.

— Quant à la danse, poursuivit-elle, j'étais consternante. J'avais deux pieds gauches – je les ai toujours d'ailleurs.

— Il y avait beaucoup de théâtre, repris-je avec enthousiasme. C'était génial. Surtout notre spectacle de fin d'année...

Soudain, je vis le sourire de Lily s'effacer. Elle me lança un regard comminatoire. Puis je me souvins. Le théâtre était un point sensible. On n'en parlait pas. Vous savez, Lily n'était pas très bonne actrice, et, sans vouloir me vanter, moi je l'étais. C'est vrai quoi, elle ne pouvait même pas faire le signe de croix sans avoir l'air de diriger la circulation. Alors, même si elle adorait ça, l'art dramatique n'était pas son fort et ça a gâché notre amitié pendant un bout de temps. Lorsque nous étions en première, la révérende mère avait décidé de monter *Othello*. En tant que seule élève de couleur de l'école, Lily avait présumé que le rôle titre devait lui revenir. Aussi s'était-elle préparée assidûment, et je l'avais même aidée à répéter ses répliques. Mais quand, après les auditions, la distribution fut affichée, le rôle principal n'avait pas été attribué à Lily, mais à moi. Elle ne l'avait pas bien pris, hélas ! Elle avait même fait irruption dans le bureau de la révérende mère, où je me trouvais, en hurlant :

— C'est parce que je suis *noire*, c'est ça ?

— Non, Lily, avait calmement répliqué la révérende mère. C'est parce que tu n'es pas assez bonne actrice. Tes talents sont nombreux. Je sais que tu réussiras dans la vie. Mais je puis prédire avec certitude que tes futurs triomphes n'auront pas lieu sur les planches.

Il y avait eu un silence. Puis Lily était partie. Elle ne m'avait plus adressé la parole pendant un mois. Qu'aurais-je dû faire ? Refuser le rôle ? C'était un rôle magnifique, et tout le monde avait trouvé que je l'avais bien interprété ; je me souviens encore de cette réplique merveilleuse : « J'ai été heureux... tant que je ne savais rien. Alors maintenant, à jamais, adieu esprit tranquille ! »

Bien qu'elle eût refusé d'assister à la représentation, Lily s'était peu à peu remise de sa déception. Nous n'en avions jamais reparlé – jusqu'à ce soir. Je ne crois pas avoir manqué de tact en abordant le sujet. Cela s'est passé il y a dix-huit ans et nos rôles se sont depuis longtemps inversés. Aujourd'hui, c'est elle la star, pas moi. C'est elle qui est célèbre. C'est elle qui a réussi. C'est elle qui possède un appartement gigantesque à Chelsea, et un réfrigérateur rempli de champagne et de foie gras. Moi, je suis une petite ménagère de banlieue avec deux enfants et des mocassins, qui estime qu'une expédition chez Ikea est un événement. Alors, je suis touchée que Lily soit restée en contact avec moi après tant d'années, lorsqu'on considère à quel point nos vies ont pris des chemins opposés.

Il devait être environ 22 h 30 quand nous en sommes arrivés au dessert. Les bougies étaient presque consumées, et les bouteilles de vin vides. Je trouvais que Peter avait trop bu ; je voyais bien qu'il était un peu éméché. Il parlait d'Internet avec Matt, et Katie faisait passer à Lily une sorte de test psychométrique – Lily étant sa marraine, elle a juré que cela ne la dérangeait pas. Pendant ce temps, Mimi, qui visiblement ne s'était toujours pas faite à son nouvel état de femme mariée, me demandait si j'avais de sages conseils à lui dispenser.

— Dis-moi, Faith, chuchota-t-elle, quel est le secret d'un mariage heureux ?

— Je ne sais pas, murmurai-je en approchant de mes lèvres une cuillerée de fruits d'automne pochés. Je sais simplement qu'après quinze ans passés ensemble, il existe un lien indissoluble entre Peter et moi. Nous sommes comme les glycines qui poussent devant notre maison – complètement enchevêtrés l'un dans l'autre.

— Quelle est la qualité que tu admires le plus chez lui ?

— Son aptitude à retrouver mes lentilles de contact lorsque j'en perds une, gloussai-je. Il est génial pour ça.

— Non, sérieusement, insista Mimi. Qu'est-ce que tu préfères chez lui ?

— C'est quelqu'un de bien, répondis-je. Et de sincère. Peter dit toujours la vérité.

Mike déclara que j'avais dit une si jolie chose, que Peter devait répondre par un petit discours.

— Mais non, gémit Peter.

— S'il te plaît, insista Mimi. Après tout, c'est une occasion spéciale.

— Bon, d'accord, concéda Peter après une autre gorgée de vin. Euh... tout ce que je veux dire, c'est que..., commença-t-il en se levant, légèrement titubant, c'est que Faith a été mon premier amour, et que mes quinze ans avec elle ont été une épreuve...

— Quel lapsus ! bondit Katie.

— Je veux dire une preuve, se corrigea-t-il, une preuve d'amour. C'est incroyable d'en être arrivés là. Quand on y pense. Et je n'arrive pas à croire que quinze ans de ma vie se soient envolés comme ça.

Voilà. Il avait terminé. J'ai essayé de sourire. Comme je l'ai déjà dit, il est très préoccupé par son boulot, alors il n'est pas aussi détendu que d'habitude.

— Il est plutôt fatigué, chuchotai-je, diplomate, à Mike et Mimi.

— C'est vrai qu'il a l'air d'avoir la tête ailleurs, reconnut Lily.

— Oui, insistai-je, sans doute parce qu'il a beaucoup de soucis en ce moment.

— Cela dit, il porte beau, murmura Lily alors qu'on servait nos cafés. Il n'aurait pas perdu un peu de poids ?

— Euh, oui, en effet... Il a minci, tu as raison.

— Belle cravate, chuchota-t-elle d'un ton appréciatif.

— Oui, oui, acquiesçai-je. Belle cravate.

Puis Lily fouilla dans son sac, en tira une boîte d'allumettes et en fit craquer une. Elle siffla et flamba en s'allumant, puis la flamme diminua. Lily porta un cigarillo à ses lèvres, l'alluma, inspira profondément et rejeta la fumée. Puis elle me regarda d'un air sérieux.

— Je te trouve merveilleuse de lui faire confiance, me dit-elle doucement.

La remarque me sembla étrange. Bien sûr que je fais confiance à Peter. Depuis toujours. Je vous le répète : c'est un homme sincère. Alors je ne voyais pas où Lily voulait en venir, et je n'avais assurément aucune envie de lui poser la question devant tout le monde. De toute façon, Peter était en train de demander l'addition – il était tard, et la soirée tirait à sa fin.

— Bon, on demande nos manteaux.

— C'est inclus ?

— Non, c'est nous qui invitons, Mike.

— Katie, tu peux prendre le manteau de Mamie ?

— Très gentil, Peter. À charge de revanche.

— Qui prend le bébé ?

— Ah, là, un taxi !

En un clin d'œil, nous étions tous dehors à nous faire la bise.

— Quelle soirée merveilleuse ! s'exclama Mimi, tandis que des flocons se posaient doucement sur ses cheveux. J'espère que nous aussi, on arrivera à quinze ans, ajouta-t-elle en fixant le siège du bébé sur la banquette arrière de la voiture.

— J'espère même qu'on arrivera au trentième anniversaire, renchérit galamment Mike. Merci pour cet agréable dîner, vous deux... Salut !

Les enfants se laissèrent tous deux embrasser par Lily, même s'ils détestent son parfum, Jennifer avait été zippée dans son sac et Sarah était allée chercher sa voiture. Puis j'ai hélé un taxi qui passait et j'y suis entrée avec Peter et les enfants.

— Quelle belle soirée, déclara-t-il tandis que nous roulions sur la chaussée humide et glissante.

— Oui, tu as raison, mon chéri. Moi aussi, j'ai passé une bonne soirée.

C'était vrai. Mais, en même temps, j'avais le sentiment, sans pouvoir dire en quoi, que quelque chose avait changé.

Il y a trois questions que l'on vous pose tout le temps quand vous travaillez pour la télé du matin. « À quelle heure devez-vous vous lever ? À quelle heure devez-vous vous coucher ? Et est-ce que cela fiche en l'air votre vie sociale ? » Parfois, j'ai envie de brandir une pancarte où on lirait : « 3 h 30, 21 h 30, et OUI ! » On ne s'y habitue *jamais*. Je vous avais dit que oui ? Eh bien c'est faux – on ne s'habitue jamais à se lever au milieu de la nuit. C'est horrible ! Horrible quand votre réveil sonne à 3 h 30 et que votre corps vous supplie de le laisser dormir. Pire encore quand vous êtes malheureuse, comme je l'étais ce matin-là, et que vous avez la gueule de bois en prime. Lorsque je titubai hors du lit, Graham grommela mais renonça à monter la garde devant la porte de la salle de bains. Je pris ma douche, vaporisai une bouffée d'*Escape* – mon parfum préféré ces temps-ci –, enfilai mon tailleur marine Principles, puis je descendis prendre le taxi qui attendait en bas.

Tandis que nous quittions Elliot Road, je me rappelai à nouveau les paroles de Lily : « *Je te trouve merveilleuse de lui faire confiance... lui faire confiance... Je te trouve merveilleuse de lui faire...* » Je regardai par la vitre les rues pleines de neige fondante, tournant et retournant son commentaire dans tous les sens ; l'examinant sous tous les angles, comme on pourrait étudier une pierre rare. Même en y repensant sans arrêt, je ne parvenais pas à comprendre ce qu'il pouvait signifier. Je n'étais pas certaine non plus de le *vouloir* vraiment. Lily dit souvent des choses désagréables mais, d'habitude, je fais comme si je n'avais rien entendu. Et c'est ce que j'essayai de faire. Je me suis forcée à penser au boulot. Après tout, j'ai une tâche importante à remplir. Les gens comptent sur moi. C'est de moi que dépend la réussite ou l'échec de leur journée. Lorsque je suis sur le point de prendre l'antenne, Terry, le présentateur « vedette », se tourne vers la caméra en déclarant : « Eh bien, mesdames et messieurs, que nous réserve la météo aujourd'hui ? Voici... Faith ! » Alors j'arrive, et je les informe : les téléspectateurs se fient à moi pour savoir s'ils doivent passer un manteau ou un ciré, ou si le taux d'humidité sera élevé. Je les mets en garde contre les grands vents, je les avertis lorsque ceux-ci soufflent trop fort pour partir en mer, ou pour prendre la route. Pour moi, les prévisions de la météo, c'est vraiment important. Hélas, mes collègues ne sont pas de cet avis. Pour eux, il ne s'agit que d'un petit intermède insignifiant de trois minutes avant le journal télévisé, une sorte d'épisode-tampon avant le lancement des grands sujets – ils essaient constamment de réduire mon temps d'antenne. Je suis censée avoir deux minutes et demie, souvent réduites à moins d'une minute. Mais je n'y peux rien, parce que tout est contrôlé à la régie. Je peux être, par exemple, en plein milieu d'un sujet passionnant sur les fronts d'air chaud, quand soudain j'entends le réalisateur, dans mon oreillette, qui me gueule d'arrêter. Ils sont parfois vraiment grossiers – je les entends hurler : « Tais-toi, Faith ! Tais-toi ! FERME-LA ! » C'est affreusement déconcentrant. Ce qu'ils sont supposés faire, c'est de compter calmement depuis dix, et je sais qu'au moment où ils diront « zéro », je devrai rendre l'antenne avec un joli sourire. De la même manière, lorsqu'ils plantent un sujet aux infos, j'entends quelqu'un vociférer : « Continue, Faith ! Continue ! Brode ! Brode ! » Mais je ne me laisse pas démonter, parce que je suis capable d'assurer. J'ai déjà tenu jusqu'à quatre minutes en improvisant ! Dans ce genre de situation, je mets un point d'honneur à rester calme, et à me montrer à la hauteur. Autre chose : comme j'utilise une oreillette, je peux les entendre parler en régie durant mon temps d'antenne. La météo, c'est leur pause, vous comprenez. C'est pour ça qu'ils se laissent aller, parce qu'ils n'ont rien à faire : je change mes graphiques par télécommande, et je parle sans prompteur. Alors, pendant ce temps-là, je les entends discuter de ce qui est allé de travers dans le sujet précédent, ou demander à la coiffeuse d'arranger les cheveux de Terry, ou réclamer au caméraman de faire un zoom avant sur l'un ou l'autre, ou se vanter de s'être tapé une nana draguée dans un pub... Ils oublient que je suis à l'antenne, en direct, et que je peux entendre tout ce qu'ils racontent. Alors, quoi qu'on en pense, présentatrice-météo, c'est un job assez stressant. Mais ça me plaît, surtout en ce moment de l'année. J'adore l'hiver, vous savez. Pas seulement parce que j'ai une vision optimiste de la vie, mais parce qu'en hiver la météo est passionnante. En été, il n'y a que trois sortes de temps : de la pluie, des nuages ou du soleil. Mais, en hiver, on a la totale : glace, brouillard, givre, pluie, verglas, grêle et neige. On a des journées de grand beau temps s'il y a un anticyclone, mais on peut également connaître des vents aussi puissants qu'un ouragan. Alors quand on est dans la météo, comme moi, l'hiver est une période excitante. Et, même si les horaires sont assez épouvantables, dès que je me mets au boulot, tout va bien. Ce matin, en dépit de mes soucis et de mon mal de crâne, j'ai ressenti le frisson habituel d'anticipation en franchissant les grilles du studio.

Je mets environ vingt minutes à arriver jusqu'à *AM-UK !*, qui est produit dans un entrepôt reconverti à Ealing. Ce n'est pas un bel édifice, mais je m'y plais plutôt. Les bureaux de la production, au troisième étage, sont paysagers, ce qui a ses inconvénients, bien entendu. Tous les matins, je découvre les visages terreux de mes collègues, baignés de la lueur verdâtre de leurs ordinateurs, tels des figurants de *La Nuit des morts vivants*. Voilà ce qui arrive lorsqu'on passe la moitié de l'année dans une obscurité quasi permanente. J'arrive vers 4 heures environ, je prends rapidement un espresso à la machine à café puis je me mets tout de suite au boulot. D'abord, je lis le briefing faxé de l'Office météorologique national, qui constitue la base de mes bulletins. Puis j'allume mon ordinateur, avec son économiseur d'écran en arc-en-ciel, et j'étudie les images satellite. Quoique je ne sois pas météorologue, je connais bien mon sujet, parce qu'en m'engageant, *AM-UK !* m'a fait bénéficier d'une formation de six semaines. Alors je ne me contente pas d'ânonner les textes écrits par quelqu'un d'autre : je les rédige moi-même. Je dois tout de suite vous préciser que je ne suis pas du genre Miss Météo glamour. Nicole Kidman dans *Prête à tout ?* Eh bien, ça ne me ressemble absolument pas. Blonde et sublime ? Eh non ! En fait, je suis plutôt quelconque, et c'est cela même qui m'a permis de décrocher le job.

— Ce que nous aimons chez vous, avait affirmé Darryl, notre rédacteur en chef falot, lorsqu'il m'avait fait passer mon entretien, c'est que vous avez l'air gentille et *ordinaire* – vous ne représenterez aucune menace pour nos ménagères.

Elles seront devant leur poste à penser : « Eh bien, moi aussi, je pourrais en faire autant ! »

À vrai dire, je ne suis pas sûre d'avoir apprécié la remarque, mais je lui ai accordé le bénéfice du doute. Il voulait quelqu'un qui fasse sérieux tout en restant sympathique. Comme moi. Je ne suis pas du genre qui cherche à tirer la couverture à soi, ou à accaparer les spots. Je me contente de faire mon travail de façon compétente et cordiale. Je suis ravie de me retrouver auprès de ma carte, avec ma télécommande, à débattre des vagues de froid ou d'embellies, et je ne considère pas que la présentation de la météo soit une étape vers de plus grandes ou de plus nobles tâches. J'ai tout à fait le job qui me convient, merci beaucoup – contrairement à notre reporter *people*, Tatiana.

— Salut, Tatiana ! lui lançai-je aimablement en passant devant son bureau.

D'habitude, elle est à peu près amicale avec moi, parce qu'elle sait que je ne suis pas une rivale potentielle. Ce matin-là, toutefois, elle était tellement absorbée qu'elle ne m'a pas entendue ; c'est parce qu'elle était en train de mutiler une photo promotionnelle de Sophie, notre nouvelle présentatrice.

— Bonjour, Tatty, répétai-je.

Je fus récompensée d'un mince sourire. Puis elle posa son couteau suisse, jeta les morceaux de photo dans la corbeille et s'en fut discuter avec Terry. J'essaie de me mêler le moins possible des intrigues de bureau, mais ces deux-là étaient manifestement en train de comploter. Récemment, ils ont décidé de faire cause commune : transformer l'existence de Sophie en enfer absolu. Tatiana voulait son poste, elle l'attendait depuis des années. Et quand notre ancienne présentatrice, Gaby, est partie présenter Blankety Blank, Tatty a cru que la fonction lui reviendrait. C'était aussi le vœu le plus cher de Terry : il savait qu'elle ne lui ferait pas d'ombre. Il est de la vieille école, vous savez. Il ne se considère pas comme le « co-présentateur » de l'émission, mais comme l'animateur numéro un. Et c'est à l'animateur numéro un – d'âge moyen et de sexe masculin – d'assurer tout ce qui est sérieux, tandis que l'animatrice numéro deux – jeune et blonde – le contemple d'un regard énamouré avant de lancer un sujet sur le tricot. C'était comme ça entre Terry et Gaby. Mais avec Sophie, c'est une autre histoire.

— Salut tout le monde ! lança Sophie d'une voix joyeuse alors que j'étudiais mes isobares. Dites, vous avez vu Jeremy Paxman se payer le secrétaire russe de la Défense hier soir ? dit-elle en retirant son manteau. J'ai trouvé ce qu'il a dit sur la Tchétchénie tout à fait pertinent. Il considère que l'Organisation pour la sécurité et la coopération en Europe devrait être beaucoup plus impliquée dans les négociations, et j'avoue que je suis totalement d'accord avec lui.

— Ah, vraiment ? bâilla Terry.

— Et quant à la façon sournoise dont les Russes refilent leur expertise nucléaire à l'Irak, ajouta-t-elle en allumant son ordinateur, c'est un scandale international, vous ne trouvez pas ?

— En effet.

Terry a trente-neuf ans – du moins c'est ce qu'il prétend – et n'a qu'un bac du lycée public de Wolverhampton. Il ne prend pas très bien le fait de se retrouver à travailler au côté d'une diplômée d'Oxford de vingt-quatre ans, major de sa promotion en sciences politiques, philosophie et économie. Il n'a pas supporté la nomination de Sophie. D'ailleurs il n'arrête pas de répéter qu'à son arrivée elle ne savait même pas faire la différence entre un prompteur et une machine à café. Ce qui est vrai. Sophie venait de la radio : elle était rédactrice en chef à London FM. Darryl avait été invité à une émission de ligne ouverte sur l'avenir de la télévision numérique. Il avait été si impressionné par l'intelligence de Sophie qu'il l'avait invitée à passer une audition à *AM-UK !* C'est comme ça qu'elle avait décroché le poste.

Cependant, il est évident que Sophie est beaucoup trop brillante pour une émission comme la nôtre. Parce que, bon – ne me taxez pas de déloyauté –, la plupart du temps, *AM-UK !* ressemble davantage à de la pâtée pour chiens qu'à une émission du matin. Le choix des sujets est curieux. Pour exemple, le conducteur d'aujourd'hui : les célébrités défigurées par des liftings ratés ; les hamsters héroïques et les vies qu'ils ont sauvées ; une mamie médium qui prédit l'avenir ; le portrait de Brad Pitt par Tatiana ; les kystes ovariens ; dix nouvelles façons d'arranger les chrysanthèmes... et, au milieu de tout ça, une interview du ministre des Affaires étrangères.

— C'est moi qui fais l'interview de Michael Portillo, déclara Terry en se renversant dans son fauteuil à roulettes.

— Mais, c'est moi qui suis prévue, protesta Sophie en se calant une courte mèche blonde derrière l'oreille.

— En effet, c'est ce que je constate, répondit Terry d'une voix indolente, mais il s'agit manifestement d'une erreur. Tu verras, celle-là me revient. J'ai plus d'expérience que toi.

— Sans vouloir t'offenser, Terry, répliqua Sophie prudemment, j'ai déjà interviewé Michael Portillo à deux reprises.

— Sophie, soupira Terry d'une voix lasse, dans cette émission, nous formons une équipe. Il n'y a pas de place pour les ego démesurés, alors c'est *moi* qui ferai l'interview de Portillo, d'accord ?

Et voilà ! Terry a pas mal de pouvoir, et il le sait, parce que les ménagères l'adorent. En outre, il bénéficie d'un contrat de deux ans en béton, alors il est impossible pour Darryl de plaider la cause de Sophie. Parfois, l'ambiance devient assez houleuse, mais Sophie s'en sort pas mal. Vous comprenez, à la télé du matin, les horaires sont tellement épouvantables que la plupart des conflits se règlent à coups de machette. Des trucs qui ne vous feraient pas ciller à 15 heures déchaînent une rage homicide à 5 heures du matin. Mais, jusqu'ici, Sophie a supporté les provocations de Terry et de Tatty avec un sang-froid qui rafraîchirait un magnum de champagne. Elle fait tout simplement comme si elle ne se doutait de rien. Malgré leurs coups fourrés, elle reste impeccablement polie avec eux. Par exemple, Tatiana a récemment pris l'habitude de se glisser vers elle trois secondes avant qu'elle ne prenne l'antenne en disant « Je ne suis pas sûre que cette couleur t'aille » ou « Tu t'es aperçue que tu avais un épi dans les cheveux ? » Mais Sophie se contente de lui répondre avec un sourire : « Merci beaucoup de me l'avoir signalé, Tatiana. Au fait, tu es ravissante aujourd'hui. » Impressionnant. Comme je l'ai déjà dit, Sophie est très forte en politique et je crois qu'elle joue très finement. Elle est une bonne professionnelle, et aussi très discrète. Personne ne sait quoi que ce soit de sa vie privée. Elle ne passe jamais de coups de fil personnels, mais je crois qu'elle a un jules. Parce que, après la fête de Noël le mois dernier, je suis remontée au bureau prendre mon sac et j'ai entendu Sophie parler tendrement à un Alex. J'ai toussoté, elle a levé les yeux et s'est brusquement figée. Alors, j'ai vite pris mon sac et suis aussitôt ressortie. Ça, c'est l'un des inconvénients d'un bureau paysager – on finit par tout savoir. Mais j'applique la bonne vieille méthode : je n'entends rien, je ne vois rien et, par-dessus tout, je me tais.

Ce matin-là, j'étais assise, absorbée par mes cartes satellite, préparant les bulletins que je présente toutes les demi-heures pendant l'émission. Le premier passe à 6 h 30, alors à 5 h 50, je suis montée me faire maquiller au deuxième étage. C'est là que se trouvent le studio, la régie, les loges et la garde-robe, le foyer des animateurs et la permanence, où sont affichés tous les commentaires et toutes les réclamations. Tandis que je descendais le couloir tapissé de moquette, les portes s'ouvraient et se refermaient en claquant, et les documentalistes sprintaient dans tous les sens, agrippant leurs blocs-notes, l'air tendu. Je jetai un coup d'œil au foyer où divers collaborateurs étaient affalés, comateux, dans des fauteuils en cuir, tandis que Jane, chargée de l'accueil des invités, tentait de les stimuler à coups de douceurs.

— Un petit gâteau ? demandait-elle. Ou alors, un bon scone ?

Puis quelqu'un s'élança hors de la régie en hurlant :

— Où est Phil ? Où est Phil ? Phil, c'est vous ? Bon, c'est à vous !

En fait, l'atmosphère était plutôt agitée ce matin.

— Quelqu'un peut appeler Tatiana ?

— ... ou préférez-vous de l'Earl Grey ?

— La mamie médium a perdu sa boule de cristal !

— ... j'ai un délicieux Assam.

— La veste de Sophie a un faux pli.

— Le chat en rollers vient d'arriver !

Pénétrer dans la salle de maquillage, c'est trouver un havre de paix au milieu du chaos : là, Iqbal et Marian prennent le temps de transformer pour la caméra nos visages hagards de sommeil. Je m'installai dans un fauteuil tandis qu'Iqbal – nous l'appelons Iqqy – drapait mes épaules d'un peignoir en nylon fleuri et retenait mes courtes mèches brunes avec des épingles à cheveux. Sur le comptoir, devant moi, s'étalaient en rangs serrés les flacons de fond de teint, de poudre et d'ombres à paupières, les tubes de rouges à lèvres et les peignes. Les bombes de spray fixatif étincelaient sous les ampoules rondes autour du miroir.

— Prêt à me tartiner d'emplâtre ? demandai-je d'un ton ironique en examinant mes traits tirés.

— C'est vrai que tu as l'air un peu fatigué, dit-il avec sollicitude. Tu as fait la fête hier soir ?

— Oui. C'était mon anniversaire de mariage. Nous sommes tous allés dîner en famille.

— Comme c'est charmant.

— En effet, répondis-je. Ça l'aurait été, si...

Vous voyez, le truc, avec Iqqy et Marian, c'est qu'on a envie de leur parler, de s'ouvrir à eux. Tout naturellement. Ils sont tellement calmes, sympathiques et gentils. C'est comme si vous vous trouviez dans le fauteuil d'un psy. Et comme ils font des miracles sur votre façade ravagée, vous avez l'impression qu'ils vont vous réparer l'intérieur aussi. Alors j'avais ma confession sur le bout de la langue : en fait, je n'avais pas tellement profité de la soirée d'hier soir, parce que ma meilleure amie, Lily, avait fait un commentaire bizarre sur mon mari, et que depuis, j'essayais de comprendre ce qu'elle avait bien pu vouloir dire et que ça – plus le fait d'avoir trop bu – m'avait empêchée de dormir.

— Vous êtes mariés depuis combien de temps ? demanda Marian.

— Quinze ans.

— Vous avez dû vous marier très jeunes.

— Oui, soupirai-je. En effet.

— Quinze ans, répéta-t-elle. Moi, ça fait déjà huit ans...

— Et Will et moi, on est ensemble depuis cinq ans, ajouta Iqqy en passant du mascara sur mes cils pâles. Même si on a eu des hauts et des bas. Mais quinze ans, c'est merveilleux. Pas étonnant que vous ayez eu envie de fêter ça.

— Eh bien, oui, sauf qu'en fait c'était un peu bizarre..., commençai-je. Parce que, vous voyez, je ne sais pas ce que vous en pensez, mais...

Puis je me suis immédiatement arrêtée, parce que Terry venait d'entrer. Il voulait se faire repoudrer. Pendant qu’il râlait contre Sophie, j’ai fait comme s’il n’existait pas, prétendant être absorbée par mon bulletin.

Dix minutes plus tard, pimpante et prête pour les caméras, je me glissai dans le studio, qui ressemble au département « meubles » d’un magasin de province avec ses deux grands canapés roses à carreaux parsemés de gros coussins, et sa table basse en verre fumé. Des lithos anémiques ornent les murs, entre deux étagères de style Habitat décorées de petits bibelots et de bouquets de fleurs en tissu. À l’arrière-plan, on a installé un fond en trompe-l’œil représentant une vue de Londres, de l’autre côté se trouve une petite scène, et, à côté de ça, ma carte météo. Je me frayai un chemin entre les quatre caméras, enjambant les lourds écheveaux de câbles électriques en tâchant de ne pas m’assommer contre les rails. Il faisait chaud. Il fait toujours chaud dans le studio, à cause des lumières. C’était la première pause publicitaire, et Terry en avait profité pour piquer l’une de ses petites crises de nerfs.

— Écoute, Sophie, je te l’ai déjà dit, couina-t-il, c’est *moi* qui m’assieds sur le côté gauche du canapé.

— Ah, mais sans vouloir t’offenser, Terry, répondit-elle d’une voix affable, pourquoi donc ?

— Pourquoi ? répéta-t-il. Parce que je m’assieds sur le côté gauche du canapé depuis dix ans. Alors je ne vois pas pourquoi je changerais pour toi.

Je sais, moi, pourquoi il veut toujours s’asseoir de ce côté-là. Il est persuadé que l’éclairage y est meilleur et que cela lui confère l’air plus jeune.

Sophie se leva d'un air las.

— Je ne vois vraiment pas pourquoi tu y attaches autant d'importance, Terry, mais si tu y tiens à ce point, alors, bien sûr...

L'ingénieur du son fixa le micro au revers de ma veste, et je passai l'oreillette en prenant place devant la carte météo. Le réalisateur amorça le compte à rebours pour marquer la fin de la pause publicitaire et les notes du Jingle résonnèrent.

— Bienvenue de nouveau, chers téléspectateurs, déclara Terry à la caméra, vous regardez *AM-UK !* Et maintenant : un message de l'au-delà a-t-il déjà changé votre vie ?

L'interview de la mamie médium se déroula sans heurts, puis il y eut les infos sportives, bientôt suivies d'un sujet sur la princesse Anne et Sauvez les Enfants, puis ce fut au tour de Sophie pour l'interview d'un gynécologue à propos des kystes ovariens. Le médecin se révélait plutôt intéressant, mais Sophie n'en était qu'à la moitié du sujet quand Terry les interrompit. Sophie avait marqué une pause d'une demi-seconde entre ses questions.

— Alors, que nous réserve la météo aujourd'hui ? demanda-t-il en souriant de toutes ses dents à la caméra 1.

J'aperçus l'expression étonnée du caméraman.

— Et voici Faith !

Il l'avait fait exprès, bien entendu, rien que pour réduire le temps d'antenne de Sophie. Toutes les fois que Terry estime qu'elle parle depuis assez longtemps, il la coupe carrément. Surtout si elle traite un sujet un tant soit peu sérieux, comme une interview médicale ou les actualités. Et quand

Darryl tente de le lui reprocher en réunion, il regarde aussitôt Sophie avec un air d'innocence outragée : « Ah ! Sophie, je suis désolé, j'ai cru que tu avais fini. » J'ai horreur qu'il fasse ça ; d'abord parce que c'est méchant, mais aussi parce que cela signifie que je suis balancée à l'antenne sans crier gare. La lumière rouge s'allume brusquement au-dessus de la caméra 2, et me voilà, en direct face à la nation.

— Bonjour ! lançai-je avec un immense sourire, d'abord pour masquer mon agacement contre Terry, et surtout parce que plus il fait mauvais, plus je souris. Hélas, les prévisions ne sont pas réjouissantes, continuai-je en me tournant vers la carte. La neige qui est tombée partout dans le pays hier s'est transformée en pluie verglaçante ou en neige fondue. Et comme les températures vont encore baisser, cela signifie qu'il y aura de la glace vive sur les routes, alors soyez prudents si vous devez vous déplacer, ajoutai-je en appuyant sur le bouton de ma télécommande, consciente, dans mon oreillette, du bourdonnement furieux des voix à la régie.

— Terry est un fils de pute !

— La vitesse du vent augmentera au sud et au sud-est...

— ... il a coupé son interview de deux minutes !

— Ces vilains vents d'est souffleront encore...

— ... en plus, c'était vraiment intéressant.

— Peut-être un peu de soleil au nord...

— ... j'ai déjà eu un kyste aux ovaires.

— Ailleurs, le ciel sera nuageux et les températures, glaciales...

— ... en fait, c'était très douloureux.

— Avec 70 % de possibilités de neige...

— ... il était de la taille d'un citron, apparemment...

— Et avec ce système frontal au milieu de l'Atlantique...

— ... et plein de pus.

— Nous sommes sur le point d'entrer dans une zone de basse passion.

— ... de basse *passion* ?

— De basse pression, pardon. Ainsi, pour résumer...

— Qu'est-ce que Faith a l'air fatigué.

— Une journée froide et maussade pour la plupart d'entre nous...

— ... Terry, redresse-toi.

— Mais peut-être un rayon de soleil au nord...

— ... et ses cheveux sont coiffés en pétard. Tu es prête, Faith ? Dix, neuf, huit...

— Mais les températures au sud et au sud-est vont chuter...

— Sept, six, cinq...

— Jusqu'à un maximum de quatre degrés...

— Trois, deux...

— Alors n'oubliez pas de vous emmitoufler...

— Un et...

— Et rendez-vous dans une demi-heure.

— Zéro. On passe au chat qui fait du roller.

Une fois mon premier bulletin passé, le reste de la matinée s'écoule très vite. Entre mes « spots » je vérifie les cartes météorologiques et je téléphone à l'Office national pour remettre mes bulletins à jour si nécessaire. Les prévisions de 9 h 30 sont les dernières, et c'est à ce moment-là que l'émission s'achève. Nous faisons un point rapide dans la salle de réunion, puis je retire mon maquillage, je m'installe à mon bureau et je parcours mon courrier. Je reçois beaucoup de lettres. La plupart viennent d'enfants qui veulent que je les aide pour leurs devoirs de géographie. Ils m'écrivent pour me demander, par exemple, de quoi sont faits les nuages, ou pourquoi le givre est blanc, ou quelle est la différence entre la neige et la pluie verglaçante, ou comment se forment les arcs-en-ciel. Je reçois aussi des lettres de remerciements de personnes à qui j'ai remonté le moral. « *Ce que j'aime chez vous*, m'écrit M. Barnes de Turnbridge Wells, *c'est que même quand vous nous annoncez de mauvaises nouvelles, vous le faites avec un joli sourire.* » Enfin – celles-là, je les déteste –, il y a des lettres concernant mon apparence. La moindre modification – par exemple, une coupe de cheveux rafraîchie d'un centimètre ou deux – produit un sac rempli de courrier désapprobateur. Puis, il y a les « demandes » de ceux d'entre les téléspectateurs qui semblent me prendre pour Dieu. « *Chère Faith*, m'écrit Mme McManus d'Edimbourg, *s'il vous plaît, s'il vous plaît, S'IL VOUS PLAÎT, pourrait-on avoir meilleur temps en Écosse ? On n'a pas eu un rayon de soleil depuis la Saint-Sylvestre !* » Je réponds à tout le monde, à moins qu'il ne s'agisse de dingues.

Quand j'ai terminé, je range mon bureau et je rentre à la maison. On me demande souvent à quoi je consacre le reste de la journée. En fait, j'ai mon petit train-train. Je nourris Graham, évidemment, et je sors le promener. J'ai parfois rendez-vous avec un ami, ou je fais des courses. Je m'attelle aux travaux ménagers – je déteste, mais nous n'avons pas les moyens de nous payer une femme de ménage – et je remplis des formulaires de concours. Et je lis aussi. Le mieux serait d'avoir un second job l'après-midi, mais c'est impossible, parce que je suis trop fatiguée. De toute façon, cela serait très compliqué, parce que les gens connaissent mon visage pour l'avoir vu à la télé. Mais, la première chose que je fais en rentrant chez moi, c'est de dormir deux heures, alors c'est ce que j'ai fait aujourd'hui. Ou du moins, j'ai essayé. Mais je me suis mise à repenser, encore et encore, à ce que Lily m'avait déclaré la veille. Comme je l'ai déjà dit, elle fait parfois des remarques désagréables – y compris, de temps en temps, un commentaire peu charitable sur Peter. D'habitude, j'oublie, mais cette fois, impossible. Pourquoi diable m'avait-elle dit cela, et qu'est-ce que ça pouvait signifier ? Elle est tellement fine et futée... Et si c'était simplement des paroles en l'air ? J'ai essayé de compter les moutons, mais ça n'a pas marché. J'ai récité toutes les stations de la météo marine... Ça n'a pas aidé non plus. J'ai essayé de me rappeler les noms de tous les auteurs de Peter, mais le sommeil m'échappait toujours, chassé par le commentaire de Lily. Alors, j'ai branché la radio pour me changer les idées, mais ça n'a pas eu d'effet. J'ai ouvert mon livre – *Madame Bovary* –, sans résultat. Mon esprit revenait sans cesse au commentaire de Lily. Encore et encore et encore. Ça me tourmentait. Ça me turlupinait. Ça m'aiguillonnait. Ça me rongeait. Ça tournait en rond dans ma tête comme un moustique dans une chambre d'hôtel : « bzzzzzzz », « bzzzzzz, bzzzzzzzz... bzzzzzzzz. » Je me suis efforcée de le chasser mais il est revenu, alors j'ai rabattu la couette sur ma tête. J'ai pensé aux enfants, et à Graham, j'ai pensé à l'émission de ce matin et à la manière dont ça s'était passé, j'ai pensé à mes parents et à leur dernier voyage, et au type qui est venu réparer la toiture. J'ai pensé au dernier formulaire de concours que j'ai rempli, mais les curieuses paroles de Lily continuaient de résonner dans mes oreilles comme des acouphènes. Mais qu'est-ce qu'elle pouvait bien vouloir dire ?

— Et puis merde ! dis-je à Graham en rejetant la couette. Je vais avoir le fin mot de cette histoire.

— Mon chou ! s'exclama Lily en m'accueillant à la sortie de l'ascenseur, au quarante-neuvième étage de Canary Wharf, une heure et cinquante minutes plus tard. Quelle divine surprise ! Mais qu'est-ce que tu viens faire ici ?

— Je passais par là.

— Vraiment ? Génial. Tu pourras partager mes sandwiches. Alors, comment vas-tu ce matin ?

— Pas au top, répliquai-je. En fait, j'ai un peu la gueule de bois.

— C'est ça, murmura-t-elle, la colère des raisins ! Mais c'était une soirée charmante ! précisa-t-elle en calant sa chienne sous son bras. Jennifer a *adoré*, pas vrai, ma poupoule ? (Jennifer me fixa d'un œil vide.) Et toi, Faith, tu es vraiment courageuse de te lever comme ça, trois heures plus tard, pour tranquillement faire ton bulletin météo, ajouta Lily tandis que nous traversions la rédaction. Je t'ai regardée au gymnase à 6 h 30. Cette fille, Sophie, elle a l'air assez brillante. On pourrait peut-être faire quelque chose sur elle dans *Moi !* Mais ce Terry je-ne-sais-qui, qu'est-ce qu'il est nul, non ? Un cas très net d'absence d'identité. Bon, fit-elle en passant près d'un portant chargé de vêtements de créateurs, où sont tes adorables enfants ?

— Ils sont rentrés à l'internat, expliquai-je alors qu'un boa rose s'envolait dans le sillage parfumé de Lily. Peter les a emmenés à la gare ce matin. Les cours reprennent aujourd'hui.

— Ce sont des amours ! s'exclama Lily en caressant la queue de cheval de Jennifer. Et Katie, est-ce qu'elle n'est pas à hurler de rire avec sa psychanalyse ? Même si je la trouve un peu jeune pour Jung. Il faut absolument qu'on lui fasse un « avant-après » dans le magazine, pour la sortir de ses frusques d'intello. Bon, Jasmine...

Elle se planta devant le bureau d'une fille d'environ vingt ans qui faisait la gueule.

— Je t'ai déjà dit de ne pas boire de café au déjeuner, tu sais que ça t'empêche de dormir dans l'après-midi.

Nous sommes passées devant le service photo, où un photographe était en train de montrer son portfolio, tandis que des filles aux longues jambes se penchaient sur des tables lumineuses. Puis nous sommes entrées dans le bureau vitré de

Lily, avec ses pots en terre cuite plantés d'orchidées, ses photos de mannequins boudeurs, ses couvertures encadrées de *Moi !* et ses trophées. Elle indiqua d'un geste le présentoir où s'étalaient les magazines concurrents.

— Décoration inférieure, lâcha-t-elle.

Puis, elle retira une bouteille de liquide verdâtre d'un petit réfrigérateur dans un coin de la pièce.

— Tu veux du jus de chiendent ?

— Euh, non merci.

Elle s'en versa un verre, s'installa derrière son bureau et me tendit une assiette.

— Sushi végétarien ? s'enquit-elle.

— Je n'ai pas faim, merci.

— Ces rouleaux aux algues sont délicieux...

— Non merci.

— Et ce shiitake est divin.

— Écoute, Lily, tentai-je à nouveau, je suis venue ici pour te demander quelque chose. Euh...

— Mais bien sûr, mon chou, dit-elle. Tu peux me demander n'importe quoi.

Soudain, on frappa à la porte et Polly, la secrétaire de Lily, fit son apparition.

— Lily, voici le *Vogue* de mars. Il vient d'arriver.

Lily fit la grimace. Elle abhorre *Vogue*, c'est devenu une obsession chez elle. Tout ça parce qu'en 1994, quand elle était chef du service magazine, ils ne l'ont pas promue rédactrice en chef adjointe, une erreur de jugement qu'elle ne désire pas oublier, ni pardonner. Elle se mit à en feuilleter les pages d'un air à la fois indolent et insolent.

— Mon Dieu, mais ça suinte l'ennui, marmonnait-elle. Pff... ce vieux marronnier... mais c'est complètement dépassé. Et puis, ah mon Dieu ! Quel cliché ! Chez *Moi !*, on fuit les clichés comme la peste. Non, de grâce, pas Catherine Zeta-Jones, *encore* ! Mon Dieu ! s'exclama-t-elle soudain en affichant une expression de dégoût. Ils font travailler Sally Desert – je ne laisserais pas cette sale petite nabote rédiger ma liste d'épicerie ! Faith, annonça-t-elle en laissant tomber le magazine à terre, je vais vendre plus d'exemplaires que *Vogue*.

— Oui, j'en suis convaincue, Lily, mais...

— On y est presque, ajouta-t-elle en se renversant dans son fauteuil, pressant ses longs doigts les uns contre les autres et scrutant le plafond. Plusieurs de leurs annonceurs sont passés chez nous, et qui peut le leur reprocher ? (C'était bien sûr une question purement rhétorique.) Chez nous, les annonceurs sont heureux, poursuivit-elle sans reprendre son souffle tandis qu'elle nourrissait Jennifer de petits morceaux de saumon fumé. Nous les courtisons. Nous les flattons. Nous leur offrons des taux très intéressants. Nous...

— Lily.

— ... nous occupons d'eux. Nous leur donnons l'impression d'être uniques. En un mot, nous ne mordons pas la marque qui nous nourrit.

— Lily...

— Et de toute façon, ils se sont maintenant rendu compte que *Moi !* est *le* magazine de mode du millénaire.

Elle se leva pour s'approcher de la fenêtre, puis ouvrit les micro-stores vénitiens.

— N'est-ce pas merveilleux ? dit-elle en

contemplant le Dôme du Millénium. N'est-ce pas merveilleux ? Viens là, Faith, et regarde. Regarde tout... tout ça, fit-elle en passant son bras gracile dans le mien. Tu ne trouves pas ça fantastique ?

— Pas vraiment, fis-je sincèrement tout en humant l'arôme de son *Hypnotic Poison*. Pour moi, tout ça n'est que style sans substance.

— J'y étais, murmura-t-elle, rêveuse, sans tenir compte de ma remarque. J'y étais, Faith, à cette fête.

— Je sais.

— J'y étais, avec la reine et Tony Blair. Tu ne trouves pas ça incroyable, Faith ? Que ta petite camarade de classe ait été invitée là-bas ?

Tout d'un coup, en regardant le profil de Lily, je fus transportée vingt-cinq ans en arrière. Je me rappelais la gamine maladroite, debout sur l'estrade dans sa robe en vichy bleu, avec son expression de peur et de confusion. Maintenant, elle était là, au sommet de l'édifice le plus haut de Londres, avec le monde à ses pieds.

— Tu ne trouves pas cela incroyable ? insista-t-elle.

— Quoi ? Eh bien, oui... Euh, non. Enfin, pas vraiment, Lily... J'ai toujours su que tu réussirais.

— Oui, fit-elle, à nouveau rêveuse tandis que nous contemplions le fleuve scintillant, moucheté de bateaux. J'ai réussi, en dépit des tentatives de quelques personnes pour me mettre des bâtons dans les roues.

— Quelles personnes ?

— Oh, des gens sans importance, souffla-t-elle. Rien que des nuls, qui veulent gâcher mon succès. Mais ils savent qui ils sont. Et *je* sais qui ils sont, moi aussi, poursuivit-elle d'un ton légèrement menaçant. Mais personne ne m'arrêtera. Personne ne pourra me retenir.

— Lily, l'interrompis-je, pour qu'elle arrête de parler un instant et m'écoute.

— J'ai piétiné mes ennemis, Faith, reprit-elle calmement, grâce à ma vision des choses et à un travail incessant. *Moi !* va être le leader des magazines haut de gamme, parce que c'est nous qui avons le plus d'idées originales. Maintenant, ajouta-t-elle avec enthousiasme en retournant à son bureau, je veux ton avis sur une nouvelle rubrique qu'on est en train de préparer... Top secret, bien entendu. Qu'est-ce que tu penses de *ça* ?

Elle me tendit une maquette. Elle était intitulée : LES RÉPONSES AUX QUESTIONS BEAUTÉ DE VOTRE CHIEN. « *Je suis un yorkshire*, lus-je. *J'ai une fourrure très fine et électrique. Je n'arrive jamais à la mettre en forme. Que me conseillez-vous ? Je suis un caniche nain blanc*, écrivait un autre. *Mais en ce moment, ma laine est légèrement jaunie et tachée. Cela me gêne épouvantablement. Quels sont les produits de soins qui peuvent me rendre ma blancheur d'antan ?* »

— Les lectrices vont adorer, déclara Lily avec un sourire ravi. J'aimerais lancer un spécial chiens à un moment donné, un supplément broché, peut-être pour le numéro de juillet, poursuivit-elle d'un ton distrait. Je l'appellerais *Chienne*. Nous pourrions le faire sponsoriser par Royal Canin.

— Lily !

Je me levai. C'était la seule façon d'attirer son attention.

— Lily, répétai-je. Je ne suis pas là par hasard.

— Ah bon, mon chou ?

— Non, fis-je en me rasseyant. C'était un mensonge.

Elle roula des yeux.

— Ah bon ? Vraiment, Faith, ça ne te ressemble pas de mentir.

— Si je suis venue ici, c'est pour une raison précise, repris-je, le cœur battant à tout rompre. Parce que je dois te demander quelque chose.

— Faith, mon chou, répondit Lily avec sérieux, Jennifer et moi sommes tout ouïe.

— Eh bien, commençai-je nerveusement, je sais que ça va te paraître idiot, mais hier soir tu as dit quelque chose qui m'a choquée.

— Mais Faith, répliqua-t-elle en sirotant son jus de chiendent, je dis constamment des choses qui te choquent, tu le sais aussi bien que moi.

— Oui, mais ça, ça n'entrait pas dans la catégorie habituelle de tes petites piques venimeuses. Et ce n'est pas seulement ce que tu as dit, c'est aussi la façon dont tu l'as dit.

— Et alors, c'était quoi ?

— Tu as dit... tu as dit que tu me trouvais « merveilleuse » de « faire confiance » à Peter.

Les sourcils arqués de Lily se haussèrent de deux centimètres sur son haut front bombé.

— Mais c'est vrai, mon chou !

— Pourquoi ?

— Parce que je trouve que *toute* femme faisant confiance à *tout* homme est une merveille totale et absolue, parce que tous les hommes sont des bêtes. Enfin, pourquoi penses-tu que je mets aussi peu de temps à les plaquer ?

— Ah, je vois. Alors ce n'était qu'une observation générale, c'est ça ?

— Oui, dit-elle gaiement. Bien sûr que oui ! Tu es idiote de te laisser entamer par ça, Faith. Je croyais que tu mettais un point d'honneur à ne jamais rien croire de ce que je disais.

— D'habitude, oui. Enfin, je sais que tu plaisantes. Tu aimes me faire marcher. Ça ne me gêne pas – ça ne m'a jamais gênée –, et je sais que tu y arrives toujours aussi facilement.

— Faith-la-Poire, approuva-t-elle avec un hochement de tête indulgent.

— Oui, c'est encore moi.

— Je suis désolée de t'avoir inquiétée, reprit-elle en mordant délicatement dans un rouleau aux algues. C'est mon sens de l'humour, ma chérie. Tu me connais.

— Je sais, mais hier soir je n'ai pas pu m'empêcher de me demander si tu plaisantais ou pas.

— Mais bien sûr que si. N'y songe plus.

— Alors tant mieux.

Follement soulagée, je m'autorisai un sourire.

— Je ne faisais que plaisanter, Faith.

— Tant mieux.

— Parce que j'aime bien rigoler.

— Ah, oui.

— Je te faisais marcher..., lâcha-t-elle en feuilletant un exemplaire de *Moi !*

— Je sais...

— J'étais en train de te titiller, comme toujours.

— Ouais, fis-je tandis que je me levais pour prendre congé. En tout cas, je suis ravie d'avoir tiré ça au clair.

— Cela dit..., ajouta Lily d'une voix douce, sans lever les yeux.

— Cela dit, quoi ?

— Eh bien... (Elle soupira et me regarda dans les yeux.) Maintenant que nous en parlons, je dois reconnaître que Peter n'avait pas précisément l'air à l'aise hier soir. En fait, je l'ai même trouvé assez froid. Il est vrai que Peter est souvent froid avec moi. Je sais qu'il ne m'aime pas beaucoup. Je suis sa bête noire, ajouta-t-elle avec un rire de gorge.

C'est une question de personnalité. Un petit conflit de caractère, comme il y en a tant. Mais il a un immense respect pour ta carrière.

— Ah, vraiment ? fit-elle avec un sourire sceptique.

— Soit dit entre nous, repris-je rapidement, Peter a beaucoup d'ennuis au boulot, alors il est un peu angoissé en ce moment.

— Angoissé ? Ma chérie, il était plus tendu que toute l'équipe nationale de tir à l'arc !

— Eh bien...

— Et je n'ai pas pu m'empêcher de remarquer à quel point il avait minci. Tu as vu qu'il portait une cravate Hermès ?

— C'est vrai ? Je ne sais pas. Je ne regarde jamais les étiquettes.

— Oui, Hermès. À soixante-dix livres. Comme je savais que cela ne venait pas de toi, je me suis demandé qui avait bien pu lui offrir cette cravate.

— Il l'a achetée lui-même, répondis-je en la regardant fixement.

— Vraiment ?

— Oui. C'est un investissement. Il a dit que son chasseur de têtes lui a conseillé de renouveler un peu sa garde-robe. Peter cherche un nouveau poste, tu sais... Je ne te l'ai pas dit, mais on a l'impression qu'il va être viré.

— Ah bon ? Mais c'est affreux !

— Oui... parce qu'il était heureux chez Fenton & Friend.

— Ça, c'est le moins qu'on puisse dire.

— Qu'entends-tu par là ?

— Eh bien, dit-elle en ajustant la barrette-papillon de Jennifer, c'est plein de filles sublimes.

— Ah.

— Et il me semble avoir entendu quelqu'un dire, l'autre jour, qu'il avait vu Peter déjeuner avec une jolie blonde. Mais je peux me tromper.

— Oui, en effet. Ou plutôt, on t'a induite en erreur. Parce que Peter doit parfois dîner avec des auteurs ou des agents. Cela fait partie de son travail.

— Bien sûr que oui, Faith, je sais. Mais...

— Quoi ?

— Eh bien, mon chou, c'est *vrai* qu'il est éditeur, et donc...

— Oui ?

— Je déteste avoir à te le dire, mon chou, mais peut-être qu'il était en train de draguer ?

Je plongeai mon regard dans les yeux bruns liquides de Lily. Ils sont immenses et hypnotiques, fendus en amande, avec des cils interminables et recourbés.

— Draguer ? répétai-je.

Je pouvais entendre les battements de mon cœur.

— Peut-être qu'il aborde un nouveau chapitre, reprit-elle doucement en avalant une autre gorgée de jus de chiendent.

— Lily, mais de quoi parles-tu ?

— Peut-être que, dans la librairie de la vie, il y a plus d'un livre de poche...

— Écoute, je...

— Si je te dis ça, c'est uniquement parce que j'ai trouvé très bizarre son petit discours d'hier soir. Même Katie a remarqué son lapsus. Pas toi ?

— Eh bien, je...

— Et après tout, vous êtes mariés depuis pas mal de temps.

— Mais...

— Tout ce que je dis, c'est que, dans ta situation, je veillerais un peu au grain.

— Au grain ?

— Je serais vigilante. Si je te le conseille, c'est en tant qu'amie.

— Je sais...

— Parce que j'ai tes intérêts à cœur...

— Oui. Merci...

— Et je crois que tu devrais lui faire les poches.

— Quoi ? m'exclamai-je, terrassée, tandis que Lily tripotait négligemment ses bracelets tibétains. Tu veux vraiment que je lui fasse les poches ?

— C'est ce que feraient la plupart des femmes, Faith, lâcha-t-elle d'un ton raisonnable. Mais ne t'inquiète pas, mon chou. Je suis sûre que tu n'as absolument aucune raison de t'en faire.

— Je ne sais pas. Peut-être que oui.

— Non, non, je suis sûre que tout va bien,

me rassura-t-elle. Mais tout ce que je peux te dire, en tant que meilleure amie, c'est que tu devrais, enfin... être un peu plus attentive.

— Quoi ?

— Apprendre à repérer les indices.

— J'en serais bien incapable.

— Bien sûr que non, tu es tellement confiante. Mais là, je peux t'aider ma chérie, parce que justement, *Moi !* a fait un grand sujet là-dessus le mois dernier.

Elle se leva et se mit à fouiller dans une pile d'anciens numéros posés par terre.

— Bon, où est-il ? Ah, voilà ! Tu as de la chance. « *Votre homme est-il un rat ?* lut-elle. *Sept indices qui ne trompent pas : un, il est distrait et silencieux. Deux, il « travaille tard » ; trois, il est en forme ; quatre, sa garde-robe s'est améliorée. Cinq, le sexe ne l'intéresse plus ; six, il a acheté un téléphone portable et sept...* Ça, c'est le détail qui tue, Faith...

Soudain, on frappa à la porte.

— Lily... (C'était encore Polly.) Lily, je suis désolée, mais j'ai Madonna pour toi sur la ligne un.

— Eh merde ! dit Lily en roulant des yeux. Je lui ai déjà demandé de ne pas m'appeler durant ma pause déjeuner. Enfin..., soupira-t-elle, c'est vrai qu'on la veut pour la couv' de juin. Désolée, Faith, mon chou, mais je dois y aller.

Elle me souffla un baiser tandis que je franchissais la porte, puis agita la minuscule patte de Jennifer de haut en bas.

— Je ne veux pas que tu t'en fasses, me lança-t-elle. De toute façon, je suis sûre que tout s'arrangera pour le mieux, comme tu le dis toujours.

J'effectuai le trajet de retour jusqu'à l'ouest de Londres dans un état de transe. J'avais eu ce que je voulais, c'est certain. Mes doutes insidieux avaient été dissipés, remplacés par une peur panique. Peter avait une liaison. Lily ne l'avait pas dit explicitement, mais elle croyait manifestement que quelque chose se tramait, et, enfin, elle connaît la chanson. Mon moral était tellement bas qu'il traînait pratiquement sous terre. En sortant de la station de métro de Turnham Green, toutes sortes d'idées folles me vinrent à l'esprit : Peter était amoureux d'une autre femme ; il allait me plaquer ; j'avais été une mauvaise épouse ; il avait été poussé à chercher son réconfort ailleurs ; notre maison allait être vendue ; nos enfants allaient souffrir et être recalés ; notre chien deviendrait un délinquant ; nous n'irions plus jamais chez Ikea...

Alors que je posais la main sur la grille du jardin, mon cœur s'arrêta un instant de battre : là, sur le pas de la porte, se trouvait un énorme bouquet de fleurs blanches et jaunes. Je le ramassai d'une main et ouvris la serrure de l'autre. Graham s'élança pour m'accueillir avec un jappement de joie. J'ouvris l'enveloppe. Le téléphone se mit à sonner, mais je l'ignorai pendant que mes yeux parcouraient le message inscrit sur la petite carte blanche : « *Heureux anniversaire, Faith. Je suis tellement désolé d'avoir oublié. Avec tout mon amour, Peter.* » Le soulagement me submergea, comme une vague. Je m'affalai avec gratitude dans le fauteuil de l'entrée.

— Mais *évidemment* qu'il ne me trompe pas ! expliquai-je à Graham tandis que ma main se dirigeait vers le téléphone. Peter m'aime, et je l'aime, voilà tout. Allô ?

— Faith, mon chou, c'est Lily. Désolée que nous ayons été interrompues.

— Ah, ne t'en fais pas, fis-je joyeusement. Je t'avais dit tout ce que j'avais à dire. En fait, Lily, bien que tu sois très gentille de me donner des conseils, et que je les apprécie à leur juste valeur, je crois vraiment que tu te trompes. Je crois que j'ai eu une réaction exagérée, j'étais dans un état bizarre, tu comprends ? J'étais très fatiguée à cause du boulot, alors...

— Non, mais Faith, je voulais te prévenir d'une chose. Quelque chose de *vraiment* important. Le septième indice. Apparemment, c'est la preuve-infaillible-qui-ne-trompe-jamais-croix-de-bois-croix-de-fer, qu'un mari est en train de s'envoyer en l'air.

— Euh, oui ? dis-je d'une voix languissante. Qu'est-ce que c'est ?

— Il t'envoie des fleurs.

— Et vous, qu'est-ce qui vous fait lever le matin ? s'enquit Terry d'un ton égrillard tandis qu'il se penchait vers la caméra, quelques jours plus tard. Pourquoi ne pas vous lever pour *AM-UK !* Une émission craquante et croustillante ! Il est maintenant presque... (Il leva les yeux vers l'horloge.) 7 h 50. Tout à l'heure, nous aborderons le sujet de la drague par Internet – comment « cliquer » pour craquer ; les femmes à barbe et pourquoi certains les aiment piquantes ; et notre Phobie de la Semaine – les poêles à frire. Et bien sûr, toutes les infos, la météo et le sport.

— Mais d'abord, lut Sophie sur son prompteur, nous poserons la vieille question : que veulent dire les noms ? Eh bien, d'après le sociologue Ed McCall, leur sens peut influencer notre vie. Ed, bienvenue sur notre plateau !

Je me tenais debout à côté de la carte météo, et j'écoutais. Je dois dire que c'était formidable. Les sujets intéressants sont si rares. Comme un critique télé l'a noté avec ironie, « le menu de *AM-UK !* pour le petit déjeuner compte pratiquement 0 % de matière grise ! » Mais cette interview-là était fascinante, et Sophie la menait à la perfection.

— Quand on examine les patronymes, expliquait McCall, on s'aperçoit que les gens sont souvent attirés par des carrières qui reflètent leurs noms de famille. Par exemple, il y a un monsieur, dénommé James Judge, qui est juge ; puis il y a sir Hugh Fish, qui dirige la compagnie des Eaux de la Tamise ; une vicaire, Linda Deléglise, a récemment reçu son ordination ; et j'ai découvert une femme policier en Tasmanie qui s'appelle Lauren Orden, jeu de mots sur « Law and Order », « la loi et l'ordre ». Et puis, il y a un horticulteur bien connu qui se nomme Michel Lafleur.

— Je crois que vous avez trouvé de nombreux exemples parlants dans la profession médicale, le relança Sophie.

— Oh oui. J'ai découvert un allergologue

qui s'appelle le Dr Akarian, et des dermatologues répondant aux noms de Bouton et Mykos ; j'ai trouvé un gynécologue, le Dr Papa ; et un pédiatre, le Dr Lenfant.

— C'est formidable, Sophie, entendis-je Darryl dire dans mon oreillette.

— D'autres exemples ? demanda-t-elle avec le sourire.

— Il y a un chirurgien qui s'appelle le Dr Boucher, un officier de police nommé Andy Sergent, plusieurs banquiers surnommés Cash, et un criminel condamné dont le nom est Tony Lawless, c'est-à-dire « Hors-la-loi ». Il y a beaucoup d'autres exemples de ce genre. J'en ai donc conclu que ces gens étaient attirés vers leurs professions, consciemment ou non, à cause de leurs noms de famille.

— J'imagine qu'on pourrait parler de déterminisme nominatif, suggéra Sophie, réagissant en universitaire.

— Euh, certainen ent, dit-il d'une voix incertaine, bien qu'il s'agisse d'une interprétation très technique du phénomène. Mais, oui, je crois que les noms déterminent effectivement nos vies jusqu'à un certain point ; que ce ne sont pas simplement des étiquettes, mais une part inhérente de notre identité.

— Et cela s'applique-t-il aussi bien aux prénoms qu'aux noms de famille ? demanda Sophie.

— Ah, certainement.

— Alors, que veut dire Sophie ? s'interposa Terry en ricanant. Petite prétentieuse ?

— Pardon ?

— Hystéro voleuse d'émission ?

— Tais-toi, Terry, entendis-je siffler Darryl.

— Euh, non, répondit Ed McCall, manifestement choqué par les injures éhontées de Terry. En fait, le prénom Sophie signifie « sagesse », et si je puis me permettre, ajouta-t-il galamment, c'est un prénom auquel Sophie fait tout à fait honneur.

— Et que signifie Terry ? demanda Sophie d'un ton aimable.

— Terry peut être soit le diminutif de Terence, ou un dérivé du prénom français Thierry, datant de l'époque normande.

— Ce n'est plus un prénom très populaire, n'est-ce pas ? reprit Sophie d'une voix sucrée. (Elle avait manifestement lu le bouquin.) Vous indiquez même que Terry est un prénom plutôt *daté* de nos jours.

— C'est vrai, acquiesça Ed, c'était un prénom très populaire dans les années 50.

— Les années 50 ! s'exclama-t-elle. Mais je suis sûre que Terry n'est pas né il y a aussi longtemps. Pas vrai ? s'enquit-elle innocemment.

— Mais non, non, non, non, dit Terry. Bien plus tard.

— Bien sûr que oui, dit Sophie d'un ton patelin tandis que la caméra sadique s'attardait sur le visage empourpré de Terry. Je suis certaine que vous êtes né bien, bien plus tard que ça, Terry.

— Oui, oui, en effet. C'est exact.

— Personne ne pourrait croire que vous êtes né, disons en... 1955 ? conclut-elle en souriant.

Touché. Il le méritait. Pour une fois, il en perdait ses mots.

— Et qu'en est-il de notre météorologue, Faith ? reprit suavement Sophie tandis que Terry fulminait.

Elle me désigna d'un geste élégant de la main gauche, tandis que la lumière sur « ma » caméra s'allumait.

— Faith est l'un de ces prénoms fondés sur des vertus abstraites, inventés par les Puritains, expliqua Ed. Comme Charity, Verity ou Grace. Et ces prénoms ont surtout été donnés aux femmes, évidemment, comme mesure de contrôle social, afin que les petites filles portant ces prénoms « vertueux » développent ces caractéristiques désirables. Dans le genre, il y a eu des prénoms vraiment affreux, mais grâce au ciel ils n'ont pas survécu. Pouvez-vous imaginer baptiser votre enfant Abstinence ou Humilité ?

— Quelle horreur ! s'esclaffa Sophie.

— Mais les prénoms les plus attrayants dans le genre nous sont restés, et je crois qu'ils ont une influence sur le caractère. Si vous vous appelez Patience ou Verity, les gens s'attendent à certains types de comportements. Comment s'appeler Grace et être pataude, par exemple, ou être malheureuse quand on s'appelle Joy, ou dévergondée quand on s'appelle Virginie ?

— Ou adultère quand on s'appelle Faith ? dit Terry, tentant de revenir dans l'émission. Êtes-vous fidèle, Faith ? me demanda-t-il, d'un ton que je trouvai très impertinent.

— Seulement à mon mari, répondis-je avec un sourire.

— Il y a aussi une mode qui veut qu'on donne aux enfants des noms d'endroits, n'est-ce pas, Ed ? reprit Sophie.

— Mais oui. Maintenant, nous avons pratiquement tous les États américains – Atlanta, Georgia, Savannah –, bien que Nebraska et Ohio n'aient pas le même attrait. Et puis nous avons Chelsea et, naturellement, India. Les gens baptisent souvent leurs enfants d'après l'endroit où ils ont été conçus. Comme Posh Spice et David Beckham, qui ont appelé leur bébé Brooklyn après un voyage à New York.

— Ça aurait pu être pire, fit remarquer Sophie. Au moins, ils ne l'ont pas appelé Queens.

Ed rit de son bon mot et la jeune femme le remercia d'être venu à l'émission.

— C'était fascinant, conclut-elle chaleureusement. Et le livre d'Ed, *Au nom du destin*, sort aujourd'hui chez Thorsons.

— Maintenant, intervint Terry, il est temps de parler météo. Voyons si Faith nous apporte de bonnes nouvelles aujourd'hui !

Lorsque l'émission se termina une heure plus tard, Terry et Sophie se sourirent aimablement pendant que le générique défilait puis, une fraction de seconde après avoir quitté l'antenne, il se leva, la domina de toute sa taille et hurla :

— Ne me fais plus *jamais* ça !

— Pardon ? Faire quoi ? répondit gentiment Sophie en retirant son micro de l'arrière de sa jupe.

— Ne parle plus jamais de mon âge à l'antenne, siffla-t-il.

— Eh bien, quant à moi, je te serais reconnaissante de ne pas m'insulter en direct, répliqua-t-elle en retirant son oreillette.

— J'ai trente-neuf ans ! cria-t-il derrière elle tandis qu'elle se dirigeait vers la salle de maquillage pour se faire retirer son fond de teint. Trente-neuf ans ! Pas quarante-six ! Pigé, espèce de grosse vache prétentieuse ?

— Bien sûr que tu as trente-neuf ans, Terry, lança-t-elle par-dessus son épaule. Je ne sais pas comment j'aurais pu me tromper : tout le monde ici dit que tu as trente-neuf ans depuis des années.

Il blêmit de colère. C'était comme si Sophie lui avait fait une déclaration de guerre. Et, bien que je me réjouisse de constater qu'elle commençait à contre-attaquer, j'espérais qu'elle ne le regretterait pas. Enfin, comme je l'ai déjà dit, je reste toujours en dehors des conflits au bureau. En prenant mon sac, je remarquai qu'il y avait deux exemplaires de *Au nom du destin*, posés sur le bureau du planning. Comme personne n'avait l'air d'en vouloir, j'ai glissé une pièce dans la boîte de collecte pour les bonnes œuvres, et j'en ai pris un. Il y avait un index à la fin, et j'ai regardé « Peter » ; cela voulait dire « pierre », comme je le savais déjà. Je songeai à quel point Peter avait été un roc pour moi – solide, indéracinable et fort. En réfléchissant à mon propre prénom, je me demandai – pas pour la première fois – à quel point il avait fait de moi ce que j'étais. Serais-je devenue quelqu'un d'autre si j'avais porté un prénom de femme fatale comme Carmen ou Scarlett ? Mais j'avais été baptisée Faith, la foi, la fidélité, et je n'aurais jamais pu devenir une femme fatale, même en rêve. Je décidai que je ferais aussi bien de rester fidèle à mon prénom, et je pris la résolution de ne plus douter de Peter. Ainsi, lorsque j'ouvris la porte d'entrée et que j'aperçus le numéro de décembre de *Moi !*, que Lily m'avait envoyé, j'ai eu envie de le jeter à la poubelle, tout simplement. Mais bon, d'un autre côté, je savais qu'elle me l'avait envoyé avec les meilleures intentions du monde.

Je suis certaine qu'il n'y a pas de quoi s'en faire, avait-elle tracé de son écriture haute et ronde. *Mais rien que pour t'en assurer, lis ceci, c'est plein d'astuces. P.S. Et pourquoi ne pas consulter le site web voustrompetil.com ?*

— C'est ridicule, dis-je à Graham en feuilletant le magazine. Peter ne me trompe pas.

Mais je ne pus résister à ma curiosité. Je lus l'article. Simplement à titre d'information. Bien sûr.

Comment savoir si votre homme vous trompe :

1. *Il est distrait et distant.*
2. *Il est en forme.*
3. *Il travaille tard.*
4. *Sa garde-robe s'est améliorée.*
5. *Le sexe ne l'intéresse plus.*
6. *Il a acheté un téléphone portable.*
7. *Il vous envoie des fleurs.*

Le pire, c'est que je pouvais répondre sans hésitation « oui » à tous ces indices. Mais je décidai de rester calme, parce qu'il y avait une explication rationnelle dans chaque cas. Peter est distrait et distant parce qu'il a beaucoup de soucis, me dis-je, et, s'il a minci, c'est pour la même raison. Il travaille tard parce que sa patronne est une peau de vache ; il a amélioré sa garde-robe parce qu'il doit être élégant pour ses entretiens d'embauche. Le sexe ne l'intéresse plus parce que sa libido est en berne, à cause de sa dépression. Il a acheté un téléphone mobile pour que son chasseur de têtes puisse le contacter à tout instant ; il m'a envoyé des fleurs pour la simple raison qu'il a oublié notre anniversaire et qu'il le regrette.

— Alors voilà, expliquai-je à Graham après avoir lu et relu l'article. Il est innocenté. Nous n'avons pas de raisons de nous en faire.

Je le regardai dans les yeux – ils ont la couleur du sucre de canne cristallisé – et je caressai son museau velouté. Graham était inquiet, lui aussi. Il est très sensible à mes humeurs et, depuis deux jours, il se sent un peu désorienté. Je le sais, parce qu'il se colle à moi plus que d'habitude. Et puis il me suit partout.

— C'est bon, Graham, tu n'es pas obligé de te lever chaque fois que je me lève, lui dis-je.

Mais il le fit quand même. Il me suivit dans l'escalier jusqu'à la chambre d'amis au deuxième. Je n'étais pas convaincue de l'infidélité de Peter mais, afin d'apaiser toutes mes craintes, j'avais décidé d'explorer ses poches. Peter est assez ordonné, et il ne possède pas énormément de vêtements : mes investigations ne devraient pas durer longtemps. Mon pouls s'accéléra tandis que je consultai à nouveau le magazine. *Vous devez tout laisser exactement comme vous l'avez trouvé*, conseillait-on. *S'il se doute que vous le soupçonnez, il arrêtera peut-être ce qu'il fait, et vous ne saurez jamais la vérité*. Alors, telle une voleuse – ce qui éveilla en moi un curieux mélange d'excitation et de profonde appréhension –, je fouillai minutieusement ses vêtements. D'abord, j'inspectai les poches de son blouson. Je n'y trouvai qu'un vieux ticket de bus, un mouchoir et quelques pièces.

— Rien de suspect ici, déclarai-je à Graham.

Il me considéra avec ce qui ne pouvait être qu'une expression d'intense soulagement. Dans le panier à linge sale, traînaient quelques chemises. Graham et moi, nous les avons reniflées. Aucune bouffée d'odeur étrangère, aucune trace de rouge à lèvres. Juste l'arôme familier de la transpiration de Peter.

— Jusqu'ici, tout va bien, dis-je à Graham.

Ses oreilles se redressèrent et il agita la queue. Moi, au fur et à mesure que le soulagement me gagnait, je commençais à m'amuser. J'avais déjà inventorié la boîte à gants de la voiture pour vérifier si des culottes inconnues ne s'y nichaient pas. Je n'y avais même pas trouvé l'ombre d'un string. J'avais appuyé sur la touche « bis » du téléphone, et j'étais tombée sur ma belle-mère. Il ne me restait que son attaché-case à fouiller, mais c'était impossible, puisqu'il l'avait avec lui.

— Ah oui ! Sa facture de téléphone mobile, me rappelai-je en remarquant une enveloppe au bord de la fenêtre. Elle avait été ouverte. Je lus le relevé. Un numéro commençant par 0207 y apparaissait plus de trente fois. J'ai composé le numéro, le cœur battant.

— Andy Metzler et associés, répondit une voix féminine. Je raccrochai immédiatement.

— C'est seulement son chasseur de têtes, précisai-je à Graham. Peter est irréprochable. Allez, donne la papatte !

Il me tendit la patte gauche et je la secouai,

puis je consultai à nouveau le magazine. « *La plupart des maris infidèles sont trahis soit par des numéros inconnus sur leur facture de téléphone, soit par leur relevé de carte bancaire.* » Bon, je n'ai aucune idée de l'endroit où se trouve notre relevé de carte bancaire, parce que je ne le vois jamais. Non que Peter ait quoi que ce soit à me cacher mais parce qu'il est posté dans une enveloppe brune et que je n'ouvre jamais – mais alors jamais –, une enveloppe brune. C'est une sorte de phobie. Je vous ouvre toutes les enveloppes blanches que vous voulez, mais une brune, pas question. Alors c'est Peter qui gère nos factures de cartes bancaires. De toute façon, je ne me sers pratiquement jamais de la mienne, c'est tellement facile de trop dépenser... Je fourrageai dans le secrétaire du salon et trouvai une petite chemise noire libellée « Cartes de crédit ».

— Peter a passé le test de l'infidélité haut la main, expliquai-je à Graham. Ceci, mon chouchou chien, est l'épreuve finale.

J'examinai la première entrée, datée du 4 janvier. Comme je m'y attendais, il n'y avait pas beaucoup de débits ; nous avions utilisé la carte pour régler des billets de théâtre à Noël, nous avions acheté quelques livres pour Katie, et un CD-rom pour Matt. Puis il y avait un quatrième débit, pour des fleurs. Mes fleurs, évidemment. Elles avaient coûté quarante livres et avaient été commandées chez un fleuriste appelé Floribunda. Je sais où ça se trouve : à Covent Garden, près du bureau de Peter. Alors voilà. Pas de factures de restaurant inexpliquées. Pas de références à des auberges de campagne. Pas d'apparitions suspectes de La Perla. Mon enquête tirait à sa fin. Mais, alors que je refermais la chemise pour la replacer, je sentis tout d'un coup mon cœur se contracter, comme s'il avait été comprimé par une main étrangère. Ces fleurs sur le relevé n'étaient pas *mes* fleurs. Comment cela aurait été possible ? Mon bouquet n'avait été envoyé qu'hier. Le débit n'apparaîtrait que sur le relevé de février. Dans trois semaines. Ma respiration s'accéléra. Je m'affalai sur la chaise la plus proche. J'allai jusqu'à l'entrée, cherchai Floribunda dans l'annuaire et composai le numéro d'une main tremblante. Que dirais-je lorsqu'on me répondrait ? Oui, quoi ? S'il vous plaît, pouvez-vous me dire à qui mon mari a envoyé des fleurs le 18 décembre dernier, parce que je le soupçonne d'avoir une maîtresse ? Peut-être que je pouvais faire semblant d'être la destinataire, et prétendre que je ne les avais jamais reçues ? « Je suis désolée de vous importuner, mais vous savez, les fleurs que mon mari, Peter Smith, a commandées le 18 décembre ? Oui, c'est ça. Eh bien, je ne les ai jamais reçues. Il y a peut-être eu une erreur, pourriez-vous me confirmer l'adresse à laquelle elles ont été envoyées ?

— Allô, Floribunda, puis-je vous aider ? répondit une voix féminine agréable.

— Je... je...

Je raccrochai. Le combiné était trempé de sueur. Je n'y arriverais jamais. Je ne voulais pas savoir. Le cœur battant, je m'assis au pied de l'escalier. Peter avait une maîtresse. *J'étais heureuse quand je ne savais rien*, comme disait Othello. *Maintenant, adieu à jamais, esprit tranquille...* Je restai assise, à fixer le miroir en forme de soleil que Lily nous avait offert pour notre mariage, trop choquée pour réagir. Puis, soudain, je tressaillis, souris, me frappai le front, très fort, du plat de la main.

— Espèce d'IDIOTE, Faith ! m'écriai-je. Espèce de CRÉTINE IDIOTE !

Ça m'était revenu ! L'anniversaire de sa mère est le 18 décembre. J'avais acheté la carte, je l'avais signée et nous lui avions offert un superbe cadre. Manifestement, Peter avait décidé de lui envoyer aussi des fleurs. Évidemment. Voilà ! Je serrai contre moi un Graham stupéfait.

— Maman est très bête, lui dis-je tandis qu'il me léchait nerveusement l'oreille. Elle s'est plantée sur toute la ligne.

Je me sentais tellement mesquine d'avoir soupçonné Peter, alors qu'il avait tant de soucis. Mesquine, méchante et, d'une certaine manière, souillée. Désormais, me promis-je, je ne me méfierais plus jamais de lui. J'allai dans la cuisine pour me préparer un café – un vrai café, pour fêter ça. Tandis que l'arôme capiteux de l'arabica imprégnait l'air, je retrouvai peu à peu mon calme. J'étais tranquillement en train de feuilleter *Moi !* lorsque la sonnerie du téléphone retentit.

— Bonjour, Faith. C'est Sarah. Je voulais simplement te remercier d'avoir organisé cette charmante soirée la semaine dernière. J'ai passé un très bon moment, ajouta-t-elle chaleureusement, et c'était merveilleux de revoir les enfants – ils sont tellement mûrs pour leur âge.

— Ça, c'est certain.

— Et je trouve ça adorable d'avoir fait la surprise à Peter.

— Je voulais lui remonter le moral, expliquai-je. J'imagine qu'il t'a dit qu'il avait des problèmes au boulot.

— Eh bien oui. Il m'a téléphoné hier soir. Je suis sûre que tout va s'arranger, mais je dois dire qu'il a vraiment la tête ailleurs en ce moment.

— Oui, acquiesçai-je, en effet.

J'ajoutai avec enthousiasme – un enthousiasme que j'allais rapidement regretter :

— Il a même oublié que c'était notre anniversaire, et ça ne lui est jamais arrivé auparavant !

Sarah eut un petit rire.

— Eh bien, figure-toi qu'il a aussi oublié *mon* anniversaire, à moi !

J'eus l'impression de tomber au fond d'un puits.

— Pardon, Sarah, qu'est-ce que tu as dit ?

— Il a oublié mon anniversaire. J'ai bien reçu votre carte, évidemment, et le joli cadre. Mais, d'habitude, Peter m'offre un petit quelque chose en plus, de sa part à lui. Pour la première fois de sa vie, il a oublié. Mais je t'en supplie, ne lui en parle pas, ajouta-t-elle rapidement. Il a assez de problèmes en ce moment.

— Alors tu n'as pas reçu..., fis-je faiblement.

— Reçu quoi ?

— Tu n'as pas reçu de... ? insistai-je tandis que retentissait la sonnette de sa porte d'entrée.

— Bon, il faut que j'y aille, mes partenaires de bridge sont arrivées. On papotera une autre fois, Faith. Au revoir.

Je reposai lentement le combiné.

— Mon Dieu, dis-je à Graham. Mon Dieu, répétai-je en respirant plus rapidement. À qui est-ce qu'il a bien pu envoyer ces fleurs, et qu'est-ce que je vais bien pouvoir faire ?

Je consultai à nouveau le magazine. Dans l'encadré intitulé : « Passez à l'action ! » se trouvaient les conseils suivants : *Sous aucun prétexte ne laissez votre mari soupçonner que vous doutez de sa fidélité. Même si cela est difficile, vous* DEVEZ *faire comme si de rien n'était.*

— Alors, chéri, comment s'est passée ta journée ? m'enquis-je avec un entrain factice lorsque Peter rentra du bureau.

— Épouvantable. Tu veux savoir le dernier coup de la vieille peau ?

— Quoi ?

— Elle veut me refiler Amber Dane.

— Je croyais qu'Amber Dane avait renoncé à écrire ses horribles romans ?

— C'est ce que nous espérions tous, répliqua-t-il avec un sourire sinistre. Mais elle en a écrit un autre, qu'elle prétend « satirique », rien que ça. Tu parles ! D'après ce que j'ai lu jusqu'ici, c'est aussi satirique qu'un pot de yaourt. Nous ne devrions vraiment pas publier ça – d'ailleurs, c'est ce que j'ai dit. Mais Charmaine m'a confié le manuscrit et elle attend un rapport complet. Tu parles d'un coup bas, ajouta-t-il en desserrant sa cravate.

— Aïe.

— Et ce minus, reprit-il d'un ton exaspéré en se versant à boire, ce gros minus d'Oliver qui m'a fait un caca nerveux parce que je l'ai appelé Olly.

— Quel est le problème ?

— Justement ! Aucun. Plein de gens l'appellent Olly. Charmaine l'appelle Olly. Et aujourd'hui, en réunion, je l'ai aussi appelé Olly. Après il m'a pris à part, livide, tout en sueur, et il m'a déclaré d'un ton furieux, comme s'il était mon putain de patron : « Peter, je te prie de ne plus *jamais* m'appeler Olly. Je m'appelle Oliver. » Cette espèce de connard prétentieux ! Tu sais, Faith, avant j'adorais Fenton & Friend, mais maintenant, je n'ai qu'une hâte, c'est de me barrer.

— Tu as des nouvelles d'Andy ? demandai-je.

Peter rougit légèrement. Sans doute parce qu'il avait honte d'avouer qu'il n'en avait pas eu.

— Euh... non, soupira-t-il en s'enfonçant dans un fauteuil. Rien. Encore rien. Mais j'ai... bon espoir.

Je parvins à rester insouciante et « normale », comme le recommandait l'article. Je me félicitai de maintenir une façade aussi agréable alors que mon esprit était si tourmenté. Alors que nous nous mettions à table, j'examinai Peter. C'était comme si je le découvrais sous une tout autre lumière. Il me semblait différent maintenant, d'une manière indéfinissable. Pour la première fois en quinze ans je n'arrivais pas à déchiffrer son expression. Comme si je regardais l'une de ces horloges design, sans chiffres sur le cadran. Je ne savais plus rien, sinon ceci : désormais j'étais incapable de lui faire confiance d'instinct, comme auparavant. Jamais il n'y avait eu de problème de confiance entre Peter et moi. Cela peut paraître naïf, mais c'est la vérité. Je n'y avais jamais songé. Je plaignais même les épouses qui soupçonnaient leurs maris. Maintenant, je me retrouvais, comme des milliers d'autres femmes, à me demander si mon mari avait une maîtresse. Étrange sensation, après tant d'années de mariage.

Tandis que nous bavardions en mangeant nos lasagnes, je songeai à nouveau au prénom de Peter, et au fait qu'il ait toujours été un roc pour moi. Fort, stable, digne de confiance – jusqu'à aujourd'hui. Dans la Bible, c'était sur Pierre que le Christ avait fondé son Église. Voilà ce que nous avons appris à l'école. Mais c'était aussi Pierre dont la résolution avait volé en éclats dans le jardin de Gethsémani, et qui avait renié Jésus trois fois. Ainsi, l'apôtre Pierre avait des pieds d'argile. Mon Peter aussi.

— Ça va, Faith ? demanda soudain Peter.

Il avait posé son couteau et sa fourchette.

— Quoi ?

— Tu me regardes fixement.

— C'est vrai ?

— Oui.

— Ah. Désolée.

— Est-ce que tout va bien ? Je veux dire, tu as eu une bonne journée ?

— Euh...

— Tu sembles un peu tendue.

— Mais non, je ne suis pas tendue du tout, non, non, non. Non.

— Comment s'est déroulée l'émission ? Je suis navré de t'avoir ratée ce matin. Tu sais que j'essaie toujours de regarder.

— Ça s'est assez bien passé, répliquai-je. Il y avait une interview vraiment passionnante sur les prénoms et leur signification. Le tien veut dire « pierre ».

— Je sais.

— Le mien signifie... Enfin, c'est évident. Et j'ai toujours été fidèle, comme tu as pu t'en rendre compte.

— Oui. Oui, je sais, confirma-t-il d'un ton presque trop sérieux.

Il y eut un moment de silence, troublé seulement par le tic-tac de l'horloge de la cuisine.

— Alors, que prévoit la météo aujourd'hui ? reprit-il.

— Euh... eh bien, tout va bien. Ou plutôt, tout va mal. En fait, on attend des perturbations, continuai-je, pensive. Les températures vont un peu baisser. Ça va se refroidir.

— Évidemment. On sent déjà un froid.

Nos regards se croisèrent de nouveau... Je désignai gaiement le bouquet de jonquilles et de narcisses, d'anémones pâles et de mimosas dorés.

— Quelles fleurs magnifiques ! Elles sentent divinement bon. C'est adorable. Merci !

— Tu les mérites, répondit-il.

Un nouveau silence nous enveloppa. Et dans ce silence je décidai tout d'un coup – ne me demandez pas pourquoi – de ne pas suivre les conseils du magazine.

— Tu n'envoies pas des fleurs à ta mère pour son anniversaire, d'habitude ? le questionnai-je innocemment en posant mon couteau et ma fourchette.

— Merde ! fit-il en se claquant le front de la paume, j'ai complètement oublié.

— Nous lui avons offert un beau cadre, tu te rappelles ? Et puis tu as signé la carte de vœux...

— Je sais. Mais d'habitude, je lui envoie toujours des fleurs ou une boîte de chocolats. Tu sais, quelque chose de personnel. J'oublie tout en ce moment, Faith, soupira-t-il en débarrassant la table. J'imagine que c'est à cause de mes soucis au boulot.

— Mais il y a certaines choses... que tu n'oublies pas, suggérai-je avec précaution en ouvrant la porte du congélateur.

— Ah bon ?

— Oui.

— Comme quoi ?

— Eh bien, je ne sais pas, répondis-je en sortant un pot de glace. En fait, Pete, j'allais te poser la question.

— Faith, de quoi parles-tu ? me demanda-t-il en sortant deux bols.

— De rien en particulier, répliquai-je avec nonchalance en ouvrant le pot, sauf que tu sembles t'être souvenu de quelqu'un récemment... de quelqu'un que je ne connais pas.

— Faith, je n'ai pas le temps de jouer aux devinettes. Je suis très fatigué. Et, avec ce manuscrit d'Amber Dane, j'ai une soirée atroce qui m'attend. Alors si tu as quelque chose à me dire, pourrais-tu s'il te plaît être un peu plus directe ?

— D'accord. (J'inspirai profondément avant de parler.) Peter, j'ai regardé notre relevé de carte bancaire aujourd'hui, et j'ai trouvé un débit de quarante livres chez un fleuriste. Je sais que les fleurs n'étaient pas destinées à ta mère, parce qu'elle m'a confié que tu avais oublié son anniversaire, alors je ne peux pas m'empêcher de me demander pour qui elles pouvaient bien être.

Peter me fixa comme si j'étais devenue folle.

— Des fleurs ? s'écria-t-il, incrédule. Des fleurs ? J'ai envoyé des fleurs à quelqu'un ? À qui aurais-je envoyé des fleurs, à part toi et maman ?

— Eh bien, c'est justement la question que je me posais.

— C'était quand, au juste ? me demanda-t-il calmement alors que je remettais la glace dans le frigo.

S'il mentait, il était très convaincant.

— Le 18 décembre.

— Le 18 décembre ? Le 18 décembre...

Il se mordilla la lèvre inférieure pensivement, d'une façon presque théâtrale, puis il lança brusquement :

— Clare Barry !

— Qui ?

— L'un de mes auteurs. Voilà à qui étaient destinées les fleurs. C'était pour le lancement de son bouquin. Je lui en envoie toujours.

— Ah, je vois. Mais...

— Mais quoi ?

— Je croyais que tu utilisais une autre carte pour tes frais professionnels ?

— Oui, en effet. American Express.

— Mais, si tu as envoyé un bouquet à Clare Barry, il s'agissait de frais professionnels, non ?

— Ou...ui.

— Alors pourquoi aurais-tu commandé des fleurs pour l'un de tes auteurs avec ta propre carte bancaire ?

— Eh bien, je ne sais pas, fit-il, irrité. Peut-être que je me suis trompé, tout simplement. Ou peut-être que je ne retrouvais pas mon American

Express et que j'étais pressé, alors j'ai utilisé mon autre carte à la place. C'est vraiment important ?

— Non, dis-je d'un ton dégagé. Ce n'est pas important. Je suis... satisfaite.

— Satisfaite ? Satisfaite ? Ah ! s'exclama-t-il brusquement. Ah, je vois ! Tu penses que je suis en train de m'envoyer en l'air.

Je jetai un coup d'œil à Graham. Les muscles de ses épaules s'étaient noués et il avait baissé les oreilles.

— Mais non, mais non, protestai-je. Non. Enfin, peut-être.

J'inspirai profondément.

— Alors, c'est ça ?

— Mais non, affirma-t-il avec ce qui me sembla être une expression de léger regret. Je ne te trompe pas. C'est la vérité. De toute façon, Faith, tu ne crois pas que j'ai assez de soucis en ce moment sans me taper une nana ? (Une *nana* ?) Alors pourrais-tu me laisser souffler un peu ? (*Souffler* ?)

— Souffler ? répétai-je. Ah. Tu veux que je te laisse souffler ?

— Oui, répliqua-t-il fermement. Exactement. Et j'espère que tu me crois quand je te dis que ces fleurs étaient pour un auteur ? Tu me crois, Faith ? Tu me crois ?

— Oui. Je te crois.

Je mentais.

Février

— Je commence à me débrouiller pas mal à ce petit jeu, dis-je à Graham tout en fouillant les vêtements de Peter à nouveau, ce matin.

Question d'habitude. Aujourd'hui, je n'avais plus le cœur au bord des lèvres. Je n'avais plus les nerfs en pelote. En fait, j'étais devenue une vraie pro. Et puis, j'estimais qu'il était parfaitement légitime que je mette mon nez dans les affaires de mon mari.

— Les autres femmes font ça tout le temps, expliquai-je à Graham d'un ton enjoué. De toute façon, je suis obligée d'examiner ses vêtements, pour voir si je dois les envoyer au pressing.

Cette fois, je ne trouvai rien d'inhabituel. Enfin si. Dans la poche de son pantalon gris : un paquet de cigarettes Lucky Strike. Je le montrai à Graham et nous échangeâmes un regard lourd de sous-entendus.

— Je crois que je vais aller au gymnase ce soir, lança Peter en rentrant à la maison. Je n'y ai pas mis les pieds depuis plus d'une semaine.

— Ah.

Avant, ça m'aurait semblé tout à fait innocent – je lui aurais gaiement souhaité une bonne soirée. Mais je devenais soupçonneuse. Pourquoi voulait-il aller au gymnase tout d'un coup ? Qui allait-il rencontrer là-bas ? Il avait peut-être un rendez-vous. Bon. On allait étouffer ça dans l'œuf.

— Je peux venir avec toi ? demandai-je. J'aimerais nager un peu.

— Oui. Oui, bien sûr.

Nous avons allumé la télé pour le chien et pris nos sacs de gym.

— Tu as des nouvelles d'Andy ? m'enquis-je tandis que nous roulions.

— Non, soupira-t-il. Pas encore.

— Et tu es arrivé à finir le manuscrit d'Amber Dane ?

— Oui, fit-il d'un ton las. Satirique ! C'est plus juvénile que Juvénal. Enfin, je ne sais pas pourquoi Charmaine la garde. Mon Dieu, qu'est-ce que cette bonne femme me gonfle !

— C'est pour cette raison que tu as commencé à fumer ? demandai-je innocemment alors que nous attendions que le feu passe au vert.

— Pardon ?

— C'est pour ça que tu t'es mis à fumer ? répétai-je.

Je voulais savoir s'il mentait bien.

— Je ne fume pas ! s'indigna-t-il. Tu le sais parfaitement.

— Dans ce cas, mon chéri, pourquoi est-ce que, aujourd'hui, en vidant ton pantalon gris, avant de le porter au pressing, j'ai trouvé un paquet de cigarettes ?

— Des cigarettes ?

Malgré la pénombre, je pus constater que son visage avait viré au rouge vif.

— Quelles cigarettes ?

— Lucky Strike.

Il redémarra.

— Ah. Ah oui, ces cigarettes-là. Oui, eh bien, je ne voulais pas que tu le saches, mais, en fait... C'est vrai, je fume, de temps à autre, quand je suis stressé.

— Je ne t'ai jamais vu le faire.

— Je savais que tu ne serais pas contente. Et puis de toute façon, tu ne m'as jamais connu vraiment stressé. Mais, là, parfois, oui, j'aime bien me fumer une petite clope.

— Ah ! Je vois.

Et soudain, je me suis rappelé un autre détail curieux.

— Tu n'aimes pas le chewing-gum, n'est-ce pas ? demandai-je tandis qu'il garait la voiture.

— J'ai horreur de ça.

— Alors tu n'en achètes jamais, pas vrai ?

— Non. Bien sûr que non. Pourquoi irais-je en acheter ?

— C'est ce que je me demande.

— Écoute, Faith, j'espère que l'inquisition est terminée pour aujourd'hui, dit-il en mettant le frein à main.

— Je n'ai plus d'autres questions, lâchai-je avec un petit sourire sinistre.

— Et, à l'avenir, ajouta-t-il en tournant la clé de contact, je préférerais que tu ne fouilles pas mes vêtements. Tu ne l'as jamais fait auparavant et je ne vois pas pourquoi tu commencerais maintenant.

Et pourquoi ? Parce qu'alors je découvrirais la preuve de ce que je ne faisais encore que soupçonner.

— Ne t'inquiète pas, dis-je d'un ton dégagé, je ne recommencerai plus.

Lorsque nous sommes rentrés à la maison à 21 h 30, j'ai fait mine d'aller me coucher et je me suis faufilée dans la chambre de Matt pour me servir de son ordinateur. Je savais que ça lui serait égal. Il y avait une pile de CD-roms sur la chaise, et des douzaines de jeux vidéo sur le lit. Matt semblait être en plein milieu d'une réorganisation de sa vaste collection. J'en pris quelques-uns pour les examiner... Que des noms bizarres : *Zombie Revenge, Strider, Super Pan, Chu-Chu Rocket*... Enfin, me dis-je, si ça le rend heureux. Puis je m'assis à son bureau, allumai l'ordinateur et appuyai sur la touche « connexion ». Iiiiiiihhhh. Boooiiiinnng. Chingggg. Bongggg. Pingggg. Biiiiip. Biiiiip. Bloooouuuup. Crrrrkkkk. Crrrrkkkk. Et voilà, j'étais connectée. J'allai sur Yahoo, lançai une recherche pour trouver le site www.voustrompetil.com, puis clic, clic, clic... Tandis que le programme se chargeait, je regardai comment ça fonctionnait. C'était un site interactif américain. On entre avec un pseudo, on rédige ses soupçons sur courrier électronique et on reçoit les conseils d'autres internautes. C'était fascinant.

Sherry de l'Iowa était inquiète parce qu'elle avait trouvé un bas dans la voiture de son mari ; Brandy de Caroline du Nord était au désespoir parce que son petit ami ne cessait de parler d'une collègue de travail ; et Chuck de l'Utah était furieux parce qu'il avait surpris sa femme en train de discuter avec son amant au téléphone.

— *Je suis presque sûre qu'il me trompe*, disait Sherry. *Mais bien que d'une certaine manière, j'aie envie de savoir, d'un autre côté je ne le souhaite pas, parce que j'ai peur de ce que je pourrais découvrir.*

— *Fie-toi à tes tripes*, conseillait Mary-Ann du Maine. *L'intuition d'une femme ne la trompe* JAMAIS.

— *Peut-être que c'est son bas à* LUI *?* suggérait Frank du New Jersey. *Votre mari est peut-être un travesti, mais il a trop honte pour l'avouer.*

— *Suivez-le à son travail*, disait Cathy du Milwaukee. *Mais portez une perruque.*

— *Impossible. C'est un chauffeur de poids-lourd*, avait répondu Sherry.

Je décidai de m'enregistrer sous le pseudo d'Emily, parce que c'est mon deuxième prénom.

Je crois que mon mari a une maîtresse, tapai-je. *Ou alors, je suis tout simplement paranoïaque et angoissée. Mais il se conduit bizarrement ces derniers temps, et je ne suis pas sûre que ce soit entièrement dû aux pressions professionnelles. C'est un éditeur. Alors il a l'occasion de rencontrer toutes sortes de personnalités prestigieuses du monde du livre. Et, bien que je sache qu'il ne m'a jamais trompée auparavant, je crois que c'est le cas maintenant. D'abord, il a commandé des fleurs pour quelqu'un en décembre, en utilisant la carte bancaire de notre compte-joint. Lorsque je l'ai interrogé à ce sujet il a prétendu – de manière assez peu convaincante – qu'il s'agissait d'un bouquet de félicitations pour un auteur. Deuxièmement, je trouve des trucs bizarres dans ses poches : du chewing-gum, alors qu'il le déteste, et aujourd'hui, un paquet de cigarettes. En quinze ans de mariage, je ne l'ai jamais, jamais vu fumer. Je n'arrive plus à lui faire confiance comme avant. Et ça me ronge, alors je vous serais reconnaissante de m'écrire ce que vous en pensez.*

Le lendemain après-midi, je téléphonai à Lily :

— J'ai besoin de tes conseils.

— Mais bien sûr, mon chou. Je ferais n'importe quoi pour t'aider.

— C'est à propos de Peter.

— Ah bon ? souffla-t-elle. Aïe. Qu'est-ce qui s'est passé ?

Je m'installai dans le fauteuil de l'entrée.

— J'ai découvert quelques trucs.

— Vraiment ?

— Oui. Mais je ne sais pas ce que ça veut dire.

— Sans doute rien du tout, fit-elle d'une voix assurée. Mais je te dirai ce que j'en pense.

— Bon..., commençai-je, nerveuse. Il m'a envoyé des fleurs.

— Je vois, soupira-t-elle, pensive. Hum. Tu sais ce qu'on dit dans ces cas-là.

— Oui, mais le pire, c'est qu'il a aussi envoyé des fleurs à quelqu'un d'autre, gémis-je.

— Non !

— Il prétend que c'est pour l'un de ses

auteurs, Lily, mais je n'en suis pas du tout sûre. Et puis...

— Oui ?

— Ah, Lily, j'ai tellement l'impression de le trahir en te racontant tout ça, dis-je en tortillant mon alliance autour de mon annulaire.

— Chérie, tu ne trahis pas, répliqua-t-elle d'une voix sérieuse. Tu ne fais que te protéger.

— Me protéger ?

— Oui. Parce que si c'est vraiment sérieux – mais je suis absolument sûre que non – tu ne dois pas être prise au dépourvu. Alors dis-moi, qu'as-tu trouvé d'autre ?

— Eh bien..., repris-je, avant de me taire brusquement. Mon Dieu, je ne peux pas, Lily. J'ai l'impression d'être une traîtresse. Enfin, je ne veux pas te blesser, mais tu vois, tu n'as jamais eu de mari.

— Ne sois pas idiote, Faith, gloussa-t-elle. Tu sais parfaitement que j'en ai eu des tas. Alors, qu'est-ce que tu allais dire ?

Je poussai un énorme soupir et racontai. Le chewing-gum. Les cigarettes.

— Mmm. Très étrange, en effet.

— Et puis, ce matin, quand je suis rentrée du boulot, j'ai encore fouillé ses poches...

— Naturellement...

— Et j'ai trouvé un mot dans sa veste.

— Un mot ? Qu'est-ce qu'il dit ?

— Il dit : *Peter, Jean a déjà appelé trois fois ce matin. Veut absolument te parler.* Absolument est souligné. Deux fois.

— Jean. Eh bien... ça ne veut peut-être rien dire. Ça peut être tout ce qu'il y a de plus innocent.

— Tu crois vraiment ?

— Oui. Fais-moi confiance. Et si c'est innocent – ce dont je suis persuadée – alors il sera parfaitement ravi de te dire qui est cette Jean, au juste. Alors mon conseil, c'est de le lui demander bille en tête, et de voir comment il réagit. Bon, mais ne t'inquiète pas trop pour tout ça, Faith. Au fait, tu sais, je prie pour toi.

— Ah ! Merci.

— J'ai récité cinq « Je vous salue Marie » pour toi, hier soir. Et j'ai fait vingt minutes de chants bouddhistes, en supplément.

— Génial.

Lily a une approche légèrement dévergondée de la religion.

— J'ai aussi regardé ton horoscope ce matin. Il y a beaucoup de tension en ce moment dans ton signe entre Saturne et Mars, ce qui entraîne une activité céleste adverse sur le front des relations affectives.

— Je vois.

— Mais tu fais ce qu'il faut.

— Tu crois ? Tu sais, Lily, je préférerais faire l'autruche et reprendre le cours de ma vie d'avant.

— Oui, bien sûr. Bienheureux sont les innocents, comme on dit. Mais..., conclut-elle, en soupirant.

— Mais je dois aller jusqu'au bout, repris-je tandis que Lily aquiesçait. Et maintenant que j'ai commencé, c'est devenu une obsession. J'ai le sentiment que je *dois* découvrir la vérité, mais je ne sais pas comment m'y prendre.

— Tu t'y prends comme il faut. Naturellement, je ne veux pas me mêler de ce qui ne me regarde pas, mais tu joues très bien les détectives. Et ton enquête a porté ses fruits.

— Mon enquête a certes porté ses fruits, mais maintenant, je me retrouve dans une impasse.

— Pourtant, Faith, le travail de détective que tu mènes en privé est excellent.

Détective ? Privé ? Eurêka ! J'avais trouvé !

— J'ai besoin d'un détective privé ! m'exclamai-je.

— Tu as vu ça ? demanda Peter en brandissant un exemplaire du *Guardian* sous mes yeux. On parle d'*AM-UK !*

— Quoi ? Ah, je n'avais pas vu.

— Le critique n'y va pas de main morte.

Je parcourus l'article, intitulé : « CÉRÉALES KILLERS ! » Aïe. *Normalement, pour le petit déjeuner*, AM-UK ! *nous sert des tartines d'inanités*, écrivait Nancy Banks-Smith. *Mais avec l'arrivée de la brillante intello Sophie Walsh, on ne va pas faire d'omelette sans casser des œufs. À l'écran, l'alchimie du « couple » formé par Walsh et le vétéran Terry Doyle est à peu près aussi chaleureuse que de l'azote liquide. Mais la jeune Sophie montre un aplomb rare face au bizutage sadique de Doyle. Les tentatives grossières de ce dernier pour attirer l'attention sur lui sont fascinantes à observer. Mais c'est Sophie qui est en train de gagner cette guerre des tranchées horaires matinales... Pour l'instant.*

— Mince, fis-je. Alors, ça se voit tant que ça... Remarque, il faudrait être aveugle.

— C'est probablement bon pour l'Audimat, suggéra Peter. Terry le fait peut-être pour ça.

— Je ne crois pas.

— Je monte, reprit-il en ouvrant son attaché-case. J'ai un autre manuscrit à lire.

— Avant de monter, articulai-je posément, s'il te plaît, pourrais-tu me dire juste une chose ?

— Si je peux.

J'inspirai profondément.

— S'il te plaît, peux-tu me dire qui est Jean ?

— Jean ? *Jean* ?

Il parut totalement perplexe. Ce qui faillit me convaincre.

— Alors tu ne connais personne du nom de Jean ?

— Jean ? répéta-t-il en fronçant les sourcils.

— Oui, Jean. Prénom féminin.

— Non, trancha-t-il. Absolument pas.

Je ne savais pas qu'il était si bon comédien.

— Pourquoi veux-tu le savoir ?

— Pour rien.

Peter me lança un regard étrange, puis il referma son attaché-case d'un coup sec et répéta, en articulant lentement :

— Je ne connais *personne* du nom de Jean.

— OK...

— Mais je sais pourquoi tu me poses la question, ajouta-t-il d'un ton las. Et ça commence à me gonfler, Faith. Ça ne m'amuse pas le moins du monde d'être l'objet de tes soupçons aussi grossiers que non fondés. Pour les apaiser, je vais donc te réciter les prénoms de toutes les femmes que je connais.

— Vraiment, cela n'est pas utile.

— Ah, mais j'y tiens. Comme ça, tu vas peut-être finir par me croire, et ces soupçons permanents vont cesser. Parce que je suis vraiment au bout du rouleau, avec tout ce qui se passe au bureau. Alors j'espère que tu ne me trouveras pas déraisonnable, Faith, mais je ne peux pas supporter, en plus, d'être harcelé à la maison.

— Je ne te harcèle pas.

— Si ! aboya-t-il. Tu me harcèles depuis trois semaines. Ce qui ne t'est jamais arrivé avant. J'ignore pourquoi tu es hantée par cette idée fixe. Alors, rien que pour te convaincre, chérie, que je ne suis pas en train de m'envoyer en l'air, je vais à présent réciter, de mémoire, le nom de toutes les femmes que je connais. Voyons. Bon, au bureau il y a Charmaine, Philippa et Kate à l'édition. Euh... Daisy et Jo à la pub ; Rosanna, Flora et Emma au marketing, et Mary et Leanne aux ventes. Bon, Faith, je parle régulièrement à ces femmes, mais je ne couche avec aucune d'elles.

— D'accord, d'accord, dis-je.

— Et puis, évidemment, il y a les femmes auteurs. Clare Barry, à qui j'ai envoyé des fleurs, Francesca Leigh et Lucy Watt ; et puis il y a Janet Strong, J.L. Wyatt, Anna Jones et euh... ah oui, Lorraine Liddel et Natalie Waugh.

— Ça ne m'intéresse absolument pas, lâchai-je d'un ton blasé.

— Qui d'autre ? (Il croisa les bras et leva les yeux au plafond pour chercher l'inspiration.) Eh bien, il y a un certain nombre d'agents littéraires de sexe féminin avec lesquelles je converse régulièrement. Il y a Betsy et Valerie chez Rogers, Green ; Joanna et Sue chez Blake Hart ; Alice,

Jane et Emma chez A.P. Trott, et Celia chez Ed McPhail.

— Bon, ça va...

— Non, Faith, justement ça ne va pas ! Alors laisse-moi continuer. Ah oui, dans ce comité sur l'Éthique familiale où je siège quatre fois par an, il y a la baronne Warner, qui est âgée de soixante-trois ans ; la sociologue, Dame Barbara Brown, et deux femmes députés très mariées, très ennuyeuses, et toutes deux prénommées Anne.

— Ça ne m'intéresse pas.

— Parmi les autres femelles de ma connaissance, on compte les collègues d'Andy Metzler, Theresa et Clare, et puis évidemment toutes celles que je fréquente en dehors du travail, mais tu les connais aussi... Samantha, Jackie, et cette gentille dame – comment s'appelle-t-elle, déjà ? – que nous croisons de temps en temps au gymnase. Ajoutons les vieilles copines de fac comme Mimi, et je crois que ça complète à peu près la liste. Ah, et Lily, bien entendu. Mais si tu t'imagines une seconde que je me la tape, Faith, je t'emmène tout de suite chez le psy pour te faire faire une piqûre.

— OK, OK..., soupirai-je. Écoute, je ne t'ai rien demandé.

— Bien sûr que si. Par ton comportement soupçonneux. Mais laisse-moi t'assurer que la seule personne ici qui ait jamais vagabondé, c'est *Graham* !

Je commençais à m'énerver.

— Écoute, je t'ai simplement demandé si tu connaissais quelqu'un qui s'appelle Jean.

— Non ! protesta-t-il avec emphase. Je peux en toute honnêteté t'assurer que non.

Mais je savais que c'était un mensonge. Pas un petit mensonge cousu de fil blanc, non. Un beau gros mensonge surligné au Stabilo rose fluo. C'était d'autant plus parlant qu'en général Peter est très franc. Et là, il mentait éhontément. Il est vrai que je ne pouvais soulever l'existence de la note concernant ladite Jean : il aurait su que j'étais encore allée fouiller dans ses affaires.

Comme j'aimerais pouvoir le faire surveiller, pensai-je. Puis je me rappelai que c'était hors de question, parce que les détectives privés, ça n'est pas donné.

— Est-ce que ça va mieux, maintenant, Faith ? demanda Peter.

— Si ça va mieux ?

— Es-tu convaincue ? Est-ce qu'on peut oublier tous tes délires ? Parce que j'aimerais bien que notre couple soit...

— Quoi ?

— ... Normal.

— Mais il *est* normal.

En ces jours de déboires conjugaux, c'est dans le travail que je trouve refuge. Scruter les cartes satellite, et leurs masses nuageuses à la Turner tournoyant au-dessus de la planète bleue, me fait oublier tous mes soucis. Et puis, bien sûr, les vagues de froid, à l'intérieur du studio, sont tout aussi palpitantes. Sophie a passé une très mauvaise matinée. Des Gremlins dans le prompteur. C'est curieux, ça. D'habitude, Sophie lit couramment et je ne l'ai jamais vue s'embrouiller. Chez elle, tout paraît tellement naturel, comme si elle improvisait, au lieu de lire un texte. À la régie, Lisa, l'opératrice, déroule manuellement le prompteur ajustant la vitesse du texte au débit du présentateur. Si celui-ci ralentit, elle ralentit. S'il accélère, elle accélère. Mais, ce matin, quelque chose s'est détraqué.

— Bienvenue... sur le plateau, bafouilla Sophie après la pause publicitaire. Et... maintenant..., fit-elle en 78 tours, la confusion se peignant soudain sur ses traits, un... rapport... sur... l'égalité sexuelle... chez les cadres... conclut... que les jeunes... femmes... ambitieuses... sont le... fer de lance... de l'avancée... de la... Grande-Bretagne... dans le... XXIe siècle.

C'était insoutenable. Une ou deux fois, elle a baissé les yeux pour regarder son texte, mais il était clair qu'elle avait perdu le fil. Puis elle regarda à nouveau le prompteur, mais il avançait toujours à la vitesse d'un escargot. C'était comme la regarder se faire torturer. Mais elle s'accrochait bravement.

— Près de quatre... pédégés...

— Qu'est-ce qui se passe, Lisa ? aboya Darryl dans mon oreillette.

— Mais je ne sais pas, couina-t-elle. Je n'arrive pas à le faire marcher.

— ... sur dix... sont des femmes, poursuivit Sophie. C'est... le chiffre... le plus... élevé... depuis qu'on collecte... (Je l'entendis soupirer.)... ces informations. Les femmes sont aussi...

— Hé, allez, Sophie ! l'interrompit soudain Terry. On n'a pas toute la journée. Désolé, mesdames et messieurs, lança-t-il en fixant son prompteur avec un sourire contrit, mais Sophie semble avoir perdu le don des langues. Laissons donc tomber ce sujet et passons directement au reportage de Tatiana. Oui, notre ravissante Tatiana est allée interroger Andrew Lloyd-Webber sur ses récents projets théâtraux.

— Qu'est-ce qui se passe ? entendis-je Sophie demander durant la diffusion du reportage de Tatiana. Qu'est-ce qui est arrivé au prompteur ?

— Apparemment, il y a eu des problèmes, dit Darryl.

— C'est drôle, il a fonctionné parfaitement pour Terry, fit-elle remarquer. (Je voyais qu'elle était au bord des larmes.) Lisa, annonça-t-elle posément après avoir dégluti, je te prie de ne pas recommencer.

— Je n'ai rien fait ! glapit Lisa. On dirait que le prompteur s'est coincé tout d'un coup, conclut-elle sans grande conviction.

— Bon, eh bien je t'en prie, décoince-le pour mon prochain sujet, ordonna Sophie d'un ton acerbe.

Je ne la blâmais pas. Il n'y a rien de pire que de passer en direct devant la nation tout entière avec un prompteur qui déconne. Cela m'était arrivé une ou deux fois et, croyez-moi, on a vraiment l'air débile. Pis encore, les gens s'en souviennent pendant des années. Ils disent : « Ah, je vous ai vue à la télé. » Vous croyez qu'on va vous lancer un compliment fleuri, et c'est alors qu'ils vous lâchent : « Ouais. Il y a deux ans. C'était à mourir de rire... Le prompteur est tombé en panne ! » Et il faut que vous abondiez dans leur sens. « Eh oui... Qu'est-ce que c'était drôle. Eh oui... ha, ha, ha ! »

— Ma *pauvre* petite, glissa Terry à Sophie, plein de fausse sollicitude. Ça a dû être épouvantable pour toi. Et tellement humiliant. En plus, à l'heure où on a le plus de téléspectateurs. Tout le monde nous regarde. Cinq millions de personnes. Ah, là, là. Quel dommage. (Penchée sur son texte, Sophie faisait semblant de ne pas l'entendre.) Mais voilà, c'est la dure loi du direct, reprit Terry, philosophe. Ne le prends pas mal, mon petit, mais je ne suis pas certain que tu sois faite pour ça.

À la réunion, après l'émission, Darryl était blême.

— Lisa, je pense que tu dois des excuses à Sophie.

— Je suis désolée, mais je ne vais pas m'excuser, gémit-elle. C'était un problème technique.

Elle maintint avec obstination cette version. Mais, en partant, j'aperçus Terry et Tatiana en train de prendre leur petit déjeuner à la cantine, plutôt satisfaits d'eux-mêmes. Lisa les rejoignit bientôt. Pas besoin d'être Einstein pour deviner ce qui s'était passé. Je me demandai simplement combien elle avait touché.

Lorsque je rentrai à la maison, j'emmenai Graham faire une balade le long du fleuve – il adore – puis je me reconnectai sur le site vous-trompetil.com. J'avais demandé des conseils. J'en avais reçu.

Emily, lâche la grappe à ton mari, écrivait Barbara de New York. *Tu n'as aucune preuve concrète qu'il te trompe, alors pourquoi courtiser le malheur ?*

Si tu trouves que ton homme est évasif, c'est qu'il L'EST, tranchait Sally de Wichita.

Pourquoi ne pas le tromper à ton tour ? suggérait Mike d'Alabama. *Rien que pour être à égalité.*

Glissez-vous dans son bureau et posez un micro dans son téléphone, conseillait quelqu'un d'autre.

Appelez immédiatement un avocat !

Rentre chez ta mère.

Fais filer ce fils de pute !

Ce soir-là, tandis que j'épluchais les légumes pour le dîner, je ruminai ces différentes options. Pas question de prendre un amant – ce serait vulgaire et dégradant ; je n'avais aucun moyen de pénétrer dans le bureau de Peter, quand bien même j'aurais disposé d'équipement de surveillance ; je n'avais pas de quoi me payer un avocat, c'était donc hors de question, et je ne pouvais pas rentrer chez ma mère parce qu'elle n'était jamais là. Quant à faire filer mon mari, j'avais décidé que je n'en avais pas le cœur. Ni les sous. J'avais passé quelques coups de fil et calculé que cela me coûterait au bas mot deux briques. Donc je ne savais vraiment pas quoi faire.

— Ça va, maman ? s'enquit Katie pendant qu'elle lavait l'aquarium de Sigmond, son poisson rouge.

— Quoi ?

— J'ai dit : ça va ?

— Mais bien sûr que ça va, ma chérie. Pourquoi t'imaginerais-tu le contraire ?

— À la façon gratuitement vicieuse dont tu coupes ces carottes.

— Je fais ça ? m'étonnai-je, brandissant un couteau de la taille d'une épée.

— Oui. On dirait Jack Nicholson dans *Shining*. D'ailleurs, depuis que Matt et moi on est arrivés ce soir, je perçois énormément de stress.

Aïe. Mon estomac se noua. Je savais à quoi j'allais avoir droit.

— J'ai décelé chez toi beaucoup de tension, reprit Katie, et beaucoup de colère refoulée. Tu éprouves de forts sentiments d'hostilité. Pas vrai, maman ?

— Je ne suis *pas* hostile ! crachai-je.

— Il y a quelque chose dont tu aimerais me parler ? poursuivit-elle calmement.

— Te parler ? répétai-je, perplexe.

— En fait, maman, je voudrais simplement savoir s'il y a quelque chose dont tu as besoin de discuter.

— Non merci.

— Parce que je perçois de mauvaises ondes.

— Ah bon ?

— Oui. As-tu des pensées négatives ces temps-ci ?

— Négatives ? Non.

— Fais-tu de la dénégation ?

— Certainement pas !

— Tu as des rêves qui te perturbent ?

— Bien sûr que non. Quelle idée ridicule ! Non.

— Tu comprends, ton surmoi m'inquiète, ajouta-t-elle d'un ton prosaïque tandis qu'elle mettait le couvert. Je crois que des conflits refoulés sont à l'œuvre. Nous devons donc les débusquer pour soulager les tensions de ton inconscient. Bon, dit-elle en sortant les cuillères, et si on faisait un peu d'association libre ?

— Non merci.

— Je crois que cela aiderait ton moi à s'ouvrir.

— Mon moi est en train de préparer le dîner, chérie. Désolée.

— Vraiment, maman, c'est pourtant simple.

— Je sais, soupirai-je en rinçant les haricots verts. C'est précisément pour cela que ça ne me dit rien.

— Tout ce que tu as à faire, maman, c'est de t'asseoir, de fermer les yeux et de lancer tout ce qui te passe par la tête.

— Katie, je t'en prie, ne me prends pas pour cobaye, m'énervai-je. Tu ne peux pas faire ça à l'école ?

— Non, répondit-elle tristement.

— Et pourquoi pas ?

— Parce que tout le monde est déjà en thérapie. Honnêtement, maman, c'est facile de faire de la libre association, insista-t-elle pendant que j'ouvrais le four pour surveiller la tourte à la viande. (Elle tira un carnet de sa poche.) Tu dis tout ce qui te passe par la tête, même si ça te paraît idiot.

— Seigneur...

— Même si c'est trivial, reprit-elle d'un ton rassurant. Même si c'est dégoûtant ou dépravé.

— Katie, fis-je, irritée, je n'ai aucune intention de me faire psychanalyser par quelqu'un qui, jusqu'à une date récente, jouait encore à la poupée Barbie !

— Oui, mais les Barbie ne m'intéressaient qu'en tant que paradigmes de l'impérialisme américain. S'il te plaît, maman, me supplia-t-elle, seulement cinq minutes... C'est tout.

— Bon, d'accord, concédai-je. C'est bien pour te faire plaisir. Mais laisse-moi t'assurer, jeune fille, que je trouve ce jargon psy tout à fait ridicule.

— Ça n'est pas grave, maman, me rassura-t-elle. Laisse parler ta colère. Ne la retiens pas. Laisse-la sortir. Tout ce que tu diras est bien. Assieds-toi maintenant. Ferme les yeux. C'est bien. Détends-toi. Respire profondément. Laisse ton esprit vagabonder. Bon, quel est le mot qui te vient à l'esprit ?

— Euh...

— Non, ne réfléchis pas, maman. Sors-le. Comme ça. OK ? C'est parti !

— Euh, carotte.

— Oui.

— Couper...

— Continue.

— Couteau... pointu... Euh... bâton... battre... tempo. Temps. Quinze. Bonheur. Pas fini. Pas encore. Peut-être. Chewing-gum. Lucky Strike. Frapper. Blessée. Blessure. Cœur. Fleurs. Trahison. Mensonge. Infidélité. Salaud de coureur. Bon, ça suffit ! (Je me levai d'un bond.) Je ne veux plus jouer ce jeu.

— Tu manifestes une résistance classique, maman, expliqua Katie d'un ton affable. C'est tout naturel, ne t'inquiète pas, parce que nous sommes en train de nous rapprocher de la source du problème.

— Je n'ai aucun problème. Tiens, bonjour, Matt.

Katie referma son carnet, très satisfaite.

— Nous venons d'assister au combat de ton inconscient pour ne pas révéler ses secrets les plus obscurs.

— Écoute, Katie, dis-je patiemment en m'épongeant le front, je n'ai pas de secrets obscurs, et ce charabia freudien est tout simplement ridicule. Bon, le dîner est prêt, alors sois gentille et va hacher papa.

Qui est Jean ? Je n'arrête pas de me poser la question. Ma rivale. À quoi ressemble-t-elle ? Est-elle blonde ou brune ? Grande ou petite ? Plus jeune que moi ? Plus jolie ? Sans doute. Plus mince ? Ça n'est pas difficile. Est-elle plus drôle, plus intelligente ? Comment – et quand – se sont-ils rencontrés ? Est-ce que c'est elle qui a dragué Peter, ou est-ce lui qui l'a abordée ? Se croit-il amoureux d'elle, ou est-ce simplement physique ? Mon Dieu. Mon Dieu. Je me torture, mais je ne peux plus m'arrêter. Vous savez, j'ai trouvé une autre note dans sa veste au sujet de Jean ce matin, et j'en suis d'autant plus bouleversée que le week-end s'est très bien passé. Nous formions tous les quatre une famille parfaitement « normale »... Nous avons promené le chien. Nous avons loué une cassette vidéo. Les enfants se sont amusés. Matt s'est enfermé dans sa chambre, comme d'habitude, bien que, bizarrement, il soit allé à plusieurs reprises vérifier le contenu de la boîte aux lettres. Mais, globalement, tout s'est bien déroulé. Je commençais à penser que je m'étais peut-être trompée. Après tout, je n'avais pas la moindre preuve des incartades de Peter, simplement ces horribles doutes qui refusaient de se dissiper. Mais ce matin, en rentrant du travail, j'ai vu qu'il avait laissé son attaché-case à la maison. Alors, je l'ai ouvert – il n'était pas fermé à clé – et je sais que vous n'allez pas approuver, mais tout ce que je peux dire à ma décharge, c'est que j'étais réellement... obligée de le faire. J'étais si bouleversée, vous comprenez. J'avais perdu toute tranquillité d'esprit. Ma vie resterait entre parenthèses tant que je n'apprendrais pas avec certitude si oui ou non... Alors j'ai inspecté l'attaché-case. Et je suis contente de l'avoir fait, parce que j'ai trouvé. Dans une poche. Une note de la secrétaire de Peter, Iris : *Peter, Jean a encore appelé – ça n'a pas l'air d'aller. Dit que tu es « un vilain garçon » de ne pas avoir rappelé. Veut que tu téléphones dès que possible.* Un « vilain garçon » ? Dieu du ciel ! C'était une dominatrice. J'en voulais franchement à Iris, que j'avais toujours trouvée gentille, d'aider mon mari à poursuivre sa sordide petite liaison. Puis je jetai un coup d'œil au manuscrit sur lequel il travaillait et j'y revis le nom de Jean. Peter l'avait griffonné dans les marges comme s'il était totalement obsédé par elle. *Jean*, avait-il écrit, et parfois un simple *J.* Si Jean avait été une relation purement professionnelle, Peter aurait été ravi de me le dire. Mais le fait qu'il ait nié la connaître avec autant de véhémence me convainquait qu'il avait une liaison avec elle.

— Je souffre le martyre, déclarai-je d'un ton lamentable à Lily, ce soir-là. Je ne sais vraiment plus quoi faire.

Nous étions assises au bar du Bluebird Café sur King's Road, non loin de chez elle.

— Prends un peu de Laurent Perrier, mon chou. Ça te remontera le moral.

— Non merci. Je n'ai rien à fêter. Au contraire. C'est comme si je vivais avec un inconnu, ajoutai-je en sirotant mon Virgin Mary. Du jour au lendemain, sans que je sache pourquoi, tout a changé, et j'ai l'impression de ne plus le connaître.

— Eh bien, dit-elle d'une voix ferme en glissant un chip à Jennifer Aniston, es-tu sûre d'avoir fait tout ce que tu pouvais sur le front des investigations ? Qui ne fouille rien n'a rien.

— Je fouille.

— Mais...

— Ça ne donne rien.

— Non, parce que tu n'as pas retourné toutes les pierres. Ma pauvre chérie, ajouta-t-elle, compatissante, tout en allumant un cigarillo. Ce doit être affreux de vivre dans le doute. Tout cela doit perturber ta tranquillité d'esprit.

— En effet. C'est le moins que l'on puisse dire. J'ai perdu tous mes moyens...

— Eh bien alors, tu dois les retrouver. Bon, je connais quelqu'un qui avait un mari coureur, et qui a utilisé un appât.

— Quoi ! Une femme qui va draguer ton mari pour savoir s'il mord à l'hameçon ? (Lily hocha la tête.) Mon Dieu, je ne ferais jamais ça ! C'est un pousse au crime. Jamais je ne soumettrais Peter à la tentation.

— Mais, Faith, on dirait bien qu'il s'est déjà laissé tenter !

— C'est vrai, concédai-je tristement. Je le filerais bien jusqu'à son boulot, Lily, si je n'étais certaine qu'il me repérerait dès la première seconde.

— Oui, acquiesça-t-elle, pensive. En effet.

— Tu sais, je suis très tentée d'engager un détective privé.

Elle prit un air détaché.

— Ah oui. Il me semble que tu en parlais l'autre jour.

Nos regards se croisèrent tandis que nous sirotions nos verres.

— Alors, pourquoi ne le fais-tu pas ?

— Parce que ça coûte beaucoup trop cher.

Je balayai des yeux le restaurant, contemplant tous les couples heureux qui dînaient ensemble.

— Regarde ces gens, comme ils ont de la chance, me lamentai-je. Ils sont heureux ensemble.

— Tu sais, Faith, je n'en suis pas si sûre. D'ailleurs, poursuivit-elle en exhalant une double plume de fumée bleu pâle, je peux t'affirmer avec certitude que ça n'est pas le cas. Tu vois ce couple, là-bas, près de la fenêtre ?

Je suivis son regard : un homme en costume à fines rayures était en train de dîner avec une belle brune. Ils parlaient en se souriant et en se regardant dans les yeux. Bref, ils avaient l'air amoureux.

— C'est un banquier, expliqua Lily. Je l'ai rencontré une ou deux fois dans des soirées.

— Et alors ?

— La femme avec qui il dîne en tête à tête n'est pas la sienne.

— Ah, soupirai-je. Ah, je vois.

— Où est Peter, ce soir ? demanda-t-elle d'une voix douce comme la brise.

— À un cocktail de lancement.

— Eh bien, c'est plausible. Je dois reconnaître, reprit-elle, qu'un détective privé me paraît être une très bonne idée. Mais je n'en dirai pas plus, parce que tu es ma meilleure amie et que je ne veux pas me mêler de tes affaires.

— Mon Dieu, Lily, quel cauchemar ! C'est comme si je me débattais dans du béton en train dc se solidifier. Comme si j'essayais de gravir un escalator en sens inverse. Tu sais, j'ai vraiment envie de le faire suivre. Seulement ça coûte trop cher.

Lily leva sa coupe de champagne jusqu'à ses lèvres ourlées.

— Ma pauvre Faith... Tiens, je viens d'avoir une idée. Je vais le payer.

— Pardon ?

— Je te donnerai de l'argent pour que tu engages quelqu'un, répéta-t-elle en ouvrant son sac à main. D'ailleurs, je vais te faire un chèque tout de suite.

— Lily ! Ne sois pas idiote, il n'est pas question que je te laisse faire une chose pareille.

— Mais j'en ai envie, protesta-t-elle.

— Pourquoi ?

— Parce que tu es ma plus chère amie, déclara-t-elle en posant la main sur mon genou. Voilà pourquoi. Mais ce n'est pas la véritable raison, ajouta-t-elle soudain avec un petit rire coupable. J'ai une idée derrière la tête, tu sais.

— Ah bon ?

— Je pourrais t'interviewer !

— Ah non ! Il n'en est pas question.

— Dans un total anonymat, me rassura-t-elle. Comme ça, je pourrais t'offrir un détective privé et le passer en note de frais. Faith, nous avons un budget pour ce genre de chose. Et puis, de toute façon, c'est moi la patronne.

— Tu paierais ?

— Oui. Je paierais. Ce serait génial pour le canard. Je t'interviewerais moi-même, évidemment, comme je sais que tu me fais confiance, et je protégerais ton identité. Ce serait un article-témoignage, à la première personne : « *Pourquoi j'ai fait filer mon mari.* » Tu pourrais le relire avant qu'il sorte, et, ne t'inquiète pas, Peter et toi serez complètement méconnaissables. Alors, qu'en penses-tu ?

— Eh bien...

— C'est une offre intéressante, non ?

— Enfin, oui. Oui, en effet... Mais, Lily... je ne suis pas tout à fait convaincue.

— Écoute, Faith. C'est très simple. Tu veux retrouver ta tranquillité ? Ou pas ?

— Oui. Tu as raison. D'accord.

Février, suite

C'est comme ça que, deux jours plus tard, je me suis retrouvée dans les locaux de Personal Quest. Je les avais choisis dans la section « Détectives privés » des Pages jaunes, en pointant une épingle au hasard.

À 9 h 50, je gravissais l'escalier bancal d'une maison de Marylebone, avec un frisson d'excitation. Je fus vite déçue. Pas la moindre trace de trench ou de chapeau mou, pas la plus petite secrétaire pin-up en train de se limer les ongles... Rien qu'un type surmené, de quarante-cinq ans environ, avec des cheveux bruns coupés court et une barbe.

— J'ai eu une semaine chargée, s'excusa le détective privé, un certain Ian Sharp, en farfouillant dans une pile de dossiers sur son bureau. Alors rappelez-moi : votre affaire est-elle industrielle, financière, politique, médicale ? Fraude d'assurance, surveillance de nounou, surveillance de voisin, enlèvement d'enfant, personne disparue, recherche d'adoption ? Ou est-ce une bonne vieille affaire matrimoniale ?

— Euh, matrimoniale, bredouillai-je en contemplant une affiche encadrée qui proclamait : « Aucune mission n'est impossible ! »

— Eh bien, si c'est matrimonial, laissez-moi vous économiser un tas d'argent tout de suite en vous disant que c'est soit sa secrétaire, soit votre meilleure amie.

Je me perchai au bord d'une chaise en plastique vert.

— En fait, ni l'une ni l'autre.

— Comment le savez-vous ?

— Parce que sa secrétaire, Iris, a cinquante-neuf ans et qu'il ne peut pas supporter ma meilleure amie.

— Alors qui est donc cette autre femme ? Et qu'est-ce qui vous fait croire que votre mari vous trompe ?

— Elle s'appelle Jean. Et, enfin... mon mari se conduit de façon suspecte depuis plusieurs semaines.

— Jean ? répéta pensivement Sharp. Jean. Mmmm. Avec ce prénom, elle est probablement écossaise.

Cette pensée ne m'avait pas encore traversé l'esprit, mais, maintenant, je ne sais pas pourquoi, cela me paraissait tomber sous le sens. Alors je lui parlai des deux notes que j'avais trouvées, et des fleurs envoyées par Peter, et du mystère du chewing-gum et des cigarettes.

— Je vois, fit-il en hochant la tête d'un air entendu. Rien d'autre ?

— Si. Il est distrait et distant, il travaille tard, il a minci, il a acheté un téléphone portable, le sexe ne l'intéresse plus, il a amélioré sa garde-robe et il s'est mis à m'envoyer des fleurs.

— Ah, lâcha-t-il, se renversant sur son fauteuil en croisant les doigts. Tous les symptômes classiques.

— Exactement.

— Mais pas de preuves concrètes.

— Pas encore.

— Alors, pour l'instant, c'est simplement une intuition, ajouta-t-il en tapotant ses doigts les uns contre les autres. On a tiré votre sonnette d'alarme. (J'acquiesçai.) Vos antennes détectent quelque chose de louche...

— Elles s'agitent comme des folles.

— Et c'est en train de devenir une obsession.

— Tout à fait.

— Donc, ce que vous cherchez, en venant ici, c'est retrouver votre tranquillité d'esprit ?

— Oui, oui, c'est ça ! approuvai-je avec enthousiasme. Je veux retrouver ma tranquillité d'esprit.

— Bon, je ne peux rien vous promettre de ce côté-là. (Il s'inclina, cala ses coudes sur le bureau et joignit les mains comme s'il priait.) Je serai peut-être en mesure de vous fournir des faits, mais quant à vous rendre votre tranquillité d'esprit... ce pourrait même être le contraire. Parce qu'à vrai dire l'intuition des femmes à propos du comportement de leur mari tombe juste dans quatre-vingt-dix-neuf pour cent des cas.

— Ah, dis-je faiblement. Je vois.

— Vous devez donc envisager les conséquences, madame Smith, si jamais je découvrais des preuves des... frasques de votre époux. Car si je prends l'affaire, je vous remettrai un rapport écrit sur mon enquête, qui pourrait très bien comporter des photos de votre mari avec l'autre femme.

— Oui, murmurai-je, je sais.

— Vous devez vous préparer émotionnellement, madame Smith, à ce qui vous attend peut-être. Il est possible que, dans une semaine, vous vous retrouviez dans ce bureau en train de contempler la photo de votre mari, tenant une autre femme par la main...

— Ah.

— Ou en train de l'embrasser.

— Aïe.

— Ou d'entrer dans un hôtel avec elle.

— Mon Dieu.

J'allais me trouver mal.

— Ou avec sa voiture garée devant chez elle. Alors je vous demande, comme je le demande à tous mes clients dans les affaires matrimoniales, de réfléchir sérieusement. Seriez-vous prête à voir des images aussi... pénibles à supporter, madame Smith ? s'enquit-il.

Je poussai un énorme soupir.

— Oui. Je crois que oui.

— Dans ce cas, mes honoraires sont de quarante livres de l'heure, TVA incluse, quarante-cinq livres en nocturne, plus les frais et l'essence... Souhaitez-vous un forfait de base ?

— Que comprend-il ?

— Je file votre mari jusqu'à son lieu de travail et j'attends dans ma voiture, avec un appareil photo, petit mais extrêmement puissant. Partout où il ira, je ne serai pas loin derrière lui. En train de faire clic, clic, clic !

— Il ne risque pas de vous repérer ?

— Madame Smith, m'expliqua patiemment Sharp, que remarquez-vous chez moi ?

— Remarquer ? (Je me tus un instant.) Eh bien, rien. Je ne vois pas de quoi vous parlez.

— Quels sont mes signes particuliers ?

— En fait, aucun.

— Ma taille ?

— Euh... moyenne.

— Ma carrure ?

— Eh bien, enfin... normale. Vous n'êtes ni gros ni maigre.

— Précisément ! s'exclama-t-il d'un ton triomphant. Madame Smith, je suis totalement anodin ! Je suis très ordinaire. Je peux passer inaperçu dans une foule. Les gens ne me voient pas. Ils ne se souviennent pas de moi. Je suis tellement moyen que j'en deviens invisible.

— Eh bien, je n'irais pas jusque-là.

— Personne ne me désignerait dans une identification chez les flics.

— Ah bon ?

— Mon apparence est totalement banale.

— Enfin...

— Ce que je veux dire, madame Smith, reprit-il avec assurance, c'est que votre mari ne s'apercevra même pas de ma présence. Puis-je ajouter qu'en quinze ans de métier je n'ai jamais été repéré une seule fois ? Cela dit, ajouta-t-il, ces hommes sont généralement tellement absorbés par leurs rendez-vous qu'ils ne me remarquent pas en train de trottiner derrière eux. Mais je suis là, madame Smith. Je suis là.

— Bon. Très bien.

— Voilà donc le forfait de base. Ce que nous

appelons le « Service de Bronze ». Toutefois, vous pouvez avoir recours à un service plus sophistiqué, le « Service d'Argent », pour lequel je porte... (Il ouvrit brusquement sa veste des deux mains pour révéler ce qui ressemblait à un gilet pare-balles.) Ceci !

— Euh...

— C'est un harnais équipé d'une caméra vidéo cachée. Pouvez-vous voir la caméra, madame Smith ? La voyez-vous ? Si c'est le cas, soyez assez aimable pour m'indiquer où elle se trouve.

— Euh, non, dis-je sincèrement. Je ne vois rien.

Il désigna une minuscule épingle au revers de sa veste.

— Elle est ici. On a dissimulé un objectif dans l'épingle, de quelques microns d'épaisseur.

— Doux Jésus !

— Bon, si vous voulez des images vidéo, je me servirai de ceci, mais ce genre d'équipement de surveillance est onéreux, alors j'ajouterai encore quatre-vingt-dix livres par jour.

— Je vois.

— Nous pouvons aussi utiliser ceci. (Il saisit un attaché-case et le posa sur son bureau.) Il s'agit d'un attaché-case enregistreur, madame Smith. Je pourrais le placer dans le bureau de votre mari ; à l'intérieur se trouve un puissant microphone, très sensible, capable de capter tous les petits mots tendres murmurés au téléphone.

— Je vois.

— Et si vous voulez le « Service total Cinq Étoiles en Or », cela mobilisera quatre de mes collègues qui suivront votre mari vingt-quatre heures sur vingt-quatre, détaillant ses moindres gestes. M. Smith ne pourra pas se gratter le derrière sans que moi et mes gars soyons au courant.

— Ah. Bien. Mais je ne crois pas que cela sera nécessaire.

— Moi non plus, madame Smith, moi non plus. Je crois que le « Service de Bronze » suffira amplement. Maintenant, savez-vous à quoi ressemble cette autre femme ?

— Non. Je n'en ai pas la moindre idée. Et je ne peux même pas le découvrir par ruse, parce que Peter jure qu'il ne la connaît pas.

— Je vois. Vous avez une photo de votre mari ?

— Oui, fis-je en lui présentant un cliché récent.

— Quelle taille fait-il ? On n'arrive pas à voir, sur cette photo.

— Environ un mètre quatre-vingts. Et il pèse soixante-quinze kilos. Non, il a perdu du poids dernièrement, alors disons qu'il doit en faire environ soixante-douze. Il a les cheveux blond-roux, comme vous pouvez le voir, et un teint clair avec des taches de rousseur.

— À quelle heure part-il au travail ?

— Vers 8 h 15. Il emprunte la ligne District jusqu'à la station Embankment ; puis il marche jusqu'à son bureau sur Villiers Street. Il travaille au septième étage.

— Marque de la voiture et numéro de la plaque d'immatriculation ? (Je les lui donnai.) Bon. Je m'y mets. Mais, d'abord, j'ai besoin d'un acompte immédiat de cinq cents livres.

— Ah, bien sûr. (J'ouvris mon sac.) Je peux vous faire un chèque tout de suite.

En le remplissant, je remerciai mentalement Lily de son aide providentielle.

— Madame Smith, dit Sharp tandis que je tendais la main vers la poignée de porte. Une dernière question. Avez-vous décidé de ce que vous feriez si vos soupçons se révélaient fondés ?

— Ce que je ferais ?

— Oui. Quelle ligne de conduite adopteriez-vous ?

— Je ne sais pas, répliquai-je. Je n'ai pas réfléchi jusque-là.

— Eh bien, si je puis me permettre, madame Smith, je crois que vous devriez réfléchir à ce que serait votre attitude face à son adultère.

— Son adultère ? répétai-je. (Quel mot affreux !) Ce serait totalement inacceptable.

— Alors, en résumé, ce jeudi est une journée typique de février...

— Terry, ne te mets pas le doigt dans le nez... quatre, trois...

— Une épaisse formation nuageuse...

— Et maintenant, le leadership du parti conservateur...

— ... couvrira la majorité du pays...

— Deux, un...

— ... un phénomène qui porte le nom assez sinistre...

— Merde ! Où est le reportage sur William Hague ?

— ... de dépression anticyclonique.

— Je ne sais pas. Qui a la cassette ?

— Il n'y a donc pas le moindre risque de soleil pour l'instant, hélas.

— Trouve-la !

— Surtout sur Chiswick.

— *Qu'est-ce qu'elle raconte* ?

— Et nous avons un risque d'averses de pluie glacée sur le sud-est plus tard dans la journée.

— Je ne la trouve pas.

— Alors gardez vos parapluies sous la main... Au cas où.

— Pour l'amour de Dieu, on a un trou, Faith ! Parle, parle, PARLE !

— Et à propos de parapluies, poursuivis-je, vous connaissez tous l'expression « il pleut des cordes »...

— Une minute et demie, s'il te plaît, Faith.

— Mais savez-vous qu'il peut parfois pleuvoir des grenouilles ou des poissons ?

— Bravo !

— Il s'agit d'un phénomène météorologique aberrant. Vous connaissez tous ces grands cumulo-nimbus qui se forment durant les orages électriques.

— Ah bon ?

— Eh bien, parfois, des tornades se forment au fond de ces nuages.

— Putain, je crois que j'ai une tornade en train de se former dans mon fond de culotte ! J'ai bouffé un curry *nucléaire* hier soir.

— Et si ces petites tornades passent au-dessus d'un étang, elles aspirent littéralement grenouilles et poissons.

— Hé, n'importe quoi !

— Ensuite, lorsque l'orage se déplace, la tornade se dissipe et ces grenouilles et poissons tombent du ciel.

— Sans déconner !

— On a même enregistré un cas de soles de Douvres tombant sur les berges de la Tamise.

— Sans blague ! OK, Faith, dans trois, deux...

— Mais heureusement, il s'agit d'un phénomène très rare.

— Et zéro. Merci.

— Rendez-vous dans une demi-heure.

En retournant vers mon bureau, je remarquai un exemplaire du magazine *Bella* sur le bureau du planning. « Votre mari vous trompe-t-il ? » interrogeait l'accroche de couverture. Comme toujours ces jours-ci, lorsque je vois quelque chose sur l'infidélité, je me jette dessus et je le dévore. Il y avait des témoignages atroces : une femme qui retrouve un porte-jarretelles inconnu dans son panier de linge sale ; une autre qui rentre chez elle à l'improviste et surprend son mari en flagrant délit avec la jeune fille au pair. Et puis il y avait les récits du scénario de cauchemar où l'Autre Femme décide de vendre la mèche. Shirley, du Kent, avait retrouvé sur son pare-brise un mot de la maîtresse de son mari, et Sandra de Penge avait reçu un appel de l'Autre Femme qui lui avait tout avoué. Je fus immédiatement horrifiée à l'idée que Jean puisse me faire ce coup-là. Je l'entendais déjà me menacer d'une voix à l'accent écossais caricatural :

— Bon, écoute-moi, fillette, disait-elle d'un ton peu amène, je suis amoureuse de ton mari !

— Ah non !

— Ne te fais pas d'illusions, femme... Il est amoureux de moi, lui aussi !

— Ne dites pas ça !

— Ça fait six mois qu'on se voit.

— Mon Dieu.

— Et il va te quitter pour venir vivre avec moi !

Je fus si terrifiée que j'eus immédiatement envie d'appeler Ian Sharp pour lui demander quoi faire. Mais c'était exclu, parce qu'il recommande à ses clients de ne pas l'appeler jusqu'à la fin de l'enquête. Et il a raison, parce que : *a.* il me serait impossible de lui téléphoner du bureau, devant tout le monde et que *b.* si je l'appelais de chez moi, son numéro de téléphone apparaîtrait sur le relevé, et Peter pourrait le repérer. Alors il fallait être patiente, et attendre. Mais je me sentais tellement troublée que, ces temps-ci, j'arrivais à peine à fonctionner. Voilà pourquoi cela m'a plutôt touchée quand Sophie a commencé à me parler aujourd'hui dans les WC dames, durant la troisième pause commerciale.

— Tu vas bien, Faith ? questionna-t-elle tandis que je vérifiais ma tenue.

J'ai trouvé que c'était gentil de sa part, parce qu'on ne se connaît pas vraiment toutes les deux.

— Oui, oui, ça va. Ça va. Merci. Ça va, ça va. Vraiment. Tout va bien.

— Ah, tant mieux. C'est juste que d'habitude, tu es tellement gaie... Là, je te trouve un peu... tristounette.

— Ah ? Non, non.

— Un peu distraite.

— Mais non. Pas du tout. Qu'est-ce qui te fait dire ça ?

— Eh bien, tu viens de vaporiser du déodorant dans tes cheveux.

— C'est vrai ? Ah oui. Quelle idiote ! Euh... je suis juste fatiguée, expliquai-je, d'une voix gaie et désinvolte. À cause de ces horaires épouvantables. C'est tout. Tu connais. Les biorythmes en prennent un coup. Mais toi, tu t'en tires très bien, ajoutai-je pour changer de sujet. Tu es une animatrice géniale, et tu gères très bien Terry. À ta place, je serais constamment en larmes. En tout cas, repris-je tandis qu'elle se lavait les mains, je crois que tu as un brillant avenir sur *AM-UK !*

Lorsque j'ai dit ça, elle a eu l'air assez perplexe, et puis elle a fait une grimace. Je me suis demandé pourquoi. Puis, minée par mes angoisses, je n'y ai plus songé.

Les six jours suivants passèrent avec une lenteur insoutenable. J'avais les nerfs en pelote et je dormais à peine. Pis encore, le nom de Jean m'assaillait de toutes parts. L'actrice Jean Tripplehorn venait de tourner un nouveau film, et Jean Marsh nous ouvrait les portes de sa nouvelle maison, en exclusivité dans *Hello !* D'après le guide télé, on présentait une rétrospective des films de Jean Seberg sur Channel 4. Les magazines féminins annonçaient aussi le grand retour du jean. Durant toute cette semaine interminable, je dus lutter avec acharnement pour m'occuper l'esprit. Je terminai *Madame Bovary* – qui expie de la pire façon son infidélité – et j'allai régulièrement nager à la piscine du gymnase. Je participai à quelques concours, et me consacrai au bien-être de Graham. Et, je ne sais pas comment, je parvins à résister à l'envie pressante d'appeler Ian Sharp toutes les dix secondes. Pourtant l'image de Sharp en train de suivre Peter dans la rue ne me quittait pas.

Pauvre Peter, me disais-je. Je me sentais tellement perfide. J'avais de la peine pour lui. D'ailleurs, je ne sais pas comment j'ai trouvé le courage de le regarder dans les yeux... Heureusement, il avait une semaine très chargée et nous nous sommes à peine croisés. Il avait trois déjeuners, deux lancements de livres, et puis des réunions avec Andy, évidemment... Est-ce que l'un de ces déjeuners était prévu avec Jean ? Quel restaurant choisiraient-ils ? Que se diraient-ils ? Se feraient-ils du pied ? Et pis : le convertirait-elle au kilt ?

Je notai par écrit le détail de mes sentiments, afin que Lily ait de la matière pour son papier. Puis, finalement, le 10 février arriva, et je retournais voir Ian Sharp.

Mon cœur battait à tout rompre lorsque je frappai à sa porte vitrée. J'avais l'impression de venir chercher les résultats d'un examen médical terrifiant. J'inspirai profondément et me préparai au pire.

— Dites-moi, l'implorai-je. Il faut que je sache.

— Madame Smith, fit-il posément, il n'y a absolument rien à dire.

— Rien ? soufflai-je. Ah.

— Je n'ai pas trouvé la moindre preuve, quelle qu'elle soit, que votre mari ait une maîtresse.

— Aucune ? dis-je tout en réalisant que, curieusement, la seule émotion que j'éprouvais était de l'étonnement.

— Rien du tout, assura-t-il en haussant les épaules. Zéro. *Nada*. Que dalle.

— Vous en êtes sûr ? insistai-je, vaguement indignée, car après tout, cela signifiait que je m'étais trompée.

— J'en suis certain à quatre-vingt-dix-neuf pour cent.

— Mais alors, ces trois déjeuners ? J'ai cru que l'un d'eux était avec *elle*.

— Eh bien, madame Smith, s'il avait rendez-vous avec « elle », je puis vous assurer qu'il n'y a rien entre eux. Dans chaque cas, il s'est conduit de façon tout à fait correcte. Il a discuté avec sa convive, réglé l'addition, et dit au revoir avant de rentrer au bureau. Voici... (Il ouvrit son dossier.) Je vais vous montrer. Bon, il a déjeuné avec cette dame...

J'étudiai la photo en noir et blanc.

— C'est Lucy Watt. L'un de ses auteurs.

— Et celle-ci ? demanda-t-il en produisant un autre cliché.

— Ah. C'est un agent. Je l'ai rencontrée une fois. Je crois qu'elle travaille chez A.P. Trott.

— J'étais assis à la table voisine de celle de votre mari, madame Smith, et, dans aucune de ces occasions, son comportement n'a été le moins du monde romantique. (Il me tendit une autre photo.) Votre mari a déjeuné avec cet homme sur Charlotte Street.

— Ah, là, je ne sais pas qui c'est. Probablement son chasseur de têtes, Andy Metzler.

— Il a aussi pris un apéritif chez Quaglino avec cette femme.

Je regardai. L'épreuve était légèrement granuleuse. Une jolie blonde d'environ mon âge, que je n'avais jamais vue auparavant, était attablée avec Peter. Et même si Peter était en train de lui sourire, il ne faisait rien de mal. En fait, il avait même l'air un peu nerveux.

— Vous connaissez cette femme, madame Smith ?

Je haussai les épaules.

— Non. Je ne sais pas qui c'est. Elle a l'air assez dur, vous ne trouvez pas ? C'est sans doute un agent en train de négocier le contrat d'un auteur.

Enfin, il y avait six photos de Peter aux deux cocktails de lancement de ses livres, l'un au Groucho Club, l'autre à Soho House.

— Vous avez réussi à resquiller ? m'étonnai-je. Vous m'épatez.

— Il y avait beaucoup de monde dans les deux cas, madame Smith, répondit Ian Sharp. J'ai pu me mêler à la foule sans problème. Je suis un caméléon, conclut-il avec fierté.

— Mais comment avez-vous réussi à prendre ces photos sans vous servir d'un flash ?

— Dans ma profession, on a plus d'un tour dans son sac, répliqua-t-il en se tapotant l'arête du nez.

J'étudiai les photos. Dans chacune d'entre elles, Peter parlait à l'auteur du livre en question, Robert Knight ou Nathalie Waugh, et à ses collègues éditeurs. Sur l'un des clichés, on le voyait même bavarder aimablement avec Charmaine.

— Après ces soirées, votre mari a pris un taxi et il est rentré directement à la maison, affirma Ian Sharp. Je sais qu'il est rentré directement, parce que je l'ai suivi tout au long du trajet. Ainsi, d'après ce que j'ai observé cette semaine, madame Smith, vous faites erreur. Si je puis me permettre, je crois que c'est la paranoïa qui a alimenté vos soupçons, plutôt que des faits concrets.

— Oui, oui, vous avez raison, j'ai été parano.

À ce stade, j'étais tellement soulagée que je l'aurais embrassé.

— C'est simplement, je ne sais pas... Je me suis laissé emporter. Mon imagination s'est déchaînée, dis-je en souriant, mais maintenant, vous m'avez rendu ma tranquillité d'esprit.

— Cela étant, il est de mon devoir de vous prévenir, madame Smith, qu'il est tout à fait possible que cette femme, Jean, n'ait pas été à Londres cette semaine. Par exemple, elle a pu avoir un déplacement professionnel...

— Ah, je vois. En Écosse, peut-être.

— Dans ce cas, elle n'a pas pu donner rendez-vous à votre époux.

— Oui. Je vois.

Mon euphorie était retombée comme une pierre.

— Alors, je vous affirme simplement que, bien que je croie que votre mari n'a rien à se reprocher, je n'en suis pas entièrement sûr. Si vous voulez en être certaine à cent pour cent, alors il faudrait le faire suivre sur une période plus prolongée.

— Oui. Je comprends.

— Donc, madame Smith, je vous conseille de faire comme si tout allait pour le mieux, et de vous conduire comme si de rien n'était. C'est sans doute le cas. Mais si vos soupçons sont à nouveau éveillés, alors nous agirons.

— Bien sûr. C'est très bien. J'aimerais laisser tomber. Je vais faire comme si tout allait pour le mieux, parce que c'est l'attitude que j'ai toujours adoptée dans le passé. Et si j'ai le sentiment d'avoir besoin de vos services, je peux toujours revenir. Oui. Je vais faire comme ça. Merci.

Puis je lui fis un chèque de mille cinq cents livres – remerciant Lily *in petto* – et rentrai à la maison en métro. Si j'étais soulagée qu'il n'ait rien trouvé, des doutes subsistaient néanmoins dans mon esprit. Que signifiaient ces notes à propos de Jean, alors ? Et les fleurs, et les cigarettes, et le chewing-gum ? Ma sensation de malaise refusait de se dissiper. Je laissai un message à Lily pour qu'elle me rappelle et me préparai un thé.

Une demi-heure plus tard, le téléphone sonna.

— Ça doit être Lily, dis-je à Graham.

J'étais sur le point de lui annoncer que Peter était l'innocente victime de mes soupçons non fondés lorsque j'entendis une voix masculine inconnue, teintée d'un fort accent français.

— Allô, madame Smith ?

— Oui, répondis-je, étonnée. C'est moi.

— Ah. Eh bien j'essaie de joindre votre mari, Peter. Et sa secrétaire, j'espère que vous ne lui en voudrez pas, m'a donné le numéro de son domicile.

— Euh, oui ?

— Vous comprenez, j'ai besoin de lui parler.

— D'accord. Euh... à qui ai-je l'honneur ?

— Je m'appelle John.

— John qui ?

— Non, pas John. *Jean*. Jean Dupont. Je vous appelle de Paris.

— *Jean* ? répétai-je.

— Oui, c'est cela. Jean.

— Jean ? dis-je une fois de plus.

— Oui, oui. C'est exact. Jean. J-E...

— Non, non, ça va, l'interrompis-je, je sais comment s'écrit Jean. J-E-A-N !

— Euh... exactement, madame Smith.

Je sentais le fou rire me monter à la gorge comme des bulles dans une flûte de champagne.

— Je suis du groupe Hachette, reprit-il. Peter me connaît, nous travaillons ensemble sur un livre.

— Ah, je vois.

— Et je dois lui parler aujourd'hui, mais sa secrétaire me dit qu'elle ignore où le trouver. Vous savez, votre mari est un très vilain garçon, madame Smith, ajouta-t-il en riant. Il ne répond pas toujours à mes appels.

— Ah. Ah, oui. En effet, c'est *très* vilain, acquiesçai-je.

— Alors s'il vous plaît, pouvez-vous lui demander de m'appeler chez moi, ce soir ? Vous avez un stylo ? Je vais vous donner le numéro.

— Mais oui, dis-je en réprimant l'envie irrésistible de hurler de joie. Mais bien sûr, que j'ai un stylo, ajoutai-je joyeusement. D'accord. Je note. Voilà. Et merci infiniment.

— Non, c'est moi qui vous remercie, fit-il, manifestement déconcerté par mon enthousiasme.

— C'est très gentil à vous d'avoir appelé, renchéris-je chaleureusement. Je suis très, très heureuse que vous l'ayez fait. Et dès l'instant où Peter rentrera à la maison, je demanderai au « vilain garçon » de vous rappeler. Au revoir, Jean, au revoir !

Je raccrochai vigoureusement le téléphone avec un cri de joie ; et j'étais sur le point d'appeler Lily pour lui apprendre ma méprise *ridicule*, lorsque Graham aboya soudain et que j'entendis la clé tourner dans la serrure. C'était Peter. Il rentrait plus tôt que d'habitude.

— Chéri ! m'écriai-je joyeusement. Écoute, j'ai quelque chose à te dire !

— Non, répondit-il tandis que Graham s'élançait pour l'accueillir, c'est *moi* qui ai quelque chose à te dire.

— Mais je voulais juste te dire que j'ai commis une erreur idiote, mais *idiote*, tu comprends...

— Faith, je ne sais pas ce que c'est, mais ça peut attendre. Graham, écoute, s'il te plaît, laisse-moi... Faith...

— Oui ?

— Écoute, il y a quelque chose que tu dois savoir.

Mon pouls s'accéléra.

— Oui ? répétai-je tandis que Peter inspirait profondément.

— Je m'en vais.

— Pardon ?

— Je m'en vais, répéta-t-il, face à moi dans le hall.

— Tu t'en vas ? fis-je faiblement. Tu me quittes ?

— Mais non, bécasse. Fenton & Friend. Je me tire !

— Ah mon Dieu ! soufflai-je. Elle l'a fait ! Elle a fini par te virer, cette vache !

Le visage de Peter était un masque sévère. Mais soudain, il sourit.

— Non, Faith, elle ne m'a pas viré, expliqua-t-il, parce que j'ai donné ma démission. Et je lui ai dit que je démissionnais, parce que...

— Oui ?

— Parce qu'on m'a offert un nouveau poste !

— Tu as trouvé ! hurlai-je. Ah, mais c'est merveilleux !

Je lui sautai au cou. Décidément, cette journée était une magnifique journée.

— C'est fantastique ! Hé, Peter, où ça ?

— Faith, dit-il, maintenant tout sourire, je vais être le nouveau P-DG de Bishopsgate !

— Bishopsgate ? m'étranglai-je, Bishopsgate ! Mon Dieu ! Mais c'est une boîte énorme !

— Oui, je sais, dit-il d'un ton rêveur en retirant son manteau. Et parce qu'ils ont pris tellement d'expansion ces dernières années, ils recherchaient un nouveau P-DG. Alors j'ai eu deux entretiens.

— Mais pourquoi tu ne m'en as pas parlé ?

— Parce que j'avais peur de ne pas décrocher le poste. Mais nous avons eu un dernier entretien aujourd'hui à l'heure du déjeuner, puis Andy m'a appelé pour me dire que j'avais été retenu.

— Ah, mon chéri ! m'écriai-je en le serrant à nouveau dans mes bras.

— Et Faith, reprit-il d'un ton émerveillé,

tout en se servant à boire, il y a l'argent. Trois fois plus que ce que je gagne actuellement. Nous n'aurons plus à nous serrer la ceinture.

— Mon Dieu, mais c'est génial. Et qu'a dit Charmaine ?

— Elle était blême, répondit-il en s'asseyant et en desserrant sa cravate. Elle crachait le feu. Surtout quand je lui ai appris pourquoi je partais. Elle n'arrêtait pas de répéter que c'était « scandaleux ». C'est son mot préféré, à cette vieille peau. Elle a eu le culot de m'accuser de déloyauté. Je lui ai fait remarquer que j'avais passé treize ans chez Fenton & Friend et que j'y avais été très heureux, et que l'unique raison pour laquelle je m'étais mis à chercher ailleurs, c'était parce que bosser pour elle était un cauchemar.

— Mon chéri, comme c'est courageux de ta part et franc, comme toujours.

— Je... Je n'avais rien à perdre à ce stade, expliqua-t-il en haussant les épaules. Enfin, elle a essayé de me faire mettre à la porte dans l'instant. Je ne l'ai pas laissée faire. Je l'ai informée que j'avais un préavis de trois mois, comme le stipule mon contrat. Puis j'ai eu un coup de fil de la DRH, qui va me donner mon solde de tout compte le 14 du mois. Maintenant, je dois téléphoner à tous mes auteurs, dit-il en fouillant dans son attaché-case. Ça me fait de la peine pour eux, mais je n'y peux rien. J'imagine que la moitié d'entre eux vont finir chez cet horrible Oliver-de-terre, les pauvres.

Il feuilleta son carnet d'adresses.

— Je regrette de partir comme ça, mais je n'avais pas le choix. Charmaine et Oliver étaient décidés à avoir ma peau, mais, maintenant, grâce à Andy, je m'en suis tiré. Je vais inviter Andy à déjeuner au Ritz, ajouta-t-il en tendant la main vers le téléphone.

— Mais oui. Tu lui dois bien ça. Il le mérite.

Mais Peter était occupé à composer un numéro et il n'entendit pas ce que je disais.

— Je vais d'abord appeler Clare Barry.

— Il faut que tu appelles Jean, aussi. Et chéri, voilà ce que je voulais te dire. J'ai une confession à te faire.

— Ah bon.

— Oui. Sur la raison pour laquelle je me suis comportée de façon aussi... stupide. Je suis vraiment désolée. Tu vois, j'avais dans la tête l'idée saugrenue que tu sortais avec une fille prénommée Jean. Mais maintenant, je sais que Jean, c'est « Jean », prénom masculin français. Je ne m'en suis rendu compte que lorsque Jean a téléphoné aujourd'hui.

— Jean ? Oui, Jean et moi, nous travaillons sur un projet. Un de ces bouquins de commande sur une vedette française mineure, à mourir d'ennui, que Charmaine m'avait refilé. Nous allions le publier simultanément en France et en Grande-Bretagne, alors je lui ai souvent parlé. Mais ça m'emmerdait tellement, Faith, et j'étais tellement préoccupé, que je n'arrêtais pas d'oublier de le rappeler. Ah, bonjour, Clare, dit-il. Clare, écoutez, c'est Peter...

— Rien ? s'exclama Lily lorsque je lui téléphonai mon rapport. (Elle semblait vaguement offusquée.) Mon chou, tu en es sûre ?

— Oui, répliquai-je joyeusement. J'en suis sûre.

— Rien ? répéta-t-elle. Zéro ?

— Rien du tout, confirmai-je.

— Ah ! Je vois. Alors la filature s'est effilochée.

— Oui, gloussai-je. C'est ça. Et je suis désolée pour ton article, Lily...

— Eh bien, oui..., fit-elle d'un ton légèrement déprimée.

— Mais tout simplement, il s'avère que Peter n'a jamais fait d'écart.

— Mmm.

— Je n'arrive pas à croire que j'aie pu être aussi bête. Enfin, pourquoi ai-je automatiquement supposé que Jean était une femme ?

— Parce que tu es toujours Faith-la-Poire, soupira-t-elle.

— Je sais. Au lieu de réfléchir rationnellement, ou d'exercer un peu de pensée latérale, je suis devenue totalement paranoïaque et anxieuse. Lily, je n'ai pas sauté aux conclusions, je me suis catapultée dessus à l'aide d'une perche !

— Ah, enfin, ajouta-t-elle, philosophe, nous pouvons toujours t'interviewer, en tant que femme dont les soupçons se sont révélés sans fondement.

— Alors ce n'est pas une perte totale de temps et d'argent ?

— Non, même si évidemment ç'aurait été bien mieux – je veux dire du point de vue de l'article, bien entendu – qu'il ait été en train de s'envoyer en l'air.

— Eh bien moi, je suis ravie que ce ne soit pas le cas ! fis-je avec un rire. Ah, Lily, merci mille fois d'avoir payé le détective. Là, tu m'as fait une double faveur, parce que maintenant j'ai encore plus confiance en mon Peter qu'avant !

Il y eut un soudain silence, rompu seulement par les grognements de Jennifer en bruit de fond, puis j'entendis Lily :

— Faith, je suis tellement heureuse que tout se finisse bien. Et tu sais que je serais la *dernière* personne au monde à vouloir gâcher ton plaisir, mais...

— Mais ?

— Il reste des questions sans réponse.

— Tu crois ? Lesquelles ?

— Eh bien, ces fleurs. Étaient-elles *vraiment* pour un auteur ?

— Oui, j'en suis sûre.

— Et le chewing-gum ? les cigarettes ?

— Ah, je ne sais pas, fis-je d'un ton insouciant. Pour être honnête, ça m'est égal. Je suis persuadée qu'il y a une explication parfaitement innocente, tout comme pour Jean.

— Alors, tout ce que j'ai à te dire c'est qu'il n'y a pas beaucoup d'Anglais qui fument des Lucky Strike. C'est une marque américaine.

— Elles doivent appartenir à Andy, son chasseur de têtes.

— Bien sûr, ça doit être ça. Mais pourquoi ne te l'a-t-il pas dit tout de suite ? Écoute, Faith, tu veux me rendre un service, mon chou ? Uniquement pour les besoins de l'article, bien entendu.

— Oui. OK. Si je peux.

— Pourrais-tu demander à Peter de s'expliquer là-dessus ? (Je soupirai.) Juste pour éclairer ces dernières zones d'ombre...

— Eh bien, d'accord, fis-je, un peu réticente. Maintenant que j'ai à nouveau confiance en Peter, je peux le faire. Mais pas avant jeudi.

— Pourquoi ? Qu'est-ce qui se passe jeudi ?

— Je l'emmène dîner. En fait, il s'agit d'un dîner très spécial. J'ai réservé une table au Caprice !

— Dis donc, tu te lances dans les grandes dépenses !

— Je sais, mais après le stress de ces derniers mois, Peter le mérite vraiment. Et aussi parce que j'ai été tellement mesquine, soupçonneuse et perfide, c'est moi qui paierai l'addition. De toute façon, nous avons beaucoup de choses à fêter. Son nouveau boulot. Notre avenir...

— Et quoi d'autre ?

— C'est la Saint-Valentin !

Le soir du 14 février, je pris le métro jusqu'à Green Park. Londres respirait l'amour, et moi aussi. Sur tous les quais je voyais des jeunes hommes agrippant leurs bouquets, l'air béat. Je songeai aux deux douzaines de roses rouges que Peter m'avait fait livrer, plus tôt dans la journée. Quand je les avais vues, j'en avais eu le souffle coupé. Elles étaient tellement belles, avec leurs longues tiges, leurs pétales de velours et leur parfum délicieux et enivrant. En marchant jusqu'à Piccadilly, je dus me faufiler au milieu des couples enlacés. L'air de ce début de soirée semblait palpiter d'amour. Je passai devant le Ritz et, malgré le fait que j'aie été mariée depuis tant d'années, mon cœur battait la chamade lorsque je tournai sur Arlington Street et que j'aperçus Le Caprice. Je n'y étais allée qu'une fois, avec Peter, il y a des années, mais je savais que c'était son restaurant préféré. Je parcourus des yeux le décor monochrome et vis que Peter était déjà à notre table, en train de siroter son éternel gin tonic. Il se leva pour m'accueillir et j'étais en train de me dire qu'il était très élégant, mais aussi bizarrement un peu éteint, lorsque son téléphone portable sonna. Ou plutôt, se mit à jouer les notes de *C'est un bon camarade*. Peter l'éteignit rapidement.

— Je suppose que c'est Andy... En tout cas, ajoutai-je en riant, laisse-moi te dire que c'est un type formidable.

— Oui, répondit Peter avec un vague sourire. C'est vrai.

— Il doit être fou de joie après ce qu'il a réussi pour toi, repris-je en étudiant le menu. J'espère qu'il va recevoir une sacrée prime, après avoir bossé comme il l'a fait.

Peter eut un curieux petit rire.

— Oui. Oui, certainement. Ah, au fait, ma nomination est annoncée dans *Le Journal de l'édition.*

Il me montra un exemplaire du magazine et là, en page trois, il y avait un article sur Peter, accompagné d'une photo et intitulé : « Peter Smith nommé président-directeur général de Bishopsgate. » Je le lus jusqu'au bout, emplie d'une immense fierté : *Directeur éditorial respecté... liste d'auteurs très distingués... rumeurs de conflits avec Charmaine Dural... projets d'expansion chez Bishopsgate.* Nous avons commandé du champagne – du vrai, cette fois – et nos entrées sont arrivées. J'avais choisi le poulet Bang Bang, et Peter le velouté de fenouil. Le restaurant était plein de couples comme nous, dînant en tête à tête romantique pour la Saint-Valentin. Je me sentais calme et tranquille. Mais je ne pus m'empêcher de remarquer que Peter semblait un peu taciturne. Je savais pourquoi – il venait de passer sa dernière journée chez Fenton & Friend, ce qui avait dû le déchirer.

— Est-ce qu'ils t'ont organisé quelque chose pour ton départ ? demandai-je.

— On a fait une petite réunion dans mon bureau, dit-il. Iris a pleuré. Je me sentais assez ému, moi aussi.

— Eh bien, c'est un immense changement dans ta vie, chéri – surtout après aussi longtemps. Mais, comme la plupart des changements, ce sera pour le mieux. Tu as vécu un véritable enfer, ajoutai-je tandis que le serveur retirait nos assiettes. Et, Peter... je voulais simplement te demander pardon, une fois de plus, pour avoir été aussi méfiante et mesquine. Je ne sais pas ce qui m'a pris.

Il pressa ma main.

— Faith, ne t'inquiète pas. C'est du passé.

— Alors, dis-je en levant ma coupe, buvons aux dénouements heureux.

— Oui. Et aux nouveaux débuts.

— À un nouveau chapitre, repris-je gaiement, sans péripéties pénibles.

— Oui. Fêtons cela.

— Même la météo s'est améliorée, ajoutai-je en riant. La dépression s'en est allée et on attend un grand ciel bleu. (Peter sourit.) Au fait, as-tu emmené Andy déjeuner au Ritz ? m'enquis-je tandis qu'on nous servait nos plats principaux – espadon pour moi, poitrine de poulet pour lui.

— Euh... oui. En effet. Nous y sommes allés, euh... mardi.

— Eh bien, fis-je en saisissant couteau et fourchette, personnellement, je trouve qu'Andy est *super*.

Tandis que nous mangions nous avons agréablement bavardé, et, enfin, Peter a commencé à se détendre. Je levai les yeux sur la photo en noir et blanc accrochée au mur derrière nous, et réalisai que c'était celle de Marianne Faithfull – Marianne Fidèle, comme c'était approprié... Mais cela me rappela la requête de Lily. Je ne voulais pas poser directement la question à Peter, alors j'ai juste dit :

— Mon chéri, je suis désolée d'avoir jamais douté de toi. C'était horrible de ma part. Évidemment, que ces fleurs étaient pour Clare Barry. (Il leva les yeux.) N'est-ce pas ?

— Oui, c'est vrai.

— Et quant à ces cigarettes... Et alors ? Pourquoi ne fumerais-tu pas de temps en temps ? Peter, ma réaction était tout à fait idiote. Je te fais confiance depuis quinze ans, mon chéri, et je n'ai aucune intention d'arrêter aujourd'hui. Je sais que tu n'as jamais eu d'aventure, repris-je avec un gloussement un peu éméché, et je ne crois pas que tu en sois capable. (Il restait silencieux.) Parce que je sais que tu dis toujours la vérité. (Je sirotai mon vin.) N'est-ce pas, mon chéri ? Parce qu'en fait, tu es un homme bien, un homme d'honneur. Et, en plus, tu es tellement franc. D'ailleurs, c'est ce que j'aime le *plus* chez toi, et je voulais simplement te dire combien...

— Faith, me coupa brusquement Peter. Je t'en prie, *arrête* ! (Il jouait avec son couteau, et avait une drôle d'expression.) J'ai quelque chose à te dire.

— Mon chéri, je ne sais pas ce que c'est, mais peu importe.

— C'est important, Faith. C'est important pour moi.

— Peter, dis-je en avalant une grande gorgée de bordeaux, quoi que tu me dises, ça n'a pas d'importance ce soir.

— Mais si. *C'est* important. C'est même très important. Parce que tu es là en train de me dire à quel point je suis un type formidable, et, très franchement, je trouve ça insupportable.

— Mon chéri, je suis désolée. Je ne voulais pas te gêner. C'est tout simplement que je suis si heureuse, et que j'ai probablement un peu trop bu, et que j'essaie de me faire pardonner le fait d'avoir été une salope soupçonneuse.

— Mais justement. C'est précisément ça qui est insupportable.

— Pourquoi ?

— Faith, dit-il en tripotant son verre, j'ai fait, disons... une bêtise.

— Tu as fait une bêtise, répétai-je en écho. Mais Peter, je suis sûre que ce n'est rien.

— Ce n'est *pas* rien.

— Vraiment, Peter...

— Non, ma chérie, écoute-moi, reprit-il en me regardant droit dans les yeux. (Je l'entendis inspirer. Puis expirer.) Faith, murmura-t-il, j'ai été infidèle.

Mon verre de vin resta suspendu dans les airs.

— Pardon ?

— Non, c'est moi qui te demande pardon. Parce que j'ai couché avec quelqu'un d'autre.

— Ah, lâchai-je, consciente de mon visage subitement enflammé.

— Mais seulement une fois. Et ça n'avait aucune importance.

— Ah, répétai-je.

— Mais si je te l'avoue, c'est parce que nous sommes sur le point de commencer une nouvelle ère, un nouveau chapitre de notre vie. Je serais incapable de me regarder dans la glace si je n'avais pas soulagé ma conscience.

— Ah, dis-je encore, en remarquant que cela semblait être le seul mot de mon vocabulaire.

— Tu vois, Faith, reprit-il en fixant son plat intact, tu n'as pas arrêté de me répéter toute la soirée à quel point j'étais « honnête » et « franc ». Alors je suis incapable de supporter le fait de te cacher que...

— Quoi ?

— Que j'ai eu une petite... aventure.

— Une aventure ? Avec qui ?

— Écoute, fit-il d'une voix lasse, ça n'a aucune importance. C'est fini maintenant. C'était une erreur stupide, qui ne se renouvellera pas.

— Je suis désolée, mon chéri..., articulai-je en luttant pour garder mon calme. Mais je trouve que tu es injuste de m'informer d'un côté de ton... aventure, et puis de l'autre refuser de me préciser avec qui, parce que... Mon Dieu, Peter, ajoutai-je, la gorge subitement serrée, tu m'as trompée.

— Oui, dit-il doucement, c'est vrai. Mais ça n'a plus d'importance. J'étais sous pression. Je...

j'avais bu quelques verres, et les choses... se sont précipitées.

— S'il te plaît, dis-moi avec qui ? répétai-je, consciente de mes paumes moites.

— Je...

— S'il te plaît, Peter. J'aimerais savoir.

— Eh bien...

— Donne-moi simplement son nom, je t'en prie.

— Non.

— Allez !

— Jc ne peux pas.

— Oui, tu peux.

— Écoute, je...

— Dis-moi son nom, Peter.

— OK, soupira-t-il. C'est Andy Metzler.

Mes mains se plaquèrent contre ma bouche.

— Tu as baisé avec un *homme* ? !

Peter me fixa, choqué.

— Non, non... Tu ne comprends pas.

— Mais si, je comprends, rétorquai-je. Ou plutôt, je ne comprends pas !

— Mais non, insista-t-il.

— Mais merde, je te dis que oui !

— Non, Faith, parce que, tu vois... Andy est une femme.

— Quoi ?

— Andy Metzler est une femme, répéta-t-il.

Je m'étranglai.

— Tu ne me l'as jamais dit...

— Tu ne me l'as jamais demandé.

— Mais... c'était toujours « Andy ceci » ou « Andy cela »... Je n'avais aucune idée qu'il était *elle*.

— Eh bien, c'est une femme. D'accord, c'est un curieux prénom pour une femme. Elle est américaine, et, enfin, c'est comme ça qu'elle s'appelle. Cela s'écrit A-N-D-I-E.

— Je vois, dis-je lentement. Comme Andie McDowell.

— Oui. Exactement.

— Et tu as eu une aventure avec elle ?

Il hocha la tête.

— Quand ?

Il joua avec la salière.

— Quand, Peter ?

— Jeudi.

— Jeudi ? Il y a deux jours ? Ah oui, bien sûr... Tu l'as emmenée déjeuner au Ritz. Pour la remercier. Eh bien, je vois que tu as exprimé ta gratitude. À fond.

— Écoute, une chose en a entraîné une autre, dit-il piteusement. Elle me faisait des avances, Faith. Elle me drague depuis des mois. Depuis notre première rencontre, en fait. Tu étais tellement soupçonneuse et je lui étais tellement reconnaissant de m'avoir décroché le boulot que, comment dire... je ne pouvais pas refuser.

— Ah, je vois, ironisai-je. Pour ne pas la blesser, tu as couché avec elle. Quel gentleman ! Je suis si fière de toi, Peter. Vous avez pris une chambre, j'imagine ?

— Oui, souffla-t-il. Nous avons pris une chambre.

Et soudain, à cet instant, au moment même où il a prononcé « nous », je décidai que la franchise était, de toutes les qualités de Peter, la moins attachante.

— Alors, elle l'a eue, sa prime, hein ! lançai-je d'un ton sinistre.

J'avais une boule dans la gorge de la taille d'un citron.

— Quelle ironie, murmurai-je en chiffonnant ma serviette de table. Quelle ironie du sort ! Depuis deux semaines, je suis obsédée par une Écossaise prénommée Jean, qui se révèle être, en fin de compte, un Français prénommé Jean. Et maintenant tu me dis que tu as eu une aventure avec une Américaine appelée Andie, dont j'étais persuadée que c'était un mec !

— Eh... oui.

— Eh bien, fis-je amèrement en secouant la tête. Eh bien, eh bien, eh bien... (Puis je relevai les yeux vers lui.) Ça fait mal.

— Je suis désolé. Je n'avais pas l'intention de te blesser. Mais c'est elle qui m'a forcé la main.

— Ne sois pas ridicule !

— C'est vrai, insista-t-il faiblement. J'avais été parfaitement clair sur le fait que j'étais marié. Mais notre relation professionnelle tirait à sa fin et elle a simplement...

— Décidé de la rendre personnelle.

— Oui. Ah, je ne sais pas... Elle m'a mis une telle pression.

— Je ne te crois pas, sifflai-je. Je crois que tu as couché avec elle parce que tu en avais envie.

— Non, c'est faux.

— Menteur !

— Parle moins fort.

— Avoue-le !

— OK, d'accord. Oui, c'est vrai !

— Tu avais envie d'elle ?

— Oui, puisque tu m'obliges à l'avouer, oui, merde, j'avais envie d'elle !

— Espèce de salaud ! crachai-je.

Je fus terriblement choquée de me l'entendre dire, parce que je n'avais encore jamais insulté Peter.

— Je vivais un tel stress, Faith, gémit-il. (Il prit son front dans sa main droite.) Ces six derniers mois ont été un enfer. Et puis tu t'es mise à me harceler. Tu ne me laissais pas tranquille. Tu étais comme un fox-terrier avec un rat, à me ressasser ces histoires de bonnes femmes, de chewing-gum, de cigarettes.

— Le chewing-gum ! m'exclamai-je. Ce chewing-gum était pour elle. (Il resta silencieux.) Pas vrai ? Tu n'aimes pas ça... tu n'as jamais aimé ça. Et ces cigarettes, c'était pour elle aussi, pas vrai ? (Peter acquiesça, l'air malheureux.) Tu avais du chewing-gum et des cigarettes à sa disposition. Quelle galanterie. Lucky Strike ! vociférai-je. Alors tu as eu une aventure, insistai-je, haussant le ton, avec une... comment dis-tu, déjà ? Avec une nana ?

— Écoute, ça s'est fait complètement spontanément. Sur un coup de tête.

— Ce n'est pas vrai !

— Chut ! Ne crie pas.

— Tu avais envie de la sauter depuis des semaines.

— Non.

— Ne me dis pas le contraire. Si je le sais, c'est grâce à Katie.

— Katie ? Qu'est-ce qu'elle a à voir là-dedans ?

— Ses machins psychanalytiques. Elle n'arrête pas de parler des lapsus, pas vrai ? Et elle nous rebat les oreilles de ses « mensonges par omission ». Et je trouve qu'il est très, très significatif, Peter, que tu n'aies jamais laissé entendre qu'Andie était une femme.

— Ça n'était pas pertinent.

— Oh si, au contraire ! rétorquai-je. Parce que l'autre soir, quand tu as récité la fameuse liste de toutes les femmes que tu connais – toutes, sans exception... C'est vraiment bizarre, Peter, ajoutai-je avec emphase, que tu ne l'aies pas mentionnée ! (Maintenant, son visage et son cou étaient couverts de plaques rouges.) D'ailleurs, tu m'as même dit le nom des deux collègues femmes d'Andie, mais, elle, tu as soigneusement omis de la citer. Maintenant, je sais pourquoi ! conclus-je triomphalement. Parce que tu ne voulais pas que je sache. Et, si tu ne voulais pas que je sache, c'est parce que tu savais déjà que tu voulais coucher avec elle.

— Je... je...

— Ne nie pas, lâchai-je, méprisante.

— Je... D'accord. D'accord. Je l'admets. Elle est très séduisante. Elle est célibataire. Je lui plais. Et, oui, elle me plaisait.

— Elle a des cheveux courts et blonds, dis-je tout d'un coup. (Ça m'était arrivé dans un flash. Une révélation. Andie était cette blonde inconnue photographiée avec Peter chez Quaglino.) Elle a des cheveux courts et blonds, répétai-je.

— Oui, dit-il. En effet. Mais comment peux-tu savoir ?

— Parce que...

Mon Dieu, je ne pouvais pas le lui dire.

— Parce que... disons que c'est mon intuition féminine... Je crois que je vais me trouver mal, annonçai-je en tripotant ma cuillère à dessert. Tu m'as trompée. Comment as-tu pu me faire une chose pareille ?

— Je vais te dire comment, déclara-t-il, en haussant le ton à son tour. Parce que tu m'as accusé de le faire, et que l'occasion s'est présentée et que je me suis dit, merde, pourquoi ne pas le faire pour de bon ?

— Un dessert ? s'enquit le serveur. Et, euh, je vous serais reconnaissant, madame, monsieur, de parler un peu moins fort.

— Non, dis-je, je n'ai pas l'intention de parler moins fort. Mon mari vient de me tromper !

Je sentis tous les regards converger vers nous, en même temps que j'entendais les souffles se couper.

— Enfin, madame, bafouilla le serveur, je crois que...

— Je me fous de ce que vous croyez ! sifflai-je. Nous sommes en plein drame conjugal.

À présent, toutes les conversations du restaurant s'étaient arrêtées et tout le monde nous fixait. Mais je n'en avais rien à faire.

— Après quinze ans de mariage, informai-je le serveur, mon mari m'avoue qu'il a été infidèle.

— Pauvre femme, entendis-je.

— Ça n'est pas la miss météo de cette émission du matin ?

— ... fidèle pendant quinze ans ? Cet homme est un saint !

— Évidemment, toi tu m'as trompée au bout de cinq ans.

— Ça n'a rien à voir !

— Madame, dit le serveur, je suis absolument désolé que vous ayez ce, euh, ce problème...

— Il ne s'agit pas d'un problème, le corrigeai-je, mais d'un drame.

— D'ailleurs, je suis moi-même divorcé.

— Ah ! J'en suis désolée.

— Ma femme m'a quitté.

— C'est fâcheux, dit Peter.

— Alors, même si je compatis, je dois néanmoins vous demander de parler un peu moins fort.

– Oui, Faith, chuchota Peter d'une voix rauque, essaie de parler moins fort.

— C'est ça, parle moins fort, dis-je avec un rire creux. Ne fais pas de vagues. Sois une grande fille. N'en fais pas tout un plat. Ne pleure pas. Et surtout, surtout – ne souffre pas. Eh bien si, je souffre ! Je souffre beaucoup. Comment as-tu pu, Peter ? ajoutai-je, alors que la table commençait à devenir floue.

— Oui, comment avez-vous pu ? le relança une femme à une table voisine.

— Comment j'ai pu ? (Peter se retourna sur son siège.) Je l'ai déjà expliqué. Un, j'en avais l'occasion, deux, j'avais traversé un stress important, trois, j'avais trop bu, quatre, j'étais sous pression, et cinq, ma femme m'avait rendu fou avec ses soupçons injustes et totalement infondés.

— Ils étaient tout à fait fondés, repris-je en pressant un mouchoir contre mes yeux.

— À ce moment-là, ils ne l'étaient pas ! rétorqua-t-il.

— Moi, je ne le blâme pas ! lança un homme à notre gauche.

— Ne prends pas parti, Rodney.

— Je crois que c'est elle qui l'y a poussé.

— Quelle idiote ! lâcha quelqu'un d'autre.

— Ne me fais jamais ce coup-là, Henry.

— Eh bien, et toi ?

— Qu'est-ce que tu veux dire, et moi ?

— J'ai très bien vu comment tu regardais Torquil.

— Torquil ? Laisse-moi rire !

— Ma femme m'a quitté pour notre médecin, ajouta le serveur.

— Ah là là, marmonna Peter avec pitié, quel abus de confiance.

— Écoutez, dis-je au serveur, je suis tout à fait navrée de ce qui vous est arrivé. Mais, pour parler franchement, cela n'a rien à voir avec nous. Mon Dieu, gémis-je, c'est affreux ! Je ne sais absolument pas quoi faire.

— Allons, ne faites pas une montagne d'une taupinière, suggéra un homme en complet anthracite.

— Faites-lui payer jusqu'au dernier sou, conseilla sa femme.

— Allez chez un psy, proposa un homme, trois tables plus loin.

— Allez vous envoyer en l'air, plutôt !

— L'infidélité, ce n'est pas la fin du monde.

— On peut pardonner et oublier.

— Pardonner et oublier ? répétai-je, le goût des larmes dans la bouche. Pardonner et oublier ? Non ! Ah, Peter, pleurai-je en tendant la main vers mon sac. J'étais si heureuse, si heureuse ce soir, mais maintenant, tout est gâché.

— Je n'aime pas me vanter, déclara Lily le samedi matin suivant, je n'aime vraiment pas me vanter, mais j'avais raison !

— Oui, croassai-je, en effet.

Nous étions allongées côte à côte sur des civières en cuir, dans une clinique de Knightsbridge, recouvertes d'une épaisse boue verte, nues à l'exception d'une volumineuse culotte en papier. Une esthéticienne en sarrau blanc nous claquait une nouvelle couche de pâte vert bouteille sur les jambes. Puis elle nous enveloppa de couvertures chauffantes et baissa la lumière du plafonnier.

— À présent, mesdames, susurra-t-elle, je vais vous laisser pendant vingt minutes, le temps que les algues fassent leur effet, purifiant votre système, tonifiant votre peau et éliminant les toxines de votre corps.

J'aurais préféré éliminer les toxines de mon esprit.

— Si vous voulez vous détendre, roucoula-t-elle, fermez les yeux et concentrez-vous sur des pensées agréables et sereines.

— Quel salaud ! lança vicieusement Lily dès que la porte fut refermée. Comment est-ce qu'il a pu te faire ça ?

— Je ne sais pas, chuchotai-je en fixant le plafond. Tout ce que je sais, c'est que ça fait mal.

Le choc initial de la confession de Peter s'était transformé en une douleur sournoise.

— Quand nous en avons parlé au début, reprit Lily, je n'imaginais pas pour une seconde que cela puisse être vrai. Je voulais seulement que tu sois un peu plus sur tes gardes, mon chou, parce que tu as une âme tellement confiante.

— Plus maintenant.

— En même temps, reprit-elle, j'ai commencé à me rendre compte qu'il y avait des détails qui clochaient. Putain, qu'est-ce que ça pue, ce truc ! s'écria-t-elle en fronçant le nez. On va sentir le marché aux poissons. Chasseuse de têtes ! s'exclama-t-elle, indignée. Chasseuse de têtes ! Je te demande un peu ! Elle n'en voulait pas qu'à sa tête !

— Et on dirait qu'elle a obtenu ce qu'elle voulait.

— C'est pour ça que Peter t'a envoyé ces roses sublimes le 14 février.

— Je les ai jetées, sanglotai-je.

— Ce n'était pas un bouquet de Saint-Valentin, c'était parce qu'il se sentait coupable de t'avoir trompée.

— Finalement, tu vas faire un excellent papier avec moi. C'est un vrai cauchemar ! grinçai-je, la gorge serrée. Qu'est-ce que j'aimerais pouvoir retourner en arrière.

— Tu ne peux pas, trancha Lily. C'est trop grave. C'est le genre de chose qui peut faire éclater un couple.

Je tournai la tête pour la regarder.

— Mais je ne veux pas le quitter, chuchotai-je. Je n'ai pas réfléchi jusque-là.

— Faith, mon chou, je crois que tu devrais. Parce que malheureusement, l'infidélité de Peter est quelque chose de grave – et tu ne l'oublieras jamais. (À l'entendre parler ainsi, j'eus la nausée.) Et bien sûr, elle ne peut que se répéter.

— Tu crois ? Je ne l'excuse pas, Lily, mais peut-être s'agissait-il tout simplement d'un moment d'égarement. Tu sais, il a connu beaucoup de stress ces derniers temps.

— Ne sois pas si bête, Faith ! L'infidélité est une pente dangereuse. Une fois qu'un homme s'y engage, c'est fini. Même s'il fait preuve de bonne conduite pendant un moment, il ne tardera pas à t'en vouloir d'être tenu en laisse. Eh oui, poursuivit-elle avec autorité, la première aventure est toujours le commencement de la fin. Tu as un bon avocat ?

— Notre avocate de famille, Karen. Mais, Lily, le coût d'un divorce nous ruinerait !

— Mon chou, dit-elle patiemment, comme si elle parlait à un enfant pas très futé, Peter a un nouveau poste très bien payé, alors il en a les moyens.

— Mais il ne va pas être riche pour autant. Il va simplement gagner plus d'argent qu'avant. Écoute, je ne vais pas me décider maintenant, pour le divorce. Tout ce que je sais, c'est que je ne suis pas prête à pardonner.

— Comment ça se passe à la maison ? s'enquit-elle.

— Nous nous évitons. Depuis jeudi soir, je l'ai à peine vu. Heureusement, les enfants ne viennent pas ce week-end parce qu'ils ont des trucs à l'école. Mon Dieu, Lily, dis-je tandis que mes yeux s'emplissaient de larmes, je ne sais pas quoi faire.

— Faith, nous nous connaissons depuis combien de temps ?

— Vingt-cinq ans.

— Exactement. Depuis que nous avons neuf ans. Alors je crois te connaître mieux que quiconque. Je te connais même mieux que Peter. Et je crois sincèrement que cela est la meilleure chose qui puisse t'arriver.

— Comment ? coassai-je.

— Ce qui ne te tue pas te rendra plus forte, répliqua-t-elle.

Elle prit ma main et la pressa. Je sentais mes lentilles de contact glisser de mes yeux.

— Cela te rendra plus forte, Faith. Ce sera le moyen par lequel tu briseras enfin ton cocon de banlieusarde pour devenir une femme forte et indépendante. J'ai fait un saut chez Harvey Nichols, au fait, et je t'ai acheté un bracelet tibétain d'améthystes pour te donner du courage.

— Ah. Merci.

— Et j'ai aussi appelé les Samaritains.

— Tu as fait quoi ?

— J'ai appelé les Samaritains hier soir et j'ai fait semblant d'être toi. Ne t'inquiète pas, précisa-t-elle en voyant mon expression consternée, je ne leur ai pas donné ton nom. J'ai juste dit que mon mari avait avoué son infidélité et j'ai parlé de la douleur, de l'humiliation, de la peur, etc. Ils m'ont rabâché des histoires de conseiller conjugal, de médiation, de réconciliation, mais tout le monde sait que c'est une perte de temps.

— Ah bon ? fis-je d'une voix mourante.

— Mais oui, bien sûr que si. Parce que l'infidélité est impossible à éradiquer. Elle provoque des dégâts irréparables. Tu peux essayer de recoller les morceaux de ton mariage, mais le fait est que tu en verras toujours la fêlure.

— Alors, mesdames ?

L'esthéticienne était de retour. Nous avons

changé de sujet de conversation tandis qu'elle retirait nos couvertures ; puis nous sommes allées à la douche pour rincer la boue verte visqueuse. J'étais en train de me rhabiller lorsque Lily me déclara soudainement :

— Je crois que mon côlon aurait besoin d'un petit nettoyage. Et le tien ?

— Quoi ?

— Une irrigation du côlon. Ça te dit ?

— Non merci.

L'idée de me faire passer les tripes au Karcher était plus que je n'en pouvais supporter.

— Je ne jure que par ça, annonça-t-elle joyeusement. J'aime être propre à l'intérieur comme à l'extérieur. Si c'était bon pour les anciens Égyptiens, c'est assez bon pour moi. Donne-moi trois quarts d'heure pour un petit jet, et puis nous irons déjeuner.

Je restai assise dans la salle d'attente, essayant de ne pas imaginer Lily allongée sur la table avec un boyau d'arrosage dans le derrière, et de ne pas écouter les voix filtrant à travers la porte.

— Ah, Miss Jago, entendis-je la thérapeute s'écrier, vous devriez mieux mastiquer votre nourriture – je viens de voir passer une olive.

Pour m'empêcher de visualiser le contenu des intestins de Lily, je feuilletai les magazines. Un choix varié était étalé sur la table basse en verre, comme un jeu de cartes. Il y avait *Moi !*, *Elle* et *Marie-Claire*, ainsi qu'une sélection de magazines populaires. Pour être honnête, je préfère une presse moins haut de gamme. Les mannequins ne sont pas aussi déprimantes de beauté, et il y a davantage de concours. Alors je feuilletai *Woman's Own* et *Woman's Weekly*, puis je pris *That's Life* et *Best*. Puis mon œil fut attiré par la couverture du magazine *Bella* et je retins mon souffle. Je fixai le titre provocateur : « GAGNEZ UN DIVORCE ! »

Presque involontairement, ma main se tendit vers la pile de magazines.

Mars

Quand on se marie, on dit « je le veux ». Maintenant, je suis constamment en train de me demander, mais *qu'est-ce* que je veux ? Je me le répète comme un mantra, en espérant qu'une illumination me frappera.

— Ne fais rien, me conseilla Karen, notre avocate.

Je lui avais narré toute mon histoire en pleurant, pendant qu'elle prenait des notes.

— Mon conseil, c'est de ne surtout rien faire, insista-t-elle.

— Rien ?

— Rien. Parce que tu n'as pas pris assez de temps pour réfléchir.

— Mais ça fait mal ! m'exclamai-je en frappant ma poitrine de ma main gauche. C'est comme s'il y avait une plaie ouverte. Ici. Juste ici. Mon Dieu, Karen, je souffre tellement.

— Raison de plus pour attendre.

— J'arrive à peine à fonctionner, articulai-je. Tout ce que je sais, c'est qu'il m'est arrivé quelque chose de très grave.

— Tu as raison. L'infidélité, c'est grave, dit-elle en me tendant un mouchoir en papier. C'est bien pourquoi tu dois laisser tes émotions se dissiper avant de prendre une décision.

— Je suis tellement furieuse. Tellement humiliée.

— Tu as toutes les chances d'être encore plus furieuse et humiliée si tu demandes le divorce. C'est affreux, un divorce. C'est douloureux, humiliant, compliqué et extrêmement onéreux. C'est une catastrophe affective et financière dont on ne se remet pas toujours. Il n'y a que deux semaines que Peter a tout avoué. Tu devrais te donner davantage de temps.

— C'est seulement que je ne sais pas comme je peux... *être* avec Peter à nouveau, sanglotai-je. Je ne supporte pas l'idée qu'il ait couché avec une autre femme. Je n'arrive plus à me projeter dans un avenir avec lui.

— Faith, reprit gentiment Karen, tu ne sais toujours pas ce que l'avenir te réserve. Alors, je te le répète, comme à tous mes clients : ne fais rien d'irréfléchi. D'autant que tu as deux enfants. En revanche, si, après une longue et mûre réflexion, tu décides de divorcer, alors, oui, tu pourras entamer une procédure. Mais tu dois être absolument certaine que tu veux vraiment divorcer et que tu n'utilises pas simplement le divorce comme une arme pour punir Peter. Parce qu'une fois dans l'engrenage, Faith, il est très difficile de revenir en arrière. Alors, je t'en prie, attends, insista-t-elle tandis que je m'apprêtais à partir.

— D'accord, soupirai-je, j'attendrai.

Je sortis et détachai Graham, qui m'attendait

en affichant un air dépité, dans l'espoir que quelqu'un lui donnerait à manger. Mais, quand il m'aperçut, il bondit, frénétique, poussant un aboiement joyeux. De voir, non seulement la queue de Graham, mais encore tout son derrière s'agiter de bonheur, me remonta un peu le moral.

— Bonjour, mon amour, dis-je. Je t'ai manqué ?

— Ouaf !

— Tu m'aimes, pas vrai ?

— Ouaf !

Tandis que nous rentrions à la maison sous le soleil printanier, Graham bondissant à mon côté, je réfléchis intensément aux conseils de Karen. Je passai en revue mon mariage, année par année, en me rappelant à quel point Peter et moi avions été heureux. Puis j'imaginai la fin de tout ça. Ce serait atroce. Tout d'un coup, je nous vis, les enfants et moi, debout devant la maison avec armes et bagages. « Le divorce peut être une catastrophe, m'avait avertie Karen... affective et financière... très, très difficile de revenir en arrière. » Un frisson me parcourut de la tête aux pieds.

— Karen a raison, dis-je à Graham alors que nous parvenions au parc.

Je me penchai pour lui ôter sa laisse.

— Elle a absolument raison, répétai-je tandis qu'il filait comme un tapis volant. Il revint trente secondes plus tard avec un frisbee rouge dans la gueule.

— Hé ! entendis-je au loin. C'est à nous !

— Graham, l'admonestai-je gentiment, tu ne voleras point. Aurais-tu l'amabilité de rapporter ça ?

Tandis qu'il s'éloignait en courant, je déambulai le long d'une allée de platanes, en admirant les primevères, les crocus tardifs avec leurs pétales picorés par les oiseaux et les touffes de lances vert pâle qui allaient bientôt se transformer en jonquilles. Puis je m'assis sur un banc, fermai les yeux et demandai à Dieu de m'aider à traverser cette épreuve. Je fis une courte prière. À ce moment précis, le soleil apparut – je sentis sa chaleur irradier mon visage – et j'eus une espèce d'épiphanie, une vision, si vous voulez, et je sus alors que Peter et moi, on s'en sortirait. Nous n'allions pas jeter au rebut quinze années de bonheur, décidai-je. Nous n'allions pas détruire notre mariage. Après tout, me dis-je, tandis que Graham et moi rentrions à la maison, il y a pis. Bien pis. Affreusement pis. On entend parler tous les jours d'histoires sordides, insoutenables. Peter ne m'avait trompée qu'une seule fois, et il le regrettait profondément.

— C'est pour cela qu'il a tout avoué, expliquai-je à Graham en ouvrant la porte d'entrée. Il a avoué parce qu'il a une conscience, et parce que c'est quelqu'un de bien.

J'avais eu tort de lui avoir reproché cet aveu. Non seulement c'était mesquin, mais en plus, c'était idiot, quand on songeait à tous les hommes qui trompaient leur femme de façon coutumière, sans un gramme de remords. Je pris notre photo de mariage dans son cadre en argent légèrement terni. Mes yeux s'emplirent de larmes. « À compter de ce jour », me rappelai-je. C'était le contrat. « Pour le meilleur et pour le pire », avais-je promis. Nous avions eu beaucoup de meilleur, et maintenant, nous avions un peu de pire. C'était ça, le mariage. Je contemplai le beau visage franc de Peter en me disant : voici l'homme que j'aime. Voici l'homme de ma vie. Oui, il a commis une erreur, mais nous en commettons tous, alors je dois lui pardonner et oublier. Et je *vais* lui pardonner, songeai-je, en pleine extase, tout en allumant le téléviseur. Parce que, si se tromper est humain, pardonner est divin. J'imaginai notre scène de réconciliation, et cette pensée m'emplit d'une douce chaleur qui me monta des pieds à la tête.

« Mon chéri, lui dirais-je, tu as commis une très grave erreur de jugement. Tu as presque brisé notre mariage pour un moment de plaisir débridé. Tu t'es laissé aller à la tentation. Et tu y as succombé. Mais, Peter, je veux que tu saches que je te pardonne. » Il allait me sourire, timidement d'abord, comme s'il n'arrivait pas à en croire ses oreilles, puis joyeusement quand il aurait compris la portée de mes paroles. « Oui, mon amour, murmurerais-je tandis qu'il m'envelopperait de ses bras. Nous allons recommencer à zéro. Nous nous servirons de ce moment d'égarement pour rendre notre mariage plus fort, pour avancer. Et, tu sais, Peter, nous allons être encore plus heureux qu'avant. »

Puis, je nous imaginais à l'église, en train de renouveler nos vœux devant un groupe de témoins qui sauraient tout ce que nous venions de traverser. Nos parents seraient là, et les enfants évidemment, et un ou deux de nos plus proches amis. Ils cligneraient tous des paupières pour retenir leurs larmes en nous regardant nous redire : « Je le veux. » Peter et moi pleurerions aussi. Notre émotion serait si grande qu'elle nous empêcherait de parler...

À cet instant, je me rendis compte que de grosses larmes roulaient effectivement sur mes joues pendant que je zappais. Je me tamponnais les yeux de la main droite, tout en grattant le menton de Graham de la gauche. La bande-titre du magazine télévisé *Femmes en liberté* s'affichait à l'écran.

— Tout ira bien, Graham, ajoutai-je entre deux petits sanglots. Maman et papa ne vont pas se séparer, mon chéri. Ne t'inquiète pas.

Soudain, il aboya. Non pas pour acquiescer, mais parce que la seconde livraison du courrier venait d'arriver. Il bondit hors du canapé et courut jusqu'à la porte d'entrée : cinq enveloppes gisaient sur le paillasson. Deux brunes – des factures, probablement, que je laissai à Peter, comme d'habitude –, une carte postale de ma mère, partie pour la Guadeloupe – *Nous passons de merveilleuses vacances !* –, deux lettres pour Matt – tiens, je me demande bien de qui elles sont ? Et une petite enveloppe blanche qui m'était adressée. Je glissai mon pouce sous le revers, puis m'arrêtai. Mon attention venait d'être attirée par une phrase prononcée dans l'émission.

— Le métier de chasseur de têtes est relativement récent mais en pleine expansion, expliquait la présentatrice. Aujourd'hui, les gros calibres ne posent pas leur candidature pour un poste. Ils y sont attirés par des intermédiaires habiles – le plus souvent des femmes. Certains des meilleurs chasseurs de têtes sont en effet des chasseresses, et nous allons accueillir l'une d'entre elles aujourd'hui. Souhaitons donc la bienvenue sur ce plateau à Andie Metzler !

J'entendis les applaudissements polis du public du studio puis je m'avançai, comme hypnotisée, jusqu'à la salle de séjour. Je fixai l'écran d'un œil vide. C'était *elle*. Andie Metzler. Le choc m'atteignit aux genoux comme un coup de hache, et je m'effondrai dans le fauteuil. C'était elle. En train de parler. L'Autre femme. La femme qui avait couché avec mon mari. La femme qui fumait des Lucky Strike. La femme qui avait sauvé la carrière de Peter, mais qui avait détruit ma tranquillité d'esprit.

— Les femmes font de fantastiques chasseurs de têtes, disait-elle. Plus intuitives... une approche plus subtile... mieux organisées...

Je constatais que la photo d'Ian Sharp ne lui rendait pas justice. Ses courts cheveux blonds brillaient comme de l'or filé. Son visage en forme de cœur était dépourvu de la moindre ride. Elle croisait de longues jambes élégantes. Elle portait un tailleur impeccablement coupé. Elle était sublime. Il n'y avait rien à redire. Même si sa voix était rauque et cassante.

— C'est une femme chasseur de têtes qui a recruté Greg Dyke comme P-DG de la BBC, expliquait-elle. ICI utilise une femme chasseur de têtes pour recruter ses dirigeants, et moi-même, j'ai placé des P-DG dans des banques d'affaires, des sociétés de télécommunications et, plus récemment, dans une grande maison d'édition.

À ces mots, je fus submergée d'une vague de haine – la haine la plus profonde que j'aie jamais éprouvée. Je l'imaginai au Ritz avec Peter. Je les imaginai en train de déjeuner. Je les imaginai buvant du champagne. Puis je les imaginai en train de baiser. Et j'eus envie de plonger un couteau dans l'écran de télévision pour la tuer sur place. J'aurais voulu que les poutrelles lui tombent dessus et l'écrasent. Ou que la porte du studio s'ouvre pour l'avaler. Mon pouce était toujours glissé sous le revers de l'enveloppe. Sans y penser, je le fis courir. Je sortis la lettre, fixant toujours, avec une répugnance viscérale, ma rivale.

— Une autre qualité des femmes en ce domaine, c'est que nous sommes très tenaces, disait-elle de sa voix rauque à l'accent transatlantique, pas totalement britannique, mais plus tout à fait américain. Nous sommes très ambitieuses pour nos clients et nous leur ramenons le meilleur candidat possible. Nous ne baissons jamais les bras, avant d'avoir rapporté la tête qui nous intéresse.

— Ça, je n'en doute pas, sifflai-je.

— Quand nous leur mettons le grappin dessus, ajouta-t-elle avec un petit rire, croyez-moi, nous finissons toujours par les avoir.

Du coin de l'œil, je devinai le mot « FÉLICITATIONS ! » Involontairement, je baissai les yeux. *Chère Madame Smith*, lus-je tandis qu'Andie poursuivait son laïus.

— Oui, le métier de chasseur de têtes est très gratifiant...

Au nom des magazines IPC, je suis ravi de vous informer...

— À plus d'un titre...

Que vous avez remporté le premier prix...

— C'est aussi une profession qui s'accorde bien...

... de notre concours « Gagnez un divorce » !

— Avec le mariage et la maternité...

Madame Smith, vous avez correctement répondu à notre question...

— Ce que je trouve d'autant plus séduisant...

Un divorce, tout frais payé, est désormais à votre disposition...

— Que je compte me caser très bientôt...

Avec le célèbre avocat de droit matrimonial, Rory Cheetham-Stabb !

Je n'ai pas tout de suite réagi à la lettre. J'étais dans un état de choc trop profond. Je suis restée un long moment, à la tourner et à la retourner entre mes doigts. Puis je suis montée à l'étage pour la cacher dans mon tiroir à petites culottes. Je n'avais jamais pensé gagner. J'avais simplement posté le formulaire très vite avant de changer d'avis. C'était un tirage au sort, avec un questionnaire auquel il fallait répondre correctement : a) À combien s'élevait la prestation compensatoire de la princesse Diana après son divorce ? b) Jerry Hall était-elle légalement mariée à Mick Jagger ? c) Combien de temps fallait-il pour qu'un jugement de divorce devienne irréversible ? Les réponses étaient faciles : a) Dix-sept millions de livres sterling ; b) Non ; c) Six semaines et un jour. Comme vous le savez, je suis incapable de résister à un concours, mais, naturellement, je n'avais jamais cru que je gagnerais. Maintenant, j'étais incapable d'appeler les organisateurs pour réclamer mon prix. Voici qu'on m'offrait ce que m'envieraient bien des femmes – un divorce sans frais, sur un plateau d'argent – mais, au lieu d'être euphorique, j'avais l'impression de surplomber un abîme. « Attends, m'avait dit Karen. Attends. » Alors j'ai attendu. J'ai attendu que le choc provoqué par la vision d'Andie Metzler se résorbe. Et il s'est résorbé, petit à petit. Jusqu'à ce qu'en fin de journée je sois redevenue à peu près calme et capable de pensée rationnelle. Alors, j'ai décidé que, non, je ne voulais *définitivement* pas divorcer. Après tout, raisonnais-je, ce n'était pas comme si Peter était amoureux d'elle. Tout ce qu'il avait fait, c'était de coucher avec elle, une fois, sous pression, sur un coup de tête. Ce n'était pas une liaison à long terme, rien qu'une défaillance temporaire. Andie n'était pas sa maîtresse. Elle ne représentait aucun danger pour moi. Elle n'était qu'un épisode fugitif, voilà tout.

Au cours des deux jours suivants je tentai de rétablir le dialogue avec Peter – nous n'avions pratiquement pas échangé un mot depuis la Saint-Valentin. Nous nous étions évités, ce qui n'était pas difficile avec mes horaires de travail. J'étais si fâchée que je ne l'avais même pas questionné sur son nouveau poste. Mais, maintenant, j'avais décidé de briser la glace. Nous avons d'abord discuté de son travail, puis du mien, puis des enfants... Bientôt nous sommes arrivés à parler de tout ce dont nous parlions d'habitude. Nous avons fait une longue balade au bord du fleuve avec Graham. Cependant, ni Peter, ni moi n'avons fait allusion à son aventure. Elle restait posée entre nous telle une bombe à retardement. Nous la contournions, nous l'enjambions prudemment, en faisant comme si elle n'existait pas. Si nous l'ignorions, peut-être finirait-elle par se désamorcer d'elle-même, avant de disparaître ? J'avais décidé qu'Andie n'était rien d'autre qu'un « bip » désagréable dans l'électrocardiogramme de notre mariage. Nous nous en sortirions. D'autres couples y parvenaient, alors pourquoi pas nous ? Tout redeviendrait comme avant. Je m'efforçai donc d'être chaleureuse et amicale avec Peter. Mais, en même temps pas trop. Je voulais qu'il sache que je souffrais encore, et qu'il devait s'attendre à un peu de distance. Toutefois, je savais qu'à la fin je me rapprocherais de lui, parce que j'avais décidé de rester mariée. Alors, je n'ai pas relu la lettre de *Bella*.

Quatre jours plus tard, quelqu'un du magazine me téléphona pour que je vienne réclamer mon prix, mais je gagnai du temps en prétextant que j'étais trop occupée, que cela ne serait pas possible avant au moins une semaine. D'ici là, j'étais certaine que Peter et moi serions réconciliés, et le prix pourrait revenir à quelqu'un d'autre.

Les enfants sont rentrés pour le week-end et nous avons tous fait comme d'habitude. Tous sauf Matt, qui ne cessait d'aller et venir à la boîte aux lettres – je me demandais bien pourquoi.

J'étais à la cuisine, dimanche après-midi, et Peter se trouvait dehors en train de charger la voiture pour ramener les enfants à l'école lorsque le téléphone sonna. Katie décrocha. Je l'entendis papoter pendant une minute et je supposai que c'était quelqu'un qu'elle connaissait. Puis je l'entendis appeler Peter.

— Pp-aaa ! Téléphone !

— Qui est-ce ?

— J'sais pas, une bonne femme américaine qui s'appelle Candy ou Randy ou Mandy, quelque chose dans le genre. Elle dit qu'elle veut te parler.

Je bondis hors de la cuisine telle une tarentule sortant de son antre. La salope ! Comment osait-elle, cette grognasse ! Appeler chez moi pour parler à *mon* mari, mon mari depuis quinze ans, le père de *mes* deux enfants. J'allais lui dire deux mots, moi. Mais Peter était arrivé le premier.

— Non, non, disait-il, légèrement essoufflé par son sprint jusqu'au téléphone. Non, non, répéta-t-il d'un ton plus dégagé. (Son visage avait néanmoins viré au rouge vif.) Ah. Oui. Hum, fit-il, évasif. Eh bien, merci d'avoir appelé. Au revoir.

Il reposa le combiné et se tourna vers moi avec une expression coupable. Mes lèvres se pincèrent tellement qu'elles me firent mal. Puis les enfants apparurent avec leurs sacs. Je les ai embrassés et je suis montée dans ma chambre.

Lorsque Peter est revenu, trois heures plus tard, je me tenais dans la cuisine. Il entra, sans un mot, et s'assit. Puis il prit sa tête entre les mains.

— Tu l'as revue ? demandai-je.

Pas de réponse. Ma bouche était aussi râpeuse que du papier de verre et j'entendais mon cœur qui battait.

— Tu l'as revue ? insistai-je.

Il prit une inspiration, puis secoua la tête.

— Pas vraiment.

— Pas vraiment ? fis-je. Qu'est-ce que cela est censé vouloir dire ?

— D'accord, concéda-t-il en me regardant

enfin dans les yeux. Je l'ai revue. Nous avons pris un verre.

— Un verre ? Comme c'est charmant !

— C'est tout ce qu'on a fait, Faith. On a pris un verre.

— Alors peux-tu me dire pourquoi elle se *permet* de téléphoner à la maison ?

— Elle... (Il prit à nouveau sa tête entre les mains.) Elle... avait juste besoin de me parler, et mon téléphone mobile était éteint. Mais tu as raison, Faith. Elle n'aurait pas dû faire ça.

— Ça, c'est certain.

Je fus étonnée de mon calme et de mon self-control. C'était comme si j'écoutais quelqu'un d'autre parler.

— Elle sait que je sais ?

— Oui, elle sait, soupira-t-il. Je lui ai expliqué que ça ne pouvait pas se reproduire, mais...

— Mais quoi ?

— Mais elle ne veut pas...

— Accepter un refus ?

Il rougit.

— Non.

— Alors elle te veut, répliquai-je d'une voix aussi tranchante que le silex. C'est ça ?

— Je ne sais pas. Elle dit que ce n'est pas une simple aventure. Elle dit qu'elle...

— Quoi ?

— Qu'elle est amoureuse de moi.

— Ah ! Comme c'est romantique ! m'exclamai-je. Mais Peter, et toi... (Ma colère vira à l'angoisse et ma voix commença à se fêler.) Est-ce que tu..., tentai-je à nouveau avant de me taire.

Il y eut un silence, rompu seulement par le tic-tac rythmé de l'horloge de la cuisine.

— Peter, es-tu amoureux d'elle ? réussis-je enfin à prononcer.

— Non. Mais...

— *Quoi ?*

À présent, ma gorge était douloureuse et mes lentilles de contact glissaient.

— Mais... Ah, je ne sais pas, fit-il, désespéré. (Ses yeux luisaient de larmes.) Je ne sais plus quoi penser, Faith. Ne me demande pas ce que je ressens. Tout ce que je sais, c'est que je vis un enfer. Je veux dire, d'un côté, coucher avec elle, ce n'était rien. Rien.

— Alors, pourquoi l'as-tu fait ?

— Parce qu'en même temps je savais que ce n'était pas rien. Comment est-ce que ça aurait pu n'être rien, alors que je n'avais jamais été infidèle auparavant ? Alors non, en fait, ce n'était pas rien. Et je le savais. Au plus profond de moi-même, je le savais. Et maintenant, j'en suis conscient.

— Ah. Bien. (J'avais envie de vomir.) Je vois. As-tu l'intention de recommencer ? demandai-je, sachant qu'il ne mentirait pas.

— Je ne sais pas, fit-il d'un ton piteux. Je ne sais pas.

Et voilà. C'est à ce moment-là que j'ai senti quelque chose en moi qui se brisait. Quelque chose qui, je le savais, ne pourrait jamais être réparé.

À ma grande surprise, je ne fis ni crise d'hystérie, ni crise de rage ; je demeurai tout à fait calme. Je fis le tour du pâté de maisons avec Graham, puis montai me coucher et restai allongée, avec mon chien à mes pieds, à regarder les feux des voitures tracer leurs traits de lumière sur les murs. À 3 h 30, je me levai pour aller au travail. Et lorsque je rentrai à la maison, je téléphonai au magazine pour réclamer mon prix.

Une semaine plus tard, je me retrouvai assise dans le bureau de Rory Cheetham-Stabb à Belgravia. Tandis qu'il notait les détails de mon affaire dans un nouveau dossier, je regardai discrètement autour de moi. La pièce formait le contraste le plus absolu avec le bureau spartiate de Karen à Chiswick. Elle était de la taille d'une petite salle de bal, meublée d'antiquités fleurant bon la cire d'abeille, garnie d'épais volumes reliés en cuir, et tapissée d'une somptueuse moquette épaisse et veloutée. Aux murs étaient accrochés des tableaux représentant d'obscurs paysages écossais, des chevaux ou des chiens. En détaillant Rory Cheetham-Stabb, assis derrière son vaste bureau en acajou, je pus constater que celui-ci était grand, avec des cheveux noir de jais, un nez aquilin et des yeux d'un bleu très pâle. Son costume était d'une coupe exquise, avec de discrètes finitions à la main sur les revers. Une paire de diamants scintillaient à ses manches.

— Madame Smith, commença-t-il d'une voix suave, vous devez vous en remettre entièrement à moi. Je vais m'occuper de vous. Vous ne devez pas vous inquiéter, reprit-il avec un sourire vorace, parce que j'obtiens toujours aux épouses ce qu'elles veulent. Ah oui, réitéra-t-il en allumant un gros cigare, mes femmes obtiennent toujours ce qu'elles veulent !

Il aimait bien en parler, de ses femmes. Soudain, je me vis au milieu d'un immense harem.

— Alors, vous êtes sûre de vouloir divorcer, n'est-ce pas ? demanda-t-il.

— Oui. J'en suis sûre.

— Formidable ! s'exclama-t-il en claquant des mains. Formidable. Parce que vous savez, on débite des tas de balivernes sur la médiation, et la conciliation et la thérapie conjugale, et toutes ces foutaises psychologisantes. Alors qu'en réalité, madame Smith, un divorce c'est une bataille. Une bataille sanglante. Mais une bataille dont je sors invariablement vainqueur ! Bon, maintenant, il nous faut absolument bâtir un dossier. Raison du divorce ?

— Mon mari... m'a trompée.

— Bien, fit-il en griffonnant furieusement. Un coureur de jupons.

— Non, le corrigeai-je, consternée. Ce n'est pas vrai ! Il n'a eu qu'une aventure.

— Des détails, madame Smith. Des détails. Bon, votre mari boit-il ?

— Eh bien, il aime boire un gin tonic lorsqu'il rentre du travail et... Oui, quand nous sortons il boit un verre ou deux de vin.

— Hum. Sérieux... problème... d'alcoolisme, marmonna l'avocat tout en crayonnant. Aucune femme ne peut vivre avec ça. Bon, jusqu'ici, nous avons un alcoolique coureur de jupons. Quelle horreur pour vous, madame Smith. Quelle *horreur* ! Le juge sera entièrement de votre côté.

— Monsieur Cheetham-Stabb, rétorquai-je,

si je puis me permettre, je crois que vous vous méprenez. Je ne veux pas faire de tort à mon mari ou raconter des mensonges sur lui. C'est quelqu'un de bien. Mais, parce qu'il m'a trompée, j'ai le sentiment que je ne peux plus vivre avec lui. Alors je veux simplement mettre un terme à mon mariage, voilà tout.

Une expression d'incompréhension mêlée de déception traversa le beau visage de l'avocat. Puis il se cala dans son fauteuil Louis XVI et se tapota les dents de son stylo-plume Mont Blanc.

— Alors cela vous est égal que votre mari garde la maison ? demanda-t-il d'un ton désinvolte.

— Ah. Je ne dirais pas ça.

— Et vous n'avez pas d'objection à ce qu'il obtienne la garde et la tutelle des enfants ?

— Je ne dirais pas ça non plus.

— Et vous seriez ravie, d'après ce que j'ai compris, qu'il ne vous paie qu'une pitance en guise de pension alimentaire.

— Non, non, je n'ai pas dit ça non plus.

— Et il vous est indifférent de croupir dans un meublé sordide tandis qu'il se prélasse dans le foyer conjugal avec sa nouvelle poule ?

Je fus trop choquée pour répondre.

— Alors ça vous est égal, si j'ai bien compris ? répéta-t-il, haussant les sourcils avec un sourire insolent.

Je restai coite, à envisager le cauchemar qu'il venait de dépeindre sous mes yeux.

— Comme je le disais, madame Smith, reprit-il doucereusement, un divorce est une bataille. Qui peut être très vicieuse. Et lorsque vous partez au combat, il faut intimider l'adversaire en faisant le plus de bruit possible. Voilà ce que je m'apprête à faire, madame Smith. Le plus de tapage possible. Alors, vous voulez divorcer ou pas ?

Je le fixai.

— Oui, soupirai-je, je veux divorcer.

— Bon. On va lui balancer la demande, dès demain.

Je devais en avertir Peter, évidemment. L'idée qu'il ouvre son courrier et découvre une demande en divorce était une indignité que je ne souhaitais pas lui infliger. Alors, ce soir-là, tandis que je préparais le dîner, je lui déclarai que j'avais entamé la procédure. Il fut si abasourdi qu'il en laissa tomber l'assiette.

— *Toi*, tu demandes le divorce ? fit-il d'une voix presque inaudible.

— Oui. C'est ça.

— Ah. (Il semblait frappé de mutisme.) Ah. Est-ce vraiment nécessaire ?

— Était-il vraiment nécessaire de me tromper ? répliquai-je. Était-il vraiment nécessaire de me déclarer que tu n'étais pas certain de ne pas recommencer ? Je ne peux pas vivre dans cette angoisse, Peter. Alors j'ai décidé de me protéger.

— Faith, reprit-il en sortant le balai et la pelle à poussière. Je sais que nous avons des problèmes en ce moment, mais ça, c'est insensé. Tu dois réfléchir.

— J'ai bien réfléchi, répondis-je d'une voix morne. J'ai réfléchi au fait que je n'ai plus confiance en toi, et que je n'éprouve plus la même chose qu'avant pour toi. Mes sentiments à l'égard de notre couple ont changé, eux aussi. J'ai l'impression que, quelque part, ton infidélité a transformé notre façon d'être ensemble. C'est peut-être un peu primaire comme réaction, Peter, mais c'est comme ça.

— Mais le divorce va nous ruiner, ajouta-t-il en jetant les morceaux d'assiette cassée dans la poubelle. Pour l'amour de Dieu, Faith, je viens de décrocher un nouveau boulot génial...

— Ton boulot n'a rien à voir là-dedans.

— Enfin, les choses se mettaient à aller bien. Nous étions sur le point d'entamer une ère plus heureuse.

— Quel dommage, alors, que tu m'aies trompée !

— Tout était en train de s'arranger, répéta-t-il, désespéré.

— Oui, en effet. Jusqu'à ce que tu avoues.

— Mais maintenant, tout va partir en frais d'avocat.

— Ça ne va pas coûter un sou, dis-je en lui parlant du concours.

— Un concours ! s'exclama-t-il. Bon sang, Faith, quelle absurdité ! Et puis merde, je ne veux pas que ça se sache ! Surtout avec mon nouveau boulot !

— Ne t'en fais pas. Tu n'as rien à craindre, j'ai coché la case « pas de promo ». De toute façon, tu devrais être ravi que j'aie gagné ce divorce, parce que sinon, c'est toi qui aurais dû raquer, et les services de Rory Cheetham-Stabb ne sont pas donnés.

— Rory Cheetham-Stabb ! s'étrangla-t-il. Pour l'amour de Dieu, ce type est un vélociraptor

– il va totalement me ruiner ! Rory Cheetham-Stabb ! hurla-t-il. Eh merde, Faith ! Rory Cheetham-Stabb ! Alors c'est ça que tu envisages de faire ? Appuyer sur le bouton marqué « pension alimentaire » et regarder le fric rentrer ?

— Ne sois pas aussi injuste ! Je ne vais pas te ruiner. J'ai simplement l'impression que je dois mettre un terme à notre mariage, pour les raisons que je viens de t'expliquer. Et tu n'as pas à les contester. Mais si tu projettes de le faire alors, oui, tu auras besoin d'un avocat... Mais comme tu ne peux pas prendre Karen, parce qu'elle nous connaît tous les deux, il te faudra trouver quelqu'un d'autre.

— Merci du tuyau ! Alors tu veux le divorce, répéta-t-il, incrédule. Merde ! protesta-t-il en se servant une grande rasade de gin dans l'un des verres en cristal offerts par sa mère.

— Et, que pensais-tu qu'il allait arriver quand tu m'as parlé d'Andie ?

— Pas ça ! s'exclama-t-il en passant la main gauche dans ses cheveux. Pas ça. J'ai cru – Dieu sait à quel point je me trompais – que tu apprécierais mon honnêteté.

— Ah, vraiment, lâchai-je avec un rire creux. Et c'est moi qui me croyais naïve.

— Je croyais que tu comprendrais, dit-il d'une voix blanche, avant de porter le verre à ses lèvres.

— Eh bien, en un sens je comprends. Je comprends ce que c'est que de perdre confiance en quelqu'un. Car aujourd'hui, après quinze ans, j'ai perdu confiance en toi. Et si nous n'avons plus cette confiance mutuelle, Peter, alors nous n'avons vraiment plus rien.

— Nous avons tout un tas de choses, Faith, dit-il tandis que je me mettais à râper des carottes. Nous avons nos enfants, nos carrières, notre maison et notre chien.

— Ne mêle pas Graham à ça, fis-je d'un ton las. Ce que je veux dire, c'est que tout a changé.

— Faith, reprit doucement Peter. Je comprends que tu sois en colère contre moi, et je le mérite. Et je sais que je me suis fourré dans... un merdier. Mais ça ne veut pas dire que nous devons prendre immédiatement la décision de divorcer. On ne peut pas simplement attendre de retrouver un peu de sang-froid ?

— J'ai retrouvé le mien, rétorquai-je. Il est tellement froid qu'il est pratiquement surgelé.

Incrédule, Peter me fixait. Je me faisais l'impression d'être Gary Cooper dans *Le train sifflera trois fois*.

— Tu veux le divorce, Faith ? demanda-t-il. (Je me tus.) Tu veux vraiment le divorce ? répéta-t-il. (Je le fixai.) « C'est vraiment ça que tu veux ? Tu... Veux... Le... DIVORCE ?

— Oui, répondis-je calmement. C'est exactement ce que je veux.

Brusquement, il se retourna, leva le bras et balança le verre en cristal à travers la porte de la cuisine. Il alla atterrir sur le miroir en forme de soleil de Lily.

— Ah, m'étranglai-je. Ah.

J'étais sur le point de l'engueuler. J'étais sur le point de hurler au meurtre. J'étais sur le point de lui dire exactement ce que je pensais de son geste. Mais c'était impossible, parce que Peter avait déjà quitté la maison, en faisant violemment claquer la porte derrière lui.

Le lendemain, Peter me fit ses excuses. Il avait une mine épouvantable, et sincèrement contrite. Je fixai le soleil sans miroir, que j'avais décroché et qui était maintenant appuyé contre le mur. L'idée que jamais, jamais en quinze ans Peter n'avait osé un tel geste me stupéfiait.

— Je suis désolé, murmura-t-il. J'ai perdu la tête.

Évidemment, j'acceptai ses excuses. Mais, effrayée par ce qui s'était passé, je lui demandai s'il était prêt à déménager. Il se tourna vers la fenêtre du jardin pendant quelques secondes, puis acquiesça. J'appréciai le geste : Rory Cheetham-Stabb m'avait dit que certains hommes se cramponnent au foyer conjugal parce qu'ils sont terrifiés de le perdre s'ils partent. Mais je savais que Peter ferait ce qu'il fallait. De toute façon, comment pourrions-nous demeurer sous le même toit alors que notre couple partait à vau-l'eau ? Je me demandai soudain s'il emménagerait avec Andie – j'étais certaine qu'elle l'accueillerait à bras ouverts. Mais, quelques jours plus tard, il m'apprit qu'il avait trouvé un petit appartement à Pimlico, près de la Tate Gallery. Il appartenait à l'ami de quelqu'un qui partait à l'étranger pour un an, et le loyer ne serait pas trop élevé. Alors je l'aidai à faire ses valises. C'était une impression bizarre, un peu comme si je l'aidais à se préparer pour la foire du livre de Francfort ou un voyage d'affaires du même genre. Tandis que je retirais ses chemises de l'étagère, je vis ses deux nouvelles cravates Hermès.

— C'est elle qui te les a offertes, non ?

— Oui, répliqua-t-il d'un ton coupable. C'est elle.

— Tu n'aurais pas dû les accepter.

— Non, acquiesça-t-il, tu as raison.

Bientôt, nous eûmes rempli les deux valises. La chambre d'amis où il dormait ces derniers mois était nue, les cintres en métal cliquetaient doucement dans la brise légère. Graham était allongé sur le lit, la tête entre les pattes, les sourcils agités de tics nerveux. Puis Peter alla dans la cuisine pour se faire une dernière tasse de café en attendant l'arrivée de son taxi. Je m'assis avec lui. Par la porte ouverte, je pouvais voir ses valises dans le hall. Je ne parvenais pas à y croire. C'était surréaliste. Mais c'était ce que cent cinquante mille couples vivent chaque année.

— Je le dirai aux enfants ce week-end, dis-je, anxieuse de leur réaction. Tu peux passer autant de temps que tu le souhaites avec eux, et avec Graham. En revanche, je ne veux pas qu'ils rencontrent Andie, d'accord ?

— Écoute, je ne sais même pas si je vais la voir, répondit-il tandis que Graham posait sa tête sur ses cuisses. Mon Dieu, Faith... Mon Dieu, murmura-t-il en agrippant mes mains. Quel gâchis, reprit-il d'un ton malheureux. Je t'en prie, je t'en prie – change d'avis.

Ses mains pressaient les miennes, ses yeux bleus s'emplissaient de larmes, sa voix était si douloureusement implorante que je faillis fléchir. C'était comme si nous nous fixions de part et d'autre d'un gouffre profond. Mais il n'y avait pas de pont. On klaxonna. Peter alla à la porte et cria quelque chose, puis il sortit l'une de ses valises. J'étais sur le point de courir derrière lui dans l'allée en hurlant : « Je suis désolée – j'ai changé d'avis ! J'ai commis une erreur stupide. Mais tu vois, je n'arrivais pas à surmonter mon chagrin et je ne savais pas quoi faire d'autre. Je voulais simplement te montrer à quel point tu m'avais blessée, et j'avais besoin à mon tour de te blesser, mais je crois que maintenant je t'ai assez fait souffrir. Alors, je t'en prie, Peter, je t'en prie, ne pars pas ! » Je m'étais même levée, sur le point de m'élancer dehors, lorsque son téléphone portable, resté sur la table, joua *C'est un bon camarade*. Je contemplai le minuscule écran où, à mon grand étonnement, deux petits cœurs entrelacés étaient apparus et battaient au rythme de la musique. Puis une lumière rouge s'alluma, indiquant la présence d'un message, et je sus aussitôt de qui venait ce message. Peter était rentré prendre son autre valise, et tandis qu'il ressortait, talonné par un Graham désespéré, je pressai le bouton « écoute ».

— Mon trésor, susurrait Andie Metzler, j'espère que tout va bien. Je meurs d'envie de te voir. Passe plus tard. J'ai mis du champagne au frais. Je t'aime ! Salut !

— Faith, dit Peter, debout sur le seuil. Faith, je...

— Au revoir, Peter, répondis-je simplement. Puis je refermai la porte.

Il y a des femmes qui se battent pour garder leur homme, n'est-ce pas ? Face à une rivale, elles lèvent le poing, sortent leurs griffes et ripostent de toutes leurs forces. Elles défendent leur territoire aussi férocement que Mme Thatcher s'accrochait aux Malouines. Mais je ne fais pas partie de cette catégorie. Je le sais maintenant. En interceptant le message d'Andie, je ne me suis pas lancée dans la bataille – j'ai été démoralisée au-delà de toute expression. Au seul son de sa voix, mon rythme cardiaque a triplé, je me suis mise à haleter et j'ai eu la chair de poule. Quand elle a appelé Peter « Mon trésor », ça a été comme un coup de couteau dans le cœur. L'insolente intimité de son « je t'aime ! » et l'évocation de ce champagne mis au frais suscitèrent des images qui me retournèrent l'estomac. Je m'y vautrai pourtant avec masochisme. J'imaginais Andie dans ses dessous La Perla, déshabillant lentement Peter. Je la vis frotter un glaçon contre sa poitrine. Jc me représentais ses mains aux ongles soignés passer dans ses cheveux roux. Je la voyais en train de l'embrasser, l'attirer vers elle sur le lit, faire l'amour avec lui. J'entendais presque ses gémissements et ses soupirs. Puis je m'imaginais, faisant irruption dans sa chambre avec mon plus grand couteau de cuisine, pour le plonger dans sa poitrine. Je ressentais pour elle une haine si primitive, si brutale, que j'en fus profondément choquée. Je ne me croyais pas capable d'une telle aversion, encore moins d'une telle violence. Maintenant, je savais que oui. La liaison de Peter m'avait révélé une part obscure de moi-même dont j'ignorais jusque-là l'existence. Mais Peter était à *moi*. Il était mon mari depuis quinze ans. Et cette affreuse bonne femme était entrée dans nos vies et elle allait me le prendre. Il était donc naturel que je veuille la tuer. Pourtant, je savais que je n'en ferais rien. Je traverserais la crise à ma façon. J'étais trop fière pour me battre avec elle. De toute façon, à quoi bon ? Andie remporterait le combat. C'était une chasseuse de têtes sans scrupule. Alors, non, je n'avais pas l'intention de me battre.

— Tu as tout à fait raison, mon chou, approuva Lily le lendemain, alors que nous arrivions au Festival « Cœur Âme Esprit » de Greycoat Square. Ce serait t'abaisser, et puis c'est trop risqué. Imagine que la presse s'empare de l'histoire.

— La presse ? Mais nous ne sommes pas célèbres.

— Enfin, quand même un petit peu, Faith. Cinq millions de personnes te regardent présenter la météo tous les jours. Et puis, bien sûr, Peter fait partie de ce fameux comité d'éthique familiale.

— Ah oui, j'avais oublié.

— Alors ce serait très gênant pour lui, si les journaux sortaient quoi que ce soit sur le divorce.

Elle s'arrêta pour montrer nos invitations au contrôle, avant de reprendre :

— Eh oui, ça pourrait lui nuire... D'autant plus que c'est Bishopsgate qui publie tous ces bouquins sur « comment-ne-pas-divorcer ».

— C'est vrai ?

— Oui. C'est comme cela qu'ils ont gagné leur argent. Ils ont une imprimerie entière rien que pour ça.

— Comment le sais-tu ?

— Parce que le service de presse m'envoie toutes leurs parutions. Non, crois-moi, Faith, une retraite dans la dignité, c'est beaucoup mieux. Mais ça va être l'enfer pendant un moment.

— C'est déjà l'enfer, répondis-je faiblement, la gorge serrée, tandis que je fouillais mon sac pour trouver mon mouchoir. C'est l'enfer, Lily. Je n'imaginais pas que cela puisse faire aussi mal.

Elle me pressa le bras pour me réconforter.

— Ne t'inquiète pas, Faith. Tu es ma meilleure amie, je t'aime et je vais faire mon possible pour t'aider. Bon, tant que tu es ici, tu dois essayer des thérapies.

— Tu crois vraiment ?

Je ne voulais même pas venir, mais Lily m'avait convaincue. Il y avait une telle foule qu'on ne pouvait guère que piétiner entre les stands. Le bourdonnement des bols d'initiation tibétains formait un fond sonore assourdissant ; l'odeur du santal et du patchouli imprégnait lourdement l'air. Lily prit l'air pensif.

— Tu devrais peut-être faire nettoyer ton aura. Ou faire réviser ton champ biomagnétique – c'est génial pour le stress affectif.

Nous nous sommes attardées devant les baguettes de pluie paraguayennes.

— Je sais que tu ne peux pas voir les choses de cette manière..., poursuivit Lily. En tout cas pas encore. Mais tu étais prisonnière de ce mariage, Faith. Crois-moi, c'est un nouveau début pour toi. Un recommencement. Les portes de la vie s'ouvrent, enfin.

— Elles n'étaient pas fermées ! répliquai-je d'une voix morne tandis que nous traversions la foule. Pour moi, être mariée et avoir des enfants, c'est ça, la vie !

— Oui, mais ce n'est pas la vie d'aujourd'hui, Faith. Quand je suis rentrée des States, l'an dernier, je t'ai regardée et je me suis dit ; « Faith est tombée dans une faille spatio-temporelle. » En proie à la même vieille routine ennuyeuse...

— J'aimais bien ma routine...

— Toujours dans cette vieille banlieue ennuyeuse.

— Mais je *suis* une banlieusarde.

— Maintenant, tu vas t'épanouir. Tu as trente-cinq ans, Faith. Tu te trouves à mi-parcours de ta vie, et jusqu'à présent il y avait des limitations de vitesse sur ton secteur de l'autoroute. Crois-moi, mon chou, dit-elle gaiement, ce divorce aura été la meilleure chose qui puisse t'arriver. Bon, de quoi tu as envie ?

Je n'en avais pas la moindre idée. Devais-je faire soigner mon karma ou m'ouvrir à la pensée cosmique ? Subir un lifting ayurvédique ou découvrir la déesse qui sommeillait en moi ? Nous passâmes devant un stand où l'on vendait des cristaux arc-en-ciel et des attrape-rêves amérindiens. À notre droite, une femme allongée se faisait introduire le bout d'une chandelle dans l'oreille.

— Ce sont des chandelles Hopi, expliqua Lily d'un ton docte. Excellentes pour les migraines. Tu savais que tes oreilles étaient la voie d'accès à tes vies antérieures ?

« Restructuration d'ADN », annonçait un panneau sur le stand à ma droite. Intriguée, je m'arrêtai pour regarder.

— Nous restructurons votre ADN pour vous, me précisa un homme affable.

— C'est fantastique, répliquai-je.

— Il s'agit d'une intervention assez simple, expliqua-t-il. Nous réalignons et réarrangeons vos chromosomes, afin de vous permettre de retrouver votre connexion totale au dieu Force.

Cela me semblait tellement radical que je fus

sur le point de me laisser tenter, mais Lily m'agrippa par le bras et m'entraîna plus loin.

— Faith, ne sois pas si crédule ! siffla-t-elle. Tout le monde sait que tout ça, c'est des foutaises. Bon, je vais juste aller me mettre en contact avec mes anges, ajouta-t-elle. Je te retrouve ici dans environ une demi-heure.

— Lecture d'orteils ! entendis-je clamer une femme tandis que Lily montait à l'étage.

Laissez-moi vous dire ce que vos orteils vous révèlent de votre personnalité, annonçait un panneau sur le stand. *Offre spéciale, limitée à ce jour, dix livres seulement ! Analyse précise de votre personnalité, et révélation de votre avenir.* Bon, ne me demandez pas pourquoi, mais quelque part l'idée m'a séduite. Alors j'ai versé la somme indiquée, retiré mes chaussures et roulé le bas de mon jean.

— Ah, très intéressant, opina la thérapeute tandis que je me calais dans la chaise inclinée et lui offrais mes pieds à inspecter.

Elle les examina, les sourcils froncés, en commençant à les tripoter et à tirer dessus.

— Bon, vos orteils sont assez espacés, ce qui indique une personnalité aventureuse. Vous avez manifestement mené une existence peu conventionnelle. Pas vrai ?

— Non, dis-je, déçue. Au contraire.

— Ah. Enfin ces orteils sont très impulsifs, reprit-elle en faisant remuer le troisième doigt de mon pied gauche. Ils sont très spontanés. Très latins. Vous êtes quelqu'un d'un peu téméraire, n'est-ce pas ?

— Non. Je suis très raisonnable et prudente.

Elle pressa très fort mon gros orteil.

— Vous avez de beaux pouces agréables à écrabouiller.

— C'est vrai ?

— Oui, ils sont vraiment gros et *juteux*, ce qui signifie que vous avez une nature artistique. Vous êtes très artiste, n'est-ce pas ? Vous devez être un peintre génial.

— Non, répliquai-je tandis que mon enthousiasme diminuait. Je suis nulle en peinture.

— Vous êtes très musicienne aussi, n'est-ce pas ? ajouta-t-elle, désespérée.

— Pas du tout.

— Vous jouez de la flûte.

— Non.

— Vous avez même remporté des prix.

Elle racontait n'importe quoi.

— Non. Vous savez, je ne veux pas vous paraître grossière, ajoutai-je d'une voix lasse, mais je pense que je perds mon temps.

Je repris mes chaussures. Elle m'arrêta d'un geste, l'air penaud.

— Écoutez, je n'ai pas beaucoup d'expérience dans le domaine de la lecture des orteils, ma technique laisse encore un peu à désirer, et j'ai honte de prendre votre argent. Mais je suis un médium amateur, alors que diriez-vous d'une lecture gratuite dans une boule de cristal ?

Évidemment, elle allait encore me débiter un tas d'inepties, mais comme c'était gratuit, j'acceptai. Je remis mes chaussures et m'assis tandis qu'elle posait les mains de part et d'autre d'une grosse boule de cristal.

— Vous avez des problèmes épouvantables dans votre couple, commença-t-elle.

— Oui, fis-je, étonnée. C'est vrai.

— Après une longue période de stabilité domestique, votre vie est en train de se transformer radicalement. Vous avez subi un grave choc émotionnel.

— Oui. Oui, c'est exact.

— Votre mari a avoué qu'il vous avait trompée.

— C'est vrai.

— Mais c'est la première fois, et il le regrette amèrement. Il est perdu et il ne sait pas ce qu'il doit faire.

— Mon Dieu, soufflai-je, c'est vrai. Mais qu'est-ce qui va se passer ? lui demandai-je, désespérée. Je vous en prie, dites-moi ce que l'avenir me réserve.

— Eh bien, vous allez divorcer, répondit-elle doucement. (Un frisson me parcourut le dos.) Mais vous serez à nouveau heureuse, ajouta-t-elle. Et plus tôt que vous ne le croyez. Vous allez vous tirer de cette période difficile. Dieu guérira votre douleur.

Dieu guérira ma douleur ?

— Fa-aith !

C'était Lily. Elle se précipita vers moi, l'air extatique.

— Oh, Faith, j'ai vu tellement d'anges ! s'exclama-t-elle, surexcitée, tout en m'entraînant. J'ai vu la lumière fantastique du chœur angélique. Elle m'a engloutie. C'était... enfin, c'était vraiment... vraiment blanc. Et le plus merveilleux, c'est que les anges ont emporté tous mes problèmes avec eux.

— Ah bon ?

— Oui, ils sont remontés au ciel avec tous mes soucis à propos de notre prix de vente et de nos taux d'abonnement. Les séraphins et les chérubins les ont carrément emportés. Et l'archange Michel m'a dit que j'allais très certainement dépasser *Vogue* en chiffre de diffusion. N'est-ce pas merveilleux ?

— Incroyable, fis-je.

— Et toi, qu'est-ce que tu as pris ?

— La lecture des orteils.

— C'était bien ?

— Non. Mais ensuite, elle a lu dans une boule de cristal. Et, là, c'était très précis. Elle affirme que tout ira bien. Que Dieu va guérir ma douleur. Mais je ne sais pas comment.

— Dieu guérira ta douleur ? répéta Lily, pensive. Eh bien, cela ne peut vouloir dire qu'une chose, Faith... Tu vas rencontrer quelqu'un d'autre !

— Ne sois pas idiote ! gémis-je. C'est bien trop tôt. Écoute, je ne suis même pas encore divorcée.

— Oui, mais Peter n'est pas encore divorcé non plus, pas vrai ? Et il a déjà quelqu'un.

À ces mots, j'ai ressenti une douleur fulgurante à la poitrine, comme si quelqu'un avait piétiné mon cœur.

— Peter a quelqu'un d'autre, répéta-t-elle doucement, alors pourquoi pas toi ?

— Tu vas trop vite, protestai-je. Je ne peux pas me projeter aussi loin dans l'avenir.

— Eh bien, mon chou, tu ne dois pas *non plus* laisser le gazon te pousser sous les pieds. Alors il n'y qu'une chose à faire. Tu dois te lancer.

— Je n'aurais aucune idée de la façon dont on se « lance », ricanai-je tristement. Je ne me suis jamais « lancée », comme tu dis.

— Hum, fit Lily, c'est vrai. Je ne t'imagine pas en train de draguer un mec.

— Ça ne m'intéresse pas.

— Vraiment ?

— Mais non. C'est évident, m'indignai-je.

— Pourquoi pas ?

— Eh bien, tant qu'à faire, je préférerais qu'on me drague, *moi*.

— Ah, dit Lily. Dans ce cas il faudra t'initier à l'art subtil du flirt. Et je vais t'y aider.

Je ne sais pas pourquoi je me laisse entraîner dans les combines de Lily. Elle a le don de me convaincre de faire n'importe quoi, et ça a toujours été comme ça. Elle, dans le siège du conducteur, et moi, sanglée à son côté, à la place du mort. J'imagine que c'est tout simplement la force de sa personnalité. Lily est comme une avalanche – elle m'emporte avec elle. Je ne m'explique pas autrement comment, quatre jours plus tard, je me suis retrouvée avec elle dans un séminaire sur le flirt.

— Tu sais, si j'ai accepté, c'est seulement parce que je suis encore à moitié en état de choc, insistai-je en traînant les pieds vers l'hôtel Sloane, à Earl's Court, où se tenait ce séminaire.

— Non, Faith, corrigea Lily. Tu le fais parce que tu en as secrètement envie. Parce que tu sais que cela va te faire du bien. Tu *dois* réapprendre à séduire les hommes. Tu dois apprendre à interagir avec eux d'une façon saine et positive. Et puis le fait de flirter te rendra plus intéressante à leurs yeux, ce qui requinquera ton estime de toi-même. Tu as été trahie, Faith, reprit-elle d'un ton sérieux tandis que nous cherchions la salle de conférences. Alors tu te sens toute petite et mal aimée.

— Merci.

— Tu as l'impression que personne ne veut de toi, que tu n'es pas digne d'être désirée. Tu te sens insignifiante et quelconque. En fait, tu as l'impression d'être une ratée sur toute la ligne.

— D'accord, d'accord.

— Mais apprendre à flirter te donnera l'impression d'être à nouveau séduisante et attirante, sublime et sexy.

— J'en doute fortement.

— Et puis, lorsque tu seras prête, tu auras les moyens de te trouver un nouvel amoureux sublime.

— Je ne veux pas me trouver un mec juste pour avoir un mec.

— Pas maintenant, mon chou. Mais ça viendra, affirma-t-elle. Et évidemment, ça foutrait un sacré coup au moral de Peter.

— Quoi ?

— Ça ferait un mal de chien à Peter que tu trouves quelqu'un d'autre.

— Même si c'est lui qui m'a trompée ?

— Oui.

À ces mots, je sentis quelque chose bondir dans ma poitrine, et je compris, pour la première fois, que cela m'était tout à fait égal de faire du mal à Peter. D'ailleurs, j'avais *envie* de lui faire du mal. Après tout, il m'avait bien fait mal, à moi. Il m'avait trahie. Il m'avait blessée. Tout était de sa faute. Ce n'était pas moi qui avais eu une aventure. Et, pendant que j'attendais le début du cours, je me mis à nourrir des fantasmes de vengeance. Je n'avais plus envie d'assassiner Andie, je voulais l'assassiner, *lui*. J'aimerais lui passer dessus avec une bagnole, songeai-je le plus calmement du monde. Ou le précipiter du haut d'une falaise ou glisser du poison dans son café ou...

— Bonjour, tout le monde !

Ma rêverie meurtrière venait d'être interrompue par l'arrivée de notre « professeur », Brigitte, une brune siliconée d'environ quarante-cinq ans. Nous lui avons répondu par un sourire béat. Tous, sauf Lily bien sûr. Elle faisait un clin d'œil à un type plutôt séduisant assis dans notre rangée.

— Alors vous voulez apprendre à flirter ? demanda Brigitte avec un sourire affable.

Lily tripotait l'ourlet de sa jupe.

— Vous voulez devenir plus attirant pour les membres du sexe opposé, poursuivit-elle.

Lily venait de défaire le premier bouton de son top.

— Heureusement que les gens flirtent, continuait Brigitte tandis que Lily passait sa langue sur ses lèvres, sinon, la race humaine se serait éteinte ! Je flirte énormément, avoua-t-elle, et croyez-moi, c'est très amusant. Bon, nous allons passer au premier exercice. Réunissez-vous par groupes de six, et lancez-vous une balle de tennis tout en vous présentant d'une façon sexy et aguicheuse.

Nous avons tous pouffé de rire, avant de nous lever à contrecœur pour former des groupes.

— Salut, euh, ha ha ha, euh, je m'appelle Brian.

— Bonjour, je m'appelle Sue.
— Salut à tous. Moi, c'est Mike.
— Euh, bonjour. Je suis Faith.
— Bonjour à vous, mon nom, c'est Dave.
— Eh bien, bonjooour, Dave, mon petit chou d'amour. Moi, c'est Lily.

Dave en laissa tomber la balle.

— Très bien, tout le monde, dit Brigitte au bout de trois ou quatre minutes. Le prochain exercice porte sur le contact visuel et la façon d'y arriver. La plupart d'entre nous ressent de la gêne à regarder quelqu'un dans les yeux. Mais le fait de regarder quelqu'un bien dans les yeux est extrêmement sexy et peut faire énormément d'effet. C'est à ça que nous allons nous atteler, maintenant. Nous allons tous faire le tour de la pièce et allons nous détailler de la tête aux pieds d'un air prédateur et provocateur.

Ça, c'est *bizarre*, songeai-je tandis que nous errions tous à nous regarder dans le blanc des yeux. Cela dit, il était quasiment impossible de capter le regard d'un homme. Ils fixaient tous Lily.

— C'est ça, s'enthousiasma Brigitte. Laissez votre regard se balader. De haut en bas. Dardez vos yeux profondément dans les pupilles de l'autre. C'est ça – soutenez leur regard. Laissez vos yeux parler à cette personne. Laissez vos yeux dire : « Bonjour, vous ! »

J'étais rouge pivoine et me sentais au bord du malaise. Ensuite, nous avons dû former des équipes de deux pour échanger des compliments extravagants. J'étais en couple avec un étudiant en médecine chinois qui s'appelait Ting.

— Allez, faites-vous des compliments sincères, dit Brigitte. Et quand vous en recevez un, contentez-vous de dire « merci » et de sourire. Compris ?

Je me lançai.

— Euh, vous avez de beaux cheveux brillants.

— Messi. Et vous avez des gueux avissants.

— Euh, merci. Vous avez de belles dents.

— Vous avez zolis œufs.

— Ah, oui. J'aime bien votre nez.

— Votre houppe est érégante.

Brigitte tapa dans ses mains.

— La vraie clé du flirt, expliqua-t-elle, c'est que les gens apprécient ceux qui les apprécient vraiment. C'est pourquoi l'imitation est vraiment la forme la plus sincère de la flatterie. Alors, ce que nous allons faire maintenant, c'est l'exercice du miroir corporel, ce qu'on appelle en termes plus techniques l'écho postural. Essayez de copier les mouvements de l'autre le plus exactement possible. Voyez si vous pouvez refléter également le rythme de leur respiration.

Nous avons joué ainsi pendant quinze minutes, puis Brigitte, toujours survoltée, nous interrompit.

— Et maintenant, voici le prochain défi du flirt : trouver l'Animal qui sommeille en vous ! Oui, vous allez trouver un animal qui s'accorde à votre personnalité, et vous laisser pénétrer de la tête aux pieds par cette sensation animale. D'accord ? Lily, quel animal es-tu ?

— Je suis une panthère, ronronna-t-elle.

— Et toi, Faith, quel animal es-tu ?

— Euh, je ne sais pas. Un tatou.

— Pas un tatou, Faith, dit Brigitte. Ils sont recouverts d'une armure.

— D'accord, alors je serai un chien.

— Je suis un lion !

— Je suis un aigle !

— Je suis un tapir !

— Je suis une fouine !

— Je suis une perruche !

À ce stade, c'était devenu tellement burlesque que mes inhibitions s'envolèrent. À la fin du stage, je commençais presque à m'amuser.

— Vous vous êtes tous très bien débrouillés, déclara chaleureusement Brigitte. Mais je vais vous demander une dernière chose. Quelque chose de très important. Vous devrez adresser un beau sourire accueillant à toutes les personnes que vous croiserez aujourd'hui.

— J'ai appris plein de choses, dit Lily en quittant l'hôtel avec moi. Vraiment *plein* de choses.

— Tu crois ? fis-je, sceptique, tandis qu'elle ouvrait les portières de sa Porsche bleu marine.

— Mais oui, répliqua-t-elle, enthousiaste. (Le toit se déroula avec un couinement électronique.) Et n'oublie pas, Faith, ajouta-t-elle tandis que nous prenions Earl's Court Road, que nous devons sourire à toutes les personnes que nous croiserons.

— Ne t'inquiète pas, assurai-je. Je suis prête.

Après tout, le soleil brillait. Les cerisiers étaient en fleur. Et, pour la première fois depuis plusieurs semaines, j'avais vraiment ri de bon cœur. Eh oui, malgré tous mes problèmes domestiques, j'avais envie de sourire aujourd'hui.

Nous étions arrêtées à un feu rouge sur Brompton Road lorsqu'une MG décapotable se rangea à côté de nous. Soudain, je me rendis compte que le conducteur nous regardait. Je tournai la tête à gauche et me retrouvai nez à nez avec un homme souriant. Mais à qui diable pouvait-il bien sourire ? À Lily, imaginai-je. Je regardai. Mais non. Il ne souriait pas à Lily, il me souriait à moi. Il me regardait. Et il souriait. Comme ça. Quel culot ! Je lui lançai un regard furibond qui ne le découragea aucunement. Il n'en souriait que plus largement. À cc stade, j'étais prête à cracher du feu. C'en était trop.

— Qu'est-ce que vous regardez ? lâchai-je, tranchante.

— Vous, sourit-il.

— Eh bien, c'est très mal élevé, rétorquai-je.

Aussitôt, il éclata de rire. Il riait de moi. Quelle impertinence ! Je lui lançai un regard mauvais. Mais il restait là, à me regarder en souriant. À ce stade, provoquée au-delà de toute expression, je n'eus pas le choix : je lui fis un bras d'honneur.

— Faith ! s'exclama Lily. Mais qu'est-ce que tu fais ? Tu es censée lui sourire, espèce d'idiote !

— Je ne vais pas lui sourire ! Il m'embête ! sifflai-je. À me fixer comme ça. Quel culot ! Pour qui il se prend, celui-là ? Hein ? Pour qui est-ce qu'il se prend, ce connard ? Enfin, merde, Lily ! Tu ne trouves pas que j'en ai assez bavé ? Comme si j'avais besoin de ça.

Je me tournai de nouveau vers l'inconnu.

— Comment osez-vous ! Comment osez-vous rester planté dans votre minable petite bagnole de sport, à nous dévisager comme ça ? Il y a un flic là-bas, ajoutai-je, furieuse, et j'ai presque envie de l'appeler et de vous faire arrêter, parce que c'est du harcèlement sexuel, vous savez ! Monsieur l'agent ! m'exclamai-je d'une voix théâtrale. Monsieur l'agent !

À présent, l'homme dans la voiture de sport se tordait de rire.

— Arrêtez immédiatement, aboyai-je.

— Faith, dit Lily, tais-toi !

— Non ! Je ne me tairai pas. Je n'ai aucune raison de tolérer ça ! hurlai-je à nouveau dans sa direction. Je vais noter votre numéro de plaque minéralogique. Et je vais vous dénoncer à la police, vous m'entendez ? Je vais écrire à Scotland Yard.

— Oui ! (Il rugissait de rire.) Allez-y. Mais vous n'aurez pas besoin de noter mon numéro d'immatriculation... Voici !

Sur ces mots, il fouilla dans la poche intérieure de sa veste et, tandis que le feu virait à l'orange, il me lança une petite carte de visite. Avant que j'aie pu reprendre mon souffle, le feu était passé au vert et il avait disparu.

— Quel... quel scandale ! m'indignai-je. Mon Dieu, tu as vu ça, Lily ? Quel culot monstrueux !

— Tu n'as rien appris aujourd'hui, fit Lily d'un air contrarié. Tu plaisais à ce type, espèce d'idiote !

— Quoi ? Ah.

— Et si tu t'es mise à l'insulter comme ça, c'est parce que tu es furieuse contre Peter.

— Non.

— Si ! C'est de la colère mal placée, c'est tout. Mais quel spectacle, Faith, dit-elle en secouant la tête. Mon Dieu, tu as encore beaucoup à apprendre !

Je regardai la carte. Il y avait un minuscule pinceau dans un coin et on y lisait, *Josiah Cartwright – Artiste en liberté*. Je fus très tentée de la jeter séance tenante. Mais je m'abstins, parce que cela ne se fait pas de jeter des papiers sur la voie publique. Alors je la rangeai soigneusement dans mon sac à main.

Mars, suite

Vendredi soir, les enfants sont rentrés à la maison. Ce ne fut pas facile de leur annoncer la nouvelle, mais je l'ai fait le plus en douceur possible. Alors que nous étions assis autour de la table de la cuisine, j'ai démarré prudemment.

— Vous voyez, lorsqu'un papa et une maman ne s'aiment plus d'une façon spéciale, ce qui arrive, c'est qu'ils décident de... Matt, s'il te plaît, tu peux poser ce journal ? J'essaie de te parler.

— Ah, désolé, dit-il distraitement en relevant les yeux de son *Financial Times*. Mais il y a eu une insurrection en Bolivie.

— Eh bien, c'est très regrettable, mais j'ai quelque chose d'important à te dire. Vous voyez, tentai-je à nouveau. Quand une maman et un papa n'ont plus vraiment... enfin... vous savez... quand ils décident de...

— De divorcer ? interrompit Katie. Allez, maman, crache le morceau. Toi et papa, c'est fini.

— Eh bien... non, je ne le dirais pas exactement comme ça. Mais d'un autre côté, bafouillaije en tripotant mon alliance, on ne s'entend plus très bien.

— J'aurais pu te le dire.

— Alors nous avons décidé de... nous séparer.

— Tant mieux ! s'exclama Matt.

— Pardon ?

Il leva les yeux de son journal.

— Le gouvernement a repris le contrôle de la situation, précisa-t-il.

— Matt, fis-je d'un ton irrité, je suis ravie de constater que tu commences à t'intéresser à ce point à la politique internationale, mais je suis en train d'essayer de te dire quelque chose de sérieux... de très sérieux, en fait... et j'aimerais que tu m'écoutes. Comme je vous l'indiquais, votre père et moi avons pris une décision difficile et très douloureuse. Mais vous le verrez encore souvent... Matt, fis-je, contrariée, je ne vais pas le répéter. Veux-tu, je t'en prie, poser ce journal ?

— Quoi ? Ah, pardon, maman. Mais il y a eu un tremblement de terre au Japon. De quoi s'agit-il ?

— Maman nous annonce qu'elle et papa vont divorcer, expliqua patiemment Katie.

Il y eut un silence inquiétant tandis qu'ils assimilaient la nouvelle.

— Ce qui signifie, Matt, reprit Katie, que toi et moi ne porterons plus les stigmates d'une progéniture issue d'un couple uni.

Je la fixai, bouche bée.

— À Seaworth, tous les enfants ont des parents divorcés, reprit-elle d'un ton dégagé. Sauf nous. C'était extrêmement gênant.

— Ah, répondis-je d'une voix faible. Je vois.

— D'ailleurs, la plupart des parents d'élèves en sont à leur troisième mariage.

— Vraiment ?

— Alors ne t'inquiète pas pour nous. Tout ira très bien.

— Ah. Bien. Parfait. Génial.

— Les relations familiales complexes sont la norme.

— D'accord.

— La famille nucléaire, c'est fini. Mais nous devrons faire très attention à Graham, ajouta-t-elle sérieusement. Ce pourrait être traumatisant pour lui. Parce qu'il vient déjà d'un foyer brisé.

— D'une niche brisée, corrigea Matt.

— Alors il va se sentir assez angoissé. Nous allons devoir lui apporter un grand soutien émotionnel, reprit-elle en lui caressant les oreilles. Et nous devrons le rassurer en lui disant que de nos jours, il y a toutes sortes de familles, très différentes.

Je hochai la tête. Elle avait absolument raison. Je n'aurais jamais cru que cela nous arriverait. Nous aussi, nous allions former une famille « différente ». C'était affreux. *Affreux*. Soudain, le téléphone sonna et Katie s'élança pour répondre.

— Salut, papa, l'entendis-je dire. Oui, ça va. Oui, on sait. Alors, c'est la séquence divorce ! Tu veux nous emmener quelque part ? Ouais, d'accord. Matt ! hurla-t-elle. Papa veut nous sortir !

À 14 heures, la sonnette de la porte d'entrée retentit et Peter se présenta sur le seuil, tel un visiteur bien élevé.

Graham se jeta sur lui, aboyant et couinant de joie. Peter s'accroupit pour laisser l'animal lui lécher l'oreille.

— Bonjour, mon beau !

— Tu aurais pu utiliser ta clé, dis-je. C'est encore ta maison, tu sais.

— Pour l'instant, répliqua-t-il sèchement. Jusqu'à ce que Rory Cheetham-Stabb règle mon cas.

— Ne nous disputons pas, Peter. Où est-ce que tu emmènes les enfants ?

— Au Musée de la science – ils ont ouvert une nouvelle galerie –, puis, faire un tour sur la grande roue. Ensuite, j'ai pensé qu'on pourrait aller manger un hamburger au Hard Rock Café.

— Ça me semble très bien, dis-je gaiement. Très bien.

J'étais décidée à rester civilisée.

— Tu peux venir toi aussi, si tu veux, ajouta-t-il.

— C'est vrai ? Ah. Génial ! J'adorerais, je vais juste aller chercher mon manteau...

Un instant. Je perdais la tête ou quoi ? Évidemment, que je ne pouvais pas y aller. Nous étions en train de divorcer. Je fis précipitamment marche arrière :

— Euh, ça va, merci. Je vais sortir Graham. Puis j'irai nager. Allez, les enfants... ne faites pas attendre papa !

— Une minute !

Pendant qu'ils passaient leurs manteaux, Peter et moi sommes restés plantés dans le hall à nous sourire gauchement comme si nous étions des étrangers en train de parler de la pluie et du beau temps dans une réception ennuyeuse.

— Faith, dit soudain Peter en s'avançant vers moi. Faith, répéta-t-il. Je t'en supplie, ne fais rien d'irréversible pour l'instant. J'aimerais que nous voyions un conseiller conjugal.

— Un conseiller ?

— Oui. J'ai beaucoup réfléchi. Je crois que cela pourrait nous aider.

— J'en doute, répondis-je. De toute façon, je ne tiens pas à parler de notre couple devant un étranger.

— Il pourrait nous aider à mettre les choses en perspective avant que tout n'aille trop loin. Les Taylor y sont allés, ajouta-t-il.

— Oui, et elle est sous Prozac.

— Je t'en prie, Faith. Nous devons essayer.

— Eh bien, je ne sais pas, dis-je avec réticence.

Tout à coup, Graham bondit, plaça ses pattes sur ma poitrine et me contempla d'un air implorant avec ses grands yeux bruns et doux.

— Je t'en prie, Faith, répéta Peter.

Je caressai les oreilles de Graham.

— Bon... d'accord, soupirai-je. Si tu veux.

— Tu es superbe, lança chaleureusement Marian lorsque j'arrivai en salle de maquillage lundi matin.

— Ouais, dit Iqbal. Tu es *sublime*. Tu n'aurais pas perdu quelques kilos ?

— Tu crois ? fis-je, perplexe. Oui. Peut-être. Un ou deux.

— Ton visage s'est affiné, observa Marian en m'appliquant du fond de teint à l'aide d'une éponge. Tu es ravissante, ajouta-t-elle généreusement. Moins...

— Empâtée ? suggérai-je avec un sourire.

— Je ne dirais pas ça.

— Ce qu'elle veut dire, interrompit Iqbal avec le sourire, c'est que je ne sais pas quel régime tu fais, mais ça marche.

Je mourais d'envie de leur dire qu'en fait, je faisais le régime Divorce – génial pour larguer ses kilos en trop. Mais j'en étais incapable. Parce que ça pourrait se savoir, et je n'avais pas envie qu'on discute de mes difficultés conjugales au bureau. J'imaginais les ragots. *Pauvre Faith... une autre femme... une Américaine, vous comprenez... mais non, c'est un type bien... ils se sont mariés trop tôt... ce sont des choses qui arrivent.* Non, je n'avais aucune intention de devenir l'objet de la compassion collective. Les gens divorcent tous les jours de la semaine, me disais-je. Je devais simplement apprendre à gérer, à être forte. Mais j'avais promis à Peter d'aller consulter un conseiller conjugal avec lui, même si je doutais que cela puisse nous aider. Alors, après la fin de l'émission, j'appelai discrètement l'association Resolve pour prendre rendez-vous.

— Qui verrons-nous ? m'enquis-je en notant la date.

— Notre conseiller principal, précisa la réceptionniste. Zillah Strindberg. Elle est terriblement efficace.

Plus tard, ce jour-là, je décidai d'aller nager. La maison était affreusement vide sans Peter. Je déteste cette sensation. Je me sens perdue. Sa présence familière me manque, nos conversations improvisées, sa façon de deviner à quoi je pense sans même avoir à le demander... Et je déteste ne pas entendre le déclic familier de sa clé dans la serrure tous les soirs. Alors je fais un effort concerté pour remplir les débuts de soirée parce que sinon, je broierais du noir. J'ai donc installé Graham devant son émission de cuisine préférée et je me suis rendue au club de gym pour faire mes trente longueurs. L'eau eut sur moi un effet thérapeutique – la façon dont elle me soutenait, me faisait flotter... Ensuite, je traînai un peu au bar en sirotant une tisane et en lisant le *Times*. Je me félicitai mentalement de faire au moins une tentative pour sauver notre mariage, tandis que je parcourais distraitement les petites annonces sentimentales. Auparavant, je n'y avais jamais tellement fait attention mais ces jours-ci, je suis vraiment accro. Tous ces hommes seuls ! Aujourd'hui, le journal débordait de « trentenaires sportifs », de « prof. lib., gr., mince » et de « célibataires de 43 a. » Et je me mis à penser à ce que m'avait dit Lily, qu'un jour viendrait où j'aurais envie de sortir avec d'autres hommes. Mais, pour l'instant, c'était inconcevable. Parce que c'était beaucoup trop tôt. Et je repensai à ce type imbécile dans son cabriolet à la noix, qui m'avait impudemment balancé sa carte de visite. Quel culot ! songeai-je en ouvrant mon sac pour la retrouver. Quelle insolence ! me dis-je en relisant le numéro de téléphone. Quelle outrecuidance ! S'imaginait-il sérieusement que j'allais l'appeler ? Mon expérience des fréquentations masculines était peut-être extrêmement limitée, mais la drague directe, ça n'était franchement pas mon genre.

— Pardon, est-ce que cette chaise est libre ?

Je levai les yeux, momentanément prise de court. Un homme, debout devant moi, me souriait timidement.

— Cette chaise est libre ? répéta-t-il.

— Euh, oui, répondis-je en me sentant rougir. Enfin, non. Non, elle n'est pas prise. Elle est libre. Je veux dire, enfin... (Je me tus.) Allez-y, conclus-je piteusement.

Puis je me replongeai dans ma lecture, un peu troublée, tout en scrutant discrètement à travers mes paupières baissées ce monsieur fort séduisant. Il était grand et bien bâti. Ses cheveux étaient encore humides après la douche. Il s'assit, me sourit et je remarquai ses beaux yeux bleus.

— Je m'appelle Stan, déclara-t-il tout d'un coup.

Je baissai le journal, surprise qu'il veuille discuter.

— Je m'appelle Stan, répéta-t-il. Stan Plunkett.

— Ah. Bien. Bonjour. Moi, c'est Faith.

— Je sais, répondit-il avec un sourire. Je vous ai vue. Vous présentez la météo sur la BBC.

— C'est à moitié vrai, dis-je avec un petit rire, me sentant rosir de fierté. Je suis dans l'autre camp, en fait. *AM-UK !*

— Vous venez souvent ici ?

— Assez souvent. J'aime bien nager.

Je supposai qu'il me faisait la conversation par simple politesse, puisque nous partagions la même table. Je croyais qu'il boirait son café et puis qu'il s'en irait. Mais il n'est pas parti. Il a continué de parler. Nous sommes restés là pendant dix minutes à bavarder, il m'a parlé de son travail – un truc assez inhabituel, d'ailleurs, concernant les armes nucléaires. Il était vraiment lancé, en train de tout me raconter en long et en large, quand j'ai soudain levé les yeux pour regarder l'horloge : 21 h 30.

— Hélas, je dois y aller, dis-je. Je suis désolée, mais c'est la malédiction des émissions matinales.

— Quel dommage ! répondit-il. Ça me faisait vraiment plaisir de discuter avec vous.

— Je dois me coucher avant 22 heures, vous comprenez.

— Pourquoi ne se reverrait-on pas ? proposa-t-il gaiement tandis que j'attrapais mon sac.

— Euh... oui, répondis-je, incertaine. Je suis sûre qu'on se reverra ici.

— Non, je veux dire prendre rendez-vous.

Ah.

— Vous voulez prendre un verre ? Vous êtes libre... (Il sortit son agenda et le feuilleta.) Jeudi ?

Mince. Je venais de piger. Il voulait sortir avec moi. Il était en train de me demander un rendez-vous. Et j'étais sur le point de répliquer : « Je suis tout à fait désolée, et bien sûr terriblement flattée, mais, en fait, je suis mariée », lorsque je me souvins... Je me souvins que tout avait changé, que j'étais séparée. Je me rappelai que mon mari vivait désormais ailleurs et que, depuis aujourd'hui, je ne portais plus d'alliance.

— Nous pourrions aller au Café Rouge, reprit-il. Celui qui est au bord du fleuve.

Je le regardai et me dis « pourquoi pas ? » Oui, vraiment, pourquoi pas ?

— Vous êtes libre, alors ? répéta-t-il tandis que je ramassais mon sac.

— Oui. Je crois que oui.

Alors jeudi, je me suis préparée pour mon premier rendez-vous depuis quinze ans avec un homme. C'était une occasion historique pour moi. Je n'avais jamais été vraiment courtisée, on ne m'avait jamais invitée à un dîner en tête à tête. Enfin, ne vous méprenez pas, Peter et moi étions très heureux en ménage – du moins jusqu'à cette incartade. Ah oui, jusqu'à l'arrivée d'Andie Metzler, notre mariage était comme un pique-nique, sans les guêpes. Nous étions tellement compatibles. Tellement en harmonie. Nous ne nous étions jamais vraiment querellés – jusqu'à cette année. Nous nous contentions d'aller de l'avant, optimistes, heureux et confiants, chacun ne voyant que le meilleur de l'autre. J'avais cru que notre mariage était si fabuleux que seule la mort pouvait y mettre un terme. Finalement, ce n'était pas la mort qui allait nous séparer. J'avais lu quelque part que certaines personnes, à la fin d'une histoire d'amour, désiraient détruire le passé, nier qu'ils aient jamais été heureux – comme si l'infidélité avait anéanti tout ce qu'il y avait eu de bien. C'est une façon de supporter la rupture, j'imagine. Mais je n'étais pas comme ça. Même si Peter m'avait trompée et que je lui en veuille, je savais que nous avions eu une union heureuse. Nous étions si jeunes lorsque nous sommes tombés amoureux que nous avons sûrement raté certaines choses. Peter avait été mon premier amour. Je n'étais jamais vraiment sortie avec des hommes auparavant, mais, à présent, à trente-cinq ans, j'étais sur le point de me lancer. J'étais terrifiée, évidemment, et très déprimée, mais, en même temps, j'éprouvais un tout petit frisson d'excitation. Je l'admets. J'étais un peu excitée. Une porte s'entrouvrait dans mon esprit. Enfin, voyez Mimi, par exemple. Elle avait eu quelques fiancés avant de rencontrer Mike, et, bien que je fusse très heureuse avec Peter je l'enviais à ces moments-là. Je la considérais, comme Lily et toutes les célibataires, comme une femme indépendante, courageuse et forte.

Ce soir, moi aussi j'allais être une femme indépendante. Une femme qui sort avec des hommes. En vérifiant une dernière fois ma tenue dans le miroir de l'entrée, je constatai que Marian avait raison – j'avais effectivement perdu du poids. J'avais été tellement absorbée par mes problèmes que je ne l'avais pas remarqué, mais, maintenant, c'était tout à fait manifeste. La ceinture de ma jupe était trop grande, et ma poitrine semblait avoir un peu diminué. Mon petit double menton avait disparu – Dieu merci – et mes traits semblaient plus dessinés. J'avais perdu mon allure empâtée, un peu mémère, et mes cheveux avaient poussé. Tandis que je scrutais mon reflet dans le miroir, mon pouls s'accéléra. Oui, j'étais capable de plaire aux hommes – même sans le chercher, j'avais déjà fait une conquête ! Sous ma nervosité, je sentis naître en moi une confiance nouvelle.

Tout en m'acheminant vers mon rendez-vous avec Stan, je révisai quelques anecdotes amusantes sur mon travail. Celles-là, j'étais sûre qu'il aimerait les entendre. Il n'était pas là lorsque je suis arrivée, alors je me suis assise à une table près de la fenêtre. Heureusement, j'avais apporté le journal. Il eut près d'une demi-heure de retard.

Il se précipita vers ma table, l'air contrit.

— Je suis désolé, vraiment, mais j'ai été retenu au travail. En fait, j'étais à la Chambre des Communes.

— Eh bien dites donc, fis-je, épatée.

Alors, naturellement, je lui ai demandé pourquoi il s'y trouvait. Il m'a répondu qu'il était en train de faire du lobbying auprès d'un député travailliste. Puis il m'a expliqué la mission de son organisation, Start Again : faire pression sur les gouvernements afin qu'ils abandonnent leurs armes nucléaires. Soudain, il ouvrit sa serviette et en tira un épais document de format A4.

— Ceci est notre rapport annuel. C'est pour vous.

— Ah, fis-je, étonnée. Merci.

— Je veux que vous le lisiez.

— Euh... Bien sûr.

Je l'ouvris et sur la deuxième de couverture, je découvris une grande photo de Stan, l'air très sérieux. *Stan Plunkett, fondateur-directeur de Start Again*, lisait-on. Fondateur-directeur ! Ça alors !

— Ce doit être un job intéressant.

— C'est plus qu'intéressant, répondit-il gravement tandis que le serveur venait prendre nos commandes. C'est vital. Essentiel. Parce que le monde pourrait exploser n'importe quand. Ah, une bouteille de chardonnay chilien, s'il vous plaît. Vous ne vous préoccupez jamais de la sécurité globale ?

— À vrai dire, non.

— Vous devriez, Faith, martela-t-il, parce qu'en fait le monde n'est *absolument pas* en sécurité.

— C'est vrai ? Aïe ! Je croyais que la guerre froide était terminée.

— Elle l'est. Mais la menace nucléaire est beaucoup plus importante maintenant qu'elle ne l'a jamais été. D'ailleurs, poursuivit-il sur le ton de la confidence en trempant son pain italien dans l'huile d'olive, nous sommes au bord de l'apocalypse.

— Oh non !

Il hocha la tête d'un air contrit.

— Ce pourrait arriver n'importe quand, Faith. La plupart des sous-marins nucléaires du monde sont en alerte vingt-quatre heures sur vingt-quatre, et tout ce qu'il faudrait, c'est un faux mouvement.

Puis il continua à parler, non-stop, de guerre nucléaire pendant trois quarts d'heure.

— Cruise et Pershing... missiles de défense balistique... pacte de Varsovie... Poutine... évidemment, le Pakistan représente une réelle menace... danger pour Taiwan... traité Start 2... Polaris. Vous savez, il y a des milliers de vieux SS24 qui traînent dans tous les coins, reprit-il d'un ton avisé. Et, bien sûr, la Grande-Bretagne est toujours en train de développer sa capacité nucléaire dans le cadre de son engagement dans le projet Trident. (Il se pencha en avant.) Savez-vous que chaque tête nucléaire Trident peut causer huit fois la destruction provoquée par *une* bombe d'Hiroshima ? (À ce stade, je commençai à déprimer sérieusement.) Très franchement, tonna-t-il, le projet Trident fait du prétendu engagement de la Grande-Bretagne dans la non-prolifération une véritable farce.

— Ciel !

— J'exige que la Grande-Bretagne renonce au projet Trident ! annonça-t-il en tapant du poing sur la table.

— Je vois.

— Voilà ce à quoi je veux arriver... à un monde sans armes nucléaires.

— Eh bien, ce serait très sympa.

— Je ne peux pas dormir, Faith, continua-t-il avec un zèle de missionnaire, en sachant que ces armes de destruction massive existent... partout.

J'étouffai un bâillement. Soudain, il fouilla à nouveau son sac pour en tirer quatre feuilles de format A3. C'était des photocopies d'articles qu'il avait écrits pour le *Guardian*.

— C'est encore pour vous.

— Ah, eh bien, merci beaucoup.

J'y jetai un rapide coup d'œil, puis les rangeai dans mon sac. Un ange passa, et je crus qu'il me poserait enfin une question sur ma vie. Mais il n'en fit rien. Il se contenta de nous verser un autre verre, et se mit à parler d'un récent voyage à Washington.

— J'assistais à une conférence de presse du Département d'État, expliqua-t-il. Et, vous savez, c'était très drôle, Faith. (Il émit un petit rire faussement modeste.) Parce que l'attaché de presse a brusquement dit : « Mais nous voulons savoir ce que pense Stan Plunkett de ce sujet ! »

— Ça alors !

Il secoua la tête et sourit. Et, tandis qu'il continuait à pérorer, je l'examinai en me disant qu'il n'était pas si séduisant que ça, avec son menton fuyant... Sauf quand il souriait : là, il avait trois ou quatre mentons. Il avait aussi des lèvres minces, et de petites dents jaunies, et il était très agité lorsqu'il parlait. En fait, il était à mourir d'ennui. Et pas si intelligent que ça. Ce qui ne l'empêchait pas de pavoiser. Il ne parlait que de lui. Jamais Peter n'avait étalé ses succès professionnels. Il était toujours resté très modeste. Il prendrait ce type pour un con, songeai-je tandis que Stan pontifiait de plus belle. Je comprenais maintenant que c'était l'unique raison pour laquelle il voulait un rendez-vous avec moi. Je n'étais rien de plus qu'un miroir humain dans lequel il pouvait contempler son reflet héroïque. Je jetai un coup d'œil discret à ma montre et vis qu'il était près de 21 heures.

— Je dois rentrer. J'ai rendez-vous avec mon oreiller. Mais j'ai été ravie de vous connaître, ajoutai-je, poliment hypocrite. Bonne chance dans votre croisade pour sauver le monde !

Puis je rentrai chez moi et jetai son rapport et ses articles, à la poubelle.

— Quel raseur ! s'exclama Lily lorsque je l'appelai pour lui raconter ma soirée.

— À mon avis, il souffre du syndrome Superman, expliquai-je. Je m'attendais à moitié à ce qu'il s'engouffre dans une cabine téléphonique et qu'il en ressorte avec un collant sur son pantalon.

— Quel égocentrique ! fit-elle, méprisante. Comme s'il allait impressionner qui que ce soit, alors que de nos jours, la menace nucléaire, franchement, c'est complètement *out*. Cela dit..., reprit-elle soudain. Peut-être... oui... peut-être qu'il va y avoir un come-back !

— Quoi ?

— Oui. C'est ça. Je viens d'avoir une idée – il est temps que la guerre froide fasse un come-back. *Moi !* devrait faire un numéro spécial là-dessus. Oui, reprit-elle d'un ton animé, nous l'appellerions *Nucléaire*, ou plutôt, *New-Cléaire*. Nous pourrions faire des photos de mode dans ces sublimes parkas russes avec des chapkas, s'enthousiasma-t-elle, et, bien entendu, des fourrures *à mourir*. On le ferait sponsoriser par La Maison de la Fausse Fourrure... On aurait un sujet déco sur les bunkers reconvertis...

— Lily...

— Et un concours pour gagner une croisière sur la Volga. Ce serait idéal pour le numéro de novembre. Quelle idée géniale, Faith. Je n'y aurais jamais songé sans toi. Mais Faith, mon chou, ajouta-t-elle avec précaution, tu ne devrais vraiment pas sortir avec des nullards de troisième zone comme ce type. Bon, tu as quelqu'un d'autre en vue ?

— Non, personne.

— Et ce type à qui tu as fait un bras d'honneur sur Brompton Road ? Lui, tu lui plaisais *beaucoup*.

— Eh bien moi, il ne me plaisait pas du tout, répliquai-je en ouvrant machinalement mon sac pour en retirer sa carte de visite.

— Moi, je l'ai trouvé assez craquant. Je crois que tu devrais lui donner une chance.

— Je n'ai absolument, catégoriquement, pas la moindre intention de le faire, dis-je en relisant son nom.

Josiah Cartwright, songeai-je en raccrochant. Josiah – c'était un prénom inhabituel de nos jours. Alors, juste par curiosité, je ressortis ce livre sur le sens des prénoms et cherchai sa signification. Lorsque je la trouvai, j'en eus le souffle coupé. Les poils s'en dressèrent sur ma nuque. *Josiah est un prénom hébreu*, lus-je, *qui signifie : « Dieu guérit. »* Dieu guérit ? Dieu *guérit*. Mon pouls s'accéléra soudain et ma peau se couvrit de petites bosses. « Dieu guérira votre douleur », m'avait dit la voyante. C'était un *signe*. Voilà ce que c'était... un signe ! C'était le signe que je devais aller de l'avant. Je regardai à nouveau la carte de visite, lus l'adresse et le numéro, puis allai directement au téléphone pour le composer. Après deux sonneries, une voix plutôt agréable répondit : « Je suis désolé d'être absent, mais s'il vous plaît, laissez un message après le signal sonore, et je vous promets que je vous rappellerai le plus vite possible. » Il avait l'air tellement direct, et normal, et gentil. Je rougis en repensant à tout ce que je lui avais balancé. Et maintenant, j'entendis le bip se répéter plusieurs fois – pas mal de messages – puis il s'arrêta soudain et je parlai.

— Écoutez. Je sais que ça peut vous paraître curieux, mais, il y a une semaine, vous m'avez donné votre carte – nous étions à un feu rouge sur Brompton Road. Et je n'ai pas été très polie avec vous. En fait, j'ai été extrêmement grossière... En fait, j'ai été un peu prise de court. Euh, au fait, je m'appelle Faith. En tout cas, comme je vous l'ai déjà dit, je sais que ça va sans doute vous sembler curieux, et vous pensez probablement que je suis une affreuse bonne femme, mais si vous vouliez me passer un coup de fil un de ces jours, eh bien, ça me ferait très plaisir.

Puis je donnai mon numéro de téléphone et raccrochai.

Vingt-quatre heures plus tard, je regrettais ma spontanéité de tout mon cœur. Je n'avais pas eu de nouvelles. Pas ce jour-là. Ni le suivant. Ni celui d'après. Ni l'autre ensuite. « Je suis une imbécile », me dis-je entre deux bulletins météo, assise à mon bureau. Je souffrais un martyre d'insécurité, mêlée d'une sorte de honte. Qu'est-ce que j'ai été stupide, et naïve, de faire ça ! songeai-je en commençant à feuilleter l'*Independent*. J'ai donné à un homme que je ne connais ni d'Ève ni d'Adam, mon numéro de téléphone... Je dois être totalement cinglée. Enfin, ça n'a rien d'étonnant, me dis-je en tournant les pages du journal. Après tout, je suis au milieu d'une crise matrimoniale majeure, alors je me sens vulnérable, donc je suis manifestement incapable de pensée rationnelle, et je... Mon cœur s'arrêta soudain de battre. Mon Dieu. Mon Dieu. Cela allait au-delà de la simple coïncidence. Ça fichait carrément la *trouille*. Je venais d'entrer dans la Quatrième Dimension. Car maintenant j'étais en train de fixer une grande photo en noir et blanc légendée *Josiah Cartwright*. J'en fus si saisie que je faillis en perdre mes lentilles de contact. Il y avait une interview de lui, dans la section « Arts », intitulée « Cartwright apporte une touche magique au Royal Exchange ». Le cœur battant, je dévorai l'article : *Scénographie stupéfiante pour* La Tempête... *l'imagination visuelle débordante de Cartwright... dense, riche, surréaliste... le meilleur jeune designer de sa génération.* L'article expliquait qu'il avait trente-sept ans, qu'il était né à Coventry, qu'il avait étudié à Slade, et qu'en plus d'être un artiste accompli il faisait une brillante carrière de scénographe. Sur la photo, il était séduisant dans sa veste sport et sa chemise ouverte. Ses cheveux étaient bouclés, un peu longs, et il avait de grands yeux clairs et expressifs. Il souriait timidement à l'objectif, comme s'il était vaguement étonné qu'on s'intéresse à lui. *Je suppose que j'ai eu beaucoup de chance*, affirmait-il dans l'entretien. *Ce que je fais est ma passion... Les souhaits du metteur en scène passent toujours avant tout*, ajoutait-il. Ah, ça c'était gentil comme phrase. Il traitait aussi les autres scénographes avec beaucoup de générosité. *Carl Toms était un génie... Je suis un grand admirateur de William Dudley. Le travail de Stephanos Lazaridis est merveilleux.* Ça aussi, c'est formidable ! J'ai photocopié l'article et je l'ai glissé dans mon sac, pas qu'un peu troublée. Puis je retournai au studio et m'obligeai à me concentrer, sans faire attention à l'éternelle persécution de Sophie par Terry. Darryl devrait vraiment sévir, mais il n'ose pas. Aujourd'hui, Terry a encore piraté l'une des interviews de Sophie et l'a critiquée, une fois de plus, en direct. Puis un sujet d'actualité nous a fait faux bond et j'ai dû improviser, et le labrador qui faisait du rafting était en retard. Et Iqbal avait besoin de se faire remonter le moral parce qu'il avait des ennuis avec son petit ami, Wilf... Alors, en gros, la matinée a été plutôt stressante, ce qui m'a permis d'oublier Josiah.

Lorsque nous avons rendu l'antenne, je fus ravie de pouvoir rentrer à la maison pour me reposer. Je me mis au lit, sachant maintenant qu'il n'appellerait pas. Lorsque je m'éveillai à 13 heures, je traînai dans la maison en nuisette, toujours malheureuse à cause de Peter, à regarder les affaires qu'il avait laissées derrière lui. Il y avait deux vieilles vestes de sport suspendues dans le hall – je respirai leur odeur familière. En dessous, ses bottes en caoutchouc. Je glissai le pied dans l'une d'entre elles. La maison résonnait encore de sa présence. Je m'imaginais constamment qu'il allait franchir le seuil. Durant la journée, je pensais à des choses que je voulais lui raconter, puis je me rappelais qu'il n'était pas là. Je me sentais creuse et vide... Pas seulement démunie, mais endeuillée... presque comme s'il était mort. Pour me distraire de mon blues je regardai un jeu télévisé crétin. Tandis que je fixais l'écran d'un œil vague, je posai machinalement la main sur le côté du canapé, sentis quelque chose de doux, et trouvai l'une de ses chaussettes. Je la saisis à deux mains. Mes yeux s'emplirent de larmes. La dynamique de notre couple avait été radicalement transformée, et nous ne retrouverions plus jamais ce que nous avions partagé... Ma mère m'ayant toujours dit que l'action était le meilleur antidote au désespoir, je décidai alors de m'habiller et de sortir dans le jardin pour tailler les haies.

Tout en cisaillant clématites et céanothes, je me remontai mentalement les bretelles. J'allais me remettre de tout ça, me promis-je. J'allais endurer la douleur. J'avais pris la bonne décision en mettant un terme à notre mariage. Et, bientôt j'allais aller de l'avant. Après tout, j'avais encore toute la vie devant moi. Puis je me sentis plus forte et plus joyeuse, et je plantai des lys étoilés. Graham faisait son imitation du Sphinx sur la pelouse. Je venais de reculer de deux pas pour admirer mon travail, quand le téléphone sonna.

— Faith ? fit une voix masculine cultivée.

— Oui, c'est moi.

— Eh bien. (Il se mit à rire.) Je, euh... enfin...

Mes joues étaient brûlantes et je souriais moi aussi.

— Écoutez, reprit-il. Ah, là, là, ce n'est pas facile... Enfin, bon, voilà, c'est Josiah Cartwright à l'appareil.

— Oui. Je sais que c'est vous. Bonjour ! lançai-je dans un éclat de rire.

— Bonjour. Je viens d'avoir votre message, Faith. Évidemment que je me souviens de vous. Comment aurais-je pu vous oublier ? Et, oui... *j'adorerais* qu'on se voie !

Avril

Je ne vais presque jamais à l'église. Peut-être que je me rattrape pour toutes ces années où je suis allée à la messe tous les jours, à St. Bedes. Eh oui, nous avons eu des masses de messes – assez pour le restant de nos jours. Cependant, je n'ai jamais totalement renoncé à la religion. Catholique un jour, catholique toujours, comme on dit, et c'est vrai. Même si je ne suis pas allée me confesser depuis plus de dix ans. Je ne sais vraiment pas ce que je pourrais raconter. Lorsque j'étais jeune, j'aimais assez, j'adorais sortir de cette petite boîte en bois, spirituellement propre comme un sou neuf. Les bonnes sœurs nous avaient appris que nos âmes étaient comme des chemises du blanc le plus pur, qui se salissaient à force d'être portées tous les jours. Elles expliquaient que les péchés véniels faisaient de petites taches – comme la pointe d'un feutre, ou du jaune d'œuf ou du thé, et que les péchés mortels faisaient de vilaines taches, comme du ketchup, de la peinture noire ou de l'huile. Elles affirmaient que se confesser, c'était passer son âme dans la lessiveuse. Mais, lorsque Lily a demandé quel cycle il fallait mettre – soixante degrés ou quarante – elles lui ont fait recopier deux cents fois : « Je ne ferai plus l'intéressante. » Nous autres, en revanche, continuions de croire qu'après la confession nos âmes redevenaient resplendissantes et neuves. J'aime encore penser que c'est vrai. Parfois, je suis même tentée de commettre un gros péché, juste pour le confesser et éprouver la sensation béate d'être absoute. Mais, non, je ne suis pas une très bonne catholique. Comme je l'ai déjà dit, je vais rarement à la messe, sauf à Noël et à Pâques. Et, comme Peter gardait les enfants et Graham le jour de Pâques, j'ai téléphoné à Lily pour lui demander de m'accompagner.

— On pourrait aller à la cathédrale de Westminster, proposai-je.

— Merci, Faith, répliqua-t-elle, mais j'ai déjà décidé d'aller à Holy Trinity Brompton.

— C'est une église anglicane ! m'étonnai-je.

— Oui... J'ai toujours cru qu'au fond j'étais une Anglicane qui s'ignore.

— Je connais la vraie raison, dis-je avec un rire entendu. Tu penses qu'il y aura des hommes intéressants là-bas.

— Faith ! (Elle semblait choquée.) Quelle créature soupçonneuse tu es devenue ces derniers temps. Cela dit, ajouta-t-elle, aspirant bruyamment sur son cigarillo, le vicaire est assez mignon. Mais, surtout, ils ont un très joli chenil où je peux laisser Jennifer Aniston.

Alors, le dimanche de Pâques, je suis allée toute seule à l'église. J'ai décidé d'aller à celle du quartier, St. Edward, sur Chiswick High Road. À 10 h 30, je me suis retrouvée sur un banc, au milieu vers la droite, en train de humer l'odeur catholique, pénétrante et familière, d'encens mêlé de cire d'abeille et de poussière. Je contemplai l'énorme crucifix, les statues et les flammes des cierges vacillant sous la brise. Et je me mis à réfléchir à ce qui m'était arrivé au cours des trois derniers mois.

— Seigneur, prends pitié de nous, disait le prêtre.

En janvier dernier, j'étais une femme mariée parfaitement heureuse. *Seigneur, prends pitié de nous*. Trois mois plus tard, je suis une femme trompée, s'acheminant vers le divorce. *Seigneur, prends pitié de nous*. Mon mari ne vit plus à la maison. *Prions le Seigneur*. Tandis que nous inclinions la tête pour contempler le miracle de la Résurrection, je me demandai si mon couple pouvait être ressuscité, même si cela me paraissait impossible. Car Andie serait toujours présente entre nous. Et ça faisait foule. De toute façon, la voyante liseuse d'orteils m'avait dit que j'allais certainement divorcer. Quel gâchis... Tandis que nous nous levions pour réciter le Credo, je m'obligeai à me concentrer sur l'office. *Je crois en Dieu*... À quoi ça sert d'aller à l'église si c'est pour penser à autre chose ? *Le Père tout-puissant*... Peter voyait-il souvent sa pétasse américaine ? *Créateur du Ciel et de la Terre*... Je ne lui avais jamais posé la question parce que très franchement, je n'avais aucune envie de savoir. *De l'univers visible*... Mais une chose était sûre – s'il la voyait, alors moi j'avais bien le droit de voir des gens aussi. *Je crois en Jésus Christ, son fils unique...* Et je songeai à combien j'avais hâte de voir Josiah. *Né du père avant tous les siècles.* Il travaille à Manchester en ce moment. *Il est Dieu né de Dieu, Lumière née de la Lumière...* C'est pour ça qu'il ne m'a pas rappelée tout de suite... *Vrai Dieu né du Vrai Dieu...* Mais, alors, il a entendu mon message sur son répondeur et il m'a appelée de là-bas. *De même nature que le Père...* Je sais – c'est insensé ! *Et par lui tout a été fait.* Apparemment, il crée des décors sublimes. *Pour nous les hommes et pour notre salut il descendit du ciel...* Il est divinement beau. *Et il s'est fait homme...* Oui, c'est un très bel homme. *Crucifié pour nous sous Ponce Pilate.* Je me demande s'il a déjà été marié ? *Il souffrit sa passion et fut mis au tombeau.* Probablement. *Avec le Père...* Je me demande s'il a des enfants. *Il reviendra dans la gloire.* Je parie que c'est un père formidable. *Je crois en l'Église. Une Sainte, Catholique et Apostolique.* Il a de si beaux yeux gris. *Je reconnais un seul baptême pour le pardon des péchés...* Un sourire à tomber, en plus. *J'attends la résurrection des morts...* Je vais tellement mieux depuis qu'il m'a téléphoné. *Et la vie du monde à venir. Amen.* Ah, les hommes...

— Et maintenant, une lecture de l'Ancien Testament, reprit le prêtre tandis que nous nous rasseyions.

Soudain, je me redressai sur mon siège. Je n'en croyais pas mes oreilles. Il parlait de Josué. Josiah.

— Josué régna trente et un ans en Israël, lut-il.

C'est un autre signe, songeai-je souffle coupé, perchée sur le bord du banc.

— Et Josué fit ce qui était bon au regard du Seigneur... Et il ne se détourna pas, ni à droite ni à gauche.

Le passage racontait à quel point Josué avait été un grand roi, et comment il avait détruit les idoles et les images gravées élevées par les Israélites, et comment, hélas, il avait dû pourfendre aussi pas mal de monde en passant. Dans son sermon, le prêtre broda sur ce thème en expliquant que Josué était une force de renouveau, parce qu'il détournait les gens de l'infidélité spirituelle pour les ramener vers la foi. Et, là, j'ai pensé : il n'y a pas à tortiller, Dieu est vraiment en train d'essayer de me dire quelque chose. J'avais été victime de l'infidélité, et Josiah était venu pour guérir ma douleur. Mais ensuite, avant la communion, mes pensées se tournèrent de nouveau vers Peter.

— La Paix soit avec vous..., disait le prêtre.

C'est toujours comme ça en ce moment. J'ai une sorte de vision à la Janus : je regarde simultanément en avant et en arrière. « La paix du Christ », marmonnions-nous en nous serrant la main d'un air emprunté. « La paix du Christ. » Notre mariage pouvait-il être sauvé ? Je ne savais pas. Je ne savais rien.

À 19 heures, ce jour-là, mon dilemme fut résolu pour moi. Les enfants étaient rentrés avec des sacs de chez Godiva, à l'intérieur desquels se trouvaient les œufs de Pâques les plus gigantesques que j'aie jamais contemplés. Ils avaient dû coûter la peau des fesses. Même Graham avait reçu un énorme paquet de chocos pour chiens !

— C'était gentil à papa de vous offrir ça, lançai-je en commençant à préparer à dîner.

— Ah ! Ils ne sont pas de papa, m'man, dit Katie.

— Ah bon ? m'étonnai-je.

— Non, intervint Matt en dénouant le ruban de velours du sien. C'est Andie qui nous les a offerts.

— Andie ?

Mes lèvres étaient tellement pincées que j'eus du mal à prononcer son nom. Katie hocha la tête :

— Nous l'avons rencontrée aujourd'hui.

— Ah ! Je vois. Et *où*, l'avez-vous rencontrée au juste ?

— Dans l'appart de papa, expliqua Matt. Et si tu penses que ces œufs-là sont beaux, maman, tu aurais dû voir celui qu'elle lui a offert !

— Dans son appart ? m'écriai-je.

Cette salope essayait de corrompre mes enfants. Je l'imaginai soudain en train de se trémousser à moitié nue devant les gosses.

— Ne t'inquiète pas, maman, dit Katie. Ils ne faisaient rien. Elle n'était même pas invitée. Elle a seulement fait un saut pour nous donner nos cadeaux.

— Et pourquoi donc, si elle ne vous avait jamais rencontrés auparavant ?

— Parce qu'elle veut nous amadouer, évidemment, expliqua Katie d'une voix patiente. Ce sont des pots-de-vin, si tu préfères. Il s'agit d'un comportement classique chez les beaux-parents, reprit-elle doctement tout en cassant un gros morceau de chocolat. Les partenaires potentiels tentent de plaire aux rejetons de leur cible amoureuse afin de vaincre leur hostilité naturelle et de se faire accepter. Mais ne t'inquiète pas, maman, ajouta-t-elle gaiement, ça ne prendra pas avec Matt et moi.

— Et surtout, ça ne prendra pas avec Graham, décréta Matt, méprisant. Elle ne lui a même pas donné de *vrais* chocolats.

— Je ne veux pas qu'Andie ait quoi que ce soit à voir avec les enfants ! crachai-je tandis que Peter et moi arrivions chez Resolve trois jours plus tard.

L'association était installée dans une maison haute et étroite à mi-chemin de Wimpole Street.

— Ne t'avise pas de les impliquer de nouveau là-dedans.

— Écoute, elle s'est pointée sans avertir, expliqua Peter d'une voix lasse. Je ne savais pas qu'elle allait faire ça.

— C'est déjà assez grave que tu voies cette... *salope*, grinçai-je, sans entraîner les enfants là-dedans... et Graham.

— Vous avez rendez-vous ? demanda la réceptionniste.

— Je ne les ai pas entraînés, gémit-il.

— Les exposer ainsi à cette femme !

— Elle n'est pas un virus, tu sais.

— Puis-je vous aider ?

— Tout ça pour les perturber émotionnellement.

— Ils ne sont *pas* perturbés.

— Si, ils le sont, mentis-je. Ils étaient... traumatisés quand ils sont rentrés à la maison.

— Non, merde, ce n'est pas vrai !

— Votre nom, s'il vous plaît ?

— Je n'aime pas que tu la voies, grondai-je.

— Et pourquoi je ne la verrais pas ? rétorqua-t-il. Après tout, c'est toi qui m'as mis à la porte.

— D'accord, d'accord. C'est vrai. Mais si tu continues à la voir, pourquoi veux-tu qu'on vienne ici ? Hein ?

— Parce que... parce que... enfin, parce que je ne sais pas où j'en suis, dit-il en se passant la main gauche dans les cheveux.

— Ah, je vois, fis-je, sarcastique. Tu veux protéger tes arrières, c'est ça ? Eh bien Peter, laisse-moi te dire tout de suite que tu ne peux pas avoir la poule et l'argent de la poule !

— Euh, monsieur, madame...

— Oui, quoi ?

— Je peux prendre vos noms ?

— Ah. M. et Mme Smith.

— C'est votre vrai nom ?

— Oui.

— Et vous venez ici pour tenter de sauver votre couple ?

— Exactement.

— Alors Mme Strindberg vous recevra dans dix minutes, roucoula-t-elle. Veuillez attendre dans la pièce voisine, s'il vous plaît.

La vaste salle d'attente était meublée de

copies de meubles anciens et de vases remplis de fleurs en soie passée. Sur les chaises alignées contre les murs, six couples attendaient, lèvres pincées, visages fermés, dans une ambiance furtive et légèrement honteuse. Pour me distraire je feuilletai quelques magazines, dont la plupart étaient depuis longtemps périmés. Il y avait le numéro « Gagnez un divorce » de *Bella*, le numéro de décembre de *Moi !* Tandis que je tendais la main pour attraper un *Marie-Claire*, je levai les yeux et découvris – mon Dieu ! – nos voisins Samantha et Ed. Ça alors ! Je les avais toujours considérés comme le couple parfait. Nous étions allés deux ou trois fois à leurs soirées. Je sentis mon visage s'empourprer. Comme c'était humiliant pour eux, songeai-je, d'être surpris comme ça chez Resolve ! Samantha m'adressa un petit sourire contraint que je lui rendis aussi chaleureusement que le permettait la situation. J'étais justement en train de me demander si je devais ajouter « Ça va ? » lorsque j'entendis de brusques éclats de voix, qui provenaient de derrière la porte affichant le nom de « Mme Zillah Strindberg ». À l'intérieur, ça devait chauffer. Au début, nous ne pouvions saisir que quelques mots, « réconciliation... foutaises !... dépasser... ridicule !... recommencer... pas la peine !... » Ouh, là, là. Ce couple ne s'entendait pas du tout, c'était évident. Dans la salle d'attente, tout le monde s'était raidi. Nous entendions maintenant très distinctement ce qui se disait derrière la porte.

— Nous avons énormément discuté.

— Ah oui ?

— Et nous avons décidé que nous ne voulions pas divorcer.

— Quoi ?

— Oui, nous avons décidé de rester ensemble, fit une voix masculine.

— Vous savez, je ne crois vraiment pas que ce soit indiqué.

— Non, vraiment, madame Strindberg, nous avons longuement et mûrement réfléchi à notre couple.

— Vous ne savez pas ce que vous dites.

— Et nous avons décidé de tenter le coup.

— J'ai déjà entendu la chanson.

— Vous voyez, nous nous laissions embrouiller par les petits problèmes.

— Ils ne sont pas si petits que ça, vous savez...

— Alors que le plus important n'est pas là.

— Qu'est-ce qui est le plus important ?

— Eh bien, que nous nous aimons toujours.

— Ça n'a rien à voir !

— Alors merci beaucoup de votre aide, mais nous allons rester ensemble, finalement.

— Non, je suis désolée s'exclama Zillah Strindberg d'une voix stridente, mais je crois que vous devriez divorcer.

— Ce n'est pas notre intention.

— Parce que, d'après moi, il est clair comme de l'eau de roche...

— Honnêtement, nous venons de prendre la décision.

— Que vous êtes totalement incompatibles.

— Non, c'est faux.

— C'est vrai.

— C'est faux. Nous nous entendons merveilleusement bien.

— Je suis désolée, cria-t-elle presque, mais je crois *vraiment* que non. D'ailleurs, je suis persuadée que vous devriez vous séparer.

— Mais nous ne voulons *plus* nous séparer. Avant, oui. Plus maintenant.

— Écoutez, insista-t-elle, d'après moi...

Soudain, la porte s'ouvrit toute grande et le couple déguerpit au pas de course. Puis Zillah Strindberg émergea, visiblement énervée, ses pommettes osseuses plaquées de rouge. Elle lissa ses cheveux, consulta son clipboard, puis se racla délicatement la gorge.

— M. et Mme Peter Smith, s'il vous plaît, articula-t-elle avec un petit sourire affecté.

Peter et moi nous nous sommes regardés et sommes partis en courant.

— Une importante perturbation nous attend, dis-je en pressant sur ma télécommande.

— Dis donc, Faith a drôlement minci, non ? Dix...

— C'est donc une matinée assez sinistre qui se prépare.

— Elle est presque baisable ces jours-ci. Huit...

— Maintenant, jetons un coup d'œil à l'image satellite.

— Tu sais pourquoi elle a minci, évidemment. Sept...

— Nous pouvons constater l'approche d'averses d'avril.

— Elle a de gros problèmes conjugaux. Six...

— Il faut donc s'attendre à des perturbations.
— Il se tape une Américaine. Cinq secondes...
— Surtout à l'ouest de Londres.
— Trois. Alors elle l'a viré. Et deux...
— Même si le soleil pourra montrer quelques rayons...
— Ma sœur les a vus à Resolve. Un...
— Ne vous faites pas d'illusions.
— Elle vit dans la même rue.
— Alors voilà. Rendez-vous à 9 heures.
— Tu crois qu'ils vont rester ensemble ?
— Tu rigoles ?
— Merci, Faith, dit Sophie avec un ravissant sourire. Vous êtes sur *AM-UK !* Il est 8 h 30 et voici les principaux titres de l'actualité.

Je dégrafai le micro, tremblante et au bord de la nausée. Mon Dieu, mon Dieu, ils savaient tous. Ils savaient tout. Et j'avais tellement essayé d'être *discrète*. Je retournai au bureau et rangeai mon espace de travail pour me donner l'air occupé. De toute façon, ce n'était pas du luxe – il y avait des piles de fax, de mémos et trois vieilles tasses de café, mon morceau d'algue de mer s'était décroché et mon baromètre était couvert de poussière. Lorsque le poste s'était libéré, je faisais un remplacement de trois mois à la station. Et comme les enfants étaient devenus pensionnaires, j'avais été ravie de décrocher ce boulot. Peter m'avait offert pour l'occasion ce baromètre : un petit chalet suisse avec, à l'intérieur, un petit bonhomme en culotte tyrolienne et une petite bonne femme en dirndl. Le petit bonhomme tient un parapluie et, quand il sort, et que la femme reste à l'intérieur, ça signifie qu'il va pleuvoir. Quand la femme sort, et que l'homme reste à l'intérieur, ça veut dire qu'il va faire beau. Parfois, quand la météo est mitigée, ils sortent tous les deux en même temps. Aujourd'hui, le petit homme était bien dehors, tout seul avec son parapluie en l'air. Certainement une métaphore, songeai-je, désemparée, tout en ouvrant ma pile de courrier.

La première lettre fut difficile à déchiffrer : l'écriture n'était qu'un immonde gribouillis. *Alors vous vous trouvé merveyeuse* ? écrivait Mark de Solihull. *Mais croyez-moi, c'est fau*. Seigneur ! Il ne me manquait plus que ça. Un graphomane illettré. *Je n'ai pas foi en vous*, reprenait-il. *Personne non plu. Partout où je vais j'enten les gen qui dit que vous ête nulle en météo, et que vous vous trompé toujour. Je les enten dire du mal de vous dans les files d'attente des busse, en faisant la keu au supermarché, et au pub. C'est ce que j'entend toute la journé au boulo. Cette Faith est nulle, qu'ils disent* – pour l'amour du ciel ! Je déchirai la lettre et la jetai à la corbeille. Les autres, en revanche, étaient assez flatteuses ; la plupart commentait ma récente perte de poids. *Ne maigrissez pas trop*, conseillait Mme Brown de Stafford. *Vous ne voulez pas ressembler à Posh Spice. Franchement, je vous préférais grosse*, geignait M. Stephenson de Stoke. *Vous êtes bien avec les cheveux plus longs*, opinait Mme Daft de Derby, *mais si j'étais vous je laisserais pousser le dégradé. Comment se forment les arc-en-ciel ?* demandait Alfie, dix ans, de Hove. *Je suis tout à fait désolée d'apprendre vos problèmes conjugaux*, écrivait Mme Davenport, du Kent. QUOI ?

Je viens de lire ça dans Hello !, précisait sa lettre. *Alors j'ai pensé que je devais vous envoyer un mot. Je viens moi-même de divorcer en juillet dernier. C'est l'enfer, Faith, mais je sais que vous allez vous en sortir*. Je courus, cœur battant, jusqu'au bureau du planning pour trouver le *Hello !* de la semaine. Là, dans la section « actu » des célébrités, se trouvait une petite photo de moi, légendée : *Avis de grand frais pour miss Météo*. Mais qui diable avait pu leur raconter ? *Faith Smith d'*AM-UK ! *est sur le point de divorcer de son mari, l'éditeur Peter Smith, après que ce dernier a confessé une aventure. D'après nos sources, Faith, bouleversée, n'a plus aucun espoir de sauver son mariage, bien qu'elle ait fait appel à un conseiller matrimonial. Le nouveau poste de Peter Smith chez Bishopsgate pourrait être compromis car la société appartient à des Américains puritains, extrêmement stricts quant à la vie privée de leurs employés*.

Je jetai le magazine à la poubelle, puis retournai à mon bureau et me pris la tête entre les mains. Et voilà, maintenant ma vie faisait partie du domaine public. Mais qui avait pu le leur dire, me demandai-je, et *pourquoi ? Hello !* ne payait pas pour les ragots. De toute façon, ce n'était pas comme si j'étais une vraie vedette, alors qu'est-ce que ça pouvait bien faire aux gens ? Enfin... Ah ! Évidemment. J'aurais dû piger avant... Ça devait être Andie – la vache ! Elle essayait de s'assurer par tous les moyens que Peter et moi, nous nous séparions pour de bon. Pas question pour elle de nous laisser régler ça entre nous ; elle préférait nous donner un petit coup de main médiatique. Cette commère américaine faisait de l'intox, parce qu'évidemment ce qu'elle voulait pour Peter et moi, ce n'était pas *Hello !* mais *Adieu !* Je relus l'article. *Faith, bouleversée*... Je ne suis pas bouleversée, songeai-je, tandis qu'une larme brûlante éclaboussait ma joue. *Plus d'espoir*... Je ne suis *pas* désespérée, me dis-je tandis que mes lentilles de contact me glissaient des yeux. D'ailleurs, je gère très bien cette situation, me dis-je tout en me précipitant, tête baissée, vers les WC dames. Dieu merci. Personne. J'entrai dans une cabine, rabattis le couvercle et m'assis pour pleurer comme une petite fille. Je suffoquais et mon visage brûlant était trempé de larmes. Puis je tirai la chasse, sortis, et découvris que quelqu'un se trouvait là. Je remis mes lentilles en place et la silhouette embrouillée devint plus nette.

— Faith ! s'exclama Sophie. C'est toi que j'ai entendue pleurer. Qu'est-ce qui ne va pas ?

— Rien, sanglotai-je.

— Mais si, insista-t-elle tandis que j'allais vers le lavabo. Quel est le problème ?

Mon Dieu, je n'avais aucune envie de me confier, c'était bien trop personnel.

— Tu peux me parler, dit-elle pendant que je me passais de l'eau froide sur la figure. Je t'en prie, dis-moi ce qui s'est passé.

Je contemplai mon visage bouffi en soupirant.

— J'ai simplement reçu une lettre d'un détraqué, c'est tout.

— Ah. Eh bien au moins, toi, tu en reçois, s'exclama-t-elle d'une voix gaie. Moi, je ne reçois plus rien ces derniers temps. Franchement,

Faith, je trouve que cela ne mérite pas tes larmes. Tu es sûre qu'il n'y a pas autre chose ?

J'arrachai une serviette en papier au distributeur.

— Non, non. C'est juste que, enfin, tu sais comment ça se passe ici avec ces horaires de folie. Quand quelque chose va mal, tout paraît pire.

— Oui, mais qu'est-ce qui va mal, Faith ? demanda-t-elle. Je peux peut-être t'aider.

Elle posa la main sur mon bras et je la fixai, la gorge nouée de sanglots réprimés. Elle se brouillait à nouveau devant mes yeux.

— Je divorce, hoquetai-je.

À travers mes larmes je pouvais voir que le visage de Sophie exprimait de la compassion mais pas la moindre trace d'étonnement. Elle savait déjà. C'était clair. Il était évident que tout le monde, au bureau, savait déjà.

— Mais si je pleure, repris-je, c'est parce que je viens de lire un article là-dessus dans *Hello !* En voyant ça noir sur blanc, c'est devenu réel tout d'un coup. C'est dans les journaux ! Tu n'imagines pas à quel point c'est atroce, comme sensation.

Sophie grimaça.

— Je peux imaginer. Voir ma vie privée étalée en public... J'en mourrais. Surtout qu'en plus... (Elle eut un petit rire ironique.) Enfin, disons qu'avec moi les journaux à scandales se régaleraient !

— Je divorce, sanglotai-je.

— Faith, reprit Sophie d'une voix douce. (Elle entoura d'un bras mes épaules tremblantes.) Faith, est-ce vraiment nécessaire ?

Je fixai le sol. Était-ce nécessaire ?

— Oui, hoquetai-je, il le faut.

— Pourquoi ?

— Parce que mon mari a eu une... aventure, sanglotai-je, et que je n'arrive pas à m'en remettre. Je suis incapable d'oublier. J'ai l'impression que tout est gâché.

Sophie me passa un mouchoir en papier.

— Je sais que nous ne nous connaissons pas très bien, mais est-ce que je peux te donner un conseil ?

— D'accord, croassai-je, consciente soudain du fait qu'elle avait dix ans de moins que moi.

— J'ai été dans la même situation que ton mari, expliqua-t-elle.

Ah. Ça devait être avec ce type, Alex.

— J'ai récemment été infidèle à quelqu'un. J'étais absolument dans mon tort, et hélas, cette personne l'a su. Et... (sa voix se fit plus hésitante) elle ne veut ni pardonner ni oublier. Bon, je ne suis pas mariée, alors il n'y a pas de divorce, mais c'est quand même... (Elle soupira amèrement.)... un gâchis.

Je levai les yeux vers elle. Mes sanglots se calmaient, j'étais d'autant plus reconnaissante de sa confidence, qu'elle restait habituellement discrète sur sa vie personnelle. Ça n'avait pas dû être facile d'en parler, et si elle l'avait fait, c'était pour m'aider.

— Si tu peux lui pardonner, fais-le, me conseilla-t-elle. Je crois que tu seras plus heureuse si tu y arrives.

— Eh bien, peut-être, murmurai-je. Je ne sais pas. Tu as été très gentille, Sophie. Merci.

Soudain, nous entendîmes le grondement d'une chasse d'eau. L'une des portes s'ouvrit et, à notre grand étonnement, Tatiana en émergea.

— Oui, Sophie, ricana-t-elle. Merci *beaucoup*, en effet.

Il y a une chose que nous, météorologues, faisons systématiquement en quittant la maison. Nous levons les yeux vers le ciel. Nous sommes toujours capables de prédire ce qui va se passer d'après la forme des nuages. Par exemple, si ce sont des cirrus, nous savons que tout ira bien. Ils sont longs, fins, très hauts, et composés de glace, et nous les surnommons parfois les queues de jument. Si nous apercevons des cumulo-nimbus, nous savons qu'il y a menace d'orage. Ceux-là sont de gros nuages noirs et lourds qui produisent éclairs, tonnerre et pluie. Et puis il y a les stratus, qui, comme leur nom l'indique, sont des strates grises et plates produisant bruine ou brouillard. Mais, aujourd'hui, quand je levai le nez en me rendant au cabinet de Rory Cheetham-Stabb, je vis que le ciel était envahi de gros cumulus blancs et joufflus. J'adore les cumulus parce qu'ils provoquent mon temps préféré – un mélange de soleil et d'averses. En cette période de l'année, on peut admirer ces gros coussins dodus, gris, blancs, parfois teintés d'or, dispersés dans un ciel d'un bleu limpide. Des bourrasques de vent printanier les font cavaler dans le ciel, éclatant parfois en ondées soudaines. Puis, lorsque l'ondée passe et que le soleil revient, apparaissent les arcs-en-ciel. Donc, j'adore les cumulus, et aujourd'hui j'en ai remarqué plusieurs. Ça me plaît d'être capable de regarder le ciel et de savoir en un coup d'œil le temps qu'il fera. Si seulement c'était aussi facile dans ma vie privée. Je ne fais aucune prévision en ce domaine. L'image satellite n'est pas nette. D'un côté, l'engrenage du divorce est lancé, je peux l'entendre qui craque et qui grince. De l'autre, c'est tellement épouvantable que je suis parfois tentée de revenir en arrière. J'ai réfléchi à ce que m'a dit Sophie. J'ai songé à tout ce qui était en jeu. Et, manifestement, Peter hésite aussi. Mais les choses ont tellement changé que je n'ai aucune idée de ce que je dois faire. Comme si notre mariage s'était écrasé au sol et que nous essayions tous deux de retrouver la boîte noire.

— La seule chose qui fait hésiter votre mari, affirmait Rory Cheetham-Stabb une heure plus tard, c'est la perspective de ce que cela va lui coûter.

J'eus un pincement au cœur.

— Ah. J'ai cru que c'était parce qu'il m'aimait et espérait une réconciliation.

— Madame Smith, expliqua patiemment Rory Cheetham-Stabb. Je ne veux pas paraître cynique, mais c'est ce que font tous les maris lorsqu'on joue cartes sur table – ils se mettent à couiner comme des cochons qu'on égorge. Parce qu'ils préféreraient bien ne renoncer à rien. Rester mariés tout en gardant leur petite amie. Dites-moi, accepteriez-vous cela ? (Je secouai la tête.) Et la seconde raison qui le pousse à hésiter est probablement le fait qu'un divorce pourrait nuire à sa carrière.

— Alors, vous aussi, vous avez lu cet article dans *Hello !*

— Oui, en effet.

— Eh bien, il est à l'essai pendant six mois. Toute cette affaire ne pouvait pas plus mal tomber. Croyez-moi, ajoutai-je, nous avons peut-être des problèmes, mais je ne veux pas qu'il soit licencié.

— Moi non plus, acquiesça Cheetham-Stabb. Car enfin, c'est notre poule aux œufs d'or, non ? Après tout, madame Smith, vous avez été une épouse dévouée. Pendant quinze ans, vous vous êtes servie de votre carte de fidélité et maintenant, vous espérez une petite... remise.

Je me demandai quelle sorte de carte avait Andie. Sans doute un joker.

— Il se trouve que je sais pas mal de choses sur Bishopsgate, reprit Rory Cheetham-Stabb. Une bande de culs bénis qui publient un tas de bouquins absurdes sur les diverses façons de sauver son mariage. C'est comme ça qu'ils ont commencé. Ils appartiennent à un groupe de presse américain de Georgie. Le président, Jack Price, est un puritain de la pire espèce. Il déteste que les membres de son personnel aient des vies privées compliquées. Il estime que cela contredit l'image de Bishopsgate. Et c'est sans doute vrai. Alors il n'aimera certainement pas le fait que son tout nouveau P-DG soit en train de divorcer. Votre mari ne veut certainement pas faire de vagues avant que sa période d'essai soit terminée. Mais je me demande qui a vendu la mèche à la presse...

— Je crois que c'est Andie Metzler.

— Hum. Qui d'autre est au courant ?

— Eh bien, ça pourrait être quelqu'un qui nous a vus chez Resolve. Et nous avons eu aussi une dispute épouvantable au restaurant Le Caprice le jour de la Saint-Valentin. Mais la personne qui a informé la presse doit avoir une bonne raison, alors je crois que ça doit être Andie.

— Pourquoi ?

— Parce qu'elle veut désespérément que Peter divorce.

Cheetham-Stabb forma une ogive de la pointe de ses doigts et plissa ses yeux bleu clair.

— Je doute qu'il s'agisse d'elle, madame Smith. Rappelez-vous que votre mari n'est pas seulement son amant – c'est aussi son client. Et s'il se fait licencier avant la fin de sa période d'essai, elle devra rembourser ses copieux honoraires. Non, cette théorie ne tient pas la route.

— Vous avez probablement raison, soupirai-je. De toute façon, elle est manifestement folle de lui, alors elle n'aurait pas envie de le voir viré.

Mais Cheetham-Stabb ne m'écoutait plus. Son regard était devenu lointain.

— En fait... je crois que vous avez raison ! s'exclama-t-il soudain. Oui ! Je viens de comprendre. C'est bien *elle*, madame Smith. Quelle femme rusée !

— Que voulez-vous dire ?

— Elle veut que Peter divorce, mais en même temps elle ne veut pas qu'il perde son poste. Alors, ce qu'elle va faire c'est de rassurer discrètement Bishopsgate, avec qui elle reste toujours en contact, sur la normalisation prochaine de la vie privée de Peter aussitôt qu'il...

— L'épousera ?

— Exactement. (Je crus que j'allais vomir.) Ainsi, reprit Cheetham-Stabb, cela lui donne encore un nouveau moyen de tenir votre mari. Elle peut subtilement mettre la pression pour qu'il officialise les choses, tout en s'assurant que son divorce suivra irrésistiblement son cours.

— Quelle machination géniale... Mais il est vrai qu'elle a décidé d'avoir Peter, et qu'elle ne reculera devant rien. Elle est elle-même en période d'essai, ajoutai-je, et elle le sait. Elle aussi cherche un contrat à durée indéterminée. Mais comment savez-vous tout ça sur Bishopsgate ?

— Parce que l'ex-femme de Jack Price est britannique... Je me suis occupé de son divorce l'an dernier.

— Il est divorcé !

— Eh oui, madame Smith. Elle a enduré ses infidélités pendant trente ans et elle a décidé qu'elle en avait assez.

— Mais s'il est divorcé, pourquoi est-il si puritain quant à la vie de ses employés ?

— Parce que l'hypocrisie est un luxe qu'il peut très facilement s'offrir. Oui, j'ai obtenu un assez joli résultat dans cette affaire, ajouta-t-il en allumant un cigare. J'ai obtenu quatre-vingts millions à Mme Price. En livres, pas en dollars, cela dit. Bon, maintenant, il est temps de passer à la vitesse supérieure avec votre divorce, à vous ! Voici le protocole d'accord, dit-il en poussant vers moi un document. Signez ici, en bas, voulez-vous, madame Smith ? Très bien. Très bien. Parfait !

— Prends-lui tout ce que tu peux prendre, feula Lily lorsque je passai chez elle hier soir, démoralisée et désorientée, car elle tenait à me relooker pour mon rendez-vous avec Josiah.

Elle ouvrit son rutilant réfrigérateur Smeg pour en sortir une bouteille de champagne et quelques canapés, tandis que Jennifer grognait à ses pieds.

— Ne supplie pas, mon chou, dit-elle en lui proposant un morceau de foie gras. Enfin, je n'ai aucune envie de critiquer le comportement consternant de Peter, ajouta-t-elle en sortant deux flûtes. Mais ce qui arrive est entièrement de sa faute.

— Oui. Mais je ne veux pas être l'une de ces épouses avides qui réclament un pactole, Lily. Je veux seulement... enfin, assez pour vivre.

— Ah, mais ne sois pas ridicule ! lâcha-t-elle, méprisante. On doit obliger Peter à payer ! Laisse Rory Cheetham-Stabb prendre tout ce qu'il peut.

— Peut-être. Je ne sais pas.

— Peter a un avocat ?

— Oui.

— Alors laisse-les se bagarrer entre eux.

Lily fit sauter le bouchon de Laurent Perrier. J'admirai sa cuisine, avec son parquet en bois blond, ses plans de travail en granit poli, ses presse-jus et ses machines à espresso étincelants. L'appartement aurait pu passer tel quel dans un magazine de déco. Nous traversâmes le gigantesque salon, avec sa vaste étendue de moquette blanche, son tableau de Damien Hirst et un cheval signé Élisabeth Frink sur son socle en marbre. Et des magazines, évidemment. Ils luisaient sur toutes les surfaces disponibles et s'éparpillaient à même le sol ; leurs couvertures luisaient sous les spots qui piquetaient le plafond comme des étoiles. Nous nous frayâmes un chemin entre eux, flûtes de champagne à la main.

— Tu as été mariée pendant quinze ans, Faith, dit Lily en sortant trois grands sacs de fringues de créateurs. Alors maintenant, tu mérites qu'on te chouchoute, Faith... On va s'amuser !

— Tu crois ? fis-je, dubitative.

Elle ouvrit le premier sac.

— Mais oui. Tu vas pouvoir faire tout ce que tu n'as jamais pu faire auparavant. Du vrai shopping, pour commencer, gloussa-t-elle. Désormais, tu n'auras plus l'air de t'habiller à l'Armée du Salut !

— J'aime bien l'Armée du Salut. Eh, dis, c'est un chemisier de Clements-Ribeiro, non ?

— Et tu vas arrêter de t'habiller chez Principles.

— Mais j'adore Principles ! répliquai-je en me jetant sur un jean Cerruti.

— Nous pourrons sortir, aller en boîte, reprit-elle joyeusement. Nous pourrons faire la fête. Nous pourrons faire tout ce que nous nous promettions de faire quand nous étions jeunes... Tout ce qui t'a si tragiquement manqué pendant toutes ces années.

— Je ne suis pas sûre d'avoir raté grand-chose, rétorquai-je en essayant un chemisier en soie Prada. Et puis, les boîtes de nuit, ça n'est pas vraiment mon truc. Moi, j'aime la vie tranquille.

— Mais regarde ma vie, à moi ! s'exclama Lily, prosélyte, en me passant un chemisier Agnès B. Regarde mon dessus de cheminée.

Il croulait sous les invitations. Elles étaient empilées tels de minuscules panneaux d'affichage proclamant le succès – eh oui –, l'immense succès de la vie mondaine de Lily. Elle enjamba les piles de magazines et se mit à lire les cartons.

— Lundi, lancement de livre à The Ivy ; mardi, cocktail à la Home House pour le Tibet ; mercredi, défilé de mode au bénéfice de la lutte antidrogue ; jeudi, *trois* projections privées ; vendredi, dîner avec Tom et Nicole ; dimanche, une fête pour Marie Helvin au Tramp.

— J'ai compris le message.

— Faith, ce pourrait être ta vie, à toi aussi ! dit-elle chaleureusement.

— Non, je ne suis pas assez glamour. De toute façon, ça te plaît tant que ça, Lily ? Est-ce que tu connais vraiment tous ces gens ?

— Non. Je ne passe que quelques minutes avec chacun.

— Alors qu'est-ce que cela peut bien te rapporter ?

— Ce qui compte, c'est d'être *là* !

— Mais tu n'en as jamais marre, Lily, de te précipiter d'une fête à l'autre ? Tu n'as jamais envie de te calmer un peu ?

— Me calmer ? (Elle sembla stupéfaite.) Je préférerais assister à ma propre autopsie.

— Mais es-tu vraiment heureuse Lily ?

— Mais oui ! Je suis aussi heureuse qu'une boulimique à un buffet ! Baise Peter de chaque centime que tu peux grappiller, ajouta-t-elle fermement.

— Ah, je ne sais pas, Lily. De toute façon je ne suis pas sûre de la quantité d'argent qu'il y aura, parce que Peter risque de perdre son poste.

Je n'avais pas l'intention d'en parler à Lily,

mais j'imagine que le champagne avait délié ma langue.

— Il va peut-être se faire virer, expliquai-je.

— Ah bon ? fit Lily. Ce serait affreux. Bon, pourquoi tu n'essaies pas ce manteau Miu Miu ?

— Oui, il y avait un article dans *Hello !* repris-je en ôtant ma jupe Laura Ashley.

— Ah ? Et qu'est-ce que ça disait ?

— Ça disait que nous avions des problèmes et que la nomination de Peter pouvait être compromise.

— Pourquoi ?

— Parce que chez Bishopsgate, on n'aime pas que le personnel ait une vie conjugale agitée. Peter est à l'essai pour six mois, expliquai-je. Si quoi que ce soit d'autre paraît dans la presse à propos de notre séparation, on ne reconduira peut-être pas son contrat.

— Eh bien, ce serait affreux. Mais sa pouffiasse américaine pourra sûrement lui retrouver un autre boulot, ajouta-t-elle en sirotant son champagne.

— C'est possible, mais ce ne sera pas aussi bien. S'il se fait virer de Bishopsgate, sa valeur sur le marché aura baissé.

— Oui, fit-elle, pensive. Évidemment. Tu as raison de t'inquiéter, Faith, mais Jennifer et moi avons allumé des bougies pour toi... Regarde !

L'autel bouddhiste dans l'alcôve près de la cheminée était illuminé de petits lampions votifs.

— Et nous avons récité cinq décades de rosaire à ton intention. Pas vrai, Jen ?

Jennifer releva un instant sa face poilue du canapé, puis émit un ronflement porcin.

— Aaah ! soupira Lily, la pauvre petite chérie est exténuée. Elle a eu une très grosse journée au bureau aujourd'hui.

— Vraiment ?

— Oui. J'en ai fait une chroniqueuse à *Chienne*. C'est un boulot très dur. Ah, Faith, mais c'est ravissant ! ajouta-t-elle. Tu sais, franchement, il y avait une silhouette pas mal du tout, derrière ces couches de graisse. Alors Peter risque de perdre son boulot ?

— Oui. Et si c'est le cas, ça risque d'être difficile pour moi aussi.

— Je vois. Mais d'un autre côté, Faith, reprit-elle avec animation, Andie gagne une fortune. Alors tu va en bénéficier... Ce qui ne serait que justice.

— Hum...

— Et avec ce changement de vie, Faith, tu devrais montrer plus d'ambition.

— C'est-à-dire ?

— Tu devrais devenir présentatrice.

— Je ne veux pas ! protestai-je. J'aime bien mes petits bulletins météo.

— Mais Faith, rien ne dure indéfiniment. C'est la seule constante, dans la vie. Enfin, vois à quel point la tienne est en train de changer. Il est grand temps que tu décolles aussi professionnellement. Regarde toutes ces miss Météo qui sont devenues présentatrices... Non, je te le répète, dit-elle en grignotant un petit four. Ce divorce est ta meilleure chance de changer enfin de vie !

— Bien, oui, peut-être, concédai-je. Tu as sans doute raison.

— *J'ai* raison. Et je vais t'aider, Faith, parce que c'est ce que j'ai toujours fait.

— Oui, en effet, répondis-je, dubitative.

— Je vais te faire une belle pub dans les pages « people » ! Je vais faire parler de toi ! Je vais te faire photographier dans les chroniques mondaines. Je serai ton attachée de presse officieuse. Ta vie sera transformée, reprit-elle, messianique. Ce sera un nouveau début pour toi.

— Ou-ui.

Elle remplit à nouveau nos verres de champagne, puis leva le sien.

— À ta nouvelle super vie, Faith ! déclara-t-elle joyeusement.

— Tu sais, j'aime beaucoup Lily, confiai-je à Graham ce soir-là. Mais je trouve ridicule son anthropomorphisme avec son chien. À l'entendre, on a l'impression qu'elle prend Jennifer Aniston pour un être humain ! ricanai-je. J'imagine que c'est parce qu'elle vit seule. Le chien est un substitut humain.

Je brandis deux cassettes vidéo sous son museau.

— Alors, Graham, tu préfères James Ivory ou Sylvester Stallone ?

Dix minutes plus tard, je me trouvais dans le métro, direction Tottenham Court Road, pour rencontrer Josiah. Il avait proposé que nous prenions un verre chez Bertorelli, sur Charlotte Street. Je me sentais assez nerveuse, mais au moins je savais que j'étais jolie. Je portais une jupe Versace juste au-dessus du genou, un chemisier Prada d'un blanc immaculé et une sublime veste pied-de-poule de John Galliano. Je m'étais à peine reconnue... Était-ce bien moi ? Oui, c'est bien moi, me dis-je d'un air rêveur en évaluant mon reflet dans une vitrine. Au diable les Principles ! Lily m'avait conseillé d'arriver un peu en retard, alors c'est juste après 19 h 10 que je gravis les marches conduisant au bar. Josiah était là, en train de lire le *Week*. Soudain, il leva les yeux, me vit et bondit. Je lui dis bonjour et lui tendis la main. Et alors – ça, c'était charmant – il l'a portée à ses lèvres.

— Ça, c'est pour me faire pardonner ma conduite très peu galante dans la voiture, dit-il avec le sourire. Vous avez dû me prendre pour un vrai gougnafier.

— Euh non, pas exactement. (Maintenant je riais.) Mais j'ai été un peu prise de court.

— C'était assez effronté de ma part, je l'avoue. D'habitude, je ne souris pas aux inconnues, mais je croyais vous connaître, parce que je vous avais vue à la télé. Je suis sûr que cela vous arrive souvent ?

— Eh bien... parfois, répondis-je, ravie.

— Et puis vous vous êtes tellement mise en colère... reprit-il. C'est ça qui m'a fait rire. Quand vous m'avez fait votre bras d'honneur, j'avoue que, là, j'étais à vos pieds. J'adore les femmes qui ont du caractère, ajouta-t-il tandis que nous nous installions.

— C'est vrai ?

C'était bien.

— Oh oui. Elles représentent le plus merveilleux des défis. (Il sourit à nouveau et ses grands yeux gris scintillèrent.) Bon, je ne sais pas ce qui vous ferait plaisir, Faith, mais moi, j'ai envie d'une coupe de champagne.

— Moi aussi.

Et vous savez ce qu'il a commandé ? Une bouteille de Krug !

— Désolé qu'il ne soit pas millésimé, dit-il en souriant tandis qu'on apportait le seau à glace. Mais j'essaie de faire des économies.

Nous sommes restés ainsi plus d'une heure, à bavarder comme de vieux amis. C'était si facile de parler avec lui – j'avais l'impression de le connaître depuis des années. Très bien élevé aussi, parce que, chaque fois que je commençais à lui poser des questions sur sa vie, il revenait à moi. Je remarquai, en réprimant un petit frisson, qu'il flirtait avec moi. Il mimait mon langage corporel. Nous étions tous les deux assis, tournés l'un vers l'autre, avec nos jambes croisées exactement de la même manière. Lorsque je portais la flûte à mes lèvres, il levait la sienne. Lorsque je me penchais un peu en avant, lui aussi. Cette prof du stage de flirt avait raison. Lorsque quelqu'un fait inconsciemment écho à vos mouvements, c'est une sensation *formidable*. Qu'est-ce qu'elle avait dit, au juste ? Ah oui : « Les gens apprécient les gens qui les apprécient. » Et maintenant, Josiah me souriait en me demandant de tout lui raconter sur *AM-UK !*

— J'adore votre façon de présenter la météo.

— Ça ne dure que deux minutes...

— Oui, mais vous le faites tellement bien. Ce que je préfère, c'est votre façon de sourire encore plus lorsque vous savez qu'il va faire un temps effroyable. Puis-je aussi ajouter, reprit-il d'un air malicieux, que vous êtes beaucoup plus jolie en vrai. Vous êtes un peu plus mince, aussi. Mais on dit toujours que la télé ajoute cinq kilos.

Je ne lui expliquai pas que si j'avais l'air plus mince, c'est que j'avais en effet perdu cinq kilos.

— Vous étiez mariée, c'est ça ? s'enquit-il d'une voix hésitante. Je suis sûr d'avoir lu ça quelque part.

— Oui. Je l'étais. Je le suis toujours, mais je suis séparée, expliquai-je avec un petit soupir, et j'ai bien l'impression que nous allons divorcer.

— Je suis désolé. Ça vous ennuie beaucoup si je vous demande pourquoi ?

— Non, ça ne m'ennuie pas. (Et c'était vrai.) C'est parce que mon mari m'a trompée.

— Ah. C'est terrible. Vous avez dû beaucoup souffrir.

— Oui. Ça a été affreux. C'est arrivé tout d'un coup. Mais je m'en sors bien... Je crois.

— Bon, vous avez faim, Faith ? demanda-t-il. Aimeriez-vous dîner avec moi ?

Son regard soutint le mien pendant quelques secondes et une étrange chaleur m'envahit.

— Dînez avec moi, insista-t-il doucement.

— Eh bien, j'adorerais, souris-je. Vous voulez dire ici ?

— Non, il y a un petit bistrot charmant juste au coin de la rue. Mais il faut que vous soyez d'humeur aventureuse. Êtes-vous d'humeur aventureuse, ce soir ? ajouta-t-il avec un sourire malicieux.

— Oui. Je le suis.

Alors nous avons remonté Charlotte Street, puis tourné à droite sur Holland Street, pour parvenir sur Whitfield Street, près de Fitzroy Square.

— Voici ! dit-il.

Nous nous étions arrêtés devant un minuscule

restaurant appelé la Cage d'Oiseau. Lorsque nous entrâmes, je retins mon souffle. La salle était minuscule – et totalement bizarre. Les dîneurs étaient assis sur des fauteuils richement brodés, entourés de Bouddhas dorés et de moulins à prières tibétains. Sur les murs rouge sang étaient accrochés des tortues empaillées et des tableaux érotiques d'hommes nus. Des cages à oiseaux anciennes pendaient du plafond, tandis que des plumes de paon oscillaient dans la brise du ventilateur de plafond.

— C'est marrant, non ? C'est ce qu'on appelle la fusion orientale. Et attendez de voir les plats !

Une serveuse noire coiffée d'une perruque bleu vif nous installa à une table près de la fenêtre, où était disposé un curieux assortiment d'objets : une flûte indonésienne, une loupe, un mortier et un pilon, un oiseau en plastique.

— Le thème du restaurant est ludique, expliqua Josiah.

— C'est ce que je constate, gloussai-je.

La serveuse nous apporta deux livres reliés, sur la couverture desquels se trouvaient les menus.

— J'ai *La Montagne magique*, dit-il en examinant son livre. Et vous ?

— Moi, j'ai *La Reine des fées*, répondis-je.

En détaillant le menu, je crus que les yeux allaient me sortir de la tête. Carpaccio de renne fumé au genièvre... Consommé de chèvre à la mousse irlandaise... Bar en écorce de papier avec sa pomme de terre à la lavande... Salade à la Kabbale...

Je choisis la soupe à la noix de coco, feuille

d'or et foie gras, tandis que Josiah prenait les fagots de riz au cactus amer. La serveuse nous apporta deux bières Iguazu, dont elle nous informa fièrement qu'elles contenaient de l'extrait de lézard, et des œufs pochés de paon comme amuse-gueule.

— Ce sont des *vrais* œufs de paon ? m'informai-je.

Elle hocha la tête.

— C'est magique, soufflai-je.

— Magique... C'est le mot, ajouta Josiah en plongeant à nouveau son regard dans le mien.

Tandis que nous dégustions nos étranges amuse-gueule, je l'amenai à parler de lui. Il m'entretint de sa scénographie pour *La Tempête* au Royal Exchange de Manchester, me décrivit un travail qu'il avait réalisé à Milan. Il me parla aussi de la commande qu'on venait de lui passer, pour créer le décor de la nouvelle production de *Madame Butterfly* au Royal Opera.

— Alors vous êtes très demandé, déclarai-je en jouant avec mon carré de feuille d'or.

— Oui, on peut dire ça. Je sais que j'ai beaucoup de chance. Mais vous savez, Faith, ce qui me rend vraiment heureux, c'est de peindre. Tout bêtement.

— Quelle sorte de peinture faites-vous ?

— Je me suis spécialisé dans le trompe-l'œil, expliqua-t-il pendant qu'on nous apportait nos plats de résistance. Je crée des murales sur commande. Il n'y a rien que je préfère comme de mettre un sublime paysage de Toscane sur le mur d'une salle de bains britannique, ou de peindre un morceau du Maroc dans une salle à manger.

J'offre ainsi aux gens une toute nouvelle perspective sur le monde. Je peux vraiment leur ouvrir les yeux.

— Et vous ? ajoutai-je, soudain enhardie, tout en jouant avec mon risotto aux algues. Comment ça se passe, dans votre vie privée ?

Il haussa les épaules.

— Que voulez-vous savoir ?

— Avez-vous déjà été marié ? (Il secoua la tête.) Vous avez déjà failli le faire ?

Il sourit.

— J'ai eu des histoires, évidemment, même si je ne suis pas un playboy. Mais je suppose que je n'ai jamais rencontré quelqu'un qui me donne envie de m'engager à fond. C'est quelque chose de tellement énorme, n'est-ce pas, Faith ? « Jusqu'à ce que la mort nous sépare. » Choisir quelqu'un avec qui on a envie de passer le reste de ses jours. Pour vous, on dirait que cela a été facile : vous avez épousé le fiancé que vous avez rencontré en fac.

— Oui, en effet.

— Vous n'avez jamais regretté de vous être mariée aussi jeune ? me demanda-t-il en harponnant une pomme de terre pourpre.

— Eh bien, je... pas vraiment. Parfois, peut-être. Mais d'un autre côté... non.

— Mais vous avez raté plein de trucs marrants.

— C'est vrai, soupirai-je.

— Alors maintenant, vous avez peut-être envie de vous rattraper ?

— Oui. Peut-être bien.

— Peut-être que vous aurez envie de vous rattraper un peu avec moi ?

— Peut-être, répondis-je avec le sourire.

À ces mots, il me rendit mon sourire et soutint mon regard, et je me sentis aussi euphorique que si je dévalais une pente de ski. J'allais si vite que j'avais l'impression de voler dans les airs. Ou peut-être étais-je en train de tomber. Je ne savais pas. La seule chose dont j'étais sûre c'est que je ne voulais pas que cette soirée prenne fin.

— Voudriez-vous un verre de vin sucré, s'enquit-il en consultant à nouveau le menu, avec un scorpion trempé dans du chocolat ?

— Ça me semble absolument délicieux, mais je crois que je n'ai plus la place.

— Moi, je crois que je peux.

On apporta une planche en marbre. Au centre, un petit scorpion, couvert de chocolat noir, appuyé, presque avec désinvolture, sur un brin de citronnelle. Je ne croyais pas qu'il s'agissait d'un vrai. Mais si, on pouvait même apercevoir le dard au bout de sa queue.

— Vous allez vraiment manger *ça* ? gloussai-je.

— Eh bien, oui, dit-il posément. Mais à une seule condition.

— Oui ?

— C'est que vous acceptiez de me revoir très bientôt.

Je le regardai, souris et hochai la tête. Il leva le scorpion à sa bouche, et en deux bouchées croustillantes il avait disparu.

— J'ai passé une soirée merveilleuse, dit-il tandis que nous attendions nos taxis sur le trottoir.

Il porta à nouveau ma main à ses lèvres.

— Je suis tellement heureux que nous nous soyons rencontrés.

— Moi aussi.

Mon taxi arriva. J'y entrai et baissai la vitre.

— Merci beaucoup, dis-je.

— Tout le plaisir était pour moi, répondit-il. Faith, vous savez ce que je vais faire, demain matin ?

— Non.

— Je vais vous rendre folle de moi.

Mai

Parfois, j'oublie que les gens peuvent me reconnaître. Je n'y pense jamais, parce que pour moi, présenter la météo n'est qu'un boulot. Cela dit, c'est un boulot que j'accomplis devant plus de cinq millions de personnes tous les jours. Donc, même si je ne suis pas une célébrité, je suis parfois repérée. C'est pour ça que Josiah – je l'appelle Jos, maintenant – m'a souri l'autre jour. En général, je ne remarque pas les regards. Mais, de temps en temps, je suis brusquement rappelée à la réalité. Je marche dans la rue, et j'entends quelqu'un chanter *Comme un ouragan* ou siffler *Toute la pluie tombe sur moi*. Je fais tranquillement mes courses dans un magasin, lorsque je surprends soudain quelqu'un qui me dévisage. Je me demande aussitôt pourquoi. Est-ce que j'aurais de l'encre sur la figure, par hasard ? Et puis je me rappelle – c'est à cause de mon boulot. Parfois, les gens m'abordent et me disent : « Je suis sûr de vous connaître – on ne s'est pas déjà rencontrés ? » Je leur réponds que non, je ne crois pas.

Mais ils insistent, jusqu'à en perdre haleine, assurant qu'« il est impossible que nous ne nous soyons pas déjà rencontrés ». Ce serait trop arrogant de leur rétorquer : « Non, vraiment, vous ne me connaissez pas, vous pensez simplement me connaître parce que vous m'avez vue à la télé. » Alors il faut que je reste plantée là, à leur sourire, pendant qu'ils se creusent le ciboulot. C'est encore arrivé hier, au supermarché. Je me trouvais au comptoir du poissonnier, naviguant dans une sorte de brume de bonheur, en train de me demander si Jos aimait les crevettes roses, lorsqu'un homme m'a abordée. Il m'a d'abord fixée longtemps, sans se gêner, sans essayer de s'en cacher, et puis il a dit :

— Je vous *connais*, non ?

Je secouai la tête.

— Mais *si*, je vous connais, insista-t-il.

— Je ne crois pas.

Alors il m'a encore dévisagée pendant un moment et a brusquement lancé :

— Ça y est ! Vous êtes la nana de la télé, non ? Vous êtes cette nana qui passe à la télé !

Je me suis contentée de hocher la tête avec un petit sourire forcé en espérant qu'il disparaîtrait au plus vite.

— Je voulais seulement vous dire un truc, fit-il, surexcité. Je voulais seulement vous dire que...

— Oui ?

Je m'apprêtai, faussement modeste, à ce qu'il m'adresse un compliment honteusement flatteur.

— Que je ne vous aime pas beaucoup.

Mon sourire se figea.

— Ah.

— Ma mère non plus.

Je haussai les épaules.

— Bien. Bon, vous savez, on vit dans un pays libre...

D'ordinaire, ce genre d'incident m'aurait sérieusement déprimée. Je serais rentrée à la maison, complètement mortifiée, pour me traîner lamentablement le reste de la journée. Mais, en ce moment, je me sens inattaquable, parce qu'à vrai dire je suis folle de Jos. Je l'ai revu deux fois depuis notre soirée à la Cage d'Oiseau, et je crois que je suis tombée sous le charme. C'est ça, l'effet de l'amour – j'avais oublié. Il vous procure une sorte d'armure affective ; c'est un anesthésique naturel contre la douleur ; l'amour vous remplit de confiance et vous redonne l'estime de vous-même. C'est pourquoi je parvins à rire gaiement de l'incident du supermarché lorsque Jos me téléphona le lendemain.

— Eh bien, ma mère à moi te trouve géniale, soutint-il loyalement, et moi aussi, d'ailleurs. Tu étais ravissante ce matin. Complètement craquante. J'étais très fier de toi, ajouta-t-il doucement, tandis que mes joues s'enflammaient.

— Ce n'est pas difficile, répondis-je, je fais ce boulot depuis un moment.

— Mais tu le fais tellement bien, insista-t-il. Bon, quand est-ce qu'on se revoit ?

— Encore ? gloussai-je. On s'est déjà vus trois fois en dix jours !

— Oui, et ça n'est pas assez. Sérieusement, Faith, ajouta-t-il d'une voix douce, quand puis-je te revoir ?

— Eh bien, quand aimerais-tu me revoir ?

— Tout de suite ! Ou même avant. Ce soir, ça t'irait ? suggéra-t-il.

— Malheureusement, c'est impossible, mentis-je.

— Et demain ?

— Pareil.

— D'accord, Miss Popularité, qui joue les Un-Petit-Peu-Difficiles-à-Avoir, alors ça sera jeudi.

— Oui, je crois que je peux me libérer jeudi, concédai-je avec le sourire. On se voit où ?

— Chez moi.

Ah.

— Ce sera notre quatrième rendez-vous, Faith, alors je crois qu'il est temps que tu...

— Oui ?

— ... Voies où je vis. Je te ferai à dîner. Ça te plairait ?

— Ce serait merveilleux.

En raccrochant le combiné, je me sentais comme une adolescente qui vit son premier béguin. C'était bien moi, banlieusarde ordinaire au bord de l'âge mûr, mère de deux enfants, que courtisait cet homme bourré de charme et de talent. Je planais de bonheur. Je suis accro, exultai-je tout en vidant la machine à laver. J'étais euphorique, j'étais transportée, j'étais en extase, j'étais... soudain, Graham aboya. La deuxième livraison du courrier venait d'arriver. Sur le paillasson se trouvaient trois lettres pour Matt – il en reçoit des tonnes ces jours-ci – et une adressée à moi. À mon grand étonnement, elle était de Peter.

Chère Faith, lus-je. *J'ai cru que ce serait plus facile à écrire qu'à dire. Je veux simplement te faire savoir qu'après avoir longuement réfléchi j'ai décidé de ne pas contester le divorce. Je crois que tu as raison. Trop de choses se sont passées au cours des derniers mois pour que nous puissions revenir en arrière. Alors j'ai signé le protocole et j'ai renvoyé l'original au Tribunal. Pour faciliter les choses, j'ai avoué l'adultère, puisque de toute façon, c'est la vérité. Je n'arrive pas à m'expliquer ce qui nous est arrivé, ça me semble tellement irréel. Mais j'imagine que nous devrions être reconnaissants d'avoir été heureux aussi longtemps que nous l'avons été. Et bien que les choses se soient mal passées pour nous, je serai toujours heureux d'avoir été ton mari. Peter.*

Mon euphorie piqua du nez pour se noyer dans mes larmes. Mon front s'abattit sur la table de la cuisine. Je sentis Graham poser la tête sur mes genoux et je caressai distraitement son oreille gauche. Nous sommes restés comme ça longtemps, puis j'ai tendu la main vers le téléphone pour appeler Lily.

— C'est affreusement triste, répondit-elle doucement. Moi-même, ça m'attriste beaucoup. Et, bien sûr, il est normal que tu aies du chagrin, parce que cette lettre rend encore plus inévitable la fin de ton mariage.

— Oui, sanglotai-je. Ah, Lily, c'est tellement... horrible. Si seulement Peter et moi pouvions revenir en arrière.

— Faith, tu sais bien que c'est impossible.

— Et pourquoi pas ?

J'arrachai un morceau de Sopalin et le pressai contre mes yeux.

— Non, trancha Lily, tu ne peux pas. Et bien que, naturellement, je n'aie aucune intention de critiquer l'épouvantable trahison de Peter, tu dois vraiment regarder la vérité en face. Et la vérité, c'est qu'il a quelqu'un...

— Quelqu'un d'autre, gémis-je. Mais maintenant, tout ce que je veux, c'est qu'il m'ait, moi.

— Faith, mon chou, énonça prudemment Lily, j'ai bien peur que tu ne sois en train de nous faire une petite crise d'hystérie. Alors arrête-toi une seconde, et réfléchis à ce que je vais te dire. Si Peter est d'accord pour divorcer, c'est peut-être parce qu'il veut vivre avec... ?

— *Elle*. Oui, évidemment, c'est ça ! hoquetai-je. Il veut être avec cette... bouh bouh... salope. Cette peau de vache. Elle m'a... bouh, ouh... volé... mon mari...

Lily prit une voix plus sévère.

— Faith, ce n'est pas qu'elle ait volé ton mari. C'est que ton mari s'est *laissé* voler.

Mon Dieu. Oui. C'était vrai.

— Alors il est tout simplement *impossible* que tu retournes avec lui...

— Et pourquoi pas ? Après tout, nous n'avons pas encore divorcé. Je... bouh bouh... je *veux* revenir en arrière.

— Faith, tu ne peux pas. Parce que même s'il laissait tomber Andie, qu'il promettait de ne plus jamais, jamais la revoir, son infidélité passée resterait toujours entre vous.

— Tu crois ? croassai-je d'une voix lamentable.

— Oui. Ce serait comme une odeur tenace, que même des flots de Chanel N° 5 ne pourraient recouvrir.

— Ah. Ou-iii, sanglotai-je.

C'était vrai. Lily avait raison. Même si j'aurais préféré qu'elle n'expose pas les choses aussi brutalement. Maintenant, le ton de sa voix avait de nouveau changé, pour prendre une inflexion gentille, positive et encourageante.

— Va de l'avant, Faith. Comme tu t'étais juré de le faire. Sois courageuse et va de l'avant...

— Oui, c'est vrai, pleurnichai-je tandis que de la morve glissait vers ma lèvre supérieure.

— Très courageuse, répéta-t-elle, quand on pense... Regarde les choses en face !... à tout ce que Peter t'a fait endurer.

— Ou-iii, hoquetai-je, il m'a fait vivre... un supplice.

— Exactement, Faith. C'est vrai. Il ne te mérite pas. Mais, aujourd'hui, tu as rencontré quelqu'un.

— Oui, sanglotai-je, c'est vrai.

— Tu as rencontré quelqu'un de formidable. Quelqu'un qui a l'air d'être fou de toi.

— Ben... Ou-ii, dis-je, brusquement ragaillardie. C'est vrai qu'il a l'air assez... accro.

— Il est beau, et il a beaucoup de talent...

— Ah oui, oui, c'est vrai.

— Il est libre, et il est gentil.

— Ah, ça, il est vraiment gentil, reniflai-je.

— En un mot, Faith, il a l'air parfait.

Je ravalai mes larmes.

— Eh bien... oui. Je crois qu'il est parfait, sur tous les plans.

— Exactement. Alors est-ce que tu mesures ta chance d'avoir trouvé quelqu'un comme ça ?

— Ah, oui.

— Pense à toutes les femmes plaquées par leur mari, qui mettent des siècles avant de retrouver quelqu'un.

— Ah bon ?

— Eh oui. Ça peut être un cauchemar. Tu ne te rends pas compte. Il y a tellement de divorcées esseulées dans le monde. Mais tu as réussi à te trouver un nouveau mec génial presque tout de suite.

— Oui, soupirai-je. C'est vrai.

Mes sanglots s'étaient retirés au loin, comme les vagues d'une marée descendante.

— Alors, dit Lily, sois reconnaissante de la chance qui t'a été donnée. Et regarde vers l'avant, Faith. Vers l'avenir. Parce que je crois sincèrement qu'il sera radieux. Bon, ajouta-t-elle vivement, quand revois-tu Jos ?

Je jetai mon morceau de Sopalin détrempé dans la poubelle.

— Jeudi. Il veut me préparer à dîner.

— À dîner ? souffla Lily, surexcitée. Ouh, là, là ! Bon, tu sais ce que ça veut dire, non ? Tu as de jolis dessous ? J'ai des tonnes de La Perla, tu sais. Des bas, des porte-jarretelles...

— Lily ! Tu vas beaucoup trop vite. Je ne suis pas prête à... enfin, tu sais... à ça.

— Oui, mon chou, mais peut-être que lui, il *l'est*. (Ah. Mon estomac fut soudain envahi par mille papillons.) Bon, Faith, ça va mieux maintenant ? fit Lily d'une voix pleine de sollicitude.

— Oui, fis-je d'une petite voix. Ça va mieux. Lily, merci d'être une aussi bonne amie.

— Il n'y a pas de quoi.

— Vous ajoutez deux cuillères à soupe de lait, disait l'animatrice ce jeudi-là tandis que je jetais un dernier coup d'œil à ma tenue dans le miroir du hall d'entrée, et vous mélangez le tout. Avec deux tours de moulin à poivre, reprit-elle tandis que je m'aspergeais d'un nuage de *Contradiction* de Calvin Klein. Et, n'oubliez pas, c'est très important, ajoutez une grosse pincée de sel...

— Salut, Graham ! lançai-je. Je ne rentrerai pas trop tard.

Il me jeta un regard de léger reproche, me sembla-t-il, puis se tourna à nouveau vers l'écran.

Je refermai doucement la porte derrière moi et marchai jusqu'à la station de métro de Turnham Green. Jos vivait à World's End. Le trajet me prendrait moins d'une demi-heure. World's End, songeai-je dans le train brinquebalant. La fin du monde... C'est drôle, j'avais cru que la fin du monde était arrivée pour moi, mais maintenant, une nouvelle ère se dessinait. Je descendis Lots Road, tournai à gauche sur Burnaby Street et trouvai le numéro 86 tout au bout. C'était une maison repeinte d'un blanc crémeux. Une superbe glycine en fleur grimpait à la façade. Je restai là un moment à humer son parfum, puis levai la main pour sonner.

— Faith ! s'exclama Jos en m'entourant de ses bras.

— Quel merveilleux accueil, dis-je. J'aime bien ton tablier à fleurs, ajoutai-je. As-tu passé la journée devant tes fourneaux ?

— Mais bien entendu, répliqua-t-il. Tu es sur le point de savourer le meilleur poulet au curry de l'ouest de Bombay. Bon, alors, qu'est-ce que je te sers à boire ? Faith, tu m'entends ? Qu'est-ce que tu veux boire ?

— Quoi ?

Je fixais, bouche bée, les murs et le plafond. C'était comme si la glycine s'était introduite dans la maison jusqu'au hall d'entrée. De gigantesques fleurs mauves pendaient, telles d'énormes grappes de raisin. J'aurais voulu fourrer mon nez dedans, caresser les pétales, laisser courir mon doigt le long des entrelacs du tronc... Il y avait même des abeilles, les pattes chargées de pollen, posées sur les feuilles plumetées.

— C'est insensé, chuchotai-je. Ça aussi, c'est magique.

— Non, Faith. Ce n'est qu'une illusion.

— Eh bien, c'est une ravissante illusion, soufflai-je.

— On peut dire que ce n'est pas mal, fit modestement Jos, si je puis me permettre. Bien sûr, c'est à ce moment de l'année que l'effet est le plus saisissant. Mes glycines provoquent souvent des ovations, ajouta-t-il en riant. Et maintenant, Faith, viens !

Il me prit par la main et me conduisit jusqu'à la cuisine, où je poussai un nouveau cri d'étonnement. Aux murs chaulés étaient pendus des jambons roses, des tresses d'ail et une paire de faisans cuivrés ; des brins de romarin et de sauge séchaient au-dessus du four.

— C'est tout simplement... incroyable, dis-je. Non, je veux dire, au contraire, que c'est croyable. Totalement crédible. Mon œil s'y est trompé.

— Voilà justement le sens du trompe-l'œil,

expliqua Jos. Les artistes dupent les gens depuis l'époque classique. Zeuxis peignait des raisins tellement réalistes qu'on raconte que les oiseaux venaient les picorer. Et maintenant, que dirais-tu d'une coupe de champagne ?

— J'adorerais, répliquai-je tandis qu'il fouillait le réfrigérateur. Dis donc ! Encore du Krug ! Tu me gâtes.

— C'est ma seule extravagance, expliqua-t-il avec un sourire contrit. Mais j'ai bien peur que ce ne soit de nouveau un champagne non millésimé.

— Je crois que je m'en remettrai.

Nous sourîmes en faisant tinter nos verres, puis il me guida jusqu'à une petite serre où colibris et papillons tropicaux semblaient voleter et pirouetter entre les plantes. Il avait peint quelques geckos translucides sur les carreaux. Si on regardait d'assez près, on distinguait même leurs cœurs minuscules.

— Quelle tromperie géniale, murmurai-je.

— C'est ça, la peinture, expliqua Jos. Une arnaque qui fait passer deux dimensions pour trois. Bon, reprit-il tandis que nous sirotions notre champagne, je te montre mes autres chefs-d'œuvre ?

Comme une enfant émerveillée, je hochai la tête et le laissai me guider à travers le reste de la maison.

À première vue, la salle à manger semblait assez conventionnelle. Rouge sang de bœuf, avec une desserte et une table en acajou, mais l'un des murs était tapissé – ou semblait l'être – de magnifiques livres anciens. Certains étaient rangés serrés, d'autres empilés à l'horizontale. *Le Déclin et la Chute de l'Empire romain*, déchiffrai-je sur les lettres dorées. *Guerre et Paix, David Copperfield, Pour qui sonne le glas*... J'aurais voulu les prendre pour renifler l'odeur du cuir, et sentir leur poids entre mes mains. Puis Jos m'entraîna vers l'escalier et, tout en gravissant les marches, je découvrais, ensorcelée, une colline italienne aperçue entre les colonnades sculptées d'un cloître médiéval. Le gazon brûlé par le soleil était ponctué de cyprès pointus et d'oliviers poussiéreux aux troncs noueux. À l'étage, l'un des murs du salon avait été transformé en verger français, la lumière du crépuscule irradiant à travers les branches des pommiers. Ensuite, Jos ouvrit la porte de la salle de bains et je me retrouvai nez à nez avec les murs blanchis à la chaux d'un palais mauresque devant une mer d'azur. J'avais envie de mettre la main devant les yeux pour me protéger des rayons du soleil, et de cueillir les dattes aux palmiers.

— C'est le Maroc, expliqua-t-il. J'adore ce pays. Tu y es déjà allée ? (Je secouai la tête.) Eh bien, il faudra qu'on y aille ensemble un jour.

À ces mots, je sentis mon visage s'empourprer et ma tête se mit à tourner.

— Bon, ajouta-t-il avec un sourire malicieux, tu veux voir ma chambre ?

Il me reprit par la main pour me guider le long d'un couloir, et je sentis mon pouls s'emballer. Il ouvrit la porte et je jetai un coup d'œil à l'intérieur. Tout était blanc – le tapis, les armoires, et la housse de couette brodée sur le lit immense. Puis je regardai le mur d'en face. Des acacias épineux en forme d'ombrelle piquetaient un paysage de brousse ; à l'horizon, deux girafes entrelaçaient leurs cous sur fond de crépuscule. Au premier plan se trouvait un trou d'eau où un lion solitaire se penchait pour boire. Je l'entendais presque laper.

— Comme c'est merveilleux, soufflai-je, riant et secouant la tête d'incrédulité. Alors tu restes au lit à regarder tout ça, et tu t'imagines que tu es en Afrique.

— En tout cas, c'est mieux que du papier peint ! Mais tu dois en avoir assez de ma peinture. C'est grâce à mes talents culinaires que j'espère t'impressionner.

Nous retournâmes à la cuisine où un arôme délicieux imprégnait l'air.

— Tu m'as l'air très doué pour le curry, fis-je tandis qu'il vérifiait le riz en ébullition dans sa casserole.

— Ce n'est pas difficile, répliqua-t-il. Le secret est dans la façon d'agencer les épices. Je fabrique mon propre garam masala en combinant cumin, graines de fenouil, curcuma, cardamome, grains de poivre et clous de girofle. C'est un peu comme mélanger des couleurs sur une palette.

— Eh bien, ça sent divinement bon... Et le goût est divin, ajoutai-je dix minutes plus tard après qu'il nous eut servis.

Nous étions installés dans sa cuisine et nous bavardions gaiement, quand je me rendis compte que Jos n'était plus pour moi un étranger – je savais déjà tant de choses sur lui. Je connaissais sa famille – il est très proche de sa mère – et beaucoup de choses sur son travail. Il m'avait dit le nom de quelques-uns de ses amis, mais jusque-là il n'avait pas mentionné ses ex. À vrai dire, j'espérais qu'il n'en ferait rien, parce que je ne voulais pas savoir. Après tout, nous en étions encore à nos débuts et il risquait de me raconter quelque chose qui me déplairait. Alors j'avais délibérément décidé de refréner ma curiosité à propos de son passé, et de n'attacher d'importance qu'au moment présent. Comblée, heureuse et légèrement grise, je bavardais joyeusement avec Jos quand il posa tout d'un coup sa main sur la mienne.

— Faith, dit-il doucement, Faith, je...

Soudain, le trille strident du téléphone l'interrompit.

— Merde ! Excuse-moi.

Il se leva, mais au lieu de répondre dans la cuisine, il prit la communication dans le hall. Comme je ne voulais pas qu'il croie que j'écoutais, je me suis occupée en débarrassant la table. Je posai le pied sur la pédale de la poubelle en métal chromé, et j'étais sur le point d'y jeter le reste du riz, lorsque quelque chose attira mon attention. Un grand sachet aux couleurs vives, étiqueté *Tandoori Express !* Je l'examinai, perplexe. *Versez et servez ! Aucune préparation exigée !* Je fus totalement stupéfaite. Tout ce cinéma sur le cumin et le curcuma, et il s'était contenté d'utiliser un mélange préparé d'avance ! Mon premier mouvement fut de m'indigner, puis je me mis à rire. Évidemment. C'était plutôt touchant. Et assez comique, en fait. C'est vrai qu'il avait dit qu'il essayait de m'impressionner. Lorsqu'il revint à la cuisine, je lui souris avec indulgence.

— Désolé, dit-il en passant la main gauche dans son épaisse tignasse. Euh, c'était ma mère. Elle est assez pipelette.

Je jetai un coup d'œil à ma montre. Il était 22 h 10.

— C'était absolument délicieux, dis-je. Merci, mais je crois que je vais devoir rentrer.

— Ah... Tu es obligée ?

— Eh bien oui. À cause de Graham.

— Il ne te fait pas confiance avec les inconnus ? questionna Jos avec un sourire plein de sous-entendus.

— Je n'en ai jamais fait l'expérience, répliquai-je. Je me demande comment il réagirait avec toi ? Je suis sûre que tu lui plairais, parce que moi, je t'aime bien.

— C'est vrai ? s'enquit Jos en s'approchant de moi. C'est vrai, tu m'aimes bien ? répéta-t-il d'une voix presque enfantine. Tu m'aimes comment ?

Je sentais son haleine, chaude et douce, sur mon visage.

— Je t'aime... beaucoup, répondis-je timidement.

— C'est vrai, Faith ? insista-t-il en m'enlaçant la taille.

— Oui, c'est vrai.

— Tu m'aimes beaucoup, beaucoup ?

— Oui, murmurai-je tandis que ses lèvres trouvaient les miennes. Je t'aime beaucoup, beaucoup, *beaucoup*.

Maintenant, il embrassait ma gorge.

— C'est seulement beaucoup, beaucoup, beaucoup, ou bien beaucoup, beaucoup, beaucoup, *beaucoup* ?

— En fait, c'est beaucoup, beaucoup, beaucoup, beaucoup, *beaucoup*, fis-je tandis qu'il commençait à déboutonner mon chemisier.

— Ça fait beaucoup puissance six ?

— Non, c'est beaucoup puissance dix.

— Alors je te plais vraiment, vraiment ?

— Mmm. Vraiment, vraiment.

— Alors tu veux bien partir en Afrique avec moi ?

— En Afrique ? Ah. Oh. Euh... oui. D'accord.

— Mais nous ne devons pas déranger le lion, recommanda-t-il en me conduisant vers l'escalier.

— Non, il ne faut pas. Nous devons être très, très silencieux.

— Oui, chut !

— Chut !

— Chhhhhhhhhhhhhhhuuuuut ! Oh, regarde, tu lui as fait peur !

Nous pouffions de rire tout en retirant nos chaussures et en nous déshabillant l'un l'autre. Je tirai sa chemise autour de ses épaules, pendant qu'il dé-zippait ma jupe. Puis il déboutonna lentement mon chemisier en soie et le laissa glisser au sol. Puis nous sommes tombés, toujours en train de rire et de nous embrasser, sur l'étendue immaculée du lit. Je regardai le plafond, et je m'aperçus alors qu'il l'avait peint en bleu pâle, avec des traits de blanc. Un martinet solitaire, à la recherche de moucherons, tournoyait et plongeait dans les airs.

— Des cirrus..., murmurai-je. C'est signe de beau temps.

— Je sais. Et tu sais quelles sont mes prévisions ? ajouta-t-il en faisant lentement glisser la bretelle de mon soutien-gorge. Je prévois, murmura-t-il en m'embrassant l'épaule, que toi et moi nous allons faire l'amour.

— Mmm...

Une vague de désir me submergea.

— Tu es très belle, tu sais.

— Ah bon ? fis-je, comme si j'étais en transe. Je ne trouve pas vraiment.

— Mais si, murmura-t-il. Fais-moi confiance. Je suis un artiste. Je m'y connais.

Puis, soudain – c'était peut-être l'effet du vin –, j'éprouvai une curieuse sensation. Je plongeai mon regard dans les grands yeux gris de Jos en imaginant qu'ils étaient bleus. Je caressai ses cheveux châtain clair, en rêvant tout d'un coup qu'ils étaient blond-roux. Je contemplai son corps parfait, avec ses abdos en tablettes de chocolat, et le corps un peu enrobé de Peter me manqua. Jos était un homme superbe, mais mon désir s'était évaporé comme la rosée.

— Qu'est-ce qui se passe, Faith ?

— Rien. Rien, sauf que...

— Quoi ?

Je me tus. Je sentais son souffle dans mon oreille.

— Qu'est-ce qui se passe ? insista-t-il.

— Eh bien, soupirai-je. Eh bien... c'est la première fois que je... depuis Peter.

— Ah. Je vois. Tu n'as pas envie ? demanda-t-il gentiment.

— Si. Si. J'ai envie. Enfin, non. Je ne crois pas. Je ne suis pas sûre. Je ne sais pas. Tu vois... (Ma voix s'éteignit.) Tu vois..., tentai-je à nouveau, mais ma gorge était douloureuse et j'avais du mal à parler. Tu vois, je n'ai jamais couché avec quelqu'un d'autre que mon mari. Nous nous sommes mariés tellement jeunes, expliquai-je piteusement, et il n'y avait jamais eu personne avant. Et même s'il m'a trompée, là, tout ça... ça ne va pas. Alors, enfin... Je suis juste... Désolée, Jos.

Je m'assis et tendis le bras pour attraper mon chemisier.

— Bon, ce n'est pas grave, dit-il en haussant les épaules, philosophe.

— Ne crois pas que j'aie voulu te mener en bateau, fis-je d'une voix rauque tandis qu'une larme courait le long de ma joue. J'ai cru que je voulais coucher avec toi, et c'était vrai. Mais maintenant qu'on est là, c'est juste que... je ne peux pas. Je suis désolée, murmurai-je à nouveau.

Je crus qu'il se fâcherait, mais j'avais tort. Il passa simplement son bras autour de mes épaules et me serra doucement contre lui.

— Ne t'inquiète pas, Faith. Ça ne fait rien, vraiment. Que dirais-tu d'une petite partie de Scrabble ?

— Et vous, dit Sophie à 9 h 15 en regardant la caméra deux, avez-vous toujours tendance à vous précipiter ? Surtout quand vous êtes-au-volant ? Eh bien, à l'avenir vous pourriez constaterquevotrevitesseestcontrôléeparunsatelliteglobal.

Je vis le visage de Sophie exprimer la confusion, tandis qu'elle tentait de suivre le prompteur en folie.

— Si le Systèmed'AdaptationdeVitesse estadopté, dit-elle tout en luttant pour garder son calme, alorsleslimiteurs devitesseélectroniques pourraientdevenir obligatoires. Les partisansdu systèmedisentqueplusdedeuxmilleviespourraientêtre sauvées chaque année.

Mon Dieu, la pauvre !

— Lié à un satellitedenavigation,cesystème permettraitderepérerlapositiondechaquevéhiculeet derestreindreautomatiquementsavitesseàlalimitation légale. Sespartisansveulentquelesystèmesoitgraduellementadoptédanslestextesdeloiaucoursdesdeuxprochainesannées et d'ici 2005...

— Allons, allons Sophie, interrompit Terry d'une voix irritée, vous avez vous-même nettement dépassé la limite de vitesse. Désolé, chers téléspectateurs, reprit-il d'une voix suave en se tournant vers la caméra trois. Nous allons laisser le temps à Sophie de retrouver la voie des véhicules lents, où elle devrait se cantonner. Je vous propose de passer directement au reportage de Tatiana au théâtre Stephen Joseph de Scarborough, où aura lieu ce soir la première de la nouvelle pièce d'Alan Ayckbourn.

— Tu as dit que ça ne se reproduirait pas ! cracha Sophie à la régie.

— Désolée, Sophie, geignit Lisa. Un petit ennui technique, hélas.

— C'est curieux mais Terry, lui, n'a jamais d'ennuis techniques ! rétorqua Sophie.

— Laisse-moi en dehors de tout ça, dit Terry. Ce n'est pas de ma faute si tu es incapable de lire un simple prompteur.

Sophie resta calme mais, malgré l'épaisse couche de fond de teint, je pus voir son visage s'empourprer. Les spots du studio faisaient cruellement ressortir les larmes qui brillaient dans ses yeux, et quand nous rendîmes l'antenne, pendant le générique, elle marcha rapidement en direction des WC dames.

— Sophie ! l'appelai-je une minute plus tard. Sophie, c'est moi, Faith.

Elle émergea, bouffie, de la cabine du fond. Je fus choquée de la voir pleurer ainsi, elle toujours si calme et réservée.

— Ces deux-là ne seront contents que quand je serai partie, sanglota-t-elle en s'appuyant au bord du lavabo.

Je lui tendis une serviette en papier.

— C'est justement pour cela que tu ne dois pas partir.

— Mais c'est insupportable. (De gros sanglots secouèrent son corps gracile.) C'est déjà assez pénible de subir ces horaires affreux, sans en plus être persécutée. Et je ne reçois aucun soutien de Darryl.

— Darryl n'est qu'une lavette. De toute façon, il n'y a pas grand-chose qu'il puisse faire, parce que le contrat de Terry est en béton.

— J'essaie seulement de faire mon boulot, ajouta-t-elle tandis que de nouvelles larmes ruisselaient sur son visage.

— Et tu t'en tires extrêmement bien. C'est pour ça que ces deux-là sont furieux.

— C'était tellement humiliant, gémit-elle, le visage chiffonné comme un sac de chips vide. Cinq millions de personnes m'ont vue me planter. Cinq millions ! J'ai été la risée de tout le monde.

— Je suis prête à te prédire dès maintenant que c'est toi qui riras la dernière.

— Tu le crois vraiment ? dit-elle, tandis que ses sanglots s'apaisaient.

— Oui. Je le crois.

— Mais comment ?

Je haussai les épaules.

— Je ne sais pas. Ce que je sais, en revanche, c'est que tu vas aller loin, c'est évident. Alors que Terry et Tatiana n'iront nulle part.

— Merci, Faith, renifla Sophie. Merci beaucoup. Je vais mieux maintenant.

Elle m'adressa un mince sourire, puis rinça son visage barbouillé de mascara.

— Et toi, comment ça se passe ? me demanda-t-elle en s'examinant dans le miroir.

— Là, c'est sûr, je divorce, répondis-je.

— Ah. Je suis désolée.

Elle tira une épaisse serviette en papier vert.

— Mais le plus insensé, c'est que j'ai déjà rencontré quelqu'un d'autre.

— Ouaouh ! Dis donc ! C'est bien.

Je n'avais pas l'intention d'en dire plus long sur Jos, et je ne l'aurais pas fait, si Sophie ne m'avait pas demandé tout d'un coup :

— Alors dis-moi, il est comment ?

— Il est vraiment gentil. En fait, Sophie, il est absolument adorable.

Galvanisée par mon enthousiasme pour Jos, je me laissai un peu emporter.

— C'est vraiment quelqu'un de bien, ajoutai-je joyeusement pendant qu'elle réparait les dégâts de son maquillage. Il est très doué, en plus. C'est un scénographe réputé, et il est sublime, avec de beaux cheveux bouclés châtain clair.

Soudain, Sophie croisa mon regard dans la glace.

— Comment s'appelle-t-il ? demanda-t-elle.

— Jos Cartwright.

Son bâton de rouge à lèvres resta suspendu dans les airs.

— Tu as déjà entendu parler de lui ?

Il y eut un moment de silence.

— Euh... oui, dit-elle, en effet.

— Ah, alors tu le connais ? repris-je, consciente que mon cœur s'était un instant arrêté de battre.

— Pas vraiment. En fait, je ne l'ai jamais rencontré.

— Tu en as simplement entendu parler.

— Oui, c'est ça.

— À cause de sa réputation ?

— Oui. Oui. C'est ça.

— Ça ne m'étonne pas, poursuivis-je, parce qu'il commence à être assez connu. Je ne l'ai rencontré qu'il y a deux semaines, Sophie, alors nous en sommes vraiment aux débuts. Mais il me plaît tellement, ajoutai-je, et j'ai l'impression que je lui plais aussi.

Sophie affichait une curieuse expression.

— Faith..., fit-elle.

— Je suis tellement heureuse de l'avoir rencontré, continuai-je, sur ma lancée. J'étais tellement déprimée. Mais, avec Jos, je me sens heureuse et... désirée. J'ai cru que je ne ressentirais plus jamais cela après le calvaire des derniers mois.

Il y eut un silence, puis Sophie se contenta de hocher la tête et de m'adresser un drôle de petit sourire.

— Je suis ravie pour toi, Faith, dit-elle en refermant son sac. Je... J'espère vraiment que tout ira pour le mieux.

Et tout va pour le mieux. Il n'y aucun doute à cela. Je suis vraiment heureuse avec Jos. Vous comprenez, il est drôle, beau, doué. Et c'est un gentleman, aussi. Il me l'a prouvé l'autre soir. Il aurait pu se vexer, après ce qui s'est passé ; me prendre pour une névrosée traînant une batterie de casseroles – ce qui, en un sens, est la vérité. Au contraire, il a compris que j'avais besoin de plus de temps. Alors nous prenons les choses lentement, chacun savourant la compagnie de l'autre.

Aujourd'hui, il m'a invitée à déjeuner. Nous nous sommes retrouvés à Covent Garden, parce qu'il avait une réunion à l'Opéra pour la production de *Madame Butterfly*. Pendant que nous sirotions un verre de vin au soleil, à la terrasse de Tuttons, il m'a montré ses croquis pour les costumes.

— Voici les kimonos de Butterfly.

— Ils sont exquis, murmurai-je. Ils ont un si joli mouvement. J'adorerais les encadrer et les accrocher dans mon salon.

Puis il me présenta les dessins des décors, qui étaient presque prêts à être construits.

— Nous réalisons d'abord une maquette, expliqua-t-il, une version miniature, exacte dans les moindres détails. Puis, lorsque le metteur en scène en est satisfait, nous construisons le vrai décor. Le mien est assez classique, dit-il, avec une modeste maison de thé, ici, au centre de la scène, mais j'ai ajouté un édifice moderne un peu sinistre, là, derrière. Pour l'essentiel, il s'agit d'un opéra tout simple, qui ne se prête pas à trop d'avant-gardisme. Cela dit, reprit-il, pensif, il y a eu une production intéressante à Glyndebourne il y a environ dix ans.

— Ah ? fis-je distraitement en étudiant les croquis.

— On y va ? dit-il tout d'un coup.

— Où ?

— À Glyndebourne. La nouvelle saison débute le 25 mai.

Mon cœur bondit. Glyndebourne ? Je n'y étais jamais allée auparavant.

— J'adorerais. Mais n'est-ce pas difficile d'avoir des billets ?

— Pas avec mes contacts ! (Il sourit, puis tapota l'arête de son nez.) Magouilles et compagnie, Faith. Je suis sûr de pouvoir me débrouiller. *Cosi Fan Tutte* ! s'exclama-t-il.

— Quoi ?

— *Cosi Fan Tutte*. C'est l'opéra qui ouvre la saison. J'en suis fou, pas toi ?

— Ah, oui. Enfin, je crois. Je ne l'ai pas vu depuis des années... En fait, j'ai oublié de quoi ça parle.

— C'est une histoire d'infidélité, expliqua-t-il. Ah mon Dieu, Faith, tu es sûre que ça ne te fera pas souffrir ?

— Ne t'inquiète pas ! Il n'y a que dans la vraie vie que ça me fait mal.

— Et contrairement à la vraie vie, ajouta-t-il, l'opéra se termine bien. Mais peut-être que toi aussi, tu connaîtras un dénouement heureux, Faith.

— J'espère que oui.

— Et moi aussi, j'espère, ajouta-t-il tristement, avant de sourire et de me prendre la main. Qui sait ? Ce dénouement, nous le vivrons peut-être ensemble ?

Je souris, en espérant que mon visage ne trahissait pas la clameur joyeuse de mon cœur.

— Bon. Alors c'est réglé. Nous irons à Glyndebourne. Et nous apporterons le plus succulent des pique-niques, avec bien sûr, des *litres* de Krug.

— Millésimé ou non millésimé ? m'enquis-je.

— Ne pose pas de questions difficiles. Bon, ajouta-t-il en attirant mon visage vers le sien, qu'est-ce que tu as de prévu cet après-midi ?

— Euh, rien.

— Ah, tant mieux, chuchota-t-il, avec ses yeux gris qui riaient. J'espérais bien que tu dirais ça. Parce que j'ai terminé pour la journée et je pensais que ce serait bien qu'on aille chez moi...

— Oui ?

— Pour...

— Quoi ?

— ... faire passionnément l'amour. Qu'en penses-tu ? (Je me levai.) Mon Dieu, je t'ai choquée ? fit-il piteusement.

Je lui tendis la main.

— Allons-y.

Le lendemain, je téléphonai à Peter au bureau, pour lui demander s'il pouvait s'occuper des enfants. Maintenant que ma nouvelle histoire est en train de décoller, je découvre que je peux lui parler sans trop souffrir. Je communique avec mon ex, songeai-je joyeusement tandis que son poste sonnait. C'est ça qu'on appelle l'ex-communication ? songeai-je, ironique. Peter avait l'air content de m'entendre. Comme toujours, ce qui est touchant.

— Pourquoi veux-tu que je fasse du baby-sitting ? s'enquit-il d'une voix un peu soupçonneuse.

— Parce que ce sont les vacances de printemps et que les enfants vont être à la maison.

— Non, je veux dire, pourquoi as-tu *besoin* de moi pour m'occuper d'eux ? Où vas-tu ?

— Pourquoi me poses-tu la question ?

— Ne me réponds pas par une question. Tu es toujours ma femme, alors j'ai le droit de savoir.

— Je pars pour Glyndebourne, répliquai-je.

Il émit un long sifflement.

— Glyndebourne. Ouaouh. Dis donc !

— Eh bien, je n'y suis jamais allée, ajoutai-je d'un ton pète-sec.

— C'est un reproche ? Faith, tu sais parfaitement bien que je t'y aurais emmenée, mais simplement, nous n'en avons jamais eu les moyens.

— Eh bien, tu aurais dû emprunter, dis-je, déraisonnablement. Si notre mariage avait compté pour toi, Peter, tu aurais emprunté de l'argent pour pouvoir me gâter de temps en temps.

— C'est ce que tu crois ? répliqua-t-il avec un rire sans joie. Et qui, au juste, si je puis me permettre, t'emmène à Glyndebourne ?

— Qu'est-ce que ça peut bien te faire ?

— Comme je te l'ai déjà dit, je suis toujours ton mari et j'estime avoir le droit de savoir.

— Peter, me fâchai-je, tu as renoncé à ton droit de savoir quand tu m'as quittée.

— Ne récris pas l'histoire. C'est toi qui m'as mis à la porte. Allez, Faith, qui est ce mec ? Quelqu'un que je connais ?

— Peter, dis-je froidement, je ne t'interroge

pas sur tes rapports avec... elle. Alors aie la gentillesse d'avoir le même respect pour ma vie privée.

— Ne sois pas si cul pincé. De toute façon, je le saurai par les enfants ou Graham. Il va cracher le morceau. Allez... C'est qui ? Il doit être bourré de fric s'il t'emmène dans ce palais des délices opératiques et sybarites.

— Il n'est pas bourré de fric ! m'indignai-je. Mais il se débrouille très bien. C'est un artiste.

— Comment un artiste a-t-il les moyens de t'emmener à Glyndebourne, Faith ? Tu es sûre qu'il n'est pas trafiquant de drogue, à ses heures perdues ?

— Tout à fait sûre, merci, répliquai-je. Il a beaucoup de succès. C'est un scénographe de théâtre et d'opéra. Et c'est aussi un peintre génial. C'est un spécialiste du trompe-l'œil, en fait.

— Il est hétérosexuel, Faith ? Tu m'inquiètes un peu, là.

— Mais bien sûr que oui. *Très*, insistai-je d'un ton lourd de sous-entendus. Il est aussi extrêmement séduisant.

— Ah, vraiment ?

— Oui. En plus, c'est un cuisinier extrêmement doué.

— Aaaaaah ! s'écria Peter. Alors c'est sûr, il est gay.

— Il n'est certainement pas gay, rétorquai-je.

La voix de Peter sembla s'estomper tandis que je me rappelais l'après-midi sublime que nous avions passé au lit, la veille. C'était l'extase. Le paradis. J'avais oublié à quel point le sexe pouvait être merveilleux.

— Non, pour ça, Jos est un hétérosexuel convaincu, annonçai-je facétieusement.

— Ah, Faith, gémit Peter. Tu as... Tu n'as pas... ? Ça ne te ressemble pas. Et avant même que nous ne soyons divorcés. Non, ce n'est pas très sage de ta part. Encore que, vous, les « couventines »...

— Peter, si tu l'as fait, pourquoi pas moi ? répliquai-je.

— Honnêtement, Faith, réponds à ma question. Est-ce que tu as couché avec lui ?

— D'accord, puisque tu le demandes, oui.

Et lorsque je prononçai ces mots j'éprouvai une bouffée de plaisir sadique – le plaisir de la vengeance.

— J'ai couché avec lui, insistai-je, et c'était génial, si tu veux savoir.

— Je n'ai rien demandé.

— Maintenant, serais-tu assez aimable pour confirmer que tu es prêt à t'occuper des enfants jeudi prochain ?

— Non. Je ne peux pas.

— Qu'est-ce que tu veux dire, tu ne peux pas ?

— Que je ne peux pas. Autrement dit, j'en suis incapable. Je suis indisposé. Je suis pris. Bref, je suis occupé.

— À faire quoi ?

— La conférence des représentants de Bishopsgate, Faith. Voilà. Je serai enfermé dans un hôtel du Warwickshire, en train de galvaniser mes troupes. C'est assez important, comme tu le comprendras sûrement. D'autant plus que je suis en période d'essai et que je suis sous haute surveillance en ce moment. Alors je suis désolé, ajouta-t-il, mais c'est tout simplement impossible. Et même si tu m'avais prévenu trois mois à l'avance – ce que tu n'aurais pas pu faire puisqu'il y a trois mois nous étions toujours heureusement mariés et que tu n'avais aucune intention d'aller à Glyndebourne, et encore moins de t'envoyer en l'air avec d'autres hommes –, j'aurais hélas dû refuser quand même. Je suis désolé, Faith, c'est impossible. Tu ne peux pas plutôt écouter un CD ?

— Ne sois pas ignoble, s'il te plaît, Peter. J'aimerais pouvoir y aller.

— Tu n'as qu'à payer quelqu'un pour garder les enfants, dit-il. Tu as demandé à ma mère ?

— Non, elle doit s'occuper du magasin.

— Et tes parents ? suggéra-t-il. Maintenant que les enfants sont presque grands, peut-être que, si tu arrives à mettre la main sur eux, ils accepteront de les garder de temps en temps.

Je n'y suis pas parvenue, évidemment. Je n'y arrive jamais. J'ai essayé, mais il n'y avait pas de réponse. J'avais vaguement l'impression qu'ils étaient partis observer les oiseaux à Tobago. Ou de faire du canoë au Colorado ? Ou peut-être qu'ils faisaient le tour des Seychelles à la voile à bord du *Indian Ocean Odyssey*. Je n'étais vraiment sûre de rien, et j'étais justement sur le point d'essayer de les rappeler, quand, à ma grande stupéfaction, maman me téléphona.

— Comment ça va, ma chérie ? s'enquit-elle à bout de souffle.

— Eh bien, il se passe des choses assez intéressantes, commençai-je. D'ailleurs, je suis contente que tu aies appelé parce que je me demandais si toi et papa pouviez venir pour...

— Attends un instant, Faith, ça va couper... Gerald ! J'ai besoin d'un autre cinquante pence ! Merci. Désolée, ma chérie, nous sommes à Heathrow, le vol est sur le point de décoller alors je ne peux pas te parler longtemps.

— Où partez-vous maintenant ? Je croyais que vous veniez de rentrer.

— Bas de laine, dit-elle.

— Bas de laine ? Pourquoi est-ce que tu aurais besoin d'aller à l'étranger pour acheter des bas de laine ?

— Non, ma chérie. Nous allons observer les baleines. En Norvège, expliqua-t-elle.

— Mais je croyais que vous étiez déjà allés observer les baleines l'an dernier à Cape Cod ?

— Ce ne sont pas les mêmes baleines, ma chérie. Apparemment, les Norvégiennes sautent hors de l'eau en faisant un énorme plouf. Après ça, nous irons en Laponie pendant quinze jours pour garder des troupeaux de rennes.

— Formidable.

— Oui, et grâce au ciel, il n'y a plus de radioactivité, là-bas.

— Super.

— Bon, ça fait un siècle qu'on n'a pas discuté, Faith. Alors, quoi de neuf ?

— Puisque tu me le demandes : Peter et moi on divorce.

— C'est vrai, ma chérie ? Gérald, je t'en prie, surveille nos sacs !

— D'ailleurs il a déjà déménagé et il vit à Pimlico, pas loin de son nouveau boulot. Il est P-DG de Bishopsgate, maintenant. Mais j'ai un nouveau fiancé qui s'appelle Jos...

— Ah oui ?

— ... qui est un scénographe réputé.

— C'est *super* !

— D'ailleurs, il m'emmène à Glyndebourne la semaine prochaine.

— Comme tu as de la chance !

— Et Peter est parti avec Andie Metzler.

Ma mère émit un hoquet de stupeur.

— Pas de panique, maman. Andie est une femme.

— Tu m'en vois soulagée.

— De toute façon, les enfants prennent la situation avec beaucoup de flegme.

— Tant mieux. Matt est un garçon tellement brillant, pas vrai ? ajouta-t-elle fièrement. Je trouve qu'il se débrouille très bien.

— Eh oui. Katie aussi. Mais Graham m'inquiète un peu.

— Aïe, aïe, aïe, ma chérie, on commence l'embarquement, il faut que je file. Pardon, tu as dit que Graham t'inquiétait ?

— Oui. Il ne prend pas très bien le divorce.

C'est vrai. Il est un peu perturbé, pas aussi enjoué que d'habitude. Ça se voit à toutes sortes de petits détails. Par exemple, quand les chiens vont se coucher, ils tournent d'abord en rond. Ne me demandez pas pourquoi, mais c'est ce qu'ils font. Eh bien, Graham lui, passe des heures à tourner et à retourner en rond, puis il se couche avec un énorme soupir ronchon. En plus, il passe le plus clair de son temps à regarder par la fenêtre. Je m'en aperçois, parce qu'il laisse des empreintes de nez sur les carreaux. Autre chose : il essaie constamment de happer les mouches, ce qui lui donne un air vaguement débile. Il n'est pas non plus aussi détendu et facile à vivre que d'habitude. Au cours des huit jours qui ont suivi ma conversation avec maman, j'ai constaté que son état s'aggravait. Je l'ai remarqué à nouveau jeudi après-midi, pendant que j'attendais Jos. Lily avait été assez adorable pour m'offrir de garder les enfants et elle devait arriver à 14 heures. Jos devait passer quinze minutes plus tard, pour me prendre en voiture. Il faut deux heures pour arriver à Glyndebourne par la route. Nous aurions le temps de boire un verre sur la pelouse : l'opéra commençait à 17 heures pile. Lily était folle de joie pour moi et m'avait énormément aidée. Non seulement elle avait immédiatement offert de garder les enfants dès que je lui avais fait part de mon problème – elle avait pris un après-midi de congé – mais elle m'avait aussi prêté une merveilleuse robe longue de chez Armani, rose pâle, et une étole brodée assortie. J'étais tellement excitée par tout ça que je m'étais préparée trop tôt, comme quand j'étais petite. Alors pour passer le temps, j'ai pensé que je ferais passer à Graham quelques tests d'obéissance.

— Assis, lui ordonnai-je dans la cuisine.

À mon grand étonnement il me lança un regard insolent.

— Assis, répétai-je. (Rien.) Graham, repris-je patiemment. Assis. Par terre. (Il réprima un bâillement.) Assis ! fis-je d'un ton cassant.

Il demeura obstinément debout. Matt releva les yeux de son exemplaire du *Times*.

— Graham, assis, dit-il sérieusement. (Rien.) Assis, répéta Matt. Assis. S'il te plaît, ajouta-t-il.

Graham abaissa lentement son arrière-train jusqu'au sol.

— C'est la première fois qu'il se fait prier, fis-je observer. D'habitude, il est très obéissant. Ces derniers temps, il est plutôt capricieux.

— Il ne fait que tester les paramètres de ton autorité, maman, expliqua Katie en éparpillant de la nourriture pour poisson dans l'aquarium de Siggy. C'est un comportement classique chez les jeunes durant un divorce. Avec un seul parent responsable, les rejetons se mettent à repousser les limites, pour savoir jusqu'où ils peuvent aller. Heureusement, il ne s'agit que d'une phase.

— Je ne suis pas d'accord avec cette analyse, opposa Matt. Je dirais qu'il est tout simplement déprimé parce qu'il sait que Jennifer Aniston va venir. Il trouve que c'est une sale chipie.

— Je ne sais pas ce qu'il a. J'aimerais simplement qu'il redevienne comme avant. Graham, mon chéri, ajoutai-je en ébouriffant ses oreilles soyeuses, tu ne veux pas que Jos te prenne pour un vilain petit chien, n'est-ce pas ? Tu es un grand garçon, tu as trois ans.

— Maman, ne l'infantilise pas, lâcha Katie d'une voix lasse. C'est un chien, pas un enfant.

— Tu as entendu, Graham, ricanai-je. Ta grande sœur te prend pour un chien.

— Mais, maman, *c'est* un chien !

— Ce n'est pas... un chien, m'indignai-je. Je te trouve injuste avec lui.

— C'est un chien, soutint Katie. C'est exactement ce qu'il est. Toutefois, comme ce chien est doté d'une intelligence et d'une sensibilité presque humaines, tu as raison de te préoccuper de sa santé mentale. C'est le divorce, répéta-t-elle prosaïquement. Cela le rend vulnérable. Il se sent peut-être aussi coupable, comme s'il pensait que la rupture était d'une certaine manière de sa faute. En fait, il est perturbé. Peut-être que nous devrions consulter un thérapeute canin.

Tout d'un coup, nous entendîmes secouer la boîte aux lettres, et résonner les voyelles cristallines de Lily.

— Saluuuuut... ouvrez là-dedans ! cria-t-elle. Les baby-sitters sont là ! Mon chou, tu es divinement belle ! déclara-t-elle en déboulant dans la maison. Ah oui, cette robe est *à tomber*. Faith, qu'est-ce que tu regardes comme ça ?

— Euh, rien, mentis-je. En fait, je regardais Jennifer, qui portait un minuscule tee-shirt rouge avec *So Pretty !* écrit dessus, et une casquette de baseball imprimée du drapeau américain. Ses oreilles traînant jusqu'au sol avaient été passées à travers des petits trous pratiqués de chaque côté.

— C'est *adorable*, tu ne trouves pas, ce petit ensemble ? s'extasia Lily. Nous l'avons acheté chez Crufts et Jennifer tenait beaucoup à le porter aujourd'hui, pas vrai mon bibou ? J'ai pensé qu'on pourrait aller faire un tour dans le parc, susurra-t-elle, à condition que Graham ne se montre pas trop brutal.

— Non, en fait il est plutôt abattu. Pas joyeux comme d'habitude. On pense qu'il est déprimé à cause du divorce.

— En tout cas, pas moi ! dit Lily. Je veux dire que j'arrive à m'y faire, se reprit-elle. Évidemment, c'est très triste, se hâta-t-elle d'ajouter, mais, la vie continue ! Alors, où se cache ce délicieux nouveau fiancé ? Je meurs d'envie de le rencontrer.

Deux minutes après, son vœu fut exaucé. Nous entendîmes une voiture se garer, puis le claquement de talons dans l'allée, puis soudain Jos apparut dans le hall, beau comme un dieu. Non, pas un dieu – un ange ! Voilà à quoi il ressemblait. Ses cheveux blonds étaient doucement bouclés sur le col de sa veste de smoking. Il irradiait une espèce de chaleur magnétique, comme un feu lointain dans une nuit glaciale.

— Merci, mon Dieu, priai-je. Merci beaucoup de m'avoir envoyé Jos.

Lily était pratiquement dans un état second.

— Je suis ravie de vous connaître. J'ai tellement entendu parler de vous, et rien qu'en bien ! Vous devez me laisser vous interviewer pour *Moi !* ajouta-t-elle avec enthousiasme. Nos pages culturelles sont les meilleures.

— Merci, Lily. Moi aussi, j'ai entendu beaucoup de choses fantastiques sur vous, et j'adore le magazine – il est tellement mieux fait que *Vogue*.

Lily leva les deux mains en écartant les doigts, pour attribuer à Jos la note de « 10 ».

— Et tu es Katie, pas vrai ? reprit Jos en lui décochant un sourire charmeur.

— Oui, répondit-elle d'un air d'indifférence sophistiquée.

— Et j'imagine que tu es le petit génie, Matt.

À ces mots, Matt rougit et dit « Salut ». Jos nous sourit avec bienveillance tandis que nous baignions dans sa beauté et son charme viril.

— Où est Graham ? me demanda-t-il soudain.

Ah. Curieux. Où pouvait bien être Graham, en effet ? Il avait disparu. Matt alla le chercher et revint une minute plus tard, en le traînant par le collier. Il affichait une expression de crainte et de mépris qu'il réserve normalement au vétérinaire.

— Graham, dis bonjour à Jos !

La main de Jos s'avança pour le caresser, mais en un éclair Graham découvrit les crocs et lui pinça les doigts.

— Aïe ! fit Jos en secouant la main.

Il eut l'air consterné, puis vaguement irrité. Puis tout d'un coup il éclata de rire.

— C'est ma faute. J'ai dû lui faire peur.

— Non, ce n'est pas ça. Graham ! m'exclamai-je. C'est très, très vilain, et maman est très, très fâchée !

Graham disparut en rampant.

— Je suis désolée, Jos, repris-je d'un ton apaisant. Tu veux un pansement ? (Il secoua la tête.) D'habitude, Graham est terriblement amical, mais en ce moment il est un peu... perturbé.

— Non, maman, intervint Katie d'un ton docte. Il est simplement jaloux.

— Jaloux ? répétai-je.

— De Jos.

— Ha, ha, ha... ma chérie, vraiment ! Quelle idée saugrenue ! Katie adore psychanalyser tout ce qui bouge, expliquai-je. Tu y passeras, toi aussi, Jos, si tu ne fais pas attention. Pas vrai, Katie ?

— Oui, répondit-elle, catégorique. Effectivement.

Il y eut un silence embarrassant. Puis Jos sourit :

— Moi aussi je suis passionné par la psychiatrie. D'ailleurs, je suis un ami d'Anthony Clare.

— Ouaouh ! fit Katie en explosant tel un feu d'artifice. Je trouve qu'il est formidable, bien que je ne sois pas d'accord avec sa lecture de Freud.

— Tu aimerais le rencontrer ? proposa Jos. Je pourrais organiser ça.

Je crus que les yeux de Katie lui sortiraient de la tête.

— J'adorerais !

— Jos va s'en occuper, répliqua-t-il avec le sourire.

Puis il prit mon panier à pique-nique et nous sommes partis.

— Tu es sublime, dit-il en caressant mon genou tandis que nous sortions de Chiswick dans sa MGF décapotée.

— Toi aussi. Tu es même divinement beau.

J'examinai la peau meurtrie de son majeur. Dieu merci, il n'avait pas saigné.

— Je suis vraiment désolée, pour Graham.

— Ça va. Je suis simplement soulagé qu'il n'ait pas été armé.

— Tu vois, il n'est pas dans son état normal de toutou joyeux, expliquai-je. Je ne sais pas ce qu'il a.

— Moi, si. Katie a raison. Il est jaloux. Et ça se comprend, ajouta-t-il. Parce qu'il t'aime, et qu'il sait que je t'aime, moi aussi.

C'était comme si mon cœur avait fait une pirouette, trois roues et un salto arrière. Jos a l'art de dire, tout d'un coup, quelque chose qui va me couper le souffle. Peter n'a jamais fait ça, songeai-je, il n'est pas vraiment du genre romantique. Sauf que, maintenant, je commençais à me demander s'il était romantique avec Andie. Peut-être qu'il l'était...

Je bannis aussitôt de telles pensées désagréables, car je savais que je n'en étais plus là. Lily avait raison lorsqu'elle m'avait prédit que j'irais de l'avant. C'était précisément ce que j'étais en train de faire avec Jos. J'avais l'impression de vivre un rêve. Lorsque le trafic ralentissait, je me surprenais à contempler son beau profil. Puis il se tournait vers moi, tendait la main et prenait la mienne. J'aurais bien pu ne jamais arriver à Glyndebourne, tellement c'était l'extase, rien que de me trouver dans cette voiture. Bientôt, nous eûmes quitté les artères polluées du sud-est de Londres et nous roulions sur les routes étroites du Sussex. La campagne était vert salade. Le cerfeuil sauvage poussait le long des haies et les arbres étaient revêtus d'un feuillage vert pâle. Puis, nous nous sommes retrouvés tout d'un coup pare-chocs contre pare-chocs avec des Bentley, des Mercedes et des Rolls.

— Bienvenue à Glyndebourne, dit Jos tandis que nous nous garions le long d'une grande allée bordée d'arbres.

Je regardai autour de moi. C'était comme si nous venions de pénétrer dans le décor d'un film de James Ivory. Des hommes en smoking se pavanaient comme des corbeaux luisants ; des femmes, altières dans leurs robes haute couture toutes en soieries bouffantes, déambulaient élégamment sur la pelouse.

— Voilà le programme, dit-il. Nous allons d'abord trouver l'endroit où nous allons pique-niquer, puis nous irons boire un verre, et nous dînerons durant l'entracte de 18 h 30.

Nous avons transporté notre panier à travers le jardin, par-delà les parterres de roses et l'étang aux nénuphars. Je retins mon souffle devant la beauté de la demeure élisabéthaine, avec ses fenêtres parées de glycines et ses briques aux reflets de bronze, dans le soleil de fin d'après-midi. Des moutons broutaient avec un dédain nonchalant tandis que nous étendions notre nappe près d'un muret.

— C'est le haha, ou saut-de-loup, expliqua Jos tout en faisant tourner le bouchon d'une bouteille de Krug. Et le rôle du haha, c'est de protéger les moutons des spectateurs.

— Ha ha ! dis-je.

— Je suis désolé que le Krug ne soit pas millésimé ! ajouta-t-il lorsque je lui tendis mon verre. Mais je ne bois du champagne millésimé que lors d'occasions très, très spéciales.

Je souris. Pour moi, cela était bien assez spécial.

— Alors, que dit le ciel ? demanda-t-il.

Je levai la tête.

— Beau temps, répliquai-je joyeusement. Avec de longs intervalles divinement ensoleillés.

Nous sirotâmes notre champagne en grignotant des petits fours au saumon fumé. Puis une cloche lointaine nous invita à entrer.

— C'est un autre monde, chuchotai-je tandis que nous avancions main dans la main vers le théâtre.

— ... non, en fait je suis chez Rothschild.

— ... vous faites Ascot cette année ?

— ... nos deux plus jeunes sont à Radley.

— ... Oui... oui... Mozart, c'est *génial*.

— La plupart de ces gens souffrent d'affluenza, chuchota Jos avec un sourire.

Puis l'orchestre s'accorda, les lumières s'éteignirent et un silence respectueux tomba.

J'adore ça, me dis-je tandis que le premier rideau se levait. Jos tenait ma main droite dans les siennes, et je pouvais sentir les frémissements de son corps à chaque souffle. L'opéra était en italien mais j'avais lu le synopsis dans le Kobbé de Peter. Je trouvais l'histoire assez idiote, pleine de ruses et de tromperies. Deux hommes, déguisés, font chacun la cour à la fiancée de l'autre pour tester leur fidélité, à la suite d'un pari proposé par leur ami, le cynique Don Alfonso. Et il faut vraiment réprimer son incrédulité pour se laisser convaincre que les deux filles ne reconnaissent pas leurs propres fiancés, à qui elles ont parlé cinq minutes auparavant, simplement parce qu'ils débarquent, travestis en Albanais ! Toutes deux résistent aux avances amoureuses de leurs nouveaux soupirants, jusqu'à ce que ceux-ci aient recours à de mauvaises ruses. Ils font semblant d'avoir pris du poison. Et seul un baiser les sauvera de la mort. Alors les deux femmes cèdent. Ensuite, les hommes qui ont ainsi incité leurs partenaires à l'infidélité ont le culot de se fâcher ! Cependant, le personnage qui m'a le plus intéressée, c'est celui de la soubrette, Despina. D'une moralité douteuse, amicale et loyale en apparence, traîtresse et comploteuse en réalité. En réalité, c'est elle qui manipule ses maîtresses, comme une marionnettiste. Quelle est sa motivation secrète ? En résumé, j'ai trouvé l'opéra plus perturbant que drôle... Mais au fond, quelle importance avait l'intrigue, puisque la musique était sublime ? Le rideau tomba pour l'entracte dans un tonnerre d'applaudissements et nous sortîmes dans le parc.

— ... meilleur que Birtwhistle, non ?

— ... ah, j'aime bien l'opéra moderne, à condition qu'il sache se tenir.

— ... n'est-ce pas le duc de Norfolk ?

— ... on retourne au cap Ferrat cette année.

— ... le service est déplorable. *Déplorable.*

— ... non, je suis chez Merril Lynch.

— Josiah ?

Jos s'immobilisa brusquement. Une jolie jeune femme d'environ vingt-cinq ans s'était postée devant lui, nous fermant le passage.

— Ça fait un moment qu'on ne s'est pas vus, lança-t-elle.

Son visage affichait une expression bizarrement provocante.

— Oui, dit-il, en effet. Et bien qu'il sourît poliment, il n'avait pas du tout l'air content.

— Comment vas-tu ? s'enquit la fille tout en remontant son étole en velours autour de ses épaules graciles.

— Ça va, répliqua-t-il. Et, euh... et toi, ça va ?

— Très bien. Je travaille à l'Opéra du Nord.

— Bon. Formidable, répondit-il. (Je m'attendais à ce qu'il me présente, mais non.) En tout cas, je suis ravi qu'on se soit croisés, ajouta-t-il, mais je ne vais pas te retenir.

Sur ces mots, il passa son bras sous le mien et m'entraîna.

— J'ai entendu dire que tu t'occupais de nouvelles productions très intéressantes ! cria-t-elle dans notre dos.

Jos s'arrêta, puis se retourna pour lui faire face, et je remarquai un petit muscle qui se contractait au coin de sa bouche.

— Oui. En effet. Ravi de t'avoir revue, Debbie. Au revoir.

Nous retournâmes à notre nappe et sirotâmes du champagne dans le soleil couchant. Curieusement, après cette étrange rencontre, le Krug semblait un peu éventé. J'ouvris le panier pour en sortir les assiettes.

— Jos, je sais que ce n'est pas mes affaires, mais cette fille... c'était qui ? Elle avait l'air un peu... hostile.

Il poussa un soupir irrité.

— Tu as raison.

Il marqua une pause avant de continuer. Manifestement, il n'avait aucune envie de parler de l'incident et j'avais peut-être eu tort de poser la question.

— Je regrette, Jos. Je n'avais pas l'intention d'être indiscrète.

Il poussa un deuxième soupir d'impatience.

— Non, ça va. Ça ne me fait rien de t'en parler. C'est une jeune scénographe, expliqua-t-il pendant que je lui servais du poulet fumé. Je lui ai déjà donné du travail. Elle peignait les décors, en fait, ajouta-t-il tandis que je lui proposais de la salade. Mais elle est très ambitieuse et elle veut avancer. Et... quand elle a entendu dire que j'allais faire *Madame Butterfly* à l'Opéra, elle m'a écrit pour me demander de la prendre comme assistante. Mais, je... comme je n'avais pas l'impression qu'elle serait à la hauteur... je lui ai dit que le poste était déjà pourvu. Je n'y ai plus repensé, ajouta-t-il d'une voix lasse, mais il est évident qu'elle ne m'a pas pardonné.

— Ne t'en fais pas, mon chéri.

Son explication me soulagea car je commençais à me sentir un peu possessive avec Jos, et j'avais peur que ce ne soit une ex. Mais c'était juste un conflit professionnel. Ça, je pouvais gérer.

— Dans mon monde, il y a pas mal de vacheries, Faith, ajouta Jos pendant que nous mangions notre dîner. J'aime bien encourager les jeunes talents, mais je ne vais pas donner du travail à quelqu'un à moins qu'il ne soit de tout premier plan.

— Je comprends, ajoutai-je avec entrain en lui passant la salade de pommes de terre. Et si on oubliait tout ça ?

Bien que, superficiellement, ce fût le cas, je sentis qu'une ombre légère avait été jetée sur le reste de la soirée. Pendant le deuxième acte, j'examinai discrètement le visage de Jos et j'eus l'impression qu'il semblait encore un peu tendu. Puis je reportai mon attention sur l'opéra, et je fus stupéfiée par le dénouement. Dans le synopsis, on laissait entendre que c'était un dénouement heureux, au cours duquel les deux hommes « pardonnaient » à leurs fiancées d'avoir accepté les avances des « Albanais », et tout se terminait joyeusement dans le carillon des cloches de mariage. Là, au contraire, lorsque les jeunes femmes découvrirent qu'elles avaient été dupées, elles blêmirent. Elles lancèrent aux hommes des regards haineux, piétinèrent leurs bagues de fiançailles, puis sortirent de scène en larmes.

— Ce n'est pas précisément un dénouement heureux, alors, déclarai-je à Jos tandis que nous revenions vers la voiture.

— Non. En effet. On dirait que la vraie vie s'en est mêlée, répondit-il, l'air abattu.

— Tu penses toujours à cette fille ? l'interrogeai-je doucement pendant le retour.

Je tentai de déchiffrer son expression, mais son visage était balayé de rais ambrés et gris.

— J'espère que tu n'es pas inquiet ?

— Un peu, dit-il en changeant de vitesse. Je me demande si elle ne va pas essayer de me créer des emmerdes.

— Mais bien sûr que non. De toute façon, comment le pourrait-elle ? Ta réputation est solide. Tu es un scénographe brillant, Jos, tout le monde le sait.

Il se tourna vers moi dans la demi-obscurité et me sourit avec reconnaissance.

— Les gens aussi talentueux que toi, repris-je, sont souvent l'objet du ressentiment et de la jalousie. Tu dépasses tout le monde d'une tête, Jos, alors les gens veulent te ramener à leur niveau.

— Merci. Tiens, je me demande comment ça s'est passé avec Lily, ajouta-t-il en prenant Elliot Road.

Nous la trouvâmes endormie devant une vidéo de *Friends*, Jennifer Aniston ronflant contre sa poitrine.

— La belle et la bête, dit Jos en souriant. C'était gentil de sa part de garder les enfants.

— Oui, chuchotai-je, en effet. Je suis désolée que tu ne puisses pas rester, ajoutai-je.

Je jetai un coup d'œil à Graham, allongé sur la dernière marche.

— Je sais que c'est impossible. D'abord parce que Graham ne me laisserait jamais monter l'escalier et qu'ensuite tu dois te lever dans trois heures pour travailler. (Il m'embrassa.) Ma pauvre chérie, dit-il en me prenant dans ses bras. Tu vas être très fatiguée demain.

— Mais aussi très heureuse !

— Je te regarderai, ajouta-t-il en m'embrassant.

Puis il disparut dans la nuit noire.

À présent, Lily était réveillée et ramassait ses affaires en bâillant, et je la remerciai avant de grimper les marches. Les enfants étaient couchés depuis longtemps, mais, à mon grand étonnement, je vis une lueur blanchâtre filtrer sous la porte de Matt.

— Matt ! m'exclamai-je doucement. (Il était assis en pyjama à son bureau.) Tu vas te rendre aveugle si tu n'arrêtes pas.

— Quoi ?

Il cligna des yeux soupçonneux vers moi, puis se retourna vers l'écran.

— Qu'est-ce que tu fais ? Il est 2 h 45. Tu n'as que douze ans, jeune homme.

Je jetai un coup d'œil par-dessus son épaule pendant qu'il tapait sur le clavier.

— Ce n'est rien, dit-il, juste un *chat*.

— Un *chat* ? répétai-je. Je ne veux pas que

tu te connectes à des *chats* ; tu pourrais rencontrer toutes sortes de pervers.

— Non, c'est un *chat* spécial.

— De quoi parlez-vous ?

— De l'actualité, surtout. Tu sais, la Chine et Taiwan, l'Opec, l'orientation de l'industrie britannique. Ce genre de choses.

— Ah. Je vois. Eh bien, tout cela est peut-être très remarquable, mais je veux que tu arrêtes tout de suite.

Tandis que je remettais de l'ordre, je levai les yeux vers ses murs. À mon grand étonnement, les étagères étaient vides.

— Où sont passés tous tes jeux d'ordinateur ? demandai-je.

— Ah, euh, je m'en suis débarrassé, répliqua-t-il en éteignant la machine.

— Quoi, tous ? Mais tu en avais près d'une centaine.

— Je sais. C'est seulement que... ça m'ennuyait, fit-il en haussant les épaules, pendant qu'il grimpait dans son lit.

— Quoi, même *Zombie Revenge*, et *Chu-Chu Rocket* ?

— Eh oui, maman, absolument. J'avais joué des millions de fois avec.

— Je vois. Alors tu les as donnés, c'est ça ?

— Oui. Oui. C'est ça.

— Quoi, à un magasin caritatif ?

— Ouais. C'est ça.

— Mais, mon chéri, ces jeux étaient très chers. Nous avons dépensé beaucoup d'argent pour te les offrir. Et tu les as donnés, comme ça ?

— Oui.

— Tu sais, cela me contrarie un peu. Parce que tu aurais pu les apporter à un magasin d'électronique d'occasion, et tu en aurais tiré pas mal d'argent. (Il haussa les épaules.) Oui, je suis un peu contrariée de tout ça, dis-je.

Puis je me rendis compte que je n'avais pas le droit d'être fâchée. J'avais passé une soirée merveilleuse. Tout allait pour le mieux dans mon monde, et de toute façon les motivations de Matt étaient pures. Je le bordai et l'embrassai.

— C'est vrai que c'était très généreux de ta part.

J'éteignis sa lampe de chevet et me retournai pour sortir.

— Maman ? lança-t-il soudain dans le noir tandis que je refermais doucement la porte.

— Oui ?

— L'opéra, c'était bien ?

— Mais oui, mon chéri. L'opéra était très bien, même si j'ai trouvé l'histoire un peu étrange.

— Et tu aimes bien Jos, maman ? ajouta-t-il d'une voix douce.

— Si j'aime bien Jos ? Enfin, oui, je l'aime bien. Et *toi*, tu l'aimes bien, Matt ? m'enquis-je.

Il y eut un moment de silence.

— Je ne sais pas, chuchota-t-il. Je crois que oui. Euh... il a l'air plutôt gentil.

Juin

Matt a tout à fait raison. Jos est adorable. Il a un charme fou, alors que le charme véritable est une denrée rare. Il est tellement séduisant, sympathique et drôle qu'on a envie d'être avec lui tout le temps, parce qu'on se sent tellement bien ensemble... Voilà pourquoi il attire les gens comme les papillons sont attirés par la flamme. J'ai une chance inouïe de l'avoir rencontré, d'autant plus qu'avant ça j'étais dans un sale état. Il suffit de lire le dernier numéro de *Moi !* pour s'en rendre compte. Dans l'article sur l'infidélité de Lily – qui nous a rebaptisés « Fiona » et « Paul » – j'ai eu du mal à me reconnaître. C'était comme si je lisais l'histoire de quelqu'un d'autre. Maintenant que j'ai rencontré Jos, j'ai oublié à quel point j'allais mal. *Je me suis mise à soupçonner mon mari... j'en étais malade... fouiller dans ses affaires... soulagement lorsque le détective n'a rien trouvé... puis le choc épouvantable lorsque Paul a tout avoué... qu'est-ce que je vais faire, maintenant ?... j'ai l'impression que mon univers s'est effondré.*

C'était il y a à peine trois mois, mais aujourd'hui ma vie est transformée. Jos m'a guérie. Comme l'indiquait son prénom. De quelques coups de pinceau magique, il a repeint en bleu mon ciel couleur d'étain.

Les enfants ont l'air de bien l'aimer, ce qui est un énorme soulagement pour moi : c'est si important de présenter son nouvel amoureux à ses enfants. Mais ils se sont montrés très sympathiques avec Jos. Il n'y a que Graham qui rechigne. On peut le comprendre : ce n'est qu'un chien, il ne peut pas raisonner. Quand je lui ferme la porte de la chambre au nez, ça le vexe. Jos ne dort pas ici les week-ends, parce que les enfants sont là. Mais maintenant, une ou deux fois par semaine, il passe la nuit avec moi. Ça ne le dérange pas que le réveil sonne à 3 h 30. Il se rendort aussitôt. Puis il quitte tranquillement la maison à 8 h 30 pour aller travailler. Notre histoire est donc en train de progresser gentiment, à part l'inimitié de Graham. Le plus charmant, c'est que cela ennuie beaucoup Jos. Nous en discutions hier soir au lit.

— C'est dur à vivre, soupirait-il, exaspéré. Enfin, quand tu es là, Faith, il est parfaitement bien élevé. Mais dès l'instant où tu disparais, il me « croque ».

— Il ne t'a pas encore mordu, dis-moi ? demandai-je, horrifiée.

— Non, répondit Jos. Pas exactement. Mais il aime me mordiller de temps en temps, rien que pour me rappeler sa présence. J'ai l'impression d'être poursuivi par un piranha.

— Ça, ça doit être son côté chien de berger.

Ne le prends pas personnellement. Il te surveille. Il veut garder un œil sur toi, ajoutai-je en l'embrassant, et moi aussi, d'ailleurs.

— Je ne peux pas m'empêcher de le prendre personnellement, Faith, répliqua Jos d'un air offusqué. Je lui en veux de continuer de me montrer autant de hargne alors que moi je fais autant d'efforts !

C'est vrai, Jos fait de gros efforts avec Graham. Il lui apporte des Scooby Snacks et des morceaux de viande, il lui lance des balles dans le jardin, il lui enregistre des émissions culinaires et il lui a offert un superbe collier. C'est assez touchant et j'espère que Graham finira par entendre raison. J'en parlais avec Katie vendredi soir. Nous étions assises sur le canapé avec Graham affalé sur nos cuisses.

— J'imagine que Graham perçoit Jos comme un intrus, qui menace sa place de chien dominant. Il a un comportement nettement névrotique, murmurai-je. Sa manie de constamment happer les mouches, par exemple, est classiquement obsessionnelle-compulsive.

— Non, maman, tous les chiens font ça.

— Graham est très en colère, poursuivis-je tandis que celui-ci poussait un soupir de satisfaction. Il a probablement beaucoup de problèmes non résolus qui lui viennent de son passé. Si on y ajoute sa peur bien naturelle, en tant que chien errant, d'être rejeté et abandonné, alors il est clair que la présence de Jos menace la fragilité de son estime de soi. En plus, continuai-je en lui caressant les oreilles, je crois qu'il a peut-être un complexe d'Œdipe irrésolu, auquel cas il veut remplacer l'image du père, Jos en l'occurrence, et m'épouser.

Katie me jeta un regard sceptique.

— Il n'a jamais voulu remplacer papa.

— Mmm. Exact. Tu sais, Katie, avant je trouvais tous ces machins psychanalytiques assez ennuyeux, mais à présent je suis tout à fait fascinée. Et il est clair pour moi que Graham montre tous les signes d'une paranoïa naissante.

— Bien joué, maman, dit Katie, mais il y a une explication beaucoup plus simple.

— Tu crois ?

— Oui. Graham n'aime pas Jos, tout simplement.

— Ah, fis-je, dépitée. Je vois.

Elle haussa les épaules.

— Ce sont des choses qui arrivent. C'est un conflit de personnalités, voilà tout. Je ne crois pas que ça serve à grand-chose de trop analyser. La vérité c'est que Graham déteste Jos, conclut-elle gaiement.

Ah.

— Mais ce que je trouve encore plus intéressant, ajouta-t-elle, c'est que ça ennuie Jos.

— Évidemment, ça l'ennuie d'être mordu par Graham.

— Non, maman, répliqua fermement Katie, ça l'ennuie de ne pas être aimé.

— Mais on veut tous être aimés, fis-je remarquer. C'est naturel.

— Vrai, mais pour la plupart d'entre nous, peu importe d'être aimé ou non par un *chien*.

Bon, c'est vrai que je laisse toujours Katie s'exprimer, même quand elle raconte n'importe quoi. Néanmoins, la raison pour laquelle ça ennuie Jos est *évidente*. Ça l'ennuie parce qu'il considère Graham, très justement, comme un membre de ma famille, et il veut s'entendre avec nous *tous*. C'est d'ailleurs le cas. En gros. Je suis folle de lui, les enfants ont l'air de bien l'aimer, Lily l'adore et trouve que je suis très bien retombée sur mes pieds.

— Il est totalement sublime ! déclara-t-elle, une fois de plus, au Cobden Club quelques jours plus tard, tandis que Jos allait nous chercher à boire.

Elle nous avait décroché des invitations pour le lancement d'un nouveau livre de cuisine, *Nosh Kosh*, par le chef mondain Nutella Prince.

— Enfin, c'est un *ouaouh* absolu, réitéra-t-elle dans la rumeur animée des conversations. Il est divinement beau, terriblement sociable, bien sapé, et il est drôle.

Je contemplai Jos disparaissant dans la foule à la recherche de champagne. Lily avait raison. Il sortait vraiment du lot, même dans cette assemblée élégante. Je sentis mon cœur se gonfler d'orgueil, à l'idée que cet homme si délicieux soit avec moi.

— C'est lui qu'il te faut, Faith, dit-elle. Jennifer et moi, on est absolument ravies.

— Où est Jennifer ?

— À la maison. J'ai pensé que ce serait trop fatigant pour elle ce soir, avec la semaine chargée qu'elle a eue.

— Qu'est-ce qu'elle a fait ? Dormi ? Mangé du foie gras ?

Lily prit un air à la fois indulgent et ronchon.

— Non, Faith. Elle trouve des *idées*. Ah, regarde, c'est le célèbre spécialiste de la fertilité, Godfrey Barnes. À propos, ajouta-t-elle, tu sais que Jennifer pense à avoir des chiots – parce qu'évidemment, elle a un *superbe* pedigree. Eh bien malheureusement, le véto a décidé qu'elle n'était pas assez forte.

— Aïe, aïe.

— Alors je vais la faire cloner.

— Quoi ?

— Écoute, on a eu Dolly la brebis et Dolly la vache, alors je ne vois pas pourquoi on n'aurait pas Dolly la chienne. Il y a une boîte aux États-Unis qui travaille là-dessus ; ça s'appelle « Caniplicité »... Je viens de l'y inscrire. Tu ne trouves pas que ce serait génial, Faith, d'avoir plein de petites Jennifer Aniston ?

— Hum, fis-je en hochant la tête avec enthousiasme. Quelle soirée réussie, ajoutai-je pour changer de sujet de conversation.

Et c'était le cas. Deux cents membres attitrés de la tribu *fashion* de Londres grignotaient consciencieusement des canapés aux crustacés en sirotant du champagne. Au milieu de la pièce, une sculpture en glace – un saumon géant en train de sauter – tournait sur elle-même. Deux arrangements floraux gigantesques montaient la garde près de l'entrée.

— Oui, je trouve que Jos est merveilleux, s'enthousiasma à nouveau Lily. Accroche-toi à lui, Faith, sinon une autre femme va essayer de l'attraper et cela, ce serait inadmissible !

— Ah oui, acquiesçai-je. Inadmissible. Et

alors, toi, comment vont tes amours ? m'enquis-je tandis que nous trempions nos minuscules meringues dans un « volcan » en chocolat d'un mètre de hauteur, bouillonnant de guanduja fondu.

— Ah, c'est l'enfer – comme d'habitude, soupira Lily. C'est fini avec Frank, me glissa-t-elle sur le ton de la confidence en essuyant des miettes sucrées de ses lèvres.

— Qui ? fis-je, car je n'arrivais jamais à suivre.

— Le type de Covent Garden. Tu sais.

— Désolée, je ne me souviens pas. Il est dans un orchestre ?

— Non ! Il conduit le bus de la ligne 11 ! s'esclaffa-t-elle. Il était absolument *superbe*, ajouta-t-elle avec une note de regret dans la voix, mais il était nul entre les...

— Les oreilles ?

— Non, mon chou, entre les draps. C'était sa façon de gueuler « accrochez-vous, on démarre ! » au moment critique qui a fini par me décourager.

— Et ce chanteur de rock, euh, Ricky ?

— Ah, Ricky, c'était exquis ! répliqua-t-elle. Je l'adorais, Faith. Mais il me trompait, avec ses trois choristes.

— Aïe. Peut-être devrais-tu sortir avec... tu sais... quelqu'un de normal, avec les pieds sur terre ; comme un médecin par exemple, suggérai-je, ou un millionnaire de l'Internet. Ou alors ce marchand de vins ?

— Il était bouchonné.

— Et ce type de la BBC ?

— Ah non ! Ses moyens étaient trop moyens.

— Et cet agent de change si charmant ? m'enquis-je. Le grand avec des lunettes ?

— Ah, *lui* ! (Elle attrapa une saucisse de cocktail d'un plateau qui passait, puis me l'agita sous le nez.) Elle était comme *ça* ! lâcha-t-elle, méprisante.

— Doux Jésus.

— Et Jos, il est comment sur ce plan-là ? reprit-elle d'un ton plein de sous-entendus, alors que nous le regardions zigzaguer à travers la foule.

— Ah... très bien. (Je gloussai comme une collégienne.) En fait, il est génial. C'est agréable d'être, tu sais, à nouveau active, repris-je. Peter et moi, on ne s'était pas envoyés en l'air depuis des millénaires.

— Enfin, dit-elle, indolente, j'imagine qu'il est en train de rattraper le retard, maintenant.

À ces mots, je crus qu'on me plongeait un couteau dans le cœur ; et je songeai, comme souvent, que je préférerais que Lily réfléchisse parfois avant de parler. Parce que même si je suis en train de m'en sortir, et même si je suis heureuse avec Jos, je *déteste* toujours l'idée que Peter couche avec Andie. Je me mis donc à penser à Peter, comme cela m'arrive souvent, et à me demander comment il allait. À ce moment-là, alors que je balayais la salle du regard, j'aperçus avec horreur cet ignoble Oliver-de-terre. Pis, il se dirigeait droit sur moi.

— Salut, Faith, dit-il avec une impudente familiarité, avant que je ne puisse m'échapper.

— Bonjour, Oliver, répliquai-je sèchement. Je te présente Lily Jago.

Ils échangèrent un sourire distant. Je contemplai sa large figure en guimauve qui était, comme d'habitude, perlée de sueur. Visqueux. Voilà ce qu'il était. Gluant. Comme s'il suintait.

— Je suis désolé, pour votre divorce. (Je ne répondis rien.) Et bien sûr, poursuivit-il avec componction, nous étions tous tellement navrés de voir Peter s'en aller.

Je parie que oui, espèce de branleur hypocrite, songeai-je *in petto*.

— Mais ça se passe très bien pour Peter à Bishopsgate, laissai-je tomber.

Oliver esquissa un sourire ironique.

— Vraiment ?

— Oui, vraiment. Il adore son job. Et là-bas on l'adore.

— C'est vrai ?

— Oui.

— Je suis ravi de l'entendre, dit-il d'une voix oléagineuse.

Puis il s'en fut suinter ailleurs.

— Quel type répugnant, frémit Lily.

— Oui, ça, tu as raison de le dire.

— Tiens, regarde, voici Jos avec nos bulles.

— Tenez, les filles, dit-il en nous remettant deux flûtes. Désolé d'avoir été aussi long, mais je n'arrêtais pas de tomber sur des connaissances. D'ailleurs... tiens, voilà Melvyn Bragg... Faith, chérie, ça ne te dérange pas que je mondanise un peu ?

— Pas du tout.

— Tu es sûre ?

— Oui, j'en suis sûre, répondis-je avec un sourire. Va.

Jos me baisa la main, puis fila pour se plonger bientôt dans une grande conversation avec lord Bragg. Ce dernier souriait et riait, manifestement sous le charme. D'ailleurs, tout le monde – hommes et femmes – semble captivé par Jos. Pendant ce temps, Lily et moi, un peu pompette, circulions parmi les invités élégants.

— ... je ne t'ai pas vu à Cannes ?

— ... c'est le manager d'Ali G.

— ... grand ami de Zadie Smith.

— ... nan ! Il a signé chez Faber.

— ... là, regarde, avec Graham Norton.

— ... on va l'appeler baisemoi.com.

Je trouvais l'atmosphère presque étouffante de branchitude, mais Lily se régalait. Je me dis souvent qu'elle doit s'ennuyer, à force d'aller dans des fêtes. Mais non. C'est la reine de la nuit.

— Tiens, regarde, c'est la romancière Amber Dane, ricana-t-elle. Ses livres ont un succès fou au pilon. Et regarde, Zuleika Jones, l'actrice. L'échec ne lui a pas du tout donné la grosse tête. Et dis, ce grand type, là-bas, tu vois ? (Je hochai la tête.) C'est un brillant politicien.

— Vraiment ?

— Eh oui. Absolument. L'un des meilleurs que l'on puisse se payer. Pour une somme modique. Seigneur ! grimaça-t-elle. Voilà cette horrible rédactrice de mode, machin chose, qui écrit des niaiseries dans tu-sais-quoi. Faith, explique-moi comment quelqu'un qui a l'air d'une shampouineuse peut se présenter comme un arbitre de la beauté et du style ?

Souvent, je trouve assommant le persiflage de Lily, mais, là, doucement anesthésiée par Laurent Perrier, ses flèches empoisonnées me faisaient pouffer de rire.

Je regardais vaguement autour de moi pour tenter de repérer Jos, mais je ne le voyais nulle part. Melvyn Bragg s'était déplacé et parlait à quelqu'un d'autre. Où était donc passé Jos ? me demandai-je, tandis que Lily poursuivait sa litanie de commentaires caustiques.

— Mon Dieu ! s'exclama-t-elle en me donnant un coup de coude dans les côtes. Voilà cette grosse vache de Citronella Pratt – là-bas, cette bonne femme avec les cheveux rouges. Elle est à gerber, non ? Pas étonnant qu'on la surnomme « La Vache qui rit » !

Mais *où* était passé Jos ? J'aurais bien aimé qu'il revienne me parler. Parce que je commençais à en avoir assez des commentaires toxiques de Lily. Soudain, sa voix sembla s'assourdir, comme si quelqu'un avait baissé le son, parce que j'avais enfin repéré Jos, debout près d'un panneau lumineux signalant la sortie. J'étais sur le point de le rejoindre lorsque je vis quelqu'un d'autre s'approcher de lui, quelqu'un qui me disait quelque chose. Qui était-ce ? Ah oui. Voilà. Le petit ami d'Iqbal, Wilf. Je l'avais rencontré une ou deux fois, à nos fêtes de Noël, et je ne pouvais pas prétendre qu'il me plaisait beaucoup. D'abord parce que je sais qu'il tourne Iqqy en bourrique. Il n'est pas fidèle – loin de là – et je crois que ça brise le cœur d'Iqqy. Mais Iqqy ne veut pas laisser tomber Wilf parce qu'il le prend pour un dieu vivant. Wilf travaille dans l'opéra, lui aussi ; je crois qu'il est assistant metteur en scène. Il fonçait droit sur Jos. J'eus envie de courir vers lui pour l'entraîner plus loin, mais ç'aurait été peine perdue. Parce que ces deux-là avaient l'air de bien se connaître. Ils étaient en pleine conversation.

Lily épanchait toujours son venin.

— Citronella rédige cette rubrique grotesque dans le *Sunday* machin chouette... C'est d'un ridicule ! Cette salope est toujours ignoble avec les autres femmes, tu sais !

— Vraiment ? murmurai-je vaguement.

Mais je n'écoutais plus Lily. Parce que maintenant, j'avais l'impression qu'il se tramait quelque chose. Je ne suis pas experte du langage corporel, mais quelque chose clochait. J'examinai Wilf. Un garçon mince, avec des cheveux courts bleu-noir, et une expression un peu pincée, affectée. Il a une allure plutôt exotique, si l'on veut, avec ses gros yeux en amande, ses sourcils épais, et sa peau qui brille comme du plastique. Il me rappelait cette marionnette d'une série télé des années 60, le Capitaine Scarlett. Voilà, c'était ça ! Wilf avait l'air bizarrement synthétique. Contrairement à Iqbal, qui est si vrai et chaleureux. J'adore Iqqy, c'est un garçon charmant, mais Wilf me file la chair de poule. Debout près de lui, Jos avait l'air tellement viril, avec ses cheveux blond foncé bouclant sur sa nuque, ses larges épaules, son physique masculin et ses vêtements d'une élégance désinvolte – une chemise tilleul en lin sur un très beau jean.

— Mais c'était à hurler de rire, Faith, disait Lily. Le mari de Citronella s'est barré avec un coiffeur. Elle est tellement immonde qu'elle en a fait un pédé !

Je n'avais pas imaginé que Jos et Wilf puissent se connaître. Et pourtant, cela tombait sous le sens : ils appartenaient tous les deux au même monde. À les voir ensemble, on les aurait pris pour des amis intimes. Oui... et même pour des amis très intimes. Mes entrailles se nouèrent. Wilf se tenait beaucoup trop près de Jos. C'est vrai, la foule était dense, mais il n'avait pas besoin d'être aussi près de lui. Il était pratiquement collé. En fait, il était... oui, il était... en train de draguer Jos, me dis-je dans un éclair de lucidité aveuglante. Il lui faisait du gringue. Ça crevait les yeux ! Comment osait-il ? Et quelle horreur pour Jos. Ça devait le mettre affreusement mal à l'aise. Mon visage en brûla de honte pour lui. J'étais sur le point de me lancer à sa rescousse, lorsque je m'arrêtai soudain. Je venais de remarquer que Jos n'avait pas reculé. Si Wilf se tenait trop près de lui, Jos ne s'en formalisait pas. En fait, il semblait... oui, il semblait même trouver cela *agréable*. Il regardait Wilf droit dans les yeux, il rejetait la tête en arrière, il riait. Il était... *non*. Je regardai à nouveau. Oui. Il était... Jos était en train de *flirter*. Il flirtait avec un *homme*. Ma peau se mit à picoter, et la chair de poule me hérissa les bras. Je ne savais pas quoi faire. Je voulais intervenir, je voulais accoster Wilf et lui dire de foutre le camp. Mais c'était impossible, parce que j'aurais eu l'impression d'être une intruse – non, pire – d'être un voyeur. À présent, Wilf posait les deux mains sur les épaules de Jos, puis se haussait sur la pointe des pieds pour l'embrasser sur la joue.

— Faith ! Faith ! Tu n'écoutes pas un mot de ce que je te dis.

— Quoi ? murmurai-je. Ah, désolée !

— Regarde, voilà Jos, Faith, allons lui parler.

Nous nous frayâmes un chemin jusqu'à lui dans la multitude houleuse, et je voulais arrêter pour dire à Lily ce que je venais de surprendre, mais elle m'entraînait dans son sillage, ouvrant la foule comme Moïse la mer Rouge. Et quand nous parvînmes jusqu'à Jos, Wilf avait disparu.

— Chérie !

Jos m'entoura de ses bras comme s'il ne m'avait pas vue depuis des semaines. Il m'attira contre lui.

— Tu m'as manqué... Bon, tu en as marre ? (Je hochai la tête, muette.) Alors il est temps que nous rentrions à la maison.

Nous avons quitté Lily qui s'amusait toujours, puis nous sommes revenus lentement à travers l'ouest de Londres dans le crépuscule d'été. Jos baissa le toit de la voiture et je pus contempler le soleil couchant illuminer de rouge et d'or le ciel turquoise. Je n'avais pas envie de parler, j'étais trop abattue, et puis j'étais en train d'essayer de comprendre ce que j'avais vu. J'avais décidé de ne rien dire, mais je sentais cette résolution s'ébranler.

— Jos, je peux te demander quelque chose ?

— Tout ce que tu veux.

Il agrippa ma main droite et la retint dans la sienne.

— Eh bien, ce type à qui tu parlais. Wilf.

— Oui ? Tu le connais ?

— Je l'ai déjà rencontré. Il vit avec l'un de nos maquilleurs, Iqqy.

— Ah oui. Et alors ?

— Tu l'aimes bien ?

— Si je l'aime bien ? répéta Jos, qui parut

étonné par la question. Si je l'aime bien ? Euh... Non. Pas tellement.

— Alors... peux-tu me dire pourquoi tu l'as embrassé ?

Mon cœur cognait et mes paumes étaient moites.

— Je ne l'ai pas embrassé, Faith. Ne sois pas idiote.

— Oui, tu l'as embrassé, je t'ai vu.

— Non, je ne l'ai pas embrassé. C'est lui qui m'a embrassé.

— Enfin, d'accord, mais pourquoi est-ce que tu l'as laissé faire ? Tu n'es pas gay. J'ai été... (Je déglutis.) À vrai dire, j'ai été un peu choquée.

— Mais Faith, ma chérie, répliqua-t-il avec un sourire indulgent. C'est seulement parce que tu es facile à choquer – et si naïve. Tu prends toujours les choses pour argent comptant, pas vrai ? Mais elles ne sont pas toujours ce qu'elles semblent.

— Que suis-je censée penser quand je vois mon petit ami embrasser un homme ?

— Que, de nos jours, il est parfaitement acceptable qu'un hétéro laisse un homo lui faire la bise.

— Ah, fis-je, malheureuse. Je vois.

— Sur la joue, c'est tout. Enfin, franchement, Faith, ajouta-t-il avec un sourire. Les Français se font tout le temps la bise. Tu crois qu'ils sont tous homo ?

— Non, bien sûr que non. Mais ce n'est pas la même chose, parce que notre culture est différente de la leur.

— Faith ! s'exclama Jos avec un large sourire. Ça t'a fait croire que j'étais homo ?

— Enfin, non, je veux dire, pas vraiment, c'est juste que... je me demandais, ajoutai-je sans grande conviction.

À ces mots, Jos éclata de rire. Mais ce n'était pas son rire habituel, chaleureux. C'était un rire assez moqueur, suraigu, que je ne lui avais jamais entendu auparavant.

— Ma copine me prend pour un pédé ! s'exclama-t-il.

Il semblait presque réjoui par cette idée. Il tapa sur le volant de la paume de la main.

— Ça, c'est *vraiment* le pompon !

Il secouait la tête en riant – il avait l'air de trouver ça irrésistiblement drôle. Et, soudain, moi aussi, je me suis mise à rire. De soulagement, j'imagine.

— Évidemment que je ne suis pas gay, parvint à articuler Jos lorsque ses gloussements se calmèrent. Pas du tout. Vraiment. Absolument pas. Mais le fait est, ajouta-t-il, que je dois jouer le jeu.

— Ah bon ? Quel jeu ?

— Dans mon monde, Faith, le fait est que la plupart des mecs sont gay.

— Oui, mais pourquoi est-ce que tu dois flirter avec eux ? C'est ça que je ne comprends pas. Et tu flirtais avec Wilf, Jos, c'était visible.

— Chérie, je flirte avec tout le monde. J'aime flirter. Tu n'as pas remarqué ? C'est comme ça que je trouve des plans.

— Que tu trouves des plans ? répétai-je.

Je ressentis un pincement, comme du dégoût, mêlé à du mépris.

— C'est comme ça que je trouve parfois du

boulot, expliqua-t-il alors que nous nous dirigions vers Stamford Brook.

— Je croyais que tu trouvais du boulot parce que tu étais génial dans ce que tu faisais.

— Enfin, oui, jusqu'à un certain point. Mais il y a beaucoup de bons scénographes, Faith, ajouta-t-il. Alors il faut que je me remue les fesses.

— Que tu quoi ?

— Je veux dire, bégaya-t-il en gloussant, tandis que nous tournions sur Chiswick High Road, je veux dire, répéta-t-il maladroitement, que je dois mettre de l'huile dans les rouages. Bon, j'admets volontiers que je plais à Wilf. Alors je flirte avec lui parce que je ne veux pas m'en faire un ennemi.

— Et pourquoi pas ? demandai-je. Il n'est pas important.

— Ah, mais si, au contraire, répliqua-t-il. Il monte *The Rake's Progress* au Metropolitan Opera de New York l'an prochain, et je veux créer les décors. Et si je dois flirter avec cette salope pour décrocher le contrat, alors, très franchement, Faith, je le ferai.

Maintenant, j'étais de nouveau perplexe. Quel était le pire ? Flirter avec un homo quand on était hétéro ? Ou flirter avec un homme pour qui on n'a même pas de sympathie ?

— Flirter est essentiel dans notre profession, disait Jos. Je le fais constamment. Tu vois, séduire est une nécessité. Un point c'est tout. Tu comprends ?

— Hum. Je crois que oui.

— Si tu regardes quelqu'un bien dans les

yeux, que tu utilises le bon langage corporel, alors l'autre se sent bien avec toi, ce qui veut dire que tu peux en faire un allié.

— Ah, dis-je faiblement. Je vois. Alors c'est tout simplement... stratégique ?

— Oui. C'est ça. Et tout à fait inoffensif. Mais Faith, dis-toi bien que, si je flirte avec des tas de gens, je ne sors qu'avec toi.

Nous avons longé le fleuve en silence, puis tourné sur Elliot Road. Je contemplai la maison, avec ses fenêtres cramoisies dans le soleil couchant. Les glycines, si ravissantes il y avait à peine deux semaines, semblaient maintenant tristes et fanées. J'aperçus Graham qui montait la garde derrière la fenêtre. Jos le vit aussi, et gémit.

— Si ça ne te dérange pas, je ne rentre pas. D'accord, chérie ? J'ai une réunion pour *Madame Butterfly* à 9 heures et j'ai des croquis à retravailler. De toute façon, ajouta-t-il tristement, je ne suis pas sûr de pouvoir m'en tirer avec Graham.

— Ne t'inquiète pas. (Je lui souris.) Vraiment, je comprends parfaitement.

En fait, j'étais soulagée. Car, même si l'explication de Jos m'avait en partie rassurée, je demeurais un peu troublée. Je voulais digérer ce qu'il m'avait dit. J'ai donc emmené Graham pour une petite promenade, puis j'ai appelé Lily sur son téléphone mobile.

— Oui, mon chou ?

Elle se trouvait dans un taxi pour rentrer chez elle. Je lui racontai ce que j'avais vu.

— Si j'étais toi, Faith, je ne m'en inquiéterais pas. C'est sans doute exactement ce qu'il dit.

— Oui, mais Peter n'a jamais flirté avec des hommes.

— Non, dit Lily. C'est vrai. Il flirtait avec des femmes, pas vrai ? Avec des résultats assez regrettables. Écoute, Faith, reprit-elle avec emphase, si Jos affirme qu'il n'est pas gay, alors c'est qu'il ne l'est pas. Pourquoi diable aurait-il besoin de mentir ?

— Eh bien, peut-être qu'il a un passé homo ? C'est tout à fait possible, tu sais. Si c'était le cas, je ne suis pas très sûre que je le prendrais bien.

— Hum, fit Lily, pensive. Eh bien, oui, je vois ce que tu veux dire. Il ne faudrait pas qu'il se tire avec un mec, comme le mari de Citronella Pratt.

— Je ne me sens pas complètement rassurée, parce que pendant qu'on en discutait dans la voiture, il a dit un truc curieux. Il a prétendu qu'il flirtait avec les mecs parce qu'il fallait qu'il « se remue les fesses ».

— Ah ! dit-elle d'une voix sombre. Quel choix de terme malencontreux.

— Exactement. Et puis il s'est repris un peu trop vite, ce qui me fait penser qu'il s'agissait d'un lapsus. Ensuite, il a mis tellement d'énergie à nier qu'il soit gay. Il disait « Non, je ne suis pas gay. Vraiment. Absolument pas. Pas du tout », alors j'ai eu l'impression qu'il en faisait un peu trop dans la dénégation. Lily, peut-être que Jos est bien gay, mais qu'il a soudain décidé de sortir avec des femmes.

— Hum. Est-ce qu'il mentionne parfois des ex-petites amies ?

— Pas vraiment. Je n'ai jamais voulu lui poser la question.

— Est-ce qu'il est proche de sa mère ?

— Très.

— Hum. Ça ne signifie pas forcément qu'il soit gay. Est-ce qu'il découpe des recettes dans les journaux ?

— Non.

— Est-ce qu'il connaît plein de comédies musicales ?

— Oui.

— Est-ce qu'il peut en chanter toutes les paroles ?

— Non.

— Est-ce qu'il a beaucoup de plantes vertes ?

— Oui. Ah, Lily ! Je suis très troublée... je ne sais vraiment pas quoi penser.

— Pauvre Faith, fit Lily avec un rire acerbe. Il y a trois mois, tu étais obsédée par l'idée que ton mari te trompe, et maintenant, tu es obsédée par l'idée que ton nouvel homme puisse être gay. On pourrait faire un sujet là-dessus dans *Moi !*, gloussa-t-elle. Votre fiancé est-il gay ? Les dix signes qui le trahissent.

— Je t'en prie, sois sérieuse, Lily, je suis inquiète.

— D'accord. Pardon. Écoute, y a-t-il quelqu'un à qui tu puisses poser la question ?

— Sophie, au boulot, peut-être...

— Alors parle-lui. Fais-lui cracher le morceau. Parce que je suis d'accord, tu dois savoir ce qui se cache derrière... Aïe ! Désolée, Faith... j'ai fait un lapsus !

Le lendemain matin je rédigeai mon texte en un temps record, puis me précipitai en salle de maquillage juste après 6 heures, parce que c'est l'heure à laquelle Sophie s'y trouve. Comme d'habitude, le chaos régnait à *AM-UK !*

— ... où est le texte de Terry ?

— ... la mamie médium veut savoir quand elle passe.

— ... est-ce que Sophie est maquillée ?

— ... si elle est médium elle devrait le savoir !

— ... qui a la cassette de la course de hérissons ?

— ... ah non ! Le perroquet chantant a vomi !

J'ouvris la porte de la salle de maquillage. Pas de trace de Sophie, mais Iqbal était là, l'air déprimé.

— Tu arrives de bonne heure, Faith.

— Oui, j'ai rédigé mon texte assez vite ce matin. Comment ça va, Iqqy ?

— Ne me pose pas la question, gémit-il. Marian est malade donc je suis débordé. Et, à vrai dire, je ne suis pas en grande forme.

Il drapa mes épaules du peignoir en nylon.

— J'en suis désolée. Tu as mal à la tête ? m'enquis-je avec hypocrisie.

— Ce n'est pas physique..., avoua-t-il tout en fixant ma frange avec une épingle à cheveux. J'aimerais bien. Je pourrais gérer. Mais c'est... d'ordre affectif, soupira-t-il.

— Aïe. Est-ce que je peux faire quelque chose pour toi ?

— Merci, répondit-il en secouant la tête d'un air las, mais personne ne peut m'aider. C'est toujours le même problème...

J'examinai le visage d'Iqqy dans le miroir tandis qu'il appliquait mon fond de teint à l'éponge. Sa mâchoire était piquetée de barbe et il avait des poches sous les yeux.

— C'est Wilf, murmura-t-il d'un ton désespéré. Nous avons eu une querelle épouvantable hier soir. Il me crucifie, reprit-il en estompant le maquillage le long de ma mâchoire. Enfin, je sais qu'il me trompe. Je l'ai toujours su. Mais ce que je ne peux pas supporter, c'est sa façon de... me narguer. Il aime me faire souffrir.

— Iqqy, tu ne mérites pas ça.

— Non. Je ne crois pas, moi non plus. Ah, salut, Sophie ! Je suis à toi dans une seconde.

Sophie referma la porte doucement derrière elle et me lança un sourire amical.

— Bordel de merde ! jura soudain Iqqy en fouillant dans les cosmétiques sur le comptoir. Plus de poudre... il ne manquait que ça ! J'en ai en bas, ajouta-t-il en se précipitant vers la porte. Ne bougez pas, vous deux, je reviens dans une seconde.

Sophie et moi, nous nous sommes souri tandis qu'elle s'asseyait, et puis elle s'est penchée sur son texte. C'était l'occasion que j'attendais pour l'interroger sur Jos, mais les paroles faillirent mourir sur mes lèvres.

— Sophie... Je peux te demander quelque chose ? (Elle hocha la tête.) Eh bien, tu te rappelles que tu m'as dit que tu connaissais mon, euh... mon ami Jos ?

— Oui, répondit-elle prudemment. Ou plutôt, je connais une ou deux personnes qui le connaissent. Pourquoi me demandes-tu ça ?

— Parce que, enfin, ça va vraiment te paraître idiot...

J'émis un petit gloussement embarrassé. Mon pouls battait à tout rompre et ma bouche devint sèche.

— Mais, euh... Quelqu'un que je connais, euh... une... une amie à moi... Elle a laissé entendre – c'est absurde, évidemment – que, euh... Jos pourrait être, ou plutôt qu'à une époque il aurait été... gay.

Sophie me dévisagea bizarrement. Son visage s'était brusquement empourpré. Mon Dieu, mon Dieu, c'était donc vrai. Il était gay, et c'était à cela qu'elle faisait allusion l'autre jour dans les WC dames.

— Gay ? répéta-t-elle.

— Oui. Euh, as-tu, euh... tu sais, jamais, euh... entendu dire quelque chose... dans ce sens ?

— Non ! s'exclama Sophie. Gay ? répéta-t-elle à nouveau, incrédule. (Puis elle émit un rire sans joie.) Juste ciel, non... Celle-là, on ne me l'avait jamais faite.

— Alors ce n'est pas vrai. (Je me mis à rire, le cœur inondé de soulagement.) Je n'ai pas imaginé pendant une minute que ce soit vrai, bredouillai-je, mais tu sais ce que c'est, on entend des rumeurs tellement idiotes. Enfin, je suis sûre qu'il y a des gens qui pensent que moi, je suis gay.

— Ah non, répondit Sophie avec emphase. Je ne m'imaginerais jamais une chose pareille. Mais, non, Faith, pour répondre à ta question, je ne crois pas que Jos Cartwright soit gay.

— Tant mieux. Génial ! Enfin, vraiment, quelle idée absurde !

Je ris très fort. Puis il y eut quelques secondes de silence, au cours desquelles mon cœur battait toujours la chamade.

— Alors il n'a pas de passé homo ?

Elle secoua la tête.

— Non, je n'ai jamais rien entendu de tel.

— Et depuis combien de temps tes amis le connaissent-ils ?

— Ah, environ cinq ans.

Alors voilà. Maintenant, je savais. Ça avait été absolument épouvantable de poser la question, mais au moins elle m'avait dit ce que je voulais entendre. Jos n'était pas gay. Évidemment qu'il ne l'était pas. Totalement soulagée, je souris à Sophie, mais elle ne répondit pas à mon sourire.

— Faith, dit-elle sérieusement tandis que nous nous regardions dans le miroir, nous sommes amies, n'est-ce pas ?

— Bien sûr que oui, répliquai-je.

— Alors dans ce cas, j'espère que tu ne m'en voudras pas de te conseiller de faire attention. Avec Jos.

Ah. Je sentis ma bonne humeur se ratatiner.

— Enfin, j'espère que tout se passera bien pour toi, reprit-elle, et je suis sûre que tu le trouves très charmant, comme la plupart des gens. Et bien que je n'aie vraiment pas envie de me mêler de tes affaires, je te conseillerais d'être juste un petit peu... prudente.

— Prudente ?

Je la fixai tandis que mon esprit absorbait ses paroles. Prudente ? Mais qu'est-ce qu'elle pouvait bien entendre par là ? Je lui en voulus de ne pas être plus directe, et j'étais en train de rassembler assez de courage pour lui poser la question, lorsque la porte s'ouvrit et qu'Iqqy fit irruption.

— Allez Sophie ! dit-il, légèrement hors d'haleine, en posant le poudrier. Dans la chaise électrique, je te prie.

Impossible, maintenant, de demander à Sophie d'être plus précise. J'enrageais, mais en même temps, j'étais contente, oui, je l'avoue, contente, parce que je n'avais pas vraiment envie de savoir. Néanmoins, pendant toute la matinée, je n'arrêtai pas de retourner toutes les possibilités dans ma tête.

— Où Sophie voulait-elle en venir ? demandai-je à Lily lorsque je l'appelai après déjeuner pour lui rapporter la conversation.

— Je crois que ça le rend plus mystérieux, répliqua-t-elle. Peut-être qu'il prend de la drogue... Il a le nez qui coule ?

— Non.

— Peut-être qu'il a un problème d'alcool ?

— Je l'aurais remarqué, depuis le temps.

— Peut-être qu'il a un casier judiciaire, suggéra-t-elle. Ou des contacts douteux. Est-ce qu'il parle souvent de ses « associés » ?

— Non.

— Peut-être qu'il a des goûts sexuels pervers ? Tu as remarqué des chaînes ou des fouets qui traînaient dans ses placards ?

— Non.

— Il aime peut-être s'habiller en femme.

— Je ne crois pas ! m'exclamai-je dans un éclat de rire.

— Peut-être qu'il est déjà marié, suggéra-t-elle.

— Non.

— Une épouse folle enfermée sous les combles ?

— J'aurais entendu ses cris.

— Eh bien alors, Faith, détends-toi. À ta place, je ne m'inquiéterais pas, ajouta-t-elle d'un ton encourageant. Jusqu'ici, tout ce qu'il a fait de mal, de ton point de vue, c'est de flirter avec un homme. Mais nous savons qu'il n'est certainement pas gay. Alors je ne m'en ferais pas trop pour ça. Enfin, tu sais, le monde de l'opéra est très « folle ». Tu dois tenir compte de cela. Je soupçonne Jos d'être un caméléon mondain. Il s'adapte à son environnement... ce n'est pas un crime.

— Mais pourquoi Sophie voulait-elle me mettre en garde ? C'est ça que je ne comprends pas.

— Peut-être qu'elle le veut pour elle.

— Je suis sûre que non. D'abord, j'ai l'impression qu'elle ne l'aime pas vraiment, et ensuite, elle a un mec qui s'appelle Alex.

— Peut-être que c'est un cannibale, plaisanta Lily. Ou qu'il vote conservateur.

— Ou peut-être que c'est un extraterrestre, renchéris-je. Ah, Lily, tu as raison. Je suis en train de me conduire comme une névrosée, parce qu'en fait il est parfait à tous points de vue.

— Oui, en effet. Alors pourquoi rechercher la petite bête ? Je te le répète : Jos est séduisant, il a du talent, il est sexy et il est marrant. Il est aussi attentionné, solvable, et très gentil avec tes enfants.

Lily a raison. C'est vrai. Il est même merveilleux avec eux. C'en est touchant. Il pense qu'il n'en fait jamais assez. Samedi, par exemple, le 29, c'était le quinzième anniversaire de Katie. Jos est arrivé avec un gâteau gigantesque. Il lui a offert le dernier livre d'Anthony Clare, non seulement signé, mais également dédicacé par l'auteur. Lorsqu'elle lut la page de garde, « À Katie, d'un psychiatre à une autre », j'ai cru que ses yeux allaient lui sortir de la tête.

— Ouaouh ! Merci Jos, c'est vraiment gentil !

— Il n'y a pas de quoi. Alors, tu as reçu beaucoup de cartes de vœux ?

Soudain, nous avons entendu le tintement de la boîte aux lettres et Graham s'élança, en jappant, vers le paillasson. Il y avait cinq cartes d'anniversaire pour Katie, quelques lettres pour Matt et une seule enveloppe marron pour moi. Je la regardai, frémis et la plaçai directement au-dessus de la chaudière avec toutes les autres enveloppes marron non ouvertes. Peter s'en occuperait lorsqu'il passerait. Puis le téléphone sonna. C'était ma mère. Elle appelait de Budapest sur son téléphone portable. Katie lui parla deux minutes, puis elle cria à Matt de venir.

— Matt ! Mamie veut te parler... Comme d'habitude. Mais tu vas devoir hurler, la ligne est très mauvaise.

Une fois de plus, je pensai que c'était vraiment agréable de voir ma mère si proche de Matt. D'ailleurs, elle lui parle plus qu'à quiconque ces derniers temps. On a l'impression qu'ils bavardent pendant des heures. Dans le jardin où Katie, Jos et moi étions assis, des bribes de conversation nous parvenaient. « Bolivie... gouvernement... Amazone... » Évidemment, Matt était passionné par l'Amérique latine. « Ours... prédateurs... braconnage... » Il s'énervait. Lui et Mamie étaient visiblement absorbés par une discussion sur la protection des ours en Hongrie. J'étais tellement heureuse que Matt soit enfin sorti de sa coquille... C'est pour ça qu'il s'est débarrassé de tous ses jeux d'ordinateur, parce qu'il s'est rendu compte qu'il avait passé l'âge, et qu'il rentrait dans le monde adulte.

« Nouvelle technologie... non », l'entendis-je dire. Peut-être qu'il sera journaliste, songeai-je joyeusement, étant donné sa nouvelle passion pour l'actualité. Puis il vint nous rejoindre dans le jardin tandis que nous savourions du café avec le gâteau d'anniversaire, dans la chaleur du soleil d'après-midi. Katie et Jos discutaient de Wagner et Graham était assis près de la plate-bande, en train de happer des abeilles.

— Graham ! l'avertis-je. Si tu te fais piquer, ne viens pas te plaindre à moi.

— Au moins, dans ce cas, il arrêtera, dit Katie. Ce sera une sorte de thérapie par l'aversion. Il apprendra à associer la piqûre avec les abeilles.

— Es-tu certaine qu'il soit aussi rationnel ? demanda Jos.

Pendant que cette conversation se déroulait, Matt avait sorti son tout nouvel ordinateur portable et il était en train de taper sur le clavier, avec une expression légèrement anxieuse.

— J'aimerais bien qu'on essaie un peu de thérapie par l'aversion sur Matt, plaisantai-je, pour que tu lâches un peu ton ordinateur. Écoute, puisque c'est l'anniversaire de Katie, est-ce que tu crois que tu pourrais le laisser se reposer ?

— D'accord, maman.

Tandis qu'il refermait le couvercle à regret, je réalisai soudain que je n'avais jamais vu cet ordinateur auparavant.

— Matt, dis-je posément, cet appareil. C'est nouveau ?

Il hocha la tête.

— D'où vient-il ?

— Euh, de nulle part, répliqua-t-il.

— Comment ça, de nulle part ?

— C'est vrai, maman. De nulle part, répéta-t-il, mais son visage avait viré au rouge vif.

— Matt, dis-je en abritant mes yeux du soleil, s'il te plaît, peux-tu me dire où tu as pris cet ordinateur ?

— Euh, je, euh... je ne me souviens pas.

— Mon chéri, il se trouve que je sais que les portables valent très cher, et que tu ne reçois que dix livres par semaine d'argent de poche. Alors j'aimerais que tu me dises comment tu l'as obtenu.

Matt avait viré à l'écarlate. J'avais presque pitié de lui. Mais j'étais déçue en même temps, parce que j'ai toujours appris à mes enfants à dire la vérité.

— Matt..., tentai-je à nouveau, d'une voix calme et posée pour ne pas l'humilier devant Jos. Matt, s'il te plaît, dis-moi simplement comment tu es arrivé à posséder un appareil aussi onéreux. Ce n'est pas papa qui te l'a acheté, n'est-ce pas ?

Il secoua la tête et rougit à nouveau. Et puis j'ai pigé. Évidemment. C'était Andie. Qu'est-ce que j'étais bouchée. Et elle était culottée. Elle recommençait à corrompre les enfants. N'importe quoi pour qu'ils soient de son côté. Mais Matt était trop gêné pour me le dire, parce qu'il savait que je serais blessée.

— C'est Andie, n'est-ce pas ?

Il se tut. Mais je n'allais pas laisser tomber.

— Est-ce que c'est Andie qui te l'a donné ? répétai-je. (Matt secoua la tête.) Alors je t'en prie, dis-moi qui.

— Non, je ne peux pas.

— Et pourquoi donc ? m'enquis-je.

— Parce que c'est un secret, expliqua-t-il. Excuse-moi, maman, dit-il en tripotant ses poignets de chemise, mais je n'ai vraiment pas le droit d'en parler.

— Matt, je suis ta mère, et je ne veux pas qu'il y ait un si gros secret entre toi et moi.

Il me regarda, puis fixa le sol, et je pouvais voir que les pointes de ses oreilles étaient rouge vif. Je commençais à me fâcher sérieusement, lorsqu'une pensée affreuse frappa mon esprit.

— Matt, j'espère que tu l'as obtenu honnêtement.

— Qu'est-ce que tu veux dire ?

— J'espère que tu n'as pas... non, tu ne ferais pas ça, pas vrai ? Tu ne volerais jamais quoi que ce soit.

— Non, bien sûr que non ! s'exclama-t-il, choqué. Ah, maman, quelle question !

— Matt, tentai-je à nouveau. Tu n'as que douze ans, tu possèdes un nouvel ordinateur très coûteux et tu refuses de me dire qui te l'a donné. Je veux savoir. Bon, je pense que c'est Andie, et si c'est le cas, tu dois le lui rendre, parce que je n'accepte pas qu'elle essaie de t'acheter comme ça.

— Sincèrement, maman. Elle ne me l'*a pas* donné. Et j'aimerais bien que tu me croies.

— Qui donc alors a pu te l'offrir ?

— Je n'ai pas le droit de le dire, maman, gémit Matt. Vraiment, c'est impossible.

Seigneur ! Il était au bord des larmes.

— Chéri, repris-je patiemment. Si Andie ne te l'a pas donné, et que papa ne te l'ait pas donné, et que moi je ne te l'aie pas donné, alors de qui s'agit-il ?

Il y eut un silence lourd de menaces.

— Matt, je crois que je suis sur le point de me fâcher. S'il te plaît, dis-moi.

Nouveau silence.

Et puis Jos dit :

— En fait, c'était moi.

Je regardai Matt. Il semblait aussi stupéfait que moi.

— J'étais en train de... mettre à jour mon système informatique, expliqua Jos, et j'ai réalisé que le portable que j'avais n'était pas... tout à fait ce dont j'avais besoin. Alors je l'ai offert à Matt.

— Ah, fis-je, abasourdie. Mais c'est très cher.

— Eh bien, quand ils sont d'occasion... ils ne valent plus grand-chose, expliqua-t-il en haussant les épaules. Et j'ai pensé qu'il pouvait... en avoir l'usage.

— C'est vrai, Matt ?

Il me fixa d'un œil vide sans rien dire. Donc c'était vrai.

— Pourquoi ne m'en as-tu pas parlé, Jos ? Je ne comprends pas.

— Parce que j'ai pensé que tu ne serais pas

d'accord, expliqua-t-il. Si tu ne veux pas qu'Andie offre aux enfants des cadeaux coûteux, alors cela s'applique aussi à moi. Je ne voulais pas que tu croies que j'essayais d'acheter tes enfants. Alors Matt et moi, on s'est mis d'accord pour qu'il ne dise rien. Je suis désolé d'avoir provoqué une dispute, ajouta-t-il. C'est la dernière chose que j'aurais souhaitée.

— Matt, dis-je en déglutissant péniblement, je te dois des excuses. Je suis désolée d'avoir douté de ta parole. Et tu as beaucoup de chance.

Matt acquiesça, muet.

— Et Jos, poursuivis-je, merci. C'était incroyablement gentil de ta part de lui donner ça.

Comment avais-je jamais pu douter de lui ? Un homme si merveilleusement généreux et attentionné ? Je pris sa main et la pressai avec gratitude, les yeux pleins de larmes.

Juillet

Des hauts et des bas. Voilà à quoi ça se résume. La météo, je veux dire. Et, en ce moment, on est au sommet de la crête. La température grimpe et le ciel est bleu foncé, sans même un soupçon de nuage. Les couchers de soleil sont écarlates ; le baromètre, au beau fixe. La petite bonne femme est sortie de ma « maison météo », et l'algue sur mon bureau est sèche comme du papier. En un mot, il fait chaud. Tous les signes, techniques et naturels, indiquent ce simple état de fait. Il fait chaud. Très chaud. Plus chaud tous les jours.

— Ouf ! fit Jos.

Il était debout dans ma baignoire, en short et en tee-shirt, en train de dessiner au crayon sur les murs. Il s'arrêta, puis passa la main sur son front.

— Torride, pas vrai ?

— Hum, dis-je rêveusement, en effet.

Le bras de Jos allait et venait comme un métronome, esquissant la cime recourbée d'un palmier. En quelques coups de crayon, une plage apparut, puis, au premier plan, un coquillage.

— C'est où ? demandai-je.

— Destination mystère, répliqua-t-il en se tapotant l'arête du nez.

— Allez, s'il te plaît, dis-moi.

— D'accord. C'est Parrot Cay sur les îles Turks et Caïcos. L'endroit que je préfère au monde. Une fois que cette peinture sera achevée, Faith, je t'y emmènerai.

— Quand ça ?

— Vers Noël, je pense. Hou, là, qu'est-ce qu'il fait chaud ! soupira-t-il en dessinant un oiseau solitaire dans le ciel. J'imagine que c'est ce qu'on appelle un front d'air chaud.

— Nan. C'est un anticyclone.

— Un quoi ?

— Une zone de haute pression, c'est tout. Les anticyclones créent un climat calme et sec, contrairement aux dépressions qui apportent vent et pluie. Et les anticyclones sont stables, expliquai-je. Ils peuvent rester au même endroit pendant des jours et des jours.

— Autrement dit, on en a pour un moment.

— Oui, en effet. D'ailleurs, cela s'annonce comme une sérieuse vague de chaleur. Mes bulletins météo vont être d'un monotone... « Bonjour, mesdames et messieurs. Encore une belle journée ensoleillée, alors mettez un chapeau au bébé, gardez le chien à l'intérieur et tartinez-vous de protection solaire indice 15 ! » Le beau temps m'emmerde, ajoutai-je piteusement, parce que je n'ai rien à en dire.

— Eh bien, moi, je ne me plains pas, dit Jos en sortant de la baignoire. Le plus chaud sera le mieux. Regarde ce ciel ! C'est comme un tableau de David Hockney ou d'Yves Klein. Tiens, pourquoi n'irait-on pas au bord de la mer ? suggéra-t-il en se reculant pour évaluer son œuvre. On pourrait emmener les enfants.

— Et Graham.

— Oui, soupira-t-il en s'épongeant la nuque. Mais seulement s'il est gentil avec moi.

— Tu entends, mon chou ? dis-je à Graham qui était étalé devant la porte. Si tu es gentil avec Jos et que tu promettes de ne pas le mordre, il va t'emmener au bord de la mer pour la journée.

Graham haussa un sourcil cynique, puis referma les yeux avec un soupir maussade.

— Et si on partait le week-end prochain ? proposa Jos. On pourrait aller jusqu'à Hastings ou Rye.

— Le 15 ? C'est le jour de la distribution des prix à l'école. Je dois me rendre dans le Kent.

— Tu aimerais que je vienne avec toi ? Pour t'apporter un soutien moral ?

— Je... enfin, bredouillai-je, légèrement prise au dépourvu. C'est très gentil de ta part, Jos, mais il vaudrait mieux que j'en parle à Peter avant.

Alors, ce soir-là je l'ai appelé. Tandis que je composais le numéro, je me rendis compte que je ne lui avais jamais téléphoné chez lui. Je tentai d'imaginer à quoi ressemblait son appartement. Les enfants avaient eu le tact de ne pas m'en parler, et je n'avais pas eu le courage de demander. Le décor était-il spartiate ou aménagé avec goût ? Et à quoi ressemblaient ses voisins ?

— Al-lô ?

J'entendis l'accent transatlantique d'Andie, et reçus un coup de poignard au ventre.

— Al-lô ? répéta-t-elle. Qui est à l'appareil ?

Je sentis mon visage s'enflammer.

— C'est la femme de Peter, dis-je froidement. Puis-je parler à mon mari, s'il vous plaît ?

Je fus aussitôt furieuse contre moi-même pour avoir demandé sa permission.

— Ouais, fit-elle de sa voix enrouée de fumeuse, c'est pour toi-oi !

Mon cœur battait si fort que je crus que Peter l'entendrait à l'autre bout de la ligne. Savoir qu'il était avec Andie était une chose. Entendre sa voix en était une autre. Comme j'étais stupide de lui avoir téléphoné chez lui, quand il y avait toutes les chances qu'elle soit là...

— Faith ! s'exclama Peter chaleureusement. (Son ton amical me prit au dépourvu.) Comment ça va ?

— Ça... ça va, répondis-je.

— Tu as l'air un peu contrariée.

— Non. Non, pas du tout.

— Alors tu m'appelles pour bavarder, c'est ça ?

— Non, fis-je sèchement. Non, ce n'est pas ça. Je t'appelle pour savoir si tu viens à la remise des prix, à l'école. C'est le 15.

— Oui, bien sûr que je viens. Pourquoi me poses-tu la question ?

— Parce qu'il y a des arrangements à faire. Et aussi, ajoutai-je prudemment, parce que je me demandais si j'allais emmener... Jos.

— Jos ? répéta-t-il. Ton amant ?

— Mon partenaire, le corrigeai-je d'un ton glacial et hautain.

— Ton partenaire ? Tiens, comme c'est

moderne. Alors tu envisages de l'amener ? Hum. Je ne suis pas sûr que ça me plaise. Je ne peux pas dire que cela m'enchante de porter les cornes toute la journée. Ah, oui ! s'exclama-t-il gaiement, comme s'il venait d'être frappé d'une illumination. Tu viens avec Jos, et je viendrai avec Andie. Qu'en dis-tu ? On formera un petit quatuor bien civilisé, s'enthousiasma-t-il. Ce sera marrant, non ?

— Non, ça ne fait rien, Peter. J'ai changé d'avis tout d'un coup.

Peu importe à quel point j'étais heureuse avec Jos en ce moment, je n'avais pas le courage de la voir, *elle*.

— Ah bon, fit-il avec un soupir théâtral. Alors on n'a plus qu'à y aller ensemble et à présenter un front uni. Tu peux prendre le train et me rejoindre là-bas, ou si tu préfères, tu peux venir en voiture avec moi... c'est toi qui vois.

Alors, samedi matin, je suis allée rejoindre Peter dans son appartement de Ponsonby Place. La maison blanche, sans balcons, était coincée dans une rangée de maisons identiques, dans une rue plutôt dénudée et sans arbres non loin de la Tate. Comparée à notre douillet pavillon d'Elliot Road, elle avait une allure chic mais sans âme. Je sonnai, entendis des pas rapides, puis soudain la porte s'ouvrit et il apparut. J'avais eu peur de voir Andie, debout derrière lui, affichant un air de propriétaire, mais, grâce au ciel, elle n'était pas là. Il y eut un moment de malaise lorsque Peter et moi nous sommes dit bonjour, sans savoir ce qu'il fallait faire. Quel est le protocole lorsqu'on est en plein milieu d'un divorce ? Une bise sur la joue ? Une poignée de main ? Un sourire diplomatique ? C'était comme si nous étions des acteurs dans une pièce que nous n'avions pas assez répétée – tout d'un coup, nous n'étions plus certains de nos répliques. Nous avons finalement opté pour des bises mondaines. Peter portait un costume en lin clair que je n'avais jamais vu, et une nouvelle cravate en soie Hermès. Il avait changé de look depuis notre rupture : jamais je ne l'avais vu aussi élégant. À son tour, il examina ma petite robe en lin Miu Miu.

— Tu es chic. Tu ne t'habillais pas comme ça, avant.

— Merci, répondis-je d'une voix hésitante, sans savoir s'il s'agissait ou non d'un compliment.

Nous échangeâmes des sourires maladroits, sans bouger du seuil.

— Tu veux monter ? dit-il.

— Pardon ?

— Tu ne veux pas voir mon appartement ? Ah.

— Oui. Pourquoi pas ?

Puis je regrettai immédiatement mes paroles, parce que je savais qu'il y aurait des traces d'*elle*. Ce serait horrible d'ouvrir la porte de la salle de bains et de voir les crèmes de soin d'Andie rangées sur l'étagère, ou de jeter un coup d'œil dans la chambre à coucher et de voir sa luxueuse chemise de nuit étalée sur le lit.

— Euh... en fait, ce n'est pas la peine, bégayai-je. Je, euh... une autre fois, peut-être.

Il eut l'air un peu déçu.

— Ah. Comme tu veux. Bon, dans ce cas, on y va ! lança-t-il avec un entrain factice. C'est la Rover bleue qui est garée là.

— Ça va, ton job ? m'enquis-je tandis qu'il actionnait l'ouverture électronique des portières.

— Oui. J'aurais pu avoir une Merco ou une BM, mais j'ai pensé qu'il fallait que je fasse appel à mon sens civique.

Il n'était que 10 h 30, mais le soleil tapait déjà et le ciel était à nouveau d'un bleu virulent. En traversant la Tamise, nous pouvions distinguer le miasme de pollution enveloppant la ville comme un linceul.

— C'est marrant de partir ensemble comme ça, tu ne trouves pas, Faith ? Il va sans dire que je prends en charge les frais d'essence.

— Merci, fis-je sèchement.

— C'est ma tournée. Cadeau de la maison. Gratis.

— Très aimable, dis-je en rabattant le pare-soleil pour me protéger du soleil.

— Tu ne trouves pas ça drôle ?

Je lui jetai un regard en coin. C'était la première fois que je me retrouvais seule avec Peter depuis qu'il avait déménagé. Il semblait d'humeur badine, ce que je trouvais vaguement énervant. Il avait l'air heureux. Plus heureux que d'ordinaire. Sans doute, me dis-je, soupçonneuse, parce qu'il s'amusait follement avec Andie.

— Qu'est-ce qu'on se marre ! s'exclama-t-il à nouveau en tapotant du bout des doigts sur le volant. C'est comme dans le bon vieux temps, non ?

— Pas vraiment, répliquai-je en chaussant

mes lunettes de soleil. Le bon vieux temps est envolé, à présent.

— Oui, concéda-t-il avec un soupir nostalgique. Oui. J'imagine que oui. Bon, on en est où, pour le divorce ? reprit-il d'un ton affable. Est-ce que tu me disputes la maison, ou est-ce que j'essaie d'avoir la garde des enfants ? Qui va avoir la collection de disques, et est-ce qu'on va entamer une partie de bras de fer pour Graham ?

Je refusai de répondre à ses facéties, expliquant d'un ton pincé :

— Je ne sais pas ce qui se passe sur ce front-là. Je n'ai pas de nouvelles de Rory Cheetham-Stabb depuis plusieurs semaines.

— Eh bien, moi j'ai fait ma part, Faith. J'ai signé l'accord, alors s'il y a du retard, ce n'est pas à cause de moi.

— On dirait que tout cela t'amuse.

— C'est de l'humour noir. Je me suis tout simplement résigné. Enfin, si tu veux divorcer je ne peux pas t'en empêcher, mais comme tu le sais, ce n'est pas mon choix.

— Ce n'était pas mon choix non plus que tu te casses avec ta chasseuse de têtes.

— Je ne me suis pas cassé avec elle, tu n'es pas juste.

— Non, mais tu as une histoire avec elle.

— C'est vrai, concéda-t-il tandis que nous entonnions à nouveau le couplet familier. Mais seulement depuis que tu m'as foutu à la porte.

— Oui. Mais je ne t'aurais pas foutu à la porte, comme tu le formules si élégamment, si tu n'avais pas eu une aventure.

— Ah, Faith, dit Peter tandis que nous prenions un virage, tout est tellement beau, logique et simple pour toi, n'est-ce pas ? Un plus un égalent deux.

— En tout cas, je sais qu'un plus un plus un égalent *trois*, rétorquai-je, et dans un mariage, c'est cinquante pour cent de trop.

— Tu sais, tes dons pour l'arithmétique sont stupéfiants. C'est toi qui devrais recevoir le prix de mathématiques aujourd'hui, pas Matt. De toute façon, reprit-il plus calmement, tu sembles être retombée sur tes pieds à une vitesse impressionnante. (Je ne répondis rien. Je savais que c'était vrai.) Bon, les enfants me racontent que ton nouveau mec, machin chose, M. Glyndebourne, produit du charme en quantités industrielles.

— Ils ont tout à fait raison, répliquai-je. Jos est charmant. Il est également attentionné, généreux et gentil. Tu sais, il a offert son vieil ordinateur portable à Matt. N'est-ce pas adorable ? Et aujourd'hui, il s'est porté volontaire pour garder le chien.

— Eh bien ça, c'est gentil de sa part.

— C'est très gentil de sa part, réitérai-je, d'autant plus qu'il n'aime pas spécialement Graham.

Il y eut un moment de silence pendant que Peter absorbait l'information.

— Qu'est-ce que tu veux dire par « il n'aime pas Graham » ? demanda-t-il calmement en changeant de vitesse.

— Écoute, Peter. Ce n'est pas parce que nous sommes fous de notre chien que tout le monde doit l'être.

— Mais Graham n'est pas n'importe quel chien, Faith. C'est un chien très spécial.

— Oui. Je sais. Mais Jos n'est pas du même avis. Et ce n'est pas vraiment étonnant, parce que Graham ne raffole pas précisément de lui.

— Ah bon ? Tiens, c'est intéressant. Et pourquoi pas, si je puis me permettre ?

— Je ne sais pas, répondis-je. Il est un peu... compliqué en ce moment. Katie pense que c'est peut-être à cause du divorce.

— Ou parce qu'il sait quelque chose que tu ne sais pas, suggéra Peter tandis que nous ralentissions au feu rouge. J'ai toujours pensé que ce chien était un génie, Faith, depuis le premier jour où il t'a suivie jusqu'à la maison. Alors Graham n'aime pas ton petit ami, gloussa-t-il. Eh bien. Qu'est-ce qu'il fait ?

— Oh..., fis-je, un peu gênée. Si Jos essaie, de, tu sais...

— Quoi ?

— Eh bien – sans vouloir entrer dans des détails trop personnels – de m'embrasser, alors Graham tente de le mordre.

— Je n'en suis pas étonné. Personnellement, je ferais la même chose.

— Aussi, dis-je en ignorant son commentaire, Graham mène une guerre psychologique contre lui. Il refuse ostensiblement d'être amical, et il est souvent froid et renfermé. Mais aujourd'hui, Jos a magnanimement fait fi de ses sentiments personnels pour me dépanner.

— C'est très aimable à lui.

— Oui. En effet.

— Ou alors, glissa Peter, il essaie de prouver à quel point il est un type formidable.

— Inutile d'être aussi cynique. Car Jos *est* un type formidable, tout simplement.

— Inutile d'être aussi susceptible, Faith. Je veux seulement dire que de passer volontairement plusieurs heures enfermé avec un chien qui n'a qu'une idée en tête, vous mordre, ça dépasse un peu les limites du devoir. Alors je dois dire que je me demande ce que Jos essaie de prouver.

— Il n'essaie pas de prouver quoi que ce soit, m'emportai-je. De toute façon, ce n'est pas nécessaire, parce qu'il sait que je le trouve formidable.

— Ah, vraiment, dit Peter d'un ton détaché. Il a de la chance, ce bon vieux Jos.

— Écoute, Peter. Je ne suis pas d'humeur à me disputer, de toute façon il fait bien trop chaud pour ça. Alors pouvons-nous, s'il te plaît, passer un accord et ne pas parler de nos partenaires respectifs ? Je promets de ne pas dire des vacheries sur elle, ironisai-je, si tu ne critiques pas Jos.

— D'accord. Marché conclu. Paix ? ajouta-t-il avec le sourire.

— Oui. Paix, acquiesçai-je.

Et j'étais sur le point de guider la conversation vers la zone plus neutre du nouveau travail de Peter lorsque soudain il mit son clignotant et prit à gauche pour s'arrêter dans une station-service.

— J'ai besoin d'essence. Ne bouge pas, j'en ai pour dix secondes.

Pendant qu'il faisait le plein, j'entrai dans la boutique. Je voulais de l'eau, des bonbons à la menthe, Polo et un journal. Le *Times* était épuisé, alors j'ai acheté le *Mail*.

— Et comment ça se passe à Bishopsgate ? m'enquis-je affablement quand nous avons redémarré.

— Très bien. C'est beaucoup plus commercial, évidemment, expliqua-t-il pendant que je lui offrais une pastille de menthe en réconciliation. Psychologie populaire, beaux livres et pas de fiction, ce qui me manque. Mais d'un autre côté, j'ai davantage de responsabilités, pas d'Oliver-de-terre, et beaucoup plus de blé.

— Ça, Rory Cheetham-Stabb va se charger de t'en soulager.

— Je n'en doute pas, grogna-t-il. Ainsi que de la maison. Dans la richesse et dans la pauvreté, ironisa-t-il. Mais c'est une promesse que j'ai faite pour le mariage, pas pour le divorce.

À ces mots, une vague de tristesse me submergea et je sentis ma gorge se serrer. Je regardai devant moi le long ruban perpendiculaire de l'autoroute qui se déroulait jusqu'à l'horizon, et je songeai que Peter et moi étions sur une route comme celle-ci, nous conduisant inexorablement vers le divorce. Nous y étions, pour de bon. Pas de sorties, pas de demi-tour possible. Un énorme rail nous séparait de la voie inverse. Ou plutôt, une réserve, songeai-je amèrement. Une réserve quant à la fidélité de Peter, que je savais ne jamais pouvoir surmonter. Nous filions sur l'autoroute pour aller voir les enfants comme si de rien n'était, alors qu'en réalité nous nous étions embarqués dans un processus qui allait nous séparer définitivement dans moins de six mois. C'était surréaliste. Aussi irréel que les mirages ondulants créés par la chaleur sur le bitume. Je poussai un soupir douloureux.

— Bon, on dépasse Maidstone, dit Peter après un moment. Tu peux guetter Nettlebury Garden ? Je rate toujours le virage. Faith, aide-moi à surveiller les panneaux d'affichage, s'il te plaît ? Faith ? Tu m'écoutes ?

Je ne l'écoutais pas. J'étais en train de lire le journal et je venais de tomber sur la page des potins. La moitié supérieure était occupée par une photo de Rory Cheetham-Stabb, sur une plage tropicale, un sourire torve aux lèvres et une blonde pulpeuse au bras. Voilà pourquoi je n'avais pas eu de ses nouvelles ces derniers temps – il était en vacances dans sa villa de Moustique. Puis, je baissai les yeux et à ma stupéfaction, je découvris une autre photo, beaucoup plus petite, de Peter et moi, légendée : *La miss météo, Faith Smith, au temps du bonheur.*

— Voici le panneau, fit Peter en ralentissant. Tu ne dis plus rien, Faith. Faith ?

Je ne répondis pas. Je lisais l'article, avec une indignation croissante. *Faith Smith d'*AM-UK ! *divorce de son mari Peter. La jolie miss météo a avoué à des amis qu'elle en « avait assez » de ses manies de coureur de jupons. Reste à savoir ce que les nouveaux patrons de Smith penseront de ses problèmes conjugaux. Et qu'adviendra-t-il de sa place au sein du Comité d'éthique familiale du gouvernement ? Peut-il honnêtement continuer à y siéger ? Pour certains, Smith n'a qu'une chose à faire, démissionner.*

— Faith, qu'est-ce qui se passe ? s'inquiéta Peter tandis que nous franchissions les grilles en fer forgé de l'école. Qu'est-ce qu'il y a ?

Il se gara.

— Regarde ça.

Je lui tendis le journal, ses yeux parcoururent la page et son expression détendue se transforma.

— Mais quel est le *salaud* qui a fait ce coup-là ? Je vais lui faire un putain de procès. Coureur de jupons ? s'indigna-t-il. Je ne suis pas un coureur de jupons – je t'ai été fidèle pendant quinze ans ! Merde, qui peut bien être derrière tout ça ?

— Je n'en sais rien, dis-je en prenant ma veste et mon sac à main sur la banquette arrière. Mais j'ai ma petite idée.

— Ah oui ? Qui ?

— Eh bien, moi, je crois que c'est Andie, avançai-je prudemment.

— Andie ? Impossible !

— C'est elle, répétai-je calmement. En tout cas, cela serait logique.

— Faith, dit fermement Peter, je sais que tu ne l'aimes pas, mais ça n'a aucun sens.

— Mais si, insistai-je, même si j'admets qu'il s'agit d'une logique un peu tordue. Mais elle... (Je déglutis. Il m'en coûtait de le dire.) Elle veut t'épouser, n'est-ce pas ? Enfin, j'imagine que c'est son objectif.

Je regardai Peter et il détourna les yeux pour fixer un point au loin.

— Et comment ce type de comportement, demanda-t-il en pinçant les lèvres, pourrait-il l'aider à atteindre cet objectif ?

— Rory Cheetham-Stabb pense que c'est une manière subtile de mettre de la pression sur toi. Il pense – et je suis d'accord avec lui – que c'est elle qui a donné les infos à *Hello !*

— Mais pourquoi ? Je ne comprends toujours pas.

— Parce que, si ton divorce te rend la vie difficile à Bishopsgate – à cause des échos négatifs de la presse –, alors Andie peut discrètement leur assurer que ta vie personnelle sera bientôt à nouveau « normalisée » – avec elle.

— Faith, Rory Cheetham-Stabb se sert de son postérieur élégamment costumé pour réfléchir. Il ne connaît rien aux termes de mon contrat. Ce n'est pas parce que je divorce qu'ils vont me mettre à la porte, c'est évident. Si c'était une contre-indication d'emploi, la moitié du personnel devrait démissionner. Ces potins ne sont que des spéculations vicelardes, qui n'ont aucun fondement dans la réalité. De toute façon, reprit-il en verrouillant la voiture, si j'étais viré avant la fin de ma première année, Andie devrait rembourser une grande partie de ses honoraires. Cheetham-Stabb se trompe, Faith. Le seul but de cette perfusion de rumeurs empoisonnées, c'est de me nuire et de me discréditer. Mais la question, c'est de savoir qui fait ça, et pourquoi ?

— Je n'en sais rien.

— Enfin, qui m'en voudrait au point d'être aussi vindicatif et minable ?

Qui, en effet ? me demandai-je. Qui ? Et puis j'ai trouvé. C'était évident.

— Oliver-de-terre.

— Oliver ? répéta Peter. Non ! Bien qu'il soit certainement assez pervers pour le faire, et qu'il ait manifestement une dent contre moi.

— Je crois que c'est toujours le cas.

Je lui rapportai les remarques insidieuses d'Oliver lors du cocktail en juin dernier.

— Hum. Voilà qui est intéressant. Alors il m'a toujours dans le collimateur.

— On se demande bien pourquoi, maintenant qu'il a obtenu ce dont il avait toujours rêvé, à savoir ton départ et ton poste.

Peter ne répondit rien. Il regardait de nouveau au loin. Il fait toujours ça quand il réfléchit.

— Alors pourquoi est-ce qu'Oliver voudrait te faire du tort, repris-je, alors que tu n'es plus une menace pour lui ?

— Je me le demande. Mais je crois que tu as mis dans le mille. Oui, ajouta-t-il, pensif, je crois vraiment que tu as raison. En tout cas, qui que ce soit, je vais le démasquer. Hum. Oliver-de-terre, répéta-t-il. En fait, c'est une idée plutôt intéressante... Bon, allons retrouver Katie et Matt.

Nous traversâmes le champ qui servait de parking, le gazon desséché craquant sous nos pieds, et, tandis que nous passions sous le portail de l'école, je lus la devise de Seaworth, gravée sur le linteau. *Garde ta Foy*. Eh bien moi, j'avais bien gardé ma foi, songeai-je. J'avais été fidèle pendant quinze ans. Et cela, je le savais, serait la dernière fois que Peter et moi venions ici en tant que mari et femme. À la même époque, l'année prochaine, nous serons divorcés. Malgré la canicule, un petit frisson me parcourut à l'idée que ma vie avait pu changer aussi vite. Puis je m'obligeai à ne plus y penser, parce que j'avais repéré les enfants. Malgré son expression légèrement anxieuse, Matt avait l'air très mûr. Il était probablement nerveux parce qu'il allait devoir monter sur l'estrade pour recevoir son prix. Katie était très chic dans la robe en lin vert que nous lui avions achetée chez Hobbs. Ils nous conduisirent sous un énorme chapiteau, dressé sur la pelouse principale pour le déjeuner buffet. En circulant dans la foule, je remarquai quelques visages familiers. Nous avions déjà croisé les Dobbs à une ou deux reprises ainsi que les Black, puisque leurs enfants étaient dans la même résidence que les nôtres. J'avais aussi rencontré les Thompson, à la représentation théâtrale de fin d'année. Leur fils Jimmy était dans la même classe que Matt. Je souris aux Dobbs ; à mon grand étonnement, ils ne me rendirent pas mon sourire.

— Peter, chuchotai-je tandis que nous faisions la queue devant le buffet, est-ce que je rêve, ou bien les Dobbs nous snobent ?

— Bizarre que tu m'en parles, répliqua Peter. David Black vient de me snober aussi.

— Est-ce à cause de ces ragots dans le *Mail* ?

Il haussa les épaules.

— Je ne vois pas pourquoi. Car, enfin, des tas de gens ici sont divorcés.

Je regardai autour de moi. C'était vrai. Il y avait le chanteur de rock, Rod McShagg, qui avait déjà été marié trois fois. De l'autre côté du chapiteau l'actrice Sheryl Love était accompagnée de son quatrième époux. Et ce type, là-bas, un célèbre producteur de disques – j'avais découvert sa pittoresque vie privée dans *Hello !* Alors pourquoi diable les gens nous tourneraient-ils le dos ?

— Bonjour, madame Thompson, dis-je à une dame mal fagotée dans son tailleur lilas. Ravie de vous revoir.

— Je suppose que Matt est fier de lui, répliqua-t-elle avec un drôle de petit sourire.

— Matt ? répétai-je, décontenancée.

— Oui. Matt.

— Ah... vous voulez dire parce qu'il remporte le prix junior de mathématiques ?

Elle émit un ricanement et tapota sa permanente rigide.

— Je ne vois vraiment pas pourquoi on le lui donne.

Ma bouche s'ouvrit et se referma à la manière d'un poisson.

— Je crois que c'est parce qu'il est doué pour les maths.

Mme Thompson me décocha un sourire méprisant, puis s'éloigna. Quelle méchanceté... Pourquoi avait-elle été si acerbe ? Puis je compris. Bien *sûr*. Elle était jalouse, parce que son fils, Johnny, n'allait recevoir aucun prix. Pour l'amour du ciel, jusqu'où peut aller la mesquinerie ! Matt n'est pas responsable de la médiocrité de Johnny...

C'était au tour des Ellis-Jones de nous dévisager bizarrement, tandis que nous grignotions nos quiches froides. Je commençais à me sentir un peu agacée. J'avais bien trop chaud sous ma veste. Malgré ma contrariété, je décidai de me comporter comme si rien ne clochait.

— Bonjour, madame Ellis-Jones, fis-je d'un ton dégagé. (Puis je me tournai vers son fils, un ado boutonneux de seize ans.) Bonjour, Jack. Comment vas-tu ?

— Je... ça va, bredouilla-t-il. Vu les circonstances.

Vu les circonstances ? Qu'est-ce que cela pouvait bien vouloir dire ?

— Tu as des projets de vacances ? m'enquis-je poliment.

— Non. Plus maintenant. *Avant*, oui, grogna-t-il. J'avais économisé pour voyager en Europe avec Tom North. Mais maintenant, je n'en ai plus les moyens.

— Mon pauvre Jack, dis-je. Comme c'est dommage !

Pourquoi me racontait-il tout ça ?

— Katie, chuchotai-je, je ne peux pas m'empêcher de sentir que nous ne sommes pas vraiment populaires aujourd'hui.

— Hum, fit-elle. En effet, nous recevons de mauvaises vibrations. Il y a une hostilité de groupe envers nous. Je pensais bien que ça risquait d'arriver.

— Qu'est-ce que tu veux dire ?

— Eh bien, maman, dit-elle pensivement en glissant une fraise entre ses lèvres, je crois qu'il y a quelque chose que tu devrais savoir.

— Qu'est-ce que je devrais savoir ? De quoi parles-tu ?

Je n'eus pas le temps de le découvrir, parce qu'au même moment une cloche a sonné. Nous avons tous été invités à rentrer pour écouter les discours. Les enfants se regroupèrent à l'avant de la salle, tandis que les parents s'asseyaient au fond.

— Peter, chuchotai-je alors que nous nous installions, je trouve l'ambiance assez tendue.

— Mmm. Tu as raison. Il se passe assurément quelque chose de bizarre, ou alors c'est simplement la chaleur.

Je me mis à m'éventer avec le programme qui répertoriait les noms de tous les lauréats. Je ressentis une pointe d'orgueil maternel en découvrant le nom de Matt vers la fin. Maintenant, le directeur montait sur le podium pour faire son discours annuel.

— Au cours de la dernière année... progrès... esprit communautaire... résultats de cricket... excellent... malheureusement... expulsions... perspective... substances illicites... violence... nouvelle aile pour la science... cher... manque à gagner... très apprécié... seau. Et maintenant, ajouta-t-il chaleureusement, la remise annuelle des prix, pour laquelle nous sommes profondément reconnaissants à tous nos bienfaiteurs, dont la générosité a rendu possible la présentation de ces prix de grande valeur. Nous sommes tout particulièrement reconnaissants à M. Bill Gates d'avoir doté le nouveau prix junior de mathématiques d'un splendide bon d'achat de livres !

Nous applaudîmes tous consciencieusement. Puis le directeur se racla la gorge et annonça les lauréats.

— Le prix Sean « Puffy » Combs de grammaire est attribué à Caroline Day.

Une grande fille mince aux cheveux noirs alla recevoir son bon d'achat, puis revint à son siège sous une pluie d'applaudissements.

— Le prix Tracey Emin de peinture est attribué à Laetitia Banks.

Nous fîmes une ovation à la petite Laetitia, haute comme trois pommes, lorsqu'elle serra la main du directeur.

— Le prix Mark Thatcher d'orientation revient à Rajiv Patel.

Nouveaux applaudissements et le garçon s'avança, fanfaron, les mains dans les poches, jusqu'au podium.

— Et le prix Archer d'art dramatique est attribué à Britney Scott.

Nous approuvâmes tout aussi bruyamment quand Britney Scott reçut son prix.

— Le prix Al Fayed de science politique – celui-ci est en argent liquide – est décerné à Mary Ross.

Mes mains picotaient à force d'applaudir.

— Le prix Barbara Windsor d'élocution est attribué à Jennifer Johns. Et le prix de rhétorique Ken Livingstone va à Barbara Jones. Et enfin, dit-il tandis que nous applaudissions à nouveau, le prix de mathématiques Bill Gates est remis à Matthew Smith.

Peter et moi battîmes des mains avec enthousiasme quand Matt se leva de son siège. Mais, lorsqu'il monta sur l'estrade, nous nous sommes rendu compte que nous étions les seuls. La salle était entièrement silencieuse, et l'écho de nos applaudissements rebondissait sur les murs. Quelle grossièreté ! J'avais applaudi les enfants de tous les autres parents, me dis-je, indignée, alors pourquoi ne pouvaient-ils pas le faire pour le mien ? Mon visage brûlait d'une fureur difficile à réprimer, quand, enfin, ils s'exécutèrent. Dieu merci ! Ils avaient mis un peu de temps à réagir, voilà tout. Puis je pris conscience qu'il ne s'agissait pas d'applaudissements de politesse ou d'appréciation. Loin de là. Ils tapaient lentement dans leurs mains. Je vis le visage pâle de Matt s'empourprer. Clap, clap, clap, faisaient-ils. Clap. Clap. Clap. Cela devenait plus fort et plus rythmique. Puis, à ma grande horreur, quelqu'un le hua. On entendit des cris : « On s'en fout ! », « Virez-le ! »

Et le directeur, voyant la tournure que prenaient les événements, rappela l'assistance à l'ordre.

— Nous devons applaudir nos lauréats dans un esprit de générosité. Matt est un jeune mathématicien très doué. Très doué, en effet. Bien que certains de ses calculs ne se soient pas révélés aussi exacts qu'on l'aurait souhaité.

— Ça, c'est le moins qu'on puisse dire ! lança quelqu'un au troisième rang.

— Et bien que certains des calculs récents de Matt aient été complètement erronés...

— C'est à moi que vous dites ça ?

— Nous sommes certains, reprit le directeur d'un ton bienveillant, que sa récente série de malchances n'est qu'une... anomalie passagère.

— Putain, il a intérêt ! s'écria Johnny Thompson. Il m'a fait perdre trois cents balles.

Quoi ?

— Et moi, cinq cents, dit une fillette derrière nous.

— Moi, six cent cinquante livres, dit Jack Ellis-Jones. J'allais faire le tour de l'Europe avec ça.

— Je crois, en effet, qu'il peut retravailler ses pourcentages, avança prudemment le directeur. Mais je suis sûr qu'il y parviendra au cours du semestre prochain. Et nous sommes certains qu'il sera à même d'aider le trésorier à lever des fonds pour la nouvelle aile consacrée aux sciences.

— Peut-on nous dire ce qui se passe ? souffla Peter.

— J'aimerais le savoir.

— Et félicitations à tous les lauréats, conclut le directeur.

Matt descendit du podium, l'air penaud. Peter et moi nous faufilâmes jusqu'à lui à travers la foule. Il était assis, la tête baissée, au premier rang.

— Matt, qu'est-ce que c'est que cette histoire ? chuchotai-je. Que s'est-il passé ?

— Ce n'est pas ma faute, marmonna-t-il en tripotant son bon d'achat. Je les avais avertis qu'il y avait un risque.

— Qu'est-ce que cela signifie ? (Il resta silencieux.) Katie, repris-je, veux-tu s'il te plaît nous expliquer ce qui se passe ? Matt a fait quelque chose de mal ?

— Non, répondit-elle posément. Seulement quelque chose de risqué. Il a... spéculé, c'est tout.

— Les courses de chevaux ! m'étranglai-je.

— Bien sûr que non, dit-elle. Le marché boursier. Il a gagné des tonnes d'argent au début. Il a fait toute une série de bons coups. Il se débrouillait tout seul avec son ordinateur.

— Tu investissais en bourse ? Et comment, je te prie ? Et avec quoi ? Matt, où as-tu pris l'argent ? Nous ne te donnons que quatre-vingts livres par trimestre.

Il soupira et parla enfin.

— J'ai vendu mes CD-roms, fit-il d'une petite voix. Et j'ai créé un site web et j'ai fait de la pub. J'ai gagné près de deux mille livres.

— Deux mille livres ! s'exclama Peter.

— Tu m'as fait croire que tu les avais tous donnés à une organisation caritative ! protestai-je.

— Non. Je les ai tous vendus, à vingt livres pièce... ce n'est pas cher, tu sais. Les gens me passaient leurs commandes par e-mail et puis ils m'envoyaient de l'argent liquide.

Ah. Voilà pourquoi il recevait autant de courrier.

— Et tu as investi tout cet argent en valeurs et en titres ? demandai-je, incrédule.

— C'est cela.

— Mais tu es trop jeune, fit remarquer Peter. Tu ne peux pas jouer en Bourse avant l'âge de seize ans. D'ailleurs, tu es même trop jeune pour avoir un compte bancaire. Alors comment as-tu fait ? (Matt fixa le parquet.) Comment as-tu fait ? insista gentiment Peter. Et où as-tu mis l'argent ? S'il te plaît, dis-le-nous, Matt. Nous promettons de ne pas nous fâcher.

— Eh bien...

Matt nous regarda d'un air suppliant. Je pouvais constater qu'il était au bord des larmes.

— Je ne peux pas vous le dire. C'est un secret.

Une grosse larme roula sur sa joue.

— Nous ne voulons pas que tu gardes un si grand secret pour toi, dis-je. Nous aimerions que tu nous avoues la vérité.

— Écoute, maman, je ne peux pas. C'est juste que... je ne peux pas.

— Pourquoi ?

— Parce que j'ai promis à Mamie.

— Mamie ?

S'apercevant de sa gaffe, Matt rentra sa tête dans les épaules.

— Oui, Mamie, gémit-il. L'argent allait sur son compte. Elle m'a aussi donné deux mille livres, alors nous en avions quatre mille à investir. Je lui ai fourni toutes les indications, elle a fait les opérations, et nous avons partagé les profits en deux.

— Tu es en train de me raconter que Mamie t'a encouragé à jouer en bourse ?

— Enfin, non, pas vraiment. On faisait ça à deux.

Maintenant je comprenais pourquoi elle était toujours pressée de lui parler.

— Elle lui a même acheté un ordinateur portable, ajouta Katie. Pour qu'ils puissent plus facilement rester en contact.

— C'est Mamie qui t'a acheté ça ? m'étranglai-je. Je croyais que Jos te l'avait offert. Je croyais que c'était un vieil ordinateur.

— Ah non, fit Katie en secouant la tête. C'est un Powerbook flambant neuf, dernier modèle.

Pourquoi Jos m'avait-il menti ? Pourquoi diable avait-il déclaré que c'était lui qui l'avait offert à Matt ?

— Combien d'argent as-tu gagné ? demandai-je calmement.

— Au début, beaucoup, renifla-t-il. J'ai fait un profit de cinq cents pour cent.

— Et ça se monte à combien ?

— Vingt mille.

— Bon sang !

— Certains des grands l'ont appris, expliqua Katie, alors ils lui ont demandé de leur refiler des tuyaux.

— Je ne voulais pas, protesta Matt. Mais Ellis-Jones et Thompson, qui sont responsables de la discipline, m'ont obligé à leur dire quelles actions acheter. Au début, ils ont gagné plein d'argent eux aussi, sanglota-t-il. Mais ensuite, toutes les actions des start-up d'Internet se sont effondrées.

— Les start-up ? s'exclama Peter. Tu aurais pu aussi bien acheter des billets de loterie.

— Je sais. C'est ce que je leur ai expliqué. J'ai soutenu qu'il fallait quitter ce secteur. Je me suis orienté vers les mines d'argent boliviennes pendant un moment, mais ça n'a pas été fameux non plus. Après, on a essayé les récoltes de soja. Mais ils ont prétendu qu'ils voulaient acheter des actions « point.com » et les garder. Alors, ils ont été furieux quand elles se sont effondrées. Jusque-là nous nous en étions bien sortis.

— Je vois, soupirai-je.

En effet, je voyais le topo, clair comme de l'eau de roche. Je voyais à présent comment ma mère avait pu s'offrir toutes ses fabuleuses vacances, et pourquoi les autres parents avaient été aussi hostiles à notre égard. Je comprenais pourquoi Matt recevait autant de courrier, je comprenais aussi que sa nouvelle passion pour l'actualité n'était pas tout à fait ce qu'elle semblait. Et je voyais rouge, parce que ma mère avait encouragé Matt à jouer au lieu d'étudier.

— Ellis-Jones et Thompson se sont vraiment fâchés, continua Matt. Ils ont dit que c'était ma faute.

— Combien avaient-ils misé ?

— Cent. Et ça a monté à plus de six cents, puis c'est retombé presque au même niveau qu'au début. Mais je les avais avertis que ça pouvait arriver. Ce n'est pas comme s'ils ne savaient pas.

— Bon sang ! fit Peter d'une voix douce. Alors tu jonglais avec les dettes. Eh bien. Tout s'explique.

— Pas tout à fait, intervint Katie. Le directeur s'y était mis aussi. Pour la nouvelle aile. Ils essayaient de récolter trois millions, mais ils ont beaucoup perdu eux aussi.

Vu les circonstances, nous décidâmes de ne pas rester pour le thé. Les enfants sont allés chercher leurs valises et nous sommes rentrés à la maison. L'idée de tout le travail scolaire que Matt avait raté m'effrayait rien que d'y penser. Pendant le trajet du retour, nous sommes restés silencieux. Évidemment, il fallait tout arrêter. Nous allions devoir écrire aux parents et présenter nos excuses, et – quelle horreur ! – nous allions devoir les rembourser. J'allais devoir engueuler maman. Et puis savoir pourquoi Jos m'avait menti à propos de l'ordinateur. Ça n'avait aucun sens. Est-ce qu'il serait encore là à notre retour ? Il n'y était pas. J'en fus passablement soulagée. Le mensonge à propos du portable m'avait troublée et je n'étais pas prête à le présenter à Peter pour l'instant. De toute façon, j'étais complètement lessivée.

Lorsque je tournai la clé dans la porte, Graham s'élança comme une fusée. Il était tellement fou de joie de voir Peter qu'il le plaqua pratiquement au sol. Il pleurait, il chantait presque de joie quand Peter s'est mis à quatre pattes.

— Salut, Graham, mon chéri. Je t'ai manqué ? (Graham lui lécha les oreilles en couinant.) Tu aimes bien avoir toute ta famille ensemble ? C'est ça ? Tout ton petit monde ?

— Oui, confirma Katie. Exactement.

— Bon, dit Peter. Où est Jos ? (Il prit l'air offusqué.) Ah, Graham ! Tu n'as pas... hein ? C'est vilain ça, je crains que maman ne soit très fâchée. Faith, me lança-t-il alors que je me dirigeais vers la cuisine, je crains que Graham n'ait malheureusement mangé Jos.

— Et non ! répliquai-je, guillerette, en lisant le mot que Jos avait laissé sur la table.

— Honnêtement, Faith, je crois que Graham l'a mangé. Il a son air coupable.

— Jos est vivant et en pleine santé, répliquai-je. Il est parti il y a une demi-heure.

Il avait laissé plein d'eau à Graham, et quelques biscuits restés intacts. Mais, maintenant, ravi de notre retour, il vint inspecter son bol. Peter le suivit dans la cuisine et se tint dans l'encadrement de la porte, tel un beau portrait.

— Tu aimerais dîner avec nous, Peter ? demandai-je.

— Oui, j'aimerais beaucoup.

— Génial.

— Mais, hélas, je ne peux pas.

Ah.

— Quel dommage, fis-je d'un ton dégagé. Et pourquoi donc ? ajoutai-je alors que, bien sûr, je le savais.

— Eh bien, parce que Andie m'attend. (Je hochai la tête.) Je lui ai dit que je serais rentré à la maison avant 20 heures.

— Mais tu *es* à la maison, fit remarquer Katie.

— Et oui, lâcha-t-il tristement. En un sens.

Il me regarda et sourit. C'était un sourire de résignation. Nous n'étions qu'à quelques centimètres l'un de l'autre, mais pourtant si éloignés...

— Bon, repris-je gaiement, on ne va pas te retarder. Merci de m'avoir enlevée... je veux dire emmenée, là-bas. Je veux dire... de m'avoir accompagnée. Oui, c'est ça : accompagnée.

Je jetai un coup d'œil à Katie, qui me lançait l'un de ses regards sagaces – ma fille commençait sérieusement à m'énerver ! Peter embrassa les enfants et froissa les oreilles de Graham. Puis, à mon grand étonnement, il m'enlaça, me serra maladroitement contre lui, et pressa, un instant, sa joue contre la mienne.

— À la prochaine, murmura-t-il.

— Oui. À la prochaine.

— À la prochaine, répéta-t-il. Quinze ans, ajouta-t-il avant de tourner les talons et sortir.

Tandis que j'écoutais le bruit de ses pas décroître, je fus submergée d'une grande vague de regret. Je sus que Graham l'éprouvait aussi. Parce que, après le départ de Peter il s'est assis à la fenêtre, à regarder dehors. Et il est resté comme ça pendant très, très longtemps.

Juillet, suite

Ce matin-là, je laissai Jos profondément endormi dans mon lit pour assister à la messe de 8 heures. J'avais besoin de réfléchir tranquillement aux récents événements, ainsi qu'aux principes de culpabilité – et de pénitence.

— Afin de nous préparer à célébrer la messe, dit le prêtre, rappelons-nous nos propres péchés.

Je songeai plutôt à ceux de ma mère et à la conversation téléphonique houleuse que nous avions eue.

— On ne faisait que s'amuser ! avait-elle protesté.

— S'amuser ! m'étais-je exclamée.

— Eh bien, c'était un défi passionnant pour Matt, et puis c'était notre petit secret, à lui et moi.

— Tu m'étonnes ! Je ne peux pas imaginer que papa aurait approuvé s'il avait su. Et tu connais mes opinions sur le boursicotage. Autant aller au casino !

— Chérie, jouer en bourse n'est pas risqué, fit calmement observer ma mère, tant que l'on sait ce qu'on fait.

— Manifestement, Matt ne savait pas. Comment aurait-il pu savoir ? Il n'a que douze ans. Je n'arrive pas à croire que tu aies pu exploiter ton propre petit-fils pour des gains financiers.

— Je ne l'ai pas fait pour gagner de l'argent, Faith, assura-t-elle avec sincérité. Je n'avais pas la moindre idée que nous gagnerions autant. J'ai simplement pensé que ce serait bon pour lui.

— Ah oui ?

— Que ça pourrait enrichir son éducation. Enfin, pour réussir il faut être au courant de ce qui se passe dans le monde. Il connaît tout de la politique bolivienne, maintenant, ajouta-t-elle avec enthousiasme, et sur les récoltes de soja aux USA.

— Oui, mais il ne connaît rien d'utile, répliquai-je. Il est très en retard en latin, et son grec est déplorable. Quant au français et à l'histoire, ajoutai-je, il est quasi nul. Je suis furieuse, maman.

— Je suis désolée, Faith. Vraiment. Mais j'ai trouvé une façon de tout arranger.

Alors, la semaine dernière, elle et papa ont emmené les enfants en France pour un mois. Ils ont loué un petit gîte rural près de Bordeaux pour que Matt puisse améliorer son français, et maman va l'aider à se rattraper dans les autres matières. C'est sa pénitence. Elle est excellente, d'ailleurs, me dis-je tandis que nous inclinions nos têtes pour prier, et bien plus amusante que de réciter un paquet de « Je vous salue Marie » et de « Notre Père ». Les enfants étaient enchantés de cette perspective, et j'étais contente moi aussi – d'autant que cela me donnait l'occasion de passer davantage de temps avec Jos. Car j'avais mal digéré l'histoire du portable. J'étais furieuse qu'il m'ait menti. Mais quand, enfin, j'ai compris pourquoi il m'avait menti, j'ai été submergée d'affection et de gratitude.

— Tu vois, Faith, avoua-t-il après le jour de la remise des prix, je me suis énormément attaché à Matt. C'est un môme tellement formidable – ils le sont tous les deux d'ailleurs – et je n'ai pas supporté de le voir en détresse. Évidemment, je n'avais aucune idée de la provenance du portable, mais quand j'ai vu que Matt était acculé, j'ai prétendu qu'il venait de moi.

— Et Matt n'allait pas te contredire, renchéris-je, parce que tu venais de lui sauver la mise.

Il hocha la tête.

— Mon chéri ! m'exclamai-je en me jetant à son cou. Tu as protégé mon fils. C'est si merveilleusement gentil et désintéressé de ta part.

Il se contenta de me regarder en souriant. Oui, Jos m'avait menti, mais il m'avait menti pour une excellente raison.

Cela dit, Katie propose une interprétation beaucoup plus cynique de l'incident. Elle prétend que Jos a couvert Matt pour que je contracte une dette affective envers lui. Je lui ai aussitôt opposé qu'il s'agissait d'une théorie ridicule, parce qu'il ne pouvait pas savoir que je découvrirais la vérité.

— Écoute, maman, Jos savait qu'il gagnait sur tous les tableaux. Soit il était le généreux donateur du portable ; soit le petit ami dévoué qui couvre noblement les « péchés » du fils de sa copine. C'est fou ce qu'il ne doit pas se sentir à la hauteur, ajouta-t-elle d'un ton prosaïque. Il est prêt à tout pour se faire aimer.

— C'est très mesquin de ta part, dis-je,

contrariée. D'autant plus qu'il t'a offert un livre hors de prix pour ton anniversaire – et un énorme gâteau. Rien ne l'y obligeait, pas vrai ?

— C.Q.F.D., maman.

Je dois reconnaître que le cynisme de Katie me déprime plutôt, surtout chez quelqu'un d'aussi jeune. Mais, une fois assise sur le banc de l'église, toute la tension des derniers jours se retira de moi, comme la marée. Le soleil se déversait par les vitraux, éparpillant des rayons rouges, or et bleus, comme les fragments d'un arc-en-ciel brisé.

— Dieu soit avec vous, entonna le prêtre, paumes vers le ciel.

— Et avec votre Esprit.

— La messe est finie. Allez en paix.

Et j'allai en paix. Pour une fois, tout était pour le mieux dans le meilleur des mondes. Peter devenait raisonnable : nous étions parvenus à établir des relations plus civilisées. Peut-être pourrions-nous devenir des « a-partenaires », songeai-je, optimiste. Comme Mick Jagger et Jerry Hall. Ma mère tentait de se racheter en emmenant les enfants faire un superbe voyage ; et je vivais une histoire d'amour, de plus en plus sérieuse, avec un homme talentueux, dévoué et gentil. Je jetai un coup d'œil à ma montre en tournant à droite sur Elliot Road. Il n'était que 9 h 50. Jos devait être encore au lit. Nous aurions tout juste le temps de prendre un petit déjeuner, avant de partir en voiture pour Windsor assister au match de polo. Lily nous avait invités au club Cartier – je n'y étais jamais allée. Oui, tout allait pour le mieux dans mon monde, me dis-je en ouvrant joyeusement la grille du jardin. Je fus étonnée d'entendre des éclats de voix. Ou plutôt, une voix. Je glissai la clé dans la serrure et montai à l'étage. Dans ma chambre, encore en pantalon de pyjama, Jos me tournait le dos.

— Mais c'est quoi, ton problème, au juste, Graham ? hurlait-il tandis que je restais comme tétanisée. C'est quoi, ton putain de *problème* ? Hein ? (Graham le considérait avec une expression de dédain distant.) Pourquoi tu ne m'aimes pas ? Pourquoi ? criait Jos, les poings sur les hanches. Tous les autres m'aiment. Mais pas toi. Il faut que tu sois différent. Et je ne sais pas pourquoi tu ne m'aimes pas, espèce de clébard idiot ! Parce que moi, j'ai été très gentil avec toi ! (Graham continuait de le scruter d'un regard froid et méprisant. Ce qui ne fit qu'aiguillonner la colère de Jos.) Mon gars, toi, tu as des problèmes, ajouta-t-il avec véhémence en secouant la tête. Tu as vraiment besoin d'aide, le chien. Tu le sais, non ? Tu m'entends, Graham ? dit-il en agitant un doigt menaçant. Tu es *sinistre* ! Oui ! C'est ça, sinistre ! Et, avoue-le, tu as besoin d'aide. Tu. As. Vraiment. Besoin. D'aide. Parce que tu as de sérieux PROBLÈMES PSYCHOLOGIQUES ! ! !

— Jos, dis-je doucement.

Il fit volte-face et me fixa, le visage figé par la stupeur.

— Jos, répétai-je tandis que Graham bondissait pour m'accueillir. Je préférerais que tu n'engueules pas le chien.

— Et moi, je préférerais que ce foutu chien ne me morde pas ! rétorqua Jos.

Je ne l'avais jamais vu en colère auparavant. Son visage était livide ; les veines saillaient sur ses tempes, il tremblait et semblait au bord des larmes. Il pointa vers sa cheville gauche et regarda Graham d'un air accusateur.

— Euh, je ne vois rien, dis-je.

— Alors tu ne regardes pas bien, répliqua-t-il.

Je m'accroupis et inspectai son pied. En effet, juste au-dessous de la cheville, je pus constater que la peau avait été légèrement meurtrie.

— Seigneur ! murmurai-je. Pas encore... Je suis désolée.

— Moi aussi, Faith. Je suis tout à fait désolé. Et je suis aussi très, très contrarié qu'en dépit du fait que ce chien me connaisse depuis deux mois entiers, il continue de me traiter comme si j'étais un putain de cambrioleur ! J'essayais simplement de sortir du lit, reprit-il, furieux, et il m'a sauté dessus.

— Peut-être qu'il pensait que tu allais lui donner un coup de pied, suggérai-je.

— La prochaine fois, c'est ce que je ferai.

— D'accord, je suis désolée, dis-je à nouveau, impuissante. Mais ça n'a pas l'air trop grave. Tu veux que je te mette un pansement ? ajoutai-je.

Jos hocha la tête, les lèvres pincées.

— Ce chien est dangereux, me lança-t-il pendant que je fouillais dans l'armoire à pharmacie. Il pourrait mordre quelqu'un qu'il ne connaît pas.

— Ça ne lui est jamais arrivé ! répondis-je.

J'étais sur le point de répliquer qu'en fait Jos était l'unique personne avec laquelle Graham ait jamais fait des siennes, mais je me retins à temps.

— Il pourrait mordre quelqu'un dans la rue, poursuivit Jos, indigné, quand je revins avec la boîte d'Elastoplast. Il pourrait mordre un enfant ! ajouta-t-il avec véhémence tandis que je retirais les bandes de protection. Il n'y a qu'une chose à faire, reprit-il, furieux, pendant que j'appliquais le pansement adhésif à sa blessure qui ne saignait pas. Je crois que tu devrais le faire opérer.

— Quoi ? fis-je en relevant la tête.

— Je crois que tu devrais le faire opérer.

— Opérer ?

— Couper, lâcha-t-il tandis que je me relevais. Ce serait la meilleure manière de... couper court à toutes ces histoires.

— Tu veux dire... une vasectomie ? hasardai-je.

J'allais me trouver mal.

— Non. Une castration. Lui couper les couilles.

— Non ! m'exclamai-je, horrifiée. Je ne laisserai personne mutiler mon chien.

— Tu y seras peut-être contrainte, Faith. Ce serait peut-être la meilleure solution. Si tu l'aimais vraiment, ajouta-t-il, tu le *ferais*. Pour le débarrasser de son caractère vicieux.

Mais il n'est *pas* vicieux, me dis-je.

— Bon, ce n'est pas à cause de moi que je t'avertis, ajouta Jos en baissant la voix. C'est pour toi que je m'inquiète. Parce que si Graham mord quelqu'un et qu'on porte plainte, ce qui est plus que probable, alors il faudra qu'on le pique. Et cela sortirait dans les journaux.

Mes mains se plaquèrent sur ma bouche.

— Oui, Faith, dit Jos en faisant claquer sa langue, ça pourrait te faire une pub très négative.

Une *pub* ?

— Je me fous de ma putain de *pub* ! hurlai-je. Je ne veux pas qu'on tue Graham, c'est tout.

— Mais c'est ce qu'ils font, Faith, ajouta Jos en secouant la tête. Si un chien est dangereux, alors, malheureusement, on l'abat.

J'eus une vision de Graham attaché au poteau d'exécution, avec un bandeau sur les yeux. Je le vis dans une cellule, dans le couloir de la mort, en train d'attendre la chaise électrique. Je vis une main inconnue tourner autour de lui avec une seringue. Et puis je ne vis plus rien, parce que j'étais aveuglée par les larmes.

— Je ne veux pas qu'il soit piqué. C'est *mon* chien, il est à moi, et je l'aime. Je t'aime, Graham, sanglotai-je tandis qu'il se précipitait vers moi pour lécher mon visage. Je ne veux pas que tu meures – jamais !

— Écoute, chérie. Je ne voulais pas te faire pleurer, et je suis désolé d'avoir eu à dire les choses aussi crûment. Mais le fait est que, même si tu le trouves adorable, Graham est ce que l'on appelle, par euphémisme, un chien « de tempérament incertain ». Il est sauvage, ajouta-t-il simplement. Tu dois protéger les gens, et tu dois le protéger de lui-même. (Je soulevai un coin de la couette pour me tamponner les yeux.) Et tu sais bien, Faith, que la loi sur les chiens dangereux est toujours en vigueur.

Mon Dieu, mon Dieu, c'était vrai. Peut-être que Jos avait raison. Je ne savais plus. La seule chose dont j'étais certaine, c'est que mon début de journée paisible avait été totalement gâché.

— Honnêtement, Faith, reprit doucement Jos

en venant s'asseoir près de moi sur le lit. (Il m'enlaça les épaules et m'attira contre lui.) Je pense vraiment que c'est la meilleure solution. Et ça en fait des chiens tellement plus gentils, poursuivit-il d'une voix apaisante. Ça les empêche de courir après les chiennes.

— Oui, mais de toute façon, les filles ne l'intéressent pas tant que ça.

— Il est peut-être pédé, dit Jos, méprisant.

— Non, il ne l'est pas, rétorquai-je.

— On en reparlera une autre fois, ajouta-t-il d'une voix lasse en se dirigeant vers la salle de bains. Mais on a intérêt à se préparer pour sortir.

Jos prenait sa douche et je m'habillais pour le match de polo, l'humeur lugubre et déprimée, lorsqu'on sonna à la porte ; Graham s'élança en aboyant. C'était Sarah, qui venait le garder pour la journée.

— Je te suis tellement reconnaissante, lui dis-je pendant qu'elle entrait.

— C'est le moins que je puisse faire. Pour racheter le comportement consternant de Peter ! Ma pauvre Faith chérie ! dit-elle en passant les bras autour de Graham pour lui donner un gros baiser.

— C'est très gentil à toi de prendre ma défense. Ce n'est pas le cas de toutes les belles-mères.

Je savais très bien pourquoi elle me montrait autant de sympathie : à cause de sa propre histoire conjugale. Elle avait elle-même trente-cinq ans, quand John l'avait quittée pour une Américaine. L'histoire s'est répétée dans notre famille, comme Katie aime souvent le faire remarquer.

— Tel père, tel fils, soupira à nouveau Sarah. Maybelline ! Quel prénom ridicule ! Et quelle sorte de vie peut-il mener ? poursuivit-elle, furieuse. En Floride, à jouer au golf toute la journée ? (Elle soupira puis secoua la tête.) Je refuse de la rencontrer, tu sais.

— Qui ? Maybelline ?

— Non. Andie, bien sûr.

— Ah. Eh bien, tu devrais peut-être le faire. Elle t'offrirait sans doute un beau cadeau.

— J'ai honte quand je pense à la souffrance que t'a infligée Peter, insista Sarah avec amertume.

— Oui, ça a été douloureux, comme tu sais, mais maintenant, ça va mieux, expliquai-je. Je ne suis pas aussi en colère qu'avant – surtout depuis que j'ai rencontré Jos.

Je contemplai Sarah en songeant combien il était dommage qu'elle n'ait jamais rencontré de nouvel homme. Lily avait raison, la vie était vraiment dure pour les divorcées. Moi, j'avais Jos ; je savais de quel côté ma tartine était beurrée, j'allais m'accrocher à lui et rendre grâce au ciel. Parce qu'en dépit de nos petites zones, disons, de tension, je pense toujours que c'est quelqu'un de bien.

Soudain, Jos est apparu, debout dans la cuisine, en blaser et pantalon blanc, beau comme un astre, complètement calmé, courtois et posé.

— Bonjour, madame Smith, dit-il chaleureusement en lui tendant la main. Je suis ravi de faire votre connaissance. J'ai tellement entendu parler de vous.

Sarah lui sourit, enchantée. Il avait encore remporté un triomphe diplomatique.

— J'adorerais passer voir votre librairie, ajouta-t-il. Ça a l'air passionnant.

— Eh bien, dit-elle, légèrement troublée par ses attentions, j'adorerais vous y recevoir.

— Merci mille fois de vous occuper de Graham, reprit Jos. C'est un chien tellement adorable. On n'aimerait pas qu'il s'ennuie pendant qu'on s'amuse.

— Alors amusez-vous bien, dit Sarah chaleureusement en nous accompagnant jusqu'à la porte. Je vais m'asseoir dans le jardin et bouquiner.

— Attention au soleil ! l'avertit galamment Jos. Il va encore faire très chaud aujourd'hui.

— C'est mon boulot de dire ça, pouffai-je. Bon, comment va ta cheville ? demandai-je alors que nous démarrions vers le sud.

— Très bien... Je suis désolé que nous nous soyons disputés, Faith. On oublie, d'accord ? On va passer une belle journée.

Ça n'allait pas être difficile, me dis-je tandis que nous traversions Windsor Great Park une demi-heure plus tard sous un soleil brûlant. Malgré la chaleur torride, le spectacle qui nous accueillit était splendide. Des femmes élégantes déambulaient en petites robes vaporeuses et chaussures fines. Les hommes portaient tous des chinos blancs et des blazers sombres – certains étaient coiffés de panamas. Il n'y avait que des voitures décapotables étincelantes. Des lunettes griffées ornaient tous les visages. L'événement donnait manifestement l'occasion à ceux qui avaient de l'argent, de l'étaler. Jos et moi avons fixé nos badges bleus au revers de nos vestes, puis nous sommes partis chercher la tente où Lily recevait, sponsorisée par Madison, les éditeurs de *Moi !* Nous sommes passés devant des étals vendant des selles, des bombes d'équitation et des carrés Hermès ; nous avons pu admirer les chevaux, avec leurs crinières minutieusement bandées et leurs queues élégamment tressées. Puis nous sommes parvenus jusqu'à la tente de *Moi !*, dont le fanion pendait tristement dans la touffeur matinale.

— Faith, mon chou ! Jos ! s'exclama Lily, en nous enlaçant tous les deux à la fois, dans de forts effluves d'*Égoïste* – elle avait dû se doucher avec. Je suis ravie de vous voir. Vous avez un air follement jet set, si je puis me permettre.

— Et toi, tu es sublime, répondis-je.

C'était vrai. Elle portait une robe combinaison couleur café qui accentuait les reflets cannelle de son teint. Deux amulettes en bronze ornaient ses bras élégants. Ses pieds étaient chaussés de sandales plates dorées, d'où dépassaient dix orteils parfaitement manucurés. Elle était si belle que mon cœur se remplit de fierté à l'idée que cette femme étonnante et bourrée de talents soit ma meilleure amie.

— Quel bel endroit ! m'exclamai-je en admirant la vaste tente blanche à rayures jaunes.

Elle avait été dressée au-dessus d'un vrai parquet, et était percée de fenêtres avec une sorte de double vitrage.

— C'est ce qu'on appelle du Viagra dans le métier, glousa-t-elle. Une tente en érection semi-permanente ! Bon, allez vous chercher un rafraîchissement alcoolisé, pendant que je fais la poule mondaine.

Les invités de Lily étaient aussi racés que les chevaux que nous avions croisés dehors : femmes aux jambes de pur-sang et aux crinières abondantes et lustrées ; hommes aux visages chevalins, chaussés sur mesure. Ici, le sang bleu coulait à flots, songeai-je ironiquement tandis que Jos et moi circulions au milieu de la foule.

— ... oui, nous sommes allés à Cowdray.

— ... nous avons rendu visite à Jemima à Lahore.

— ... un petit sam' suffit dans les Highlands.

— ... très ami avec le prince William.

— ... On peut parier sur Bishopsgate.

— ... seulement trois cent hectares, pas plus.

Sur les tables décorées de fleurs s'étalaient des exemplaires de *Moi !* disposés en éventail comme des cartes à jouer. Jos partit nous chercher à boire, et je scrutai distraitement les couvertures. « Hostos de stars : les secrets des cliniques privées » ; « Exos ménagers : mincir en nettoyant » ; « Enfilez le string : notre spécial maillots » ; « Battantes ou batteuses : la vérité sur la violence féminine » et « La mode au balcon : le top ten des soutiens-gorge. »

— Pas mal de poupées de pelouse, annonça Jos en revenant avec deux verres de Pimms.

— Des quoi ?

— Des poules à polo. Des filles qui suivent les joueurs.

— Je vois, fis-je avec un sourire soupçonneux.

— Mais c'est toi, ma poupée de pelouse ! chuchota-t-il en m'enlaçant.

Soudain, j'entendis un « pop » mollasson et

fus éblouie par un éclair de lumière fluorescente. Un photographe avait brandi son appareil et nous avait saisis au vol ; et à présent, il recommençait.

— Ça ne vous embête pas, non ? demanda-t-il tout en continuant à nous mitrailler. Lily m'a demandé de vous prendre en photo ensemble pour la rubrique mondaine.

— Non, ça va, répliquai-je avec le sourire.

Lily avait promis qu'elle me ferait un peu de presse, et, de toute façon, pourquoi est-ce que je ne serais pas photographiée avec Jos ? Après tout, c'était mon petit ami. Et mon divorce n'était un secret pour personne – c'était passé dans *Hello !* et dans le *Daily Mail*.

— Le match commence, allons regarder, dit Lily en nous rejoignant. Mais, avant, puis-je vous présenter le président-directeur général de Madison, éditeur de *Moi !*, Ronnie Keats.

Nous sourîmes et serrâmes la main d'un quinquagénaire d'allure agréable avant d'aller nous poster derrière la clôture blanche qui délimitait le périmètre du jeu. Au loin, l'immense foule dans les gradins semblait aussi festive et colorée qu'une pluie de confettis. L'odeur de crottin de cheval mêlée au parfum et à la fumée de cigare stagnait dans l'air étouffant. Comme je n'avais jamais assisté à un match de polo, Jos et Lily m'en expliquèrent brièvement les règles.

— Ce ne sont pas des maillets, Faith, ce sont des bâtons ; les joueurs ne portent pas des jodhpurs, mais des pantalons ; ils ne montent pas un cheval, mais un poney, et le terrain n'est pas un terrain, mais une pelouse. Il y a quatre joueurs dans chaque équipe, et le match est divisé en six sections de sept minutes, qu'on appelle les chukkas. À la mi-temps, on change de poney. Compris ? Bon, nous en sommes au troisième chukka, et c'est l'Angleterre contre l'Australie en demi-finale de la Coronation Cup.

Les huit poneys galopaient d'un coin à l'autre de la pelouse, dans un roulement de tambour de sabots, faisant voler les mottes d'herbe. Les joueurs se tenaient presque debout au-dessus de leur selle, brandissant leurs bâtons comme des lances. D'ailleurs, avec leurs casques et leurs grilles faciales, ils ressemblaient en effet à des chevaliers des temps modernes.

— Et c'est reparti ! dit le commentateur tandis qu'un bâton décrivait un arc de cercle projetant la balle vers son but lointain. Très beau coup... au moins quatre-vingts pieds... bon contrôle de Gilmore... et superbe virage en épingle à cheveux de White. Très joli revers, maintenant... et Hardy prend la balle... prend la balle... allez, allez, allez, allez, et... oui, oui, oui... GOAL !

La corne retentit et nous applaudîmes tandis que la troupe des joueurs revenait au centre de la pelouse au petit galop. Je contemplai les poneys qui s'ébrouaient, oreilles relevées, cou et flancs luisants... Qui transpirait le plus, eux ou nous ? Mes joues brûlaient et mon front était trempé ; une goutte de sueur courait au creux de mes reins. Mes lunettes noires me protégeaient à peine de la lumière intense et mordante du soleil. Tandis que le jeu reprenait, je regardai au loin l'écran de chênes magnifiques, dont deux avaient été foudroyés. Leurs branches nues et déchiquetées pointaient vers le ciel tels des doigts squelettiques et accusateurs. Je levai la tête : pour la première fois depuis un mois, j'aperçus les longs plumeaux des cirrus. Ah. Ça voulait dire qu'il y avait un peu d'humidité dans l'air. Le temps allait changer.

— Et une belle balle de Gilmore, disait le commentateur tandis que retentissait le déclic cristallin du bâton sur la balle. L'Australie mène, neuf buts à sept avec trente secondes à jouer... vingt... et...

La corne sonna encore, puis, par le haut-parleur, on nous avertit : « Ceci nous amène à la fin de la deuxième période. Mesdames et messieurs, si vous voulez bien avoir l'amabilité de venir tasser la terre ! »

Aussitôt, tout le monde envahit le terrain, pour piétiner les mottes de gazon retournées, comme des danseurs tribaux, riant et gloussant en même temps. Tandis que Jos parlait à Lily, je me mis à bavarder avec Ronnie Keats. Il s'avérait qu'il connaissait Peter.

— J'ai souvent eu affaire à votre mari, expliqua-t-il tandis que nous damions la pelouse retournée. Nous distribuons les livres de Fenton & Friend en Afrique du Sud. Peter est vraiment quelqu'un de bien, reprit-il. Il est aussi très intelligent. On dit qu'il fait un boulot formidable chez Bishopsgate.

— Oui, oui, je crois...

— Peter a un très bon jugement, insista-t-il.

— Oui, en effet, répondis-je.

En tout cas, pas en ce qui concerne sa vie amoureuse, songeai-je tristement. Non... pas dans ce domaine-là.

— Il est vraiment respecté dans le métier, vous savez.

— Oui, je sais.

Et tout d'un coup, ça m'a fait tout drôle de dire autant de bien de Peter avec un étranger, alors je détournai la conversation vers Lily.

— Vous devez être vraiment ravis de son travail à *Moi !*

— Ça, oui ! Nous sommes au septième ciel. La diffusion a augmenté de vingt pour cent au cours des dix mois, depuis qu'elle a été nommée. Nous avons pris un grand risque en l'appointant à ce poste, confia-t-il. Mais elle se débrouille très bien.

Je trouvai cette remarque aussi curieuse qu'indiscrète. Qu'entendait-il par là ? Peut-être voulait-il dire qu'ils avaient pris un risque à cause de la couleur de sa peau – étant donné qu'aucune femme noire n'avait eu ces responsabilités avant elle. Mais, si tel est le cas, il n'aurait jamais dû le faire remarquer, surtout pas devant sa meilleure amie. Peut-être qu'il avait bu trop de champagne, supposai-je tandis que nous retournions vers le stand. Et maintenant, même si le match était superbe, mon esprit se mit à vagabonder. Je feuilletai mon exemplaire de *Moi !* Il y avait le cahier *Chienne*, avec une rubrique de Jennifer Aniston coiffée d'un ruban en satin bleu : « Gérer les toutourazzis : comment ne pas les avoir dans les pattes » et « Labradorable : les nouvelles tendances de la couture canine ». Elle donnait aussi son point de vue sur une gamme de produits de soin. Ce n'est qu'un gadget, me dis-je dédaigneusement. Naturellement, un chien ne pouvait pas donner de conseils. Encore moins un chien débile comme Jennifer Aniston. Mais j'avais tout de même l'intention d'essayer le produit antipuces qu'elle recommandait – je trouvais que Graham se grattait un peu ces derniers temps. Puis je lus le reste du magazine, levant les yeux de temps en temps pour suivre le match. J'étais sur le point de reposer la revue lorsque je tombai sur un test intitulé « Êtes-vous compatibles ? » J'adore les tests ! C'est comme les concours, je suis incapable de résister. Je sortis mon stylo de mon sac et commençai à lire. Il y avait trois options : « Oui », « Non », et « Peut-être ». *Votre partenaire vous plaît-il physiquement ?* était la première question. Je jetai un coup d'œil à Jos, debout, en train de regarder le match, avec ses cheveux blond foncé éclaircis par le soleil, et cochai fermement la case « Oui ». *Votre partenaire vous montre-t-il son affection ?* Je cochai à nouveau la case « Oui ». *Votre partenaire écoute-t-il votre point de vue ?* Je choisis encore « Oui ». *Si vous avez des disputes, sont-elles résolues assez rapidement ?* « Oui », cochai-je une fois de plus. *Votre partenaire a-t-il de petites manies agaçantes ?* Je réfléchis une seconde et cochai « Non ». *Vous et votre partenaire, riez-vous beaucoup ensemble ?* Oui, c'est vrai. *Votre partenaire vous dit-il toujours la vérité ?* Ah, là, c'était plus compliqué. Cela dit, Jos n'avait jamais menti que pour de bonnes raisons, alors en fait, c'était « Oui » aussi. *Votre famille et vos amis aiment-ils votre partenaire ?* Affirmatif. Ils l'adorent. *Élargit-il vos horizons ?* Oh, « Oui ». *Votre partenaire fait-il des efforts pour vous faire plaisir ?* Constamment, me dis-je. À ce stade, j'étais à moitié euphorique – c'était tout bon. *Êtes-vous fière de ce qu'accomplit votre partenaire ?* « Oui », en effet, merci beaucoup. Et, finalement, *Ce que votre partenaire dit ou fait vous fait-il parfois éprouver un sentiment de malaise ?* Je fixai le vide, vaguement agacée par cette question. Ma main resta en l'air...

— Allez, allez, s'écriait le commentateur, on ne traîne pas... *allez* !

Un sentiment de malaise ? Je réfléchis de nouveau. Je contemplai Jos qui suivait le match. Je repensai à lui en train de flirter avec l'homosexuel, et à ses arguments pour justifier sa conduite. À la fille qui l'avait abordé à Glyndebourne, et à la façon dont ça l'avait agacé. Aux allusions de Sophie, même si je ne savais toujours pas où elle avait voulu en venir. À la manie de Jos de toujours écouter son répondeur avec le son au plus bas. Et puis aussi à son curry « maison » et à l'ordinateur portable de Matt. Et, surtout, à ce qui s'était passé ce matin, quand il avait engueulé Graham. Jos dut sentir que je l'observais : il se retourna soudain et me décocha un sourire à briser le cœur. Un sentiment de malaise ? Je rendis son sourire à Jos, puis cochai fermement la case « Non ». Puis j'additionnai les résultats. Si l'on pouvait répondre « oui » à plus de sept questions, alors on formait un couple très compatible. Si on avait dix « oui » – alors notre couple était parfaitement assorti. Et voilà ce que Jos et moi avions obtenu – un stupéfiant dix sur dix !

— C'est un score *incroyable*, entendis-je sur le haut-parleur.

Oui, me dis-je, en effet.

— Angleterre, quinze, Australie, quatorze, le score est serré, mais c'est l'Angleterre qui a gagné !

Nous sommes revenus vers la tente pour prendre le thé. Je me sentais de nouveau heureuse. Jos et moi étions parfaitement assortis. Certes, nous avions de petites zones de tension. Mais cela était inévitable, non ? Quand nous nous étions mariés, Peter et moi, nous étions si jeunes que nous avions très peu d'aspérités. Nous étions aussi verts et flexibles que des jeunes pousses. Nous avons grandi ensemble, côte à côte, chacun s'adaptant à la forme de l'autre. À présent, à trente-cinq ans, tout nouveau partenaire avait forcément reçu quelques plaies et bosses affectives. Il fallait être accommodant – on ne pouvait s'attendre à ce qu'ils s'adaptent sans heurts. C'est ce que font les gens matures, songeai-je. Ils essaient d'être souples, comme moi avec Jos.

Nous étions en train de traverser la pelouse, lorsque Lily s'énerva à propos des appels téléphoniques anonymes qu'elle recevait parfois.

— C'est d'un pénible ! Quelquefois, ce sont des dingues qui appellent au hasard, ou des gens que j'ai virés, mais la plupart du temps, ce ne sont que d'anciens numéros.

— Des quoi ? fit Jos.

— Des ex, lâcha-t-elle avec dédain. Mais ils sont faciles à éliminer, tu sais.

Jos sembla subitement intéressé.

— Vraiment ? Comment ?

— Eh bien, on peut bloquer leurs appels.

— Ah bon ?

— Oui. Ça s'appelle « Choisissez de raccrocher ». Tu composes simplement 14258, puis étoile étoile, puis tu saisis le numéro. La prochaine fois qu'ils appellent, une voix automatique leur dit de te foutre la paix. Je m'en sers constamment, affirma-t-elle gaiement. C'est super pratique.

— Ça en a l'air, en effet, acquiesça-t-il.

— Tu as le même genre d'ennuis ? s'enquit-elle.

— Je... pas vraiment, mais je n'arrête pas d'avoir des appels de... d'un mec qui essaie de me vendre... des polices d'assurance. C'est vraiment fatigant. Tu connais le genre. Il, euh, il n'accepte pas le refus.

— Alors, la prochaine fois qu'il téléphone, tu n'as qu'à saisir le code, dit Lily, et après ça, son appel ne passera plus.

— Faith, fit Jos au bout de quelques minutes, cette chaleur m'a crevé, ça t'embête qu'on rentre ?

Je secouai la tête. Moi aussi, j'en avais assez.

Tandis que nous cheminions vers le parking, j'examinai le ciel. Les cirrus s'étaient allongés et avaient commencé à se recourber, comme des boomerangs. L'anticyclone avait rencontré un front d'air chaud, ce qui signalait une baisse du baromètre. Nous n'étions pas encore rentrés à Londres, que le ciel avait tourné du cobalt au bleu acier. Lorsque je rentrai, je vérifiai le baromètre et, comme je m'y attendais, il affichait « Baisse de pression ». Puis Sarah s'en alla, ainsi que Jos. Quand il m'embrassa, Graham gronda.

— Toi, mon vieux, tu vas te les faire couper, lui lança Jos avec un regard méprisant.

Il n'aurait pas dû. C'était finir la journée sur une note amère. Maintenant, le ciel gris étain était chargé de cumulo-nimbus tumultueux, et le tonnerre grondait au loin. Un sentiment de malaise... De malaise... Je n'en avais jamais éprouvé auparavant. Il arrivait à Peter de m'exaspérer, naturellement. Il pouvait laisser la lunette des toilettes relevée ou bien oublier de refermer le tube de dentifrice. Ronfler pendant la moitié de la nuit ou me raconter des blagues que j'avais déjà entendues cinquante fois. Mais je n'avais jamais éprouvé le vague sentiment d'inquiétude que je ressens parfois avec Jos. Non, avec Peter, il n'y avait aucun sentiment de malaise – du moins, pas avant le début de l'année. C'est là que tout avait changé, songeai-je amèrement tandis que retentissait un fort coup de tonnerre. C'est là que tout s'était mis à aller de travers. Submergée par le besoin de lui parler, je décrochai le combiné et composai son numéro.

— Peter, fis-je rapidement. (Il était toujours mon mari, après tout.) Peter, je...

— Ah, Faith. Je suis tellement content d'entendre ta voix, je...

— Oui ?

— Je..., tenta-t-il à nouveau, avant d'éclater de rire.

— Toi d'abord, dis-je, en riant aussi.

— En fait, j'allais justement te téléphoner.

— Vraiment ? demandai-je, toute joyeuse.

Je jetai un coup d'œil dehors. Le zigzag d'un éclair venait de zébrer le ciel noir charbon.

— Oui. Écoute, Faith, reprit-il, un peu timidement me sembla-t-il. Je voulais te parler.

— Oui ?

Mon cœur battit plus vite. Maintenant, des gouttes de pluie de la taille de balles de revolver s'abattaient sur l'allée. Debout, le téléphone à la main, je les regardai disperser la poussière.

— Faith, je voulais simplement te dire...

— Oui ?

Je pouvais à peine l'entendre tant le crépitement de la pluie était assourdissant.

— Je voulais simplement te prévenir que je serais loin pendant quelques jours.

— Ah ! Tu as un déplacement professionnel ? demandai-je alors qu'un énorme BOUM ! déchirait l'atmosphère.

— Pas vraiment, dit-il d'un ton qui me parut légèrement affecté, comme s'il s'excusait. C'est... enfin, ce sont des vacances.

— Des vacances ! Mais c'est formidable ! m'exclamai-je, le cœur transpercé par une flèche douloureuse. Alors, tu vas où ?

— Norfolk.

— Ah, ça, c'est bien, l'interrompis-je tandis que le jardin commençait à se brouiller devant mes yeux. Toutes ces belles plages ensoleillées.

— Non. Norfolk, en Virginie, Faith. Tu vois, ajouta-t-il alors qu'une larme éclaboussait ma main, je vais rencontrer les parents d'Andie.

Août

Ces derniers temps, je ne rêve plus des mêmes choses qu'avant. Je le sais, parce que je note tout. Au début de l'année, par exemple, je rêvais de téléphones mobiles. Je crois que c'est parce que Peter et moi ne communiquions plus très bien. Je rêvais aussi de concombres, ce qui, j'imagine, signifiait un désir refoulé de l'été. Lorsque j'ai commencé à soupçonner Peter, je rêvais que j'étais bloquée à mi-chemin de l'ascension d'une montagne. Mais, le plus curieux, c'est que je ne savais pas si j'essayais de monter ou de descendre. Lorsque Peter a avoué sa liaison, j'avais des rêves récurrents au cours desquels je tombais d'un gratte-ciel. Terrifiée, je plongeais, tête la première, vers le sol. Tout ce que je pouvais voir en bas, c'était du ciment et du béton – pas de gazon. Mais, alors que je me préparais au choc, je m'apercevais soudain que j'avais des ailes ; je n'étais plus en train de tomber – je volais. Ça, c'est assez étrange. Depuis quelques jours, je rêve que Peter est allongé dans un lit. Il reste étendu là, dans un grand lit à baldaquin, à me regarder. Mon interprétation : comme on fait son lit, on se couche... Et il a fait son lit en me trompant. Les ponts jouent aussi un rôle important. Je crois qu'ils symbolisent le fait que j'essaie de traverser un pont pour atteindre Jos. Et je serais folle de ne pas le faire, parce qu'il a l'air plus amoureux que jamais.

— Je t'aime, Faith, murmura-t-il dimanche matin alors que nous étions encore au lit.

Il le dit souvent ces temps-ci. Il a aussi pris l'habitude de m'envoyer de petits e-mails romantiques au travail.

— Tu m'aimes, ma chérie ? reprit-il.

J'ai hoché la tête.

— C'est simplement que, depuis le match de polo, tu sembles un peu... fermée. Un peu distante, comme si... Faith, tu m'écoutes ?

— Quoi ? Ah, pardon.

— Comme si quelque chose te tracassait.

— Mais non, non non non, rien du tout.

Alors – ce n'est pas parce que j'essayais de changer de sujet ! – je me mis à lui raconter mon rêve.

— Est-ce que je me trouvais de l'autre côté du pont ? demanda-t-il en me caressant les cheveux. Est-ce que c'était moi qui t'attendais sur l'autre rive ?

— Oui. C'était toi. Je distinguais très nettement ton visage.

Ça, ce n'était pas vrai. Jos n'était pas dans mon rêve, mais je ne voulais pas le blesser, alors je lui ai répondu que oui. Et je ne le regrette pas. Car, comme Jos, je ne mens que pour la bonne cause.

— J'imagine que tu as un inconscient fascinant, murmura-t-il en m'embrassant. C'est pour ça que tu fais des rêves aussi frappants. Moi aussi, j'ai eu un drôle de rêve, ajouta-t-il en mettant ses mains derrière sa nuque. Une espèce de cauchemar. J'ai rêvé que j'étais debout dans le foyer de l'Opéra, et pour une raison quelconque je me suis mis à me déshabiller.

— Vraiment ? gloussai-je.

— Oui. J'étais en train de retirer tous mes vêtements, quand les gens se sont mis à arriver.

— Comme c'est gênant !

— Ça l'aurait été, mais heureusement ils n'avaient pas l'air de me remarquer. Mais j'étais terrifié qu'ils me voient. J'avais vraiment peur qu'ils me voient sans mes vêtements.

— Et alors, ils t'ont vu ?

— Je ne sais pas. Je les soupçonnais de me voir, mais de détourner poliment les yeux. À la fin du rêve, j'étais flambant nu, en train de prier pour que personne ne me remarque.

— Comme c'est bizarre ! gloussai-je de nouveau. Je me demande ce que ça veut dire. Je sais ! Ça veut dire que tu es très honnête, parce que tu es prêt à te mettre à nu en public. Je vais demander à Katie quand elle rentrera, ajoutai-je. Elle est très douée pour ce genre de chose.

Katie adore les rêves. Elle dit qu'elle est d'accord avec Freud, que les rêves sont « la voie royale vers l'inconscient ». Elle croit qu'ils recèlent d'importants messages de nous-mêmes à nous-mêmes.

— Je me demande à quoi il rêve, dis-je en regardant Graham somnoler devant la porte.

— Probablement de scalpels et de ciseaux, ricana Jos. Je suis sérieux, Faith, reprit-il. Tu devrais en parler au vétérinaire.

— Je suis vraiment obligée ? soupirai-je tandis que Jos m'embrassait.

— Oui, murmura-t-il. Si Graham et moi devons cohabiter harmonieusement, il n'y a hélas pas d'autre solution. Et comment va le divorce ? ajouta-t-il en s'asseyant dans le lit pour s'étirer.

— On dirait que ça coince. J'ai l'impression qu'on en est au point mort. Je n'ai pas eu de nouvelles de Rory Cheetham-Stabb depuis des semaines.

Jos se leva.

— J'imagine que Peter veut que les choses s'accélèrent. Manifestement, c'est sérieux avec Andie.

Oh oui, me dis-je amèrement, c'est sérieux. C'est en effet très sérieux. *Je dois aller aux États-Unis*, avait-il dit. *Je dois rencontrer les parents d'Andie*. Ils sont très amoureux, c'est évident, s'ils en sont à ce stade. Cela m'avait brisé le cœur. C'était comme si la porte battante de notre séparation avait été remplacée par une grille fermée, affichant un panneau « Entrée interdite ». Pourtant, dans la semaine qui a suivi ma conversation avec Peter, je me suis raisonnée. Comme Lily me le rappelle constamment, je dois aller de l'avant. Je dois laisser mon ancienne existence derrière moi parce que – oui, bien sûr, voilà ce que signifie mon rêve ! – je dois traverser le pont vers ma nouvelle vie. Une vie dont Peter n'occupera plus le centre, mais la périphérie. Andie s'est payé sa tête, et quand elle l'a eue, elle est revenue rafler le reste.

— Et toi, quand est-ce que tu me présentes à tes parents ? s'enquit Jos quand je le rejoignis dans la salle de bains.

— Eh bien, euh... quand ils rentreront de France, la semaine prochaine. Tu veux vraiment les rencontrer ? lui demandai-je tout en mettant mes lentilles de contact.

— Oui. Après tout, nous sommes ensemble depuis six mois, alors c'est sérieux, pas vrai ?

Sérieux. Encore ce mot.

— En effet, dis-je d'une voix sourde.

Jos prit sa brosse à dents dans le porte-brosses à dents familial. À vrai dire, je ne voulais pas qu'il l'y mette, mais je n'avais pas envie non plus d'en faire une affaire d'état. Maintenant, il pressait le tube de dentifrice, très méticuleusement, à partir du bout, alors que Peter le pressait au milieu.

— Il serait temps, aussi, que tu rencontres ma mère, reprit Jos en revissant minutieusement le bouchon. Ça te dirait, Faith ?

— Mmm, évidemment.

Il se lava les dents, cracha proprement dans le lavabo et me donna un baiser mentholé.

— Je t'aime, Faith, dit-il à nouveau avec le sourire. J'ai des projets avec toi.

À ces mots, je contemplai la peinture murale à demi achevée, sa mer d'un turquoise lumineux, et son ciel limpide. Les palmiers paraissent si vrais que j'entends leurs feuilles bruire dans la brise. Jos a changé ma perspective des choses. Je découvre des horizons que je n'aurais jamais soupçonnés auparavant. Et pourtant...

— Dis-moi que tu m'aimes, ajouta-t-il d'un

ton plaintif en inspectant son visage dans le miroir.

— Mais tu sais que c'est vrai.

— Alors dis simplement les mots : « je t'aime ».

— Oui. Oui, bien sûr.

Jos me regarda, le sourcil légèrement foncé, puis attrapa la mousse à raser.

— Jos... pourquoi m'aimes-tu ? lui demandai-je brusquement, assise sur le bord de la baignoire.

— Pourquoi je t'aime ?... fit-il en écho.

Il passa de la mousse sur son menton et sa mâchoire – elle recouvrait le bas de son visage comme un masque.

— Pourquoi je t'aime ? Eh bien, parce que tu es digne d'être aimée. Voilà. (Il se regarda à nouveau dans la glace et son reflet sourit au mien.) Pourquoi poses-tu la question ?

— Parce que je suis seulement *assez* séduisante, dis-je. Je ne suis ni riche ni célèbre. J'ai deux enfants adolescents, et un chien que tu ne supportes pas, et puis il y a des millions de femmes. Alors qu'est-ce qui t'a attiré chez moi ? poursuivis-je dans un accès d'audace. Entre toutes les femmes que tu aurais pu avoir ?

— Je vais te le dire, fit-il en levant le rasoir vers sa joue gauche. C'était ton petit visage furieux, voilà. La plupart des femmes me sourient. Elles me font du charme, et elles en font trop. Mais avec toi, ç'a été exactement le contraire. Tu m'engueulais, Faith. Tu me disais d'aller me faire foutre. Tu m'adressais des signes obscènes.

— Oui, en effet, acquiesçai-je en riant.

— Et plus tu devenais hostile, plus je me disais, je vais obliger cette femme à m'aimer...

Je regardai par la fenêtre ; le ciel était opalin, une averse d'été menaçait. Le soleil n'était plus qu'un disque blanchâtre aux contours brouillés qui tentait de se brûler un passage à travers un voile nuageux.

— Dis-le, insista Jos en m'enlaçant.

Je baissai les yeux vers mes orteils, et remarquai que le vernis était écaillé.

— Allez, Faith. Dis-le. Dis-moi que tu m'aimes.

— Oui, marmonnai-je. Tu le sais bien.

Jos me décocha un drôle de petit sourire, m'ébouriffa les cheveux, s'habilla et s'en fut travailler. Il y a souvent des répétitions le week-end à Covent Garden, et aujourd'hui la distribution de *Butterfly* répétait dans les décors pour la première fois. Jos devait être là pour s'assurer que tout fonctionnait bien.

— Je serai à la maison à 19 heures ! lança-t-il de la porte d'entrée. Tu m'as entendu, Faith ? (*À la maison ?*) Faith ? Tu m'entends ? Je serai à la maison à 19 heures !

— D'ac-d'ac, répliquai-je, consciente d'avoir employé une expression qui ne faisait pas partie de mon vocabulaire.

Quelques minutes plus tard, Graham aboya pour annoncer l'arrivée du courrier. Il y avait une carte postale des enfants et une autre de ces affreuses enveloppes brunes. Je la plaçai au-dessus de la pile croissante sur l'armoire du chauffe-eau, puis allumai Radio 4. C'était l'émission de John Peel et il y avait un sujet sur les albums photo. En fond sonore, on jouait la vieille chanson, *Memories are made of this*. Je descendis quelques-uns de nos albums photo et les feuilletai tout en sirotant mon thé. *Prenez un baiser frais et tendre...*, chantait le crooner Dean Martin. *Ajoutez une nuit d'extase volée*. Voilà Peter et moi en fac, avec nos écharpes de collège enroulées chacune autour du cou de l'autre. *Une fille, un garçon*. Il était difficile de savoir où la sienne finissait et où commençait la mienne. *Des peines, des joies*. Il avait son bras autour de mes épaules, et nous riions comme des fous. Je me rappelais cette photo – c'était en mars 1985 –, nous ne sortions ensemble que depuis un mois. *Les souvenirs sont faits de tout cela*. Il me plaisait depuis le bal des première année, mais j'avais été trop timide pour faire les premiers pas. Un jour, il s'était assis auprès de moi lors d'un cours magistral et... ça s'est passé comme ça. *Tes lèvres, sur les miennes. Deux gorgées de vin*. Je contemplai à nouveau la photo. *Les souvenirs sont faits de tout cela*. Les couleurs avaient légèrement viré avec le temps. Nous avions l'air tellement amoureux, et tellement jeunes ; nous l'étions – nous n'avions que dix-neuf ans. Il était mon premier petit ami, et j'étais sa troisième copine. *Ajoutez les carillons du mariage*. Dans le deuxième album, il y avait des instantanés de notre mariage. Peter avait l'air heureux, mais un peu effrayé, comme tous les jeunes mariés. *Une maison pour les amoureux*. Je portais une cape en velours pour me protéger du vent tandis que nous posions dehors, dans le froid. Il y avait Sarah, qui parlait à maman – elle n'était pas beaucoup plus âgée que moi, aujourd'hui. Et Lily, bien entendu, élégante mais l'air un peu déçu, je m'en rendais compte maintenant. Et puis il y avait Mimi – elle avait les cheveux longs à l'époque – en train de bavarder avec mon père. *Trois petits enfants pour ajouter du piquant*. L'album suivant contenait certaines des premières photos de Katie. Elle avait l'air tellement sérieux, même tout bébé. *Mélangez avec soin jour après jour*. Il y avait Peter, le jour de la remise des diplômes, dans sa robe académique, qui la tenait dans ses bras. *Voyez comme la saveur s'attarde*. Il avait mis son mortier sur la tête de la petite, et j'étais debout à côté de lui, dans une robe Laura Ashley, enceinte de Matt jusqu'aux dents. *Ce sont les rêves que l'on savoure*. Un autre album encore recelait des photos de vacances prises au pays de Galles – ce devait être en 1989. *Les souvenirs sont faits de tout cela*. Peter était alors assistant éditeur chez Fenton & Friend, et nous étions très fauchés. Mais nous avions passé une semaine merveilleuse à Tenby, et Matt avait fait ses premiers pas sur la plage. Chaque fois qu'il tombait et que je me précipitais pour l'aider, il pleurait parce qu'il voulait se débrouiller tout seul. *Les souvenirs sont faits de tout cela*. Bercée par les inflexions familières de John Peel, j'ouvris le dernier album, intitulé « Chiswick, 1993 ». Nous venions tout juste d'acheter cette maison. Il avait fallu faire d'énormes sacrifices financiers, mais Peter venait d'être promu à un nouveau poste, et je travaillais à mi-temps à *AM-UK !* Ah ! Nous voilà, tous dans la cuisine lors de notre première nuit sur Elliot Road. Les enfants étaient fous de joie à l'idée d'avoir un jardin, après avoir vécu dans un appartement. J'avais préparé un énorme saladier de spaghettis. *Servez généreusement, avec amour*. Nous étions morts de rire, avec la sauce qui nous dégoulinait sur le menton, et Peter nous avait tous entourés de ses bras. *Un homme, une femme*. Je calais une bavette sur la petite chemise éclaboussée de Matt. *Un amour, une vie*. J'avais dû mettre l'appareil photo sur déclencheur automatique pour celle-là. *Les souvenirs sont faits de tout cela...*

— Et maintenant, disait John Peel tandis que la musique s'évanouissait, l'histoire romantique d'une femme qui a retrouvé l'amour – avec son ex-mari.

J'écoutai tandis qu'elle racontait l'histoire sordide de leur divorce.

— Ça m'est tombé dessus... quelqu'un qu'il connaissait au travail... c'est comme si votre cœur avait été passé dans un broyeur... comme si ma vie s'était arrêtée... pas d'enfants, alors je suis partie vivre dans le Devon... Je le lui ai laissé, à *elle*...

À ces mots, je me reconnus et souris d'un petit sourire crispé.

— J'ai commencé à m'en remettre peu à peu... une ou deux histoires... de nouveaux amis... mais alors...

— Oui, l'encouragea John Peel. Et alors... ?

— Et alors j'ai commencé à rêver de mon ancienne vie. Pendant cinq ans, j'ai essayé de refouler les souvenirs, poursuivit-elle, mais ils revenaient irrésistiblement. Toutes ces années d'expériences et d'histoire partagées. Toutes les images de l'album photo. L'histoire de « nous » – de ce que nous étions. Je voulais que ça recommence, et c'est devenu plus fort que tout, cette nostalgie du passé. J'avais compris que je ne pouvais pas me débarrasser de mon ancienne vie comme la mue d'un lézard.

— Alors qu'avez-vous fait ?

— Un jour, j'ai tout simplement décroché le téléphone et l'ai appelé au boulot. Je ne lui avais pas adressé la parole depuis six ans. Je n'avais pas la moindre idée de sa situation actuelle. J'avais entendu dire que sa liaison n'avait pas duré, mais je ne savais pas s'il était avec quelqu'un d'autre. Je n'avais pas la moindre idée de ce que j'allais lui dire. C'était simplement l'un de ces moments où vous décidez d'agir, où vous savez que si vous n'agissez pas, dans l'instant, à la seconde même, vous le ne ferez jamais. J'avais le cœur au bord des lèvres pendant que le téléphone sonnait. Puis on décrocha, et j'entendis sa voix. Et j'ai juste dit : « Mark, c'est Gillian. » C'est tout. Il y eut un moment de silence et j'ai aussitôt pensé que j'avais commis une erreur stupide, que j'allais regretter pour le restant de mes jours. Et puis, soudain, je l'ai entendu dire : « Gillian, dis-moi simplement où tu es et reste là... – J'arrive tout de suite. » Nous ne nous sommes plus jamais quittés depuis.

— Et comment ça se passe maintenant ? demanda John Peel.

Il y eut une courte pause durant laquelle j'entendis le cliquetis des griffes de Graham sur le linoléum de la cuisine. Puis je sentis le poids léger de sa tête sur mes cuisses.

— Je mentirais si je disais que c'est mieux qu'avant, répondit-elle. Évidemment, il aurait mieux valu qu'il ne m'ait jamais trompée. Mais c'est différent. Oui, notre mariage est « rafistolé », reprit-elle tandis que je caressais distraitement les oreilles de Graham. Bien sûr, nous pouvons voir les raccords mais ces raccords font aussi partie de notre histoire, de ce que nous sommes, et nous savons qu'ils ont leur place eux aussi.

À présent, je regardais des photos de Graham, allongé en extase sur les cuisses de Peter ou en train d'attraper des balles de tennis dans le parc, sautant à deux mètres en l'air en se tortillant comme un tire-bouchon, avec les enfants applaudissant et hurlant de bonheur. Puis je tournai la page et je me retrouvai nez à nez avec une photo de moi. Elle n'était pas très intéressante. Je ne faisais que repasser les chemises de Peter. Je ne sais vraiment pas pourquoi il l'a prise – il a dû la faire comme ça, mû par une impulsion soudaine. Je regarde l'objectif et je ris – ça devait être en automne 1999. Avant que Peter ne commence à avoir des problèmes au boulot. Quand tout allait encore bien. Tout d'un coup, je vis Andie, là, à ma place, en train de repasser les chemises de Peter et de rire. L'idée qu'elle fasse pour lui quelque chose d'aussi quotidien me fut insupportable. Qu'elle mette ses vêtements dans la machine à laver. Qu'elle lui frotte le dos dans la baignoire. Brusquement, je trouvais insoutenable qu'elle sache de lui toutes ces petites choses que je savais aussi. Par exemple, qu'il avait perdu le petit orteil du pied gauche, ou qu'il aimait Gladys Knight and the Pips. L'idée qu'elle partage ces éternels moments d'intimité domestique avec Peter – alors que ça avait toujours été avec *moi* – m'était intolérable. Je savais pourtant que notre douillette complicité n'existerait plus jamais que dans des photos pâlissantes d'un album... Quand l'émission se termina, et qu'on repassa la chanson de Dean Martin, j'éprouvai une douleur familière à la gorge, et un immense poids sur la poitrine. Maintenant, je regardai une photo de Peter et moi, prise en mai dernier dans le jardin. Nous sommes assis sur le banc et je suis complètement appuyée sur lui, encerclée par ses bras. *Un homme, une femme*. L'image vacilla et se brouilla, puis de grosses larmes d'autoapitoiement se mirent à rouler sur mes joues. *Un amour. Une vie*. J'entendis un couinement – Graham déteste que je pleure et il avait mis ses pattes sur mes cuisses pour me lécher le visage. *Les souvenirs sont faits de tout cela*. Ça, on peut le dire ! Dans toutes ces photos, nous étions unis. Unis. Mais bientôt, nous serions désunis. Un énorme sanglot déchirant m'échappa. Puis un autre.

— Peter, dis-je.

Lorsque vous traversez un divorce, vous êtes déboussolée. Vos émotions chavirent et votre perspective des choses est complètement faussée. Vous n'osez tout simplement plus faire confiance à votre propre jugement.

— Tu dois maîtriser tes sentiments, me déclara Lily une semaine plus tard, assise au Nail Bar de Maddox Street.

Elle venait pour sa manucure hebdomadaire. Jennifer Aniston grognait sur mes genoux.

— Si tu déprimes, expliqua-t-elle perchée sur un tabouret rose bonbon devant le comptoir en zigzag, ce n'est pas parce que tu veux que Peter revienne, mais parce que tu n'aimes pas l'idée qu'il soit avec quelqu'un d'autre.

Je n'y avais pas pensé comme ça, mais maintenant qu'elle le disait ça semblait juste.

— C'est un syndrome psychologique courant, reprit-elle pendant que la « technicienne des ongles » lui retirait rapidement son vieux Rouge Noir de Chanel.

Il y avait si longtemps que ses ongles n'avaient pas vu la lumière du jour qu'ils avaient viré au jaune virulent.

— Enfin, avoue-le, tu ne veux plus de Peter, ajouta Lily.

— Ah bon ? répliquai-je.

— Non. Plus du tout. Mais tu ne veux pas qu'Andie l'ait non plus.

— Ça, c'est certain.

— Voilà pourquoi tu as broyé du noir toute la semaine – parce qu'il est parti en Amérique avec elle.

À ces mots, j'imaginai Peter et Andie en Virginie, naviguant au large de Chesapeake Bay ou en randonnée dans les Blue Ridge Mountains.

— Je suis désolée d'être aussi brutale, mon chou, poursuivit Lily entre deux gorgées de jus de fleur de sureau, qu'elle aspirait délicatement à l'aide d'une paille. Tu sais que je n'ai pas l'habitude d'enfoncer le clou. Mais c'est seulement en analysant les choses de façon brutale que je peux te démontrer que c'est vrai. Tu veux Jos, conclut-elle pendant qu'on appliquait une base sur ses serres parfaitement dessinées.

— Tu crois ? demandai-je en aspirant une bouffée d'acétone.

— J'en suis sûre. Mais, malheureusement, tu te laisses aller à des rêveries sentimentales sur Peter.

— Mais je *suis* sentimentale en ce qui le concerne, dis-je pendant qu'elle plaçait ses longues mains sous le séchoir. (Je contemplai mes propres cuticules déchiquetées.) Quinze ans, ça compte !

— Oui, mon chou, tout ça c'est très beau, mais ne te laisse pas emporter. Et puis, tu es trop gentille d'afficher de tels sentiments à son égard alors qu'il t'a tant déçue.

— Je n'affiche pas mes sentiments, répliquai-je posément. Je les *éprouve.*

— Eh bien, c'est très bête de ta part, lâcha-t-elle tandis qu'une couche de Vermillon Hard As Nails était appliquée sur ses ongles par petits coups de pinceaux rapides. Et, en plus, c'est un peu complaisant. Il vaudrait mieux que tu ne joues pas trop à ce petit jeu-là ou tu vas finir par perdre Jos. (Elle me regarda du coin de ses beaux yeux en amande.) Tu n'as pas envie de ça, pas vrai, Faith ?

Je réfléchissais. J'étais en train de me demander ce que serait la vie sans Jos.

— Tu veux être célibataire, Faith ?

— Non, répondis-je d'un ton morne, je ne veux pas.

— Tu préfères aller dans des soirées toute seule ? Crois-moi, Faith, ça n'est pas marrant.

— Mais toi, ça a l'air de t'amuser.

— Moi, j'ai toujours été célibataire, alors c'est différent. Pour toi, en revanche, ce serait l'enfer. Tu serais dévorée de timidité et de peur, tu te sentirais seule et vulnérable. Sans parler du fait que, chaque fois que tu rencontrerais un homme qui te plaît, il y aurait cinq cents autres nanas sur le coup. L'herbe n'est pas vraiment plus verte ailleurs, Faith.

— Oui. Je sais. C'est juste que je me sens un peu... incertaine.

— Quoi ? Quel est le problème ?

— Je ne sais pas. Ce n'est pas ce qu'il fait, en tant que tel... Jos se comporte toujours parfaitement avec moi. Il est extrêmement attentionné, et sensible, et il a d'excellentes manières. Sauf que, l'autre jour, il a engueulé Graham, ce qui ne m'a pas plu du tout.

— Eh bien, lui et Graham ne s'entendent pas, c'est évident. Ce qui n'est pas votre cas, à Jos et à toi. J'ai trouvé que vous alliez très bien ensemble, le jour du match de polo.

— Très bien ensemble ? murmurai-je, en me rappelant le questionnaire. Oui, en effet. Et il est tellement talentueux, et beau, et je sais que j'ai beaucoup de chance, mais il y a *quelque chose*... (Je fixai ses ongles peints.) Je n'arrive pas à mettre le doigt dessus.

— Je trouve que tu t'es très bien débrouillée, dit Lily. Des tas de femmes tueraient pour avoir un mec comme lui...

— Tu en parles comme si Jos était le gros lot d'une tombola, Lily. Ce n'est pas une compétition, tu sais.

— Mais bien sûr que si ! s'exclama-t-elle. Ne sois pas si naïve. D'ailleurs, l'autre jour, Arabella, notre rédactrice beauté, ne cessait de s'exclamer en regardant les photos de vous deux au match de polo : « Mon Dieu, que ce type est sublime ! »

— Ah bon, elle a dit ça ? fis-je, légèrement indignée.

— Oui. Elle était complètement folle de lui. Tout comme pas mal de petites jeunettes à *Moi !*

— Ah, fis-je, ne sachant pas si je devais me sentir fière ou contrariée.

— Tu vois, tu es bel et bien en concurrence avec d'autres femmes, dit doucement Lily, mais, pour l'instant, tu es en tête. Cela dit, il ne traînera pas longtemps s'il pense que tu rêves toujours de Peter... Alors, je m'en occuperais un peu mieux si j'étais toi.

— Oui, soupirai-je, tu as sans doute raison.

— Je *sais* que j'ai raison. (Elle inspecta ses griffes luisantes rouge sang.) Bien. C'est fini, annonça-t-elle avec le sourire.

Puis elle me reprit Jennifer Aniston, l'installa sur ses genoux et posa ses pattes avant sur le comptoir.

— Voici votre prochaine cliente, déclara-t-elle à la manucure. Elle aimerait bien Perfectly Pink de Chanel.

Le vendredi suivant, mes parents sont passés pour déposer les enfants. Ils n'ont pas eu le temps d'entrer parce qu'ils s'envolaient pour la Terre de Feu le lendemain. Matt et Katie avaient bronzé, et un peu grandi, aussi. Graham devint complètement dingue lorsqu'il les vit, aboyant et clamant sa joie.

— Est-ce que vous vous êtes amusés ? leur demandai-je en les serrant contre moi.

— Formidable ! dit Matt.

— Bon, très bien. Et alors, est-ce que Mamie a tenu sa promesse ?

— Ah oui, dit Katie. On a parlé français tout le temps.

— Tout le temps, répéta Matt en souriant.

— Eh bien, c'est... très bien. Il y a du courrier pour vous, ajoutai-je alors qu'ils montaient leurs affaires dans leurs chambres. Je contemplai l'enveloppe bleue de la lettre que Peter leur avait envoyée par courrier aérien. Elle était arrivée la veille.

— Est-ce que papa fait bon voyage ? demandai-je avec autant de désinvolture que j'en étais capable pendant que Katie la lisait dans la cuisine.

— S'il fait bon voyage ? répéta-t-elle. Tiens ! (Elle en me tendit la lettre.) Je te laisse juger par toi-même.

C'est une région tellement intéressante des USA, lus-je. *Le site de la première colonie européenne permanente en Amérique du Nord (1607)... État nommé en l'honneur d'Elizabeth Ire, la reine vierge... aussi connu sous le nom de « Old Dominion State »... l'un des treize États d'origine des États-Unis... producteur important de tabac, arachides, pommes, tomates... bois... d'importantes mines de charbon. Plusieurs villes historiques telles que Williamsburg, Jamestown et Fredericksburg... six millions et demi d'habitants... les points de repère principaux sont les montagnes Blue*

Ridge... la rivière Shenanoah... Chesapeake Bay... Les parents d'Andie semblent assez gentils.

Je passai la lettre à Matt.

— Visiblement, il fait un voyage passionnant.

— Oui, il a l'air très intéressé par l'histoire de la Virginie, dit Katie.

— Eh bien, ça a l'air intéressant.

— Et par la flore et la faune, ajouta-t-elle.

— En effet.

— Et l'histoire politique.

— Mmm.

— Conclusion ? dit Katie.

— Il déteste ! trancha Matt.

Mon cœur bondit comme un saumon remontant le cours d'un fleuve pour frayer.

— C'est une omission très parlante. Il ne mentionne pas du tout Andie. Quant à son « Les parents d'Andie semblent très gentils »... C'est clair, il ne les aime pas du tout.

— C'est ce que tu penses ? dis-je.

— C'est ce que je sais, répliqua-t-elle. Pauvre papa, reprit-elle avec une grimace. Mais elle lui a mis le grappin dessus et elle ne paraît pas prête à lâcher. Comment va Jos ?

— Ah. Jos... va bien. Très bien. D'ailleurs, il vient dîner demain. C'est chouette, non ?

Elle haussa les épaules.

— Je m'en fous.

— Ça m'est égal, renchérit Matt.

— Vous n'avez pas l'air très enthousiaste.

— Pas vraiment, répondit Matt.

— Je trouve ça un peu mesquin de votre part, parce qu'il est toujours très gentil avec vous. Qu'est-ce que vous lui reprochez, au juste ?

— Rien de précis, dit Katie avec réticence. C'est juste qu'il en fait trop.

— Mais, ce n'est pas un crime ! m'indignai-je.

Toutefois, la soirée suivante ne s'est pas trop mal passée. Jos avait posé une banderole « Bienvenue à la maison » sur la rampe d'escalier – à vrai dire, j'aurais préféré qu'il s'en abstienne – et leur avait acheté de petits cadeaux. Il les a interrogés sur leur séjour, et, comme d'habitude, il en a fait des tonnes. En retour, les enfants sont restés un peu froids et distants... Mais les ados sont comme cela, n'est-ce pas ?

— Et qu'est-ce que vous faisiez le soir ? questionnai-je tandis que nous mangions notre bœuf bourguignon.

— Ah... euh, on jouait aux cartes, répondit Katie en promenant un morceau de bœuf dans son assiette.

— Aux cartes ? C'est marrant, ça ! Et à quoi avez-vous joué ? Au rami ?

— Euh... oui, c'est ça, acquiesça Matt en jouant avec le poivrier.

— Est-ce que Mamie vous a appris à jouer au bridge ?

— Ouais, aussi ! ont-ils répondu en chœur.

Je me levai pour débarrasser la table.

— C'était délicieux, maman, dit Katie.

— En effet, c'était exquis, renchérit Jos. Euh, au fait, Faith, je pense qu'on devrait parler aux enfants de la petite... opération de Graham.

— Quelle opération ? Il n'est pas malade, maman ? s'écria Matt en s'élançant vers Graham, allongé dans son panier.

— Non. Il n'est pas malade. C'est un petit chien en bonne santé.

— Alors, de quoi parlez-vous ? dit Katie.

— Écoutez, fit Jos, bien sûr, Graham est un chien adorable, mais il a la mauvaise habitude de mordre les gens.

— Non ! coupa Katie. Ce n'est pas une habitude. Il ne mord que toi.

— Katie ! m'exclamai-je en lui adressant un regard comminatoire.

— Mais c'est vrai, maman. Il le fait seulement avec Jos.

— Eh bien, on ne discutera pas de ça, reprit Jos onctueusement, en conservant son sourire affable. Mais le fait est que la meilleure solution avec un chien qui a des tendances agressives, c'est de le...

— Jos ! l'interrompis-je en jetant un coup d'œil inquiet à Graham, pas devant le chien, s'il te plaît.

— Qu'est-ce que tu veux dire ?

— Elle veut dire « pas devant le chien, s'il te plaît », précisa Matt.

— J'avais compris. Mais pourquoi donc ?

— Parce qu'il comprend tout, répliquai-je abruptement.

— Ne sois pas idiote, Faith ! soupira Jos, exaspéré. C'est ce que tu as simplement envie de croire.

— Mais si, il comprend, protesta Katie. Il comprend des tas de choses. Il a un QI extraordinairement élevé et nous sommes certains qu'il maîtrise un vocabulaire d'au moins cinq cents mots.

Jos souriait toujours. Là aussi, j'aurais préféré qu'il s'abstienne.

— Je doute fort que « castration » en fasse partie, ironisa-t-il.

— Castration ? répéta Katie.

— C'est quoi ? renchérit Matt.

— C'est quand on coupe les... euh... tu sais, les machins choses, bredouillai-je.

Le visage de Matt exprima un mélange d'incrédulité et de peur viscérale.

— C'est censé rendre les chiens plus gentils, expliquai-je.

— Mais c'est déjà un gentil chien ! s'écria Matt.

— Il a des problèmes de comportement, coupa Jos. Bon, c'est une simple opération de routine, ça ne fait pas mal, et elles ne lui manqueront pas, croyez-moi.

— Comment est-ce que tu peux le savoir ? demanda Katie. Elles te manqueraient, à toi, non ?

— Katie ! m'exclamai-je. Ne sois pas grossière !

Jos ne se laissa pas ébranler.

— Tu sais, Katie, pas mal de gens font subir cette petite... intervention à leur chien. Et c'est une bonne chose, notamment parce que ça les empêche de courir les filles.

— Et pourquoi est-ce qu'il ne courrait pas les filles ? s'indigna Katie. Tu le fais bien, toi.

— Katie ! protestai-je. Là, tu n'es pas très bien élevée !

— De toute façon, il n'aime pas les filles, dit Matt. Il ne court qu'après les chats !

À ces mots, Graham bondit hors de son panier et s'élança, aboyant et couinant, vers la porte du jardin.

— Matt, tu n'aurais pas dû dire ça ! gémis-je. Graham, il n'y a *pas* de chat dehors, alors, s'il te plaît, reviens ici et couche-toi.

Graham me regarda, perplexe, puis trottina jusqu'à son panier.

— De toute façon, maintint Jos, refusant résolument la défaite, Faith et moi pensons qu'il serait préférable de faire opérer Graham.

— Je parie que maman n'est pas de cet avis, lâcha Katie.

— Katie, je peux parler pour moi-même, merci beaucoup. Mon avis sur la question est que nous devrions... que nous devrions... attendre que papa soit de retour.

Je vis Jos lever les yeux au ciel.

— D'accord ! acquiesça Katie. On va attendre que papa soit de retour. Et je peux t'assurer qu'il ne voudra rien savoir de cette histoire. En plus, reprit-elle, ça voudrait dire que Graham ne pourrait pas avoir d'enfants.

— Oui, mais cela n'a pas d'importance, dit Jos, parce que ce n'est pas précisément une bête à concours.

— Jos. (Katie avait pris un ton cinglant.) Graham n'a peut-être pas, comme tu as l'amabilité de le souligner, de pedigree. Mais il a une vraie classe. C'est l'un des gentlemen de la nature.

— D'accord, d'accord, concéda Jos en levant les mains. Je n'aurais pas dû en parler.

— Nous sommes du même avis, dit Matt.

Il avait donné son assiette à lécher à Graham.

— Ne fais pas ça, Matt ! le grondai-je. C'est répugnant !

— Eh bien, lui couper les couilles aussi ! C'est pour le consoler, ajouta Matt alors que je lui arrachais l'assiette, au cas où il se serait senti blessé.

— Tout le monde se fiche de savoir si, moi, j'ai été blessé, gémit Jos. Tout le monde se fiche que je me fasse mordre.

— Est-ce qu'il t'a déjà mordu jusqu'au sang ? demanda Katie.

— Eh bien... non.

— Alors il ne s'agit pas d'une véritable morsure.

— Oui, mais l'un de ces jours il me mordra, bel et bien.

— Et ce sera bien fait, marmotta Matt.

— S'il vous plaît ! Est-ce qu'on peut oublier ce sujet et changer de conversation ? demandai-je tandis que nous nous remettions à table.

Je pris la mousse au chocolat dans le frigo, et je vis que Graham avait refermé les yeux.

— Tant mieux ! soufflai-je. Il dort. À propos, Katie, crois-tu que les chiens rêvent ?

— Bien sûr. Ils ont des phases de sommeil paradoxal, tout comme nous, au cours desquelles leurs paupières tressautent. C'est le moment où les êtres humains rêvent, alors j'imagine que c'est la même chose pour les chiens. Parfois, Graham gémit dans son sommeil, comme s'il avait des cauchemars, ou bien ses jambes « courent » comme s'il pourchassait des lapins.

— Vous ne trouvez pas que le rêve est une chose étrange ? demandai-je pendant que nous dégustions notre dessert.

— Ils concernent généralement l'accomplissement d'un désir, expliqua Katie, au cours duquel le *ça*, la part enfantine – aimant le plaisir – de l'inconscient, s'adonne à ses désirs les plus profonds.

Je méditai là-dessus pendant que nous mangions en silence.

— Hier soir, j'ai eu un drôle de rêve, repris-je. J'ai rêvé que je repassais des chemises. Mais je sais exactement pourquoi j'ai rêvé de ça, ajoutai-je, sans toutefois m'expliquer.

— Rêver de repassage signifie que tu aimerais aplanir tes problèmes actuels, déclara Katie avec une franchise que j'eus du mal à avaler.

— Eh bien, moi, j'ai fait un rêve *très* bizarre l'autre jour, coupa Jos, résolu à faire fondre la glace qui s'était accumulée autour de lui pendant la dernière demi-heure.

Il décrivit le rêve au cours duquel il se déshabillait dans le foyer de l'Opéra. Tandis qu'il parlait, Katie le scrutait d'un air pensif. Elle était manifestement incertaine du sens de ce rêve.

— Je crois que cela signifie que Jos est quelqu'un de très honnête, avançai-je, parce qu'il est prêt à se mettre à nu en public. Pourquoi est-ce que tu ne vas pas chercher ton livre d'interprétation des rêves, Katie, pour voir ce que ça veut dire ?

— Ah, ce n'est pas la peine, maman. Je n'en ai pas besoin. Je sais exactement ce que cela signifie.

— Ah oui ? dit Jos. Et alors, qu'est-ce que c'est ? J'aimerais bien savoir.

— C'est un rêve de mise à nu, reprit-elle calmement. Les rêves au cours desquels tu te déshabilles trahissent ta peur que l'on ne découvre quelque chose sur toi, quelque chose que tu préfères garder secret.

Jos soutint le regard de Katie pendant un moment, puis baissa le nez vers son bol.

— Cette mousse est absolument délicieuse, tu sais. J'aimerais bien en reprendre.

Cher Alfie, écrivis-je ce lundi-là, après mon dernier bulletin. *L'éclair est une étincelle d'électricité statique qui zigzague entre un nuage d'orage et le sol ou entre deux nuages. Si l'éclair sort d'un nuage, on l'appelle un éclair en fourchette. S'il reste à l'intérieur du nuage, c'est un éclair en nappe. J'espère que cela t'aidera à finir tes devoirs de vacances.*

Chère Vicki, commençai-je. *Si le tonnerre produit autant de bruit, c'est que, durant un orage, les éclairs réchauffent l'air jusqu'à des températures incroyablement élevées – cinq fois plus chaudes que la surface du soleil. Cette chaleur provoque une expansion soudaine de l'air, à vitesse supersonique, ce qui produit le fracas assourdissant que nous appelons le tonnerre. Le vol d'un Concorde à vitesse supersonique a le même effet. J'espère bien que cela t'aidera pour tes devoirs de vacances.*

Cher Anil, le givre n'est que de la rosée gelée. S'il est blanc, c'est parce que les cristaux de glace sont pleins d'air. Si le temps est très très froid, alors les cristaux de glace ont la forme d'aiguilles acérées. Cela s'appelle du frimas ou gelée blanche. Merci d'avoir écrit, et bonne chance avec tes devoirs de vacances !

Je levai la tête de mon ordinateur tandis que j'imprimais les lettres, aperçus Sophie et souris.

— Encore du courrier de fans ? demanda-t-elle en voyant la pile d'enveloppes sur mon bureau.

— Pas précisément. Juste des lettres d'écoliers qui se dépêchent de finir leurs devoirs de vacances avant la rentrée, la semaine prochaine.

— Moi, je ne reçois pas de lettres.

— Tu dois bien en recevoir quelques-unes.

— Non. Pratiquement rien.

— Je suis sciée. J'imaginais que tu recevais des sacs entiers de demandes en mariage.

— En mariage ? glissa Terry qui passait à côté de nous. Mais Sophie ne s'intéresse pas au mariage. N'est-ce pas, Sophie ? fit-il avec un sourire ironique.

— Non, répondit-elle sans s'énerver. Sûrement pas. À vingt-quatre ans, je suis bien trop *jeune*. (Je vis Terry ciller sous l'allusion à son talon d'Achille.) J'ai d'abord l'intention d'assurer ma carrière de présentatrice.

— N'y compte pas trop, insinua Terry. À ta place, je ne prendrais pas trop mes aises ici,

Sophie, ajouta-t-il avec le ricanement de l'homme qui en savait plus qu'il n'en disait.

— Ne t'inquiète pas pour moi, répliqua-t-elle.

Puis elle lui tourna le dos et se remit à parler avec moi.

— Bien joué, chuchotai-je tandis qu'il s'éloignait. Tu es forte.

— Merci.

Bien que Sophie semblât calme et assurée, je vis que ses mains tremblaient.

— Et comment ça va, toi ? demanda-t-elle en se perchant sur un coin de mon bureau.

— Très bien, merci. Très très bien. Jos est vraiment débordé. En ce moment, il prépare *Madame Butterfly*.

— *Madame Butterfly* ? répéta-t-elle.

— C'est une nouvelle production à l'Opéra. La première a lieu dans trois semaines. Ce matin, il emmène mes gamins regarder les répétitions. Il est adorable avec eux, tu sais.

— Ah bon ? fit-elle, étonnée.

— Oui, il est fantastique avec eux, repris-je. Il n'en fait jamais assez. À vrai dire, ils sont parfois, disons, ingrats avec lui, mais tu sais comment sont les adolescents.

— Alors, il est bien avec les enfants ? répéta-t-elle en écho.

— Oui, formidable.

Matt et Katie avaient accueilli l'offre de Jos de leur faire visiter les coulisses de l'Opéra, avec un enthousiasme réservé. Ils étaient toujours un peu en froid avec lui depuis la dispute à propos du chien, mais ils savaient reconnaître une proposition intéressante lorsqu'elle leur était faite. J'espérais secrètement que cette visite à Covent Garden les aiderait tous à se rapprocher un peu. Peut-être que le fait d'observer Jos dans son élément, de voir combien il était respecté professionnellement, leur donnerait une meilleure impression de lui...

La seule chose dont j'étais certaine, c'était qu'aujourd'hui j'étais fracassée. Le lundi, je suis toujours épuisée. Il me faut plusieurs jours pour me réhabituer à mes horaires. Ce matin-là, je ne rêvais que d'une chose, retrouver mon lit. À mon grand étonnement, lorsque j'ouvris la porte d'entrée, Graham ne se précipita pas pour m'accueillir. Je regardai dans le jardin. Il n'y était pas. Les enfants avaient dû l'emmener avec eux. Je me traînai jusqu'à l'étage. Ils sont inséparables, me dis-je en me déshabillant pour m'écrouler sur le lit. Graham s'imagine qu'il est leur petit frère, et il veut faire tout ce qu'ils font. J'étais tellement, tellement épuisée que, dès l'instant où ma tête a touché l'oreiller, je me suis endormie. Une fois de plus, j'ai fait des rêves bizarres. Je me trouvais dans un centre commercial, sur un escalator, en train de monter, avec mes sacs. Et, juste au moment où je parvenais au sommet, l'escalator s'arrêta et se mit en marche arrière. Maintenant, je descendais. Nullement inquiète, je pensais qu'une fois en bas il se remettrait à monter. Je levai la tête et, en haut de l'escalator, j'aperçus des gens qui hurlaient à pleins poumons. Le plus bizarre, c'est que je n'entendais rien de ce qu'ils me criaient. J'étais devenue sourde. Je pouvais constater d'après leurs expressions et la façon dont ils gesticulaient, qu'ils essayaient de m'avertir de quelque chose, mais je ne savais pas de quoi. En me retournant pour regarder en bas, je constatai, horrifiée, que le centre commercial avait disparu, et qu'à sa place béait un énorme gouffre. L'escalator m'entraînait inexorablement vers le bord, et j'étais presque sur la dernière marche. Aussitôt, je me suis mise à grimper désespérément vers le haut, mais mes jambes n'allaient pas assez vite. J'étais essoufflée, j'avais un point de côté... En levant la tête, j'ai pu voir Peter et les enfants. Ils se tenaient devant la foule et ils s'égosillaient pour m'encourager. Soudain, je pus les entendre. Matt disait : « Maman ! Maman ! Allez ! »

— Ça y est, je peux vous entendre, maintenant !

— Maman ! cria-t-il à nouveau. (Je sentis ses mains sur mes épaules.) Maman, *réveille-toi* ! Graham a disparu !

— Qu-oi ?

Quand j'ouvris les yeux, le rêve s'évanouit et je trouvai Matt, près du lit, l'air bouleversé. J'entendis les pas de Katie dans l'escalier, et elle fit irruption à son tour, hors d'haleine.

— Je suis allée jusqu'au bout de la rue. Il n'est pas là.

— Quoi ?

— Graham a disparu, maman, répéta Matt en pleurant. On n'arrive pas à le retrouver.

— Mais je croyais qu'il était avec vous !

— Non ! Nous l'avons laissé ici. Nous venons de rentrer, nous avons pris le métro. Et il n'est plus là !

— Bon, ne vous inquiétez pas, les rassurai-je tandis que mon pouls s'accélérait. Nous allons le retrouver, nous allons le retrouver... mais nous devons rester calmes. Quelle heure est-il ? 16 h 30 ? Mon Dieu, il a disparu depuis ce matin !

Je mis mes lentilles de contact, m'habillai en vitesse et me précipitai en bas.

— Graham ! hurlai-je en déboulant dans le jardin, tapant dans mes mains. Graham ! Allez ! Ici, mon garçon ! Graham !

— On n'a pas arrêté de l'appeler, précisa Matt. Il n'est pas ici.

— Mais comment a-t-il pu sortir ?

— Par la fenêtre de la cuisine.

— Mais elle n'était restée entrouverte que de quelques centimètres !

— Je sais, mais il a réussi à se faufiler. Regardez, il a laissé quelques poils...

— Mon Dieu ! Qu'est-ce qu'on va faire ?

— On appelle papa ! suggéra Katie.

Bien sûr ! Je composai rapidement le numéro du téléphone mobile de Peter et après cinq sonneries il décrocha.

— Allô ?

— Peter, c'est moi. Écoute, on n'arrive pas à retrouver Graham. Il s'est enfui. Il est parti depuis ce matin. On est affolés.

— Il s'est enfui ? Merde ! Bon, ne vous inquiétez pas, je viens vous aider, je vais venir le chercher avec vous et... Ah non, je ne peux pas, je suis aux États-Unis. Vous avez appelé la police ? Il faut que vous appeliez la police et le refuge canin de Battersea, et vous devez prendre la voiture pour patrouiller dans les rues. Je vous rappellerai dans deux heures. Salut.

J'appelai le poste de police de Chiswick, on me passa le département des chiens errants. Je fournis à l'officier de service une rapide description.

— Un croisé colley... une robe plumetée or rouge... l'air un peu renard... une étoile blanche sur la gorge et le poitrail... un dos de lévrier... une grande queue agitée... oui, évidemment qu'il a un collier et une médaille... non, non, non, c'est une puce... très, très intelligent... mais c'est vrai... non, vraiment... Graham. Oui, c'est ça... Oui, oui, je sais que c'est un nom bizarre pour un chien... Oui, bien sûr, je reste en ligne.

Il y eut un silence angoissant tandis que le policier consultait le registre.

— J'ai deux Alsaciens, un West Highland terrier, un Jack Russel et trois bâtards, mais aucun ne correspond à la description de votre chien. Nous vous téléphonerons si on nous l'amène. Entre-temps, vous devriez appeler le refuge canin de Battersea.

— Oui, bien sûr.

— Et puis la fourrière... Voici le numéro...

— Merci.

— Et les vétérinaires de votre quartier...

— Les vétérinaires ? répétai-je. Pourquoi ?

— Au cas où une voiture l'aurait renversé.

Ce fut comme si on m'avait plongé un couteau en plein cœur.

— Tu sais pourquoi il a fait ça, maman ? dit Katie pendant que je composais le numéro du refuge canin. C'est parce qu'il ne veut pas subir cette opération. Il a développé un complexe de castration. Nous avons pourtant prévenu Jos, ajouta-t-elle, véhémente, nous l'avons prévenu que Graham comprenait tout, mais il ne voulait pas nous croire.

— Bonjour, refuge canin de Battersea.

Je donnai une rapide description de Graham, luttant contre les larmes qui montaient.

— Il ne s'est jamais enfui avant. (Ma voix tremblait). Mais il a un collier et une médaille d'identité, alors si vous l'avez chez vous, vous le reconnaîtrez.

— Les chiens perdus arrivent souvent sans collier, expliqua la dame. Alors pouvez-vous nous dire s'il a des marques distinctives, parce que nous avons beaucoup de chiens croisés de colley qui rentrent.

— Des marques distinctives ?

Je regardai les enfants pour chercher l'inspiration. Matt désignait son oreille.

— Ah oui, l'une de ses oreilles est légèrement plus courte que l'autre. Et il a une queue très remuante.

— Je vois, répondit poliment la dame. Écoutez, je suis en train de consulter notre base de données et je ne trouve aucun chien correspondant à cette description. Mais nous vous appellerons si nous pensons l'avoir chez nous. Nous sommes ouverts jusqu'à 20 heures.

Je téléphonai ensuite aux cabinets de cinq vétérinaires, cœur battant. Aucun d'entre eux ne l'avait reçu. La fourrière de Chiswick non plus.

— Katie, ordonnai-je, reste près du téléphone. Matt et moi on ressort pour le chercher.

Nous sommes allés jusqu'au jardin public et nous l'avons appelé – s'il avait été là, il serait apparu en un éclair. Puis nous avons poussé jusqu'à Chiswick High Road – la circulation était tellement dense, que la seule idée qu'il ait pu tenter de traverser m'emplit d'une angoisse indescriptible. Matt prit à gauche, et moi à droite. Je suis passée devant Waterstone's, Marks and Spencer, The Link, l'église et le Café Rouge. Puis je me dirigeai vers Kew Garden. Je devais ressembler à une démente, à courir dans la rue, désespérée, en hurlant : « Graham ! » Mais j'étais folle d'angoisse et je me fichais bien de ce que les autres pouvaient penser.

Quand je rentrai à la maison, il était 17 h 30.

— Pas d'appels ? demandai-je à Katie, ahanant, en sueur.

— Papa a téléphoné, et tu viens de rater Jos. Je l'ai prévenu pour Graham, et il vient nous aider à le chercher.

— Ah, c'est gentil de sa part, dis-je en m'affalant sur l'escalier.

— Oui, acquiesça Katie d'un air coupable. C'est vrai.

Puis Matt apparut avec des affiches « Perdu » qu'il avait imprimées sur son Mac.

— Je vais les coller aux réverbères. En voici vingt pour toi.

Tandis qu'il disparaissait, Katie et moi essayâmes de deviner la direction que Graham avait bien pu prendre.

— Où est-ce qu'il aime aller ? l'interrogeai-je.

— Chiswick House. Il adore ça. Ou au bord du fleuve... tiens, regarde, voilà Jos.

Jos klaxonna. Je m'élançai dehors, avec les

pancartes de Matt et du ruban adhésif sous le bras, et sautai dans la voiture.

— Merci, fis-je en lui pressant la main.

— Si tu m'aimes, aime mon chien, répliqua-t-il en haussant les épaules. J'espère simplement que nous aurons de la chance.

Nous avons traversé la voie principale et descendu Duke Avenue, roulant lentement et scrutant jardins et allées à la recherche d'un éclair de poil roux. Au bout de Duke Avenue se trouvait la nationale Great West. Tandis que je contemplais avec horreur les poids lourds vrombissant et les voitures lancées à toute vitesse, j'imaginai Graham essayant de traverser.

— Il n'y survivrait pas, articulai-je d'une voix mourante. C'est comme de traverser une autoroute.

— Je crois qu'il est trop malin pour essayer. Et puis il aurait trop peur.

Nous avons négocié le passage de l'autre côté, puis nous avons pris à gauche vers Chiswick House. Jos se rangea, gara la voiture et nous sommes entrés par l'entrée latérale.

— Graham ! appelai-je. Graham ! Ici, mon garçon ! Allez !

Il y avait des centaines de chiens avec leurs propriétaires, setters, chiens d'arrêt, dalmatiens et alsaciens... Nous avons marché pendant vingt minutes. Le jour baissait avec nos espoirs. J'ai posé quelques affiches sur les arbres, en priant que quelqu'un trouve Graham. Puis, dans le crépuscule naissant, nous nous sommes rendus en voiture jusqu'à la Tamise. Nous nous sommes garés près des courts de tennis et avons marché pendant un kilomètre, en criant son nom. Seuls le clapotement de l'eau, et le vent soufflant entre les arbres nous répondirent.

— Je pense qu'on devrait rentrer, finit par déclarer Jos.

J'acquiesçai. Nous sommes rentrés en roulant au pas. J'imaginais Graham prostré, blessé, ou en train d'errer, affolé et désorienté, incapable de retrouver le chemin de la maison. En poussant le portail, j'avais la nausée. Alors que je levai la main pour mettre la clé dans la serrure, Katie ouvrit la porte en grand. Elle pleurait. Mon Dieu, mon Dieu !

— Dis-moi, fis-je en pleurant moi aussi.

— Il est à Battersea, coassa-t-elle en s'essuyant les yeux. Ils viennent d'appeler. Il va bien. Nous pouvons aller le chercher demain.

À 10 h 30, le lendemain, nous étions les premiers de la queue, devant le refuge canin.

— Allez ! s'impatientait Matt. Ouvrez donc !

Enfin, le rideau métallique fut remonté et nous sommes entrés. Par terre, il y avait des traces de pattes de toutes les couleurs. La réceptionniste nous dit de suivre celles qui étaient en jaune pour trouver le département des chiens perdus. En avançant, nous entendions une cacophonie de jappements indignés, d'aboiements et de gémissements. Je remplis le formulaire, fournis une preuve de notre identité, puis la préposée au chenil traita notre dossier. Tandis que nous attendions, nous avons parcouru le tableau d'affichage, placardé d'avis « disparu » identique au nôtre, offrant des récompenses de mille livres ou plus. Certains chiens s'étaient perdus ou enfuis, mais plusieurs avaient été volés. Il y avait la photo d'un alsacien nommé Toby qui avait été enlevé en dehors du Sainsbury's de Kenton, et de Bumble, un chiot lévrier, « vu pour la dernière fois entraîné par quatre hommes qui l'ont ensuite poussé dans une camionnette ».

— C'est horrible ! s'écria Matt.

Enfin, la préposée nous accompagna dans les enclos où se trouvaient les chiens errants. L'air était saturé de l'odeur du désinfectant, mêlée à celle des chiens. Des bull-terriers du Staffordshire et de vieux labradors nous contemplèrent d'un air mélancolique. Un épagneul fringant nous offrit son jouet. Un Jack Russel sauta en l'air en jappant. Nous avons dépassé deux alsaciens, un chow-chow à trois pattes, un terrier maltais endormi, pour enfin nous arrêter devant le dernier enclos.

— C'est bien lui ? demanda la préposée au chenil.

Même couleur. Même taille. Un type similaire. Mais pour nous, ça aurait pu tout aussi bien être un grand danois.

Nous sommes rentrés à Chiswick en silence, puis nous nous sommes assis, effondrés, dans la cuisine. Matt remplit le bol d'eau de Graham et mit quelques biscuits sur son assiette.

— Il aura faim quand il rentrera.

— Oui, mon chéri, dis-je. Tu as raison.

— On va devoir lui donner un bain. Il va être sale.

— Mmm. Probablement.

— Je lui ai acheté ça, ajouta-t-il, brandissant une cassette vidéo du « Chef à nu ».

— C'est très gentil, Matt, je crois qu'il n'a jamais vu celle-là.

Pour tromper l'attente, nous avons joué aux cartes et au Scrabble. Et les enfants m'ont raconté leur expédition à l'Opéra, et décrit les décors géniaux de Jos. Puis, vers l'heure du déjeuner, Peter a téléphoné à nouveau. Nous l'avons informé que nous étions toujours sans nouvelles. Un peu plus tard, Jos a appelé sur son téléphone mobile. Puis à 17 heures, le téléphone a sonné.

— Vous êtes bien Mme Smith ? demanda une voix masculine inconnue.

— Oui, c'est moi.

— Je vous appelle de la mairie de Westminster. Je suis le responsable de la fourrière. J'ai pensé que vous aimeriez savoir que nous avons votre chien.

— Dieu merci ! murmurai-je en me laissant retomber sur la chaise du hall d'entrée. Dieu merci, répétai-je d'une voix lasse. Mais vous êtes sûr que c'est le nôtre ?

— Oui, il n'y a aucun doute, répliqua-t-il. Il a son collier et sa médaille. Dites-moi de me mêler de mes affaires, mais je trouve que Graham, c'est un drôle de nom pour un chien.

— Je sais ! m'esclaffai-je tandis que des larmes de soulagement me picotaient les yeux. C'est vraiment un drôle de nom. C'est même un nom ridicule pour un chien, sanglotai-je. Merci mille fois. Nous étions bouleversés. Mais où avez-vous bien pu le trouver ? ajoutai-je en notant l'adresse.

— À côté du Tate Museum.

— Le Tate ?

— Oui, il était assis devant une maison sur Ponsonby Place.

— Ponsonby Place ?

— C'est ça. Au numéro 78.

— 78 ? répétai-je.

— Vous connaissez quelqu'un qui habite là ?

— Oui. Mon mari.

Septembre

OS POUR TOUTOUS

Ingrédients :
3 tasses de farine au blé entier
1 tasse et demie de farine de maïs
1 tasse de farine de riz
1 tasse de bouillon de poulet
60 grammes de beurre fondu
1/2 tasse de lait
Un œuf entier
Un jaune d'œuf

Recette :

Mélangez la farine de blé, la farine de maïs et la farine de riz. Mélangez dans un autre récipient le bouillon, le beurre fondu et le lait, puis incorporez au mélange de farines. Ajoutez l'œuf entier, puis le jaune d'œuf. Pétrissez la pâte jusqu'à ce qu'elle soit très ferme, aplatissez au rouleau jusqu'à obtenir une pâte d'environ 1,5 cm d'épaisseur et découpez-y vos formes d'os. Placez sur du papier sulfurisé dans un four préchauffé à 175° pendant 45 mn. Laissez refroidir, puis rangez dans un récipient hermétique. Recette pour 24 à 30 biscuits.

Je relus la note de Lily, agrafée à la recette : *Chère F., le chef du Four Seasons de L.A. m'a donné ceci. C'est un régal, et je crois que cela remontera le moral du pauvre Graham après son épreuve. J'en fais toujours pour Jennifer lorsqu'elle a reçu un choc affreux. Ouah ouah ! Love, Lily.*

Le seul choc que Jennifer risquait de recevoir, c'était qu'on la force à porter son collier Burberry au lieu du Gucci. Mais cela partait d'une bonne intention. Graham ne semblait pas avoir souffert de son aventure. Il restait simplement indigné d'avoir été arraché sans ménagement au trottoir, face à l'appartement de Peter. D'après un voisin, il était resté planté là pendant vingt-quatre heures.

Tout en pétrissant la pâte à biscuit, je le grondai :

— Ne me refais plus jamais ce coup-là ! De toute façon, tu n'y arriverais pas parce que j'ai fait arranger la fenêtre. Papa était très inquiet. Tu aurais pu te faire tuer, tu sais.

— Oui, dit Matt en agitant devant son nez un doigt comminatoire, tu nous as fait vivre un véritable enfer.

— C'était extrêmement irresponsable de ta part, ajouta Katie.

Graham poussa un soupir contrit. Après l'accueil extatique – embrassades, larmes et baisers – qu'il avait reçu, venait le temps des réprimandes.

— Ne refais *jamais* ça ! répétai-je sèchement. Tu peux creuser des trous dans la pelouse, perdre tes poils partout dans la maison, même vomir dans la voiture... mais tu n'as pas le droit de fuguer.

Graham affichait, à présent, un air de chien battu.

— Tu nous as donné beaucoup de mal, insista Matt.

— Et tu as sévèrement augmenté notre niveau de stress, précisa Katie. Nous avons couru dans tous les sens pour essayer de te retrouver... même Jos.

— Oui, renchéris-je. Même Jos. Ce qui était très gentil de sa part quand on y pense. (Graham n'eut absolument pas l'air impressionné.) Mais comment est-ce qu'il a retrouvé l'appartement de Peter ? me demandai-je tout haut pour la énième fois.

— Il y était déjà allé une fois, le jour de Pâques, rappela Matt. Visiblement, il se souvenait du chemin.

— C'est son odorat, opina Katie. Les chiens possèdent un odorat deux cent cinquante mille fois plus puissant que le nôtre. Apparemment, ils peuvent déceler une goutte de vinaigre dans cent quatre-vingt mille litres d'eau.

— Pas tous les chiens, fit remarquer Matt. Jennifer Aniston, pour ne citer qu'elle, serait incapable de déceler le moindre vinaigre dans un étal de fish and chips. Mais Graham est tellement malin, ajouta-t-il en lui caressant les oreilles. Et aussi un peu vilain, pas vrai, Graham ?

— Bon, je crois que le sujet est clos, annonçai-je en enfournant les biscuits. Tout est bien qui finit bien, comme on dit.

À cet instant précis le téléphone sonna.

— C'est ton avocat ! hurla Katie.

— Bonjour madame Smith, dit une agréable voix féminine. Ici la secrétaire de M. Cheetham-Stabb. Il m'a demandé de vous relancer à propos des papiers qu'il vous a envoyés en juin dernier.

— Ah. De quels papiers s'agit-il ?

— L'affidavit confirmant la demande en divorce, que vous devez signer devant un autre avocat, puis renvoyer. Vous devez également faire le serment que la signature figurant sur le formulaire d'accusé de réception de votre époux est bien la sienne.

— En quoi est-ce nécessaire ?

— Pour empêcher les femmes d'imiter la signature de leur mari afin d'obtenir le divorce.

— Elles font ça ?

— En tout cas elles essayent. Nous vous avons fait parvenir le document il y a trois mois, reprit la femme. Maintenant que M. Cheetham-Stabb est rentré de vacances, il voudrait accélérer les choses.

— Oui, soupirai-je. Bien sûr.

— Je suis très étonnée que vous n'ayez rien reçu. Cela se trouvait dans une enveloppe marron de format A5.

— Ah. Eh bien je n'ouvre jamais les enveloppes marron, expliquai-je. C'est une sorte de phobie, si vous voulez. Je laisse toujours mon mari s'en occuper, mais il est aux États-Unis jusqu'à la semaine prochaine.

— Dans ce cas je vous enverrai un duplicata. Dans une enveloppe blanche.

— Oui. Ce serait... parfait. Mais il n'y a rien de pressé, vous savez. Vous le faites quand vous pouvez. Je suis sûre que vous êtes débordée de travail.

L'enveloppe blanche atterrit sur mon paillasson le lendemain à 8 heures du matin. Je l'ouvris mais j'étais trop occupée à préparer les enfants pour la rentrée des classes, et je n'eus pas le temps d'en lire le contenu avant plusieurs jours.

Le dimanche, enfin, je m'assis dans la cuisine et examinai le formulaire de couleur crème : une série de questions/réponses. *QUESTION : Formulez brièvement la raison pour laquelle vous dites que le défendeur a commis l'adultère allégué. RÉPONSE : « Il l'a avoué. » QUESTION : À quelle date a-t-il été porté à votre connaissance pour la première fois que le défendeur a commis l'adultère allégué ? RÉPONSE : « Le jour de la Saint-Valentin. » QUESTION : Considérez-vous intolérable de vivre avec le défendeur ? RÉPONSE : « Eh bien oui, si vous voulez. »*

Ah mon Dieu, c'était affreux, Affreux ! Je rangeai le formulaire. Je n'avais pas envie de le remplir maintenant – j'étais bien trop déprimée. Les enfants venaient de retourner en pension et je n'avais pas vu Jos depuis près d'une semaine.

— Ma chérie, excuse-moi. Je te néglige ces temps-ci, me dit-il au téléphone un peu plus tard. J'ai bien peur que ce ne soit comme ça jusqu'à la première de *Butterfly*.

— Ce n'est pas grave. Je comprends. Je sais que tu as des horaires de dingue.

— Pourquoi est-ce que tu ne viens pas me voir au travail, demain ? suggéra-t-il. Tu regarderais un peu la répétition technique, puis on pourrait prendre quelques instants pour boire un thé.

Le lendemain après-midi, je pris le métro jusqu'à Covent Garden. Je passai par l'entrée des artistes, sur Floral Street, et attendis patiemment la fin de la répétition. Grâce au haut-parleur, branché dans l'accueil, je pouvais entendre tout ce qui se passait sur scène.

— La répétition reprendra dans vingt minutes, annonça enfin un régisseur. Les techniciens sont priés de revenir sur scène dans vingt minutes.

Tout en attendant Jos, j'examinai le programme qu'il m'avait remis. Tandis que je lisais son nom et sa petite notice biographique, une bouffée d'orgueil m'envahit. Puis j'étudiai à nouveau le synopsis. Butterfly, une geisha de quinze ans, « épouse » un bel Américain, le lieutenant Pinkerton. Pour ce dernier, il ne s'agit que d'une aventure sans lendemain. Elle, en revanche, est amoureuse, elle s'est même convertie au christianisme pour lui. Le jour où le vaisseau de Pinkerton appareille pour l'Amérique, Butterfly est persuadée qu'il reviendra. Trois ans plus tard, en effet, il revient. Elle se prépare joyeusement à l'accueillir, sans savoir qu'entre-temps il a épousé une Américaine prénommée Kate. Pinkerton envoie alors le consul Sharpless, pour préparer Butterfly. Mais Sharpless découvre que non seulement elle adule encore Pinkerton, mais qu'elle a aussi un enfant de lui, un garçon. Il n'a pas le courage de lui annoncer l'affreuse vérité. Le matin suivant,

Pinkerton arrive chez elle, où elle s'est endormie après l'avoir attendu toute la nuit. Quand il voit l'enfant, qui lui ressemble, il est pris de remords. Mais Pinkerton est trop lâche pour parler lui-même à Butterfly : il laisse Kate et Sharpless lui expliquer la situation. Quand Butterfly s'éveille et voit Kate dans son jardin, elle devine l'affreuse vérité. Kate explique que Pinkerton et elle souhaitent adopter le petit garçon. Butterfly accepte, à l'unique condition que Pinkerton vienne en personne le chercher. Maintenant, laissée seule, elle embrasse son enfant pour lui dire adieu, puis se tue, puisqu'elle n'a plus aucune raison de vivre.

— C'est terrible, murmurai-je en frissonnant, les yeux brûlants de larmes. Terrible.

Soudain les portes vitrées s'ouvrirent et Jos arriva, souriant.

— Faith ! dit-il en m'embrassant. Hé ! Qu'est-ce qui se passe ?

— Rien.

— Tu as l'air un peu triste. Allez, déride-toi !

— Mais je suis déridée, protestai-je.

C'était vrai. La tragique histoire de Puccini s'était brusquement évaporée comme rosée au soleil : Jos était là, tout sourires, et je me sentais heureuse. Ses cheveux bouclés étaient emmêlés et ébouriffés, sa chemise à carreaux sortie de son pantalon, sa mâchoire piquetée d'une barbe de trois jours. Même dans cette tenue négligée, il restait bel homme. Depuis qu'il m'avait aussi adorablement aidée à chercher le chien, j'étais retombée amoureuse de lui comme au premier jour. J'ai de la chance, m'étais-je dit. Entre nous, ce n'est pas parfait, parfois je ne suis pas tout à fait sûre que... mais Lily a raison. J'ai une chance insensée d'avoir quelqu'un comme Jos dans ma vie. À présent, il me présentait fièrement à la fille de l'accueil comme « ma ravissante petite amie, Faith ». Puis il m'entraîna avec lui.

— Je dois simplement prendre quelques notes que j'ai laissées dans la salle des maquettes. Puis nous descendrons à l'auditorium pour le début de l'acte deux.

La salle des maquettes ressemblait à une étude d'architecte. Des dessinateurs étaient penchés sur des tables à dessin, traçant des lignes sur des feuilles de papier calque ou découpant du carton avec des cutters. D'un côté se trouvaient plusieurs petites répliques de décors d'opéra et de ballet : *Coppelia, Le Chevalier à la Rose, Madame Butterfly*... C'était comme regarder des maisons de poupée.

— Nous les fabriquons à 1/25e de leur taille réelle, m'expliqua Jos en fouillant dans son bureau. Elles sont exactes dans leurs moindres détails, jusqu'aux guirlandes de fleurs avec lesquelles Butterfly orne sa maison pour le retour de Pinkerton. Heureusement, *Madame Butterfly* est une œuvre simple, expliqua-t-il. Le décor est donc simple, lui aussi.

Je m'inclinai pour scruter la maquette. Il y avait la maison de Butterfly, une petite structure carrée avec un store blanc fait de gaze. À l'intérieur se trouvait un futon, et dans un coin, un drapeau américain et un vase de fleurs. Il y avait même un minuscule miroir sur le mur. La maisonnette était entourée d'une véranda, dont les planches n'étaient pas plus larges que des bâtons de sucette ; devant se trouvait un jardin, agrémenté d'un étang à nénuphars et d'un petit pont. Puis il y avait la silhouette de Butterfly elle-même, près du cerisier, attendant son Pinkerton bien-aimé. Au fond, au lieu du port encombré de bateaux de Nagasaki, se dressait un vilain immeuble d'appartements.

— Ça te plaît ? dit Jos.

— Oh oui. Même si l'immeuble est un peu sinistre.

— C'est fait exprès, expliqua Jos. Cela souligne l'aveuglement de Butterfly aux dures réalités de la vie. Le metteur en scène avait des doutes, mais j'ai fini par le convaincre. Lorsque Butterfly rencontre Pinkerton, elle croit que la vie est un bouquet de fleurs de cerisier. Mais elle est obligée de reconnaître que ce n'était qu'une illusion.

— Pauvre Butterfly, murmurai-je. Comme elle souffre.

— Ce n'est qu'une petite idiote, lâcha Jos.

Je relevai la tête, stupéfaite.

— Tu n'es pas un peu dur ?

— Non, parce que c'est la vérité. C'est elle qui travaille à son propre malheur, reprit-il avec un petit sourire sardonique. Tout le monde la prévient que sa dévotion à Pinkerton est absurde, mais elle refuse d'écouter. C'est vrai, elle connaissait les règles du jeu ! s'énerva-t-il, en agitant la main en l'air. Elle *savait* qu'il ne s'agissait que d'un arrangement temporaire. Elle ne peut que s'accuser elle-même.

— Oui, mais savoir, ce n'est pas la même chose que ressentir une émotion, dis-je. Et puis, elle est très jeune.

— C'est une idiote, poursuivit-il sans me répondre. Doublement. Parce qu'un prince japonais offre de l'épouser. Mais elle ne veut pas de lui, cette imbécile.

— Parce qu'elle refuse les compromis, protestai-je. Elle en est incapable. Elle est même prête à mourir pour son amour.

— Son suicide n'est qu'un acte égoïste, jeta-t-il, méprisant, dont le seul but est de punir Pinkerton.

— Mais Pinkerton *est* un salaud. Il mérite d'être puni.

— Je ne suis pas d'accord.

En prononçant ces paroles, il avait l'air très en colère. C'est *fou*, me dis-je soudain. Nous sommes en train de nous disputer âprement pour une femme qui n'existe même pas.

— En tout cas, moi, je trouve son suicide tragique, repris-je doucement. Elle renonce à tout. C'est noble, et c'est merveilleux, aussi.

— Je suis désolé, Faith, fit froidement Jos en attrapant son dossier. Je n'arrive pas à m'émouvoir pour une salope pathétique et cinglée qui tient à être une victime. Mais, heureusement pour nous qui travaillons dans l'opéra, plusieurs personnes sont disposées à le faire.

J'étais atterrée par les commentaires cruels de Jos, mais je résolus de les écarter de mon esprit. Il y a des moments... Oui, *il y a* des moments où il affirme des choses qui ne me plaisent pas du tout. Qui me font frémir intérieurement. Alors je trouve qu'il est préférable de faire tout simplement comme si ces choses n'existaient pas. Préférable de penser plutôt aux qualités de Jos. De toute façon, me raisonnai-je tandis que nous redescendions l'escalier, nous ne pouvons pas toujours être en accord. Alors, s'il veut faire un procès à *Madame Butterfly*, eh bien... qu'il le fasse. Comme, il travaille sur cet opéra depuis des mois, il a sans doute un point de vue plus blasé que le mien sur le sujet.

Nous étions parvenus dans l'arrière-scène, où les ingénieurs du son et les éclairagistes se tenaient par petits groupes. Je restai dans les coulisses tandis que Jos s'avançait dans le décor doucement incliné. Il s'entretint un long moment avec le chef éclairagiste, le metteur en scène et l'administrateur, et des gens avec des casques écouteurs, les yeux levés vers les cintres. Un menuisier ajustait l'auvent sur la maison de Butterfly tandis que trois peintres – ils avaient l'air très jeune – mettaient la touche finale aux toiles de fond.

C'est un autre monde, songeai-je en allant m'asseoir dans la salle. Je m'enfonçai dans le moelleux fauteuil en velours rouge tandis que Jos allait et venait comme un roi de la créativité. Tout le monde le regardait. Tout le monde voulait lui parler. Tout le monde voulait connaître son avis. Il semblait susciter un tel respect... C'est de cela que les gens vont se souvenir, me dis-je en contemplant la scène. Ils se souviendront des chanteurs et de l'orchestre pendant un moment, mais pour la plus grande partie du public, le souvenir le plus durable sera l'aspect visuel du spectacle. Et ce qu'ils portaient ce soir-là.

J'ai de la chance, me répétai-je tandis que les lumières de la salle baissaient et que la répétition commençait. Eh oui, j'ai de la chance. J'ai vraiment, vraiment de la chance.

— Tu as beaucoup de chance, disait Peter quelques jours plus tard. Tu le sais, pas vrai ?

Il était à quatre pattes dans la cuisine, ses yeux dans les yeux de Graham, qui remuait nerveusement la queue.

— Tu es un sacré veinard de chien. Alors ne tire pas trop sur la corde, mon toutou. (Graham lui lécha le nez.) Et la prochaine fois que tu veux me rendre visite, appelle avant, d'accord ? Bon. Le sermon est fini. Donne la papatte. (Graham tendit la patte droite.) Ça m'a rendu dingue de ne pas pouvoir vous aider à le chercher, me confia Peter en se redressant.

— Je sais bien que c'était impossible. Mais nous nous y sommes tous mis, et puis Jos nous a aidés.

— C'est gentil de sa part, concéda Peter. Très gentil, d'autant plus qu'il ne le porte pas dans son cœur. (Il indiqua la pile d'enveloppes brunes.) Je regarderai ça dans une minute. Tu devrais vraiment essayer de surmonter ta phobie, tu sais.

— Oui. Mais je n'y arrive pas.

— Tu seras bien obligée. Une fois que le divorce sera prononcé... (Il traça le parcours d'un couteau imaginaire sur sa gorge.)... je ne serai plus là pour le faire pour toi. (Je hochai la tête.) Alors comment ça se passe entre Jos et toi, hein ? s'enquit-il soudain.

Je fus un peu prise de court par sa question, et par le ton enjoué et amical qu'il avait employé pour la poser. J'avais toujours supposé que Peter ne voulait pas en savoir plus sur Jos que je ne voulais en savoir sur Andie.

— Tout va bien, alors ? ajouta-t-il d'un ton désinvolte.

— Mais oui, tout va très bien. Très bien.

J'éprouvais un certain malaise à parler de mon petit ami avec l'homme auquel j'étais toujours mariée.

— Tout va... très bien, insistai-je avec un soupir.

— Bon... Bon. C'est parfait.

Nous avons siroté notre arabica en silence.

— Alors les choses avancent gentiment, ajouta-t-il d'un ton affable.

— Enfin, oui, fis-je en jouant avec ma petite cuillère. C'est ça. Exactement. Même si...

— Quoi ?

— Même s'il est très occupé à l'Opéra.

— Évidemment. Il a un boulot *vraiment* intéressant, ce garçon.

— Mmm. En effet.

— Alors tout se passe vraiment bien, n'est-ce pas ?

— Euh, oui. Absolument. La plupart du temps.

— La plupart du temps ? répéta-t-il d'un air interrogateur.

— Oui. La plupart du temps. Enfin, c'est formidable, vraiment. C'est formidable. Mais ce n'est pas *parfait*, tu vois.

— Ah bon ? s'étonna-t-il, tandis qu'il jouait avec le sucrier.

— Non. Pas parfait en tant que tel.

— En quel sens ?

— Euh. Rien, vraiment. Des petits détails.

— Quoi ? Comme Graham ?

— Non, non, pas ça. C'est en train de s'arranger. D'autres détails, des détails insignifiants.

— Des détails ?

— Je veux dire, des sujets de conflit.

— De conflit ? Aïe.

— Enfin, tu sais... des différences d'opinion. Voilà tout ce que je veux dire par là. Des différences d'attitude. Mais elles sont assez triviales, vraiment. Et je suppose que c'est normal, non ?

— Tu trouves ?

— Mais oui. Enfin, je suis certaine que nous avions nos différends, nous aussi. Au début.

— Tu crois ?

— Je crois. (Il y eut un silence.) Oui, dis-je. J'en suis à peu près sûre.

— Comme quoi ?

— Eh bien... (Je le fixai d'un œil vide.) Il faudrait que j'y réfléchisse. Ça fait un bail.

— C'est vrai. En effet. Ça s'est passé il y a très longtemps. Tiens, je me souviens d'une chose ! annonça-t-il triomphalement. Tu ne partageais pas mon goût pour la musique populaire.

— Ah bon ?

— Non. Tu me taquinais là-dessus.

— Vraiment ?

— Ouais. Parce que j'aimais Gladys Knight and the Pips.

— Ah oui, je me souviens.

Nous nous sommes regardés et avons souri.

— Tu es ce qui m'est arrivé de mieux, dit doucement Peter.

— Pardon ?

Mes joues brûlaient et mon pouls s'était emballé.

— Tu es ce qui m'est arrivé de mieux.

— Vraiment ?

— Oui. Je pense que c'est leur meilleur morceau.

— Ah. Hum. Si tu veux. Personnellement, je n'en raffolais pas.

— Non. Toi, tu préférais Tom Jones.

— Ça n'a rien d'inhabituel.

— J'ai toujours trouvé que si. Il date d'avant ton époque.

— Non. « Ça n'a rien d'inhabituel » est ma chanson préférée de lui, expliquai-je. Et d'ailleurs, il a toujours continué à être populaire. Son attrait franchit la barrière des générations.

— Oui, j'imagine. Alors tout va bien entre toi et Jos, répéta-t-il avec entrain. (Je hochai la tête.) Bon. Tu n'as pas de gros soucis, alors ?

— Grâce au ciel, non.

— Pas d'inquiétudes majeures ?

— Nan.

— Ou de zones d'incompatibilité ?

Je secouai la tête.

— Pourquoi poses-tu la question ?

— Parce que les enfants m'ont appelé de France, et Katie a laissé entendre qu'il pourrait y avoir, tu sais, un ou deux trucs qui n'allaient pas.

— Elle a dit ça ? Eh bien je crains qu'elle ne se trompe. De toute façon, tu connais sa manie de tout analyser.

— Ça, c'est bien vrai. Alors tu es réellement heureuse avec Jos ?

— Oui, et puisque nous avons abordé un terrain si personnel, je peux te poser la même question. Tu en as ?

— Si j'ai quoi ?

— Des inquiétudes majeures ? demandai-je.

— Quoi ? Avec Andie ? (J'acquiesçai.) Mais non. Comme toi, il y a simplement quelques, tu sais... (J'entendis l'air siffler entre ses dents.)... quelques petites choses.

— Quelles choses ? demandai-je.

Il souffla entre ses lèvres.

— Ah, marmonna-t-il, des trucs triviaux, insignifiants, sans grande importance. D'infimes, de minuscules petites choses, vraiment.

— Comme quoi ?

— Eh bien...

— Oui ?

— Ce ne serait pas loyal de ma part d'en parler.

— Mais bien sûr. Je suis dans le même cas.

— Et de toute façon, ce ne sont que de toutes petites choses.

— Eh bien, c'est... génial.

— Oui.

— Parce que les détails n'ont aucune importance.

— Non.

— Alors tes vacances se sont bien passées ? m'enquis-je.

— Ah. C'était... super, répondit-il en touillant son café. C'était... super. C'est une région très intéressante des États-Unis, tu sais.

— Oui, répliquai-je. C'est ce qu'on m'a dit.

— La Virginie a été le site de la première colonie européenne permanente en Amérique du Nord.

— En 1607.

— On l'a appelée Virginie en l'honneur d'Elizabeth Ire. La reine vierge.

— Évidemment.

— On l'appelle également le « Old Dominion State ».

— Mmm. J'ai aussi entendu dire qu'elle se trouvait parmi les premiers producteurs de tabac.

— Oh oui. D'arachides, aussi. Et de pommes, et de tomates. Et de bois de construction.

— J'ai appris que l'extraction du charbon constituait également un secteur important de l'économie.

— Oui, en effet. Et puis il y a tellement de villes historiques. Comme Norfolk, bien sûr, et Richmond, et Jamestown. Voilà un endroit intéressant...

— On dirait que tu t'es amusé comme un fou.

Peter détourna brusquement la conversation.

— Comment va ta mère ?

— Ah. Maman ? Elle est repentante, répliquai-je prudemment. Elle s'est racheté une conduite en travaillant très fort avec Matt, qui semble avoir rattrapé son retard. Son vocabulaire français s'est bien enrichi. Et elle lui a aussi enseigné à jouer au bridge.

— Ah, c'est bien comme jeu... J'aimerais bien les prendre avec moi ce week-end. Comme je ne les ai pas vus depuis près de deux mois, j'ai pensé que nous pourrions aller au Tate Modern.

— Bonne idée.

— Ou à la Royal Academy.

— Excellent. (Nous avons échangé des sourires maladroits.) Bon. Eh bien, il est temps que je regarde tout ça, ajouta-t-il en prenant la pile d'enveloppes brunes. Note de gaz, annonça-t-il.

Soixante-treize livres soixante. Tiens. Et ceci vient de ton comptable. C'est un rappel d'impôt sur le revenu et ceci, dit-il en ouvrant l'enveloppe, est de... aaah... les fabricants d'Impulse. Félicitations, Faith ! Tu as *encore* gagné un concours. Un week-end pour deux à Rome.

— C'est vrai ? fis-je en saisissant la lettre. Ouaouh !

— Tu devrais les appeler pour accepter... Bon, alors c'est génial. Quel prix superbe ! Mais pas autant que notre divorce, non ? ajouta-t-il rapidement. À propos, cette enveloppe-ci contient des documents pas sympa du tout, envoyés par Rory Cheetham-Stabb. (Il examina le formulaire jaune pâle.) Affidavit de la demanderesse en soutien de la demande.

— Ah oui, dis-je. Je sais ce que c'est. Ils m'en ont envoyé un duplicata.

— Tu l'as rempli ? s'enquit-il d'un ton dégagé.

— Oui. Je l'ai fait.

— Quand ?

Il regarda par la fenêtre. Il pleuvait.

— Hier. J'ai demandé à Karen d'être témoin ce matin. Le jugement provisoire de divorce devrait avoir lieu fin novembre.

— Précipitation.

— Quoi ?

— La météo. Il y a des précipitations. Ce n'est pas comme ça que vous les appelez dans votre jargon ?

— Ah, on ne parle plus tellement de précipitations de nos jours, expliquai-je. On parle plutôt en pourcentages. Par exemple : « Il y a soixante pour cent de chances de pluie ce matin. » Ou : « Il y a trente pour cent de chances qu'il neige. »

Peter se leva brusquement.

— Et il y a cent pour cent de chances que je sois dans le pétrin si je suis en retard pour mon rendez-vous avec Andie. Je crois qu'il vaut mieux que j'y aille. Au revoir, trésor, dit-il en se retournant. Je t'aime, tu sais.

— Au revoir, chéri, répondis-je, un peu saisie par cette déclaration d'affection.

Jusqu'à ce que je me rende compte qu'il parlait au chien.

— Salut, mon petit chou, dit-il en passant ses bras autour de Graham. Plus de balades en solo, d'accord ? Je reviendrai te voir très bientôt.

Je crus que Peter allait m'embrasser aussi. Mais non. Il m'a lancé un petit sourire sans joie, puis il est parti.

— Au revoir, Faith ! l'entendis-je crier de la porte d'entrée.

— Au revoir !

J'attendis d'entendre le déclic du loquet, mais il ne vint pas. Comme c'était étrange. Il avait laissé la porte entrouverte.

— Dix, neuf, huit...

— Alors des perturbations sont prévues, conclus-je dans mon bulletin de 9 h 30, lundi matin.

— Sept, six...

— Plutôt que le beau temps dégagé auquel nous pourrions nous attendre à cette époque de l'année.

— Cinq...

— Nous aurons un temps gris et pluvieux.

— Quatre...

— Provoqué par ces traits hérissés ici sur les isobares, qui indiquent un front occlus.

— Un quoi ? entendis-je dans mon oreillette.

— Trois, deux...

— Avec cinquante pour cent de possibilité de pluie.

— Un...

— Ce qui, par la même occasion, signifie qu'il y a cinquante pour cent de possibilité de soleil.

— Et zéro...

— Alors à demain.

— Merci, Faith.

— Et merci à tous de nous avoir regardé, reprit Terry. Dans l'émission de demain, nous interviewerons la créatrice de « Deux Hideux » – une agence de rencontre pour des gens incroyablement laids – et nous rencontrerons certains de ses clients.

— En plus, ajouta Sophie, nous vous présenterons d'autres Déco-désastres. Et nous parlerons aux auteurs du *Bricolez vos collants* – un guide complet pour recycler utilement vos vieux collants. Mais, avant de terminer, je voudrais remercier tous ceux qui m'ont envoyé du courrier. Je suis désolée de ne pas avoir pu vous répondre à tous, mais il semble y avoir eu un petit problème de livraison, qui a maintenant été réglé.

Sur ces mots, elle décocha à la caméra un sourire éblouissant, laissa le générique défiler puis quitta le studio d'un air déterminé. Je retirai mon maquillage avec une lotion hydratante, vérifiai les relevés satellite une fois de plus, puis me rendis à la salle de conférences pour notre réunion de planning. J'y trouvai Terry, se curant les dents avec indolence, Tatiana en train de chuchoter dans son téléphone mobile, et puis les producteurs et les documentalistes avec leurs clipboards, leurs dossiers et leurs notes. Et Darryl, évidemment, en bout de table. En attendant que tout le monde soit arrivé, j'ai fouillé dans la pile de magazines. Tout en bas il y avait le dernier numéro de *Moi !* daté d'octobre. Je le feuilletai à partir de la fin, dans la section agenda mondain. Comme prévu, elle y était, en haut de la page. La photo de Jos et moi au match de polo, simplement légendée : Jos Cartwright et Mme Peter Smith. Jos avait son bras autour de mon épaule, et nous nous souriions. C'était une photo flatteuse. Cela dit, en dépit de mon expression joyeuse, je ne souriais pas des yeux. Car, le matin même, Jos avait engueulé Graham. L'atmosphère était tendue. Mais, aujourd'hui, tout allait pour le mieux. Globalement. Enfin, rien n'est parfait, n'est-ce pas ? L'homme idéal n'existe pas. Dans les histoires d'amour, surtout au début, il faut rester ouvert. Mes pensées furent subitement interrompues par le choc répété d'un stylo sur la table. C'était Darryl, il paraissait mécontent.

— Où est Sophie ? Je voudrais commencer.

— J'arrive ! lança-t-elle en entrant dans la salle de réunion, souriante mais légèrement essoufflée, portant une énorme boîte en carton. Désolée de mon retard.

— Qu'est-ce que c'est ? demanda Darryl.

— Je vais te montrer.

Avec un sourire à l'intention de Terry et Tatiana, elle renversa soudain la boîte qui déversa un océan de lettres. Elles jaillirent, telle une marée de papier, aussi dense et lente que de la lave. Il y avait des enveloppes blanches, des roses, des jaunes et des brunes. Des courriers aériens bleu parchemin avec de jolis timbres étrangers. Des cartes postales, avec ou sans images ; du Conquérant et du Rhodia. Il y avait de l'encre verte, du crayon bleu, du crayon mine un peu effacé et du feutre mauve. Certaines étaient tapées à la machine, d'autres péniblement griffonnées, tandis que d'autres sortaient tout droit d'une imprimante laser. Plusieurs étaient ornées de cœurs et d'étoiles. Il devait y en avoir plus de cinq cents, toutes adressées à Sophie.

— Mon courrier disparu, annonça-t-elle. Je l'ai retrouvé ce matin. Curieux, n'est-ce pas ? J'ai cru que vous aimeriez le savoir.

— Bon sang ! souffla Darryl. Il était où ?

— Ça, c'est le plus étrange, susurra-t-elle innocemment tout en fixant Terry et Tatiana d'un œil peu amène. Avant que nous prenions l'antenne, je cherchais un feutre surligneur, alors je suis allée dans l'armoire à fournitures. Et là, tout en bas de l'armoire, j'ai trouvé cette boîte. Imaginez ma surprise lorsque j'ai regardé dedans ! Il y en a pour six mois de courrier.

— Terry ? dit Darryl. Tu peux nous éclairer sur cette histoire ?

— Je n'ai rien à voir là-dedans, répliqua Terry.

— Vous avez une idée de qui aurait pu faire ça ? demanda Darryl.

— Euh, le garçon qui distribuait le courrier, suggéra Tatiana. Il avait l'ambition de devenir présentateur, vous savez.

— C'est vrai ? s'étonna Sophie, les yeux comme des soucoupes. Alors pourquoi est-ce qu'on ne lui pose pas la question ?

— Impossible ! lâcha Darryl. Il est parti la semaine dernière.

— Pour aller où ?

— Travailler au Savoy, je crois.

— Ce n'est pas comme ça qu'il fera progresser sa carrière à la télé, fit remarquer Sophie. Pas vrai, Tatty ?

Tatiana haussa les épaules.

— C'est un mystère total, intervint Terry d'une voix pateline. Mais comme je doute qu'on l'élucide jamais, je propose que nous commencions la réunion.

Darryl ne l'écoutait pas. Il lisait les lettres que lui passait Sophie.

— Évidemment, je ne les ai pas toutes ouvertes, expliqua-t-elle. Il y en a tellement... je n'ai pas eu le temps. Mais laissez-moi vous donner un aperçu. Je suis persuadée que Terry adorerait savoir ce que les téléspectateurs pensent de moi.

« *Chère Sophie*, lut-elle, *je trouve que vous êtes ce qu'il y a de mieux à la télé le matin... Chère Sophie, sans votre sourire ensoleillé et vos mots d'esprit je ne serais pas capable d'affronter la journée... Chère Sophie, je me lève tôt rien que pour vous regarder... Chère Sophie, vous êtes tellement plus intelligente que ce vioque de quatrième zone sur le canapé à côté de vous*. Euh...

désolée, Terry, dit-elle avec une emphase théâtrale. Je ne voulais pas manquer de tact. *Chère Sophie*, lut-elle en prenant une nouvelle lettre, *pourquoi n'êtes-vous pas la présentatrice principale* ? (Elle ouvrit une petite enveloppe brune.) *Chère Sophie, pourquoi perdez-vous votre temps à faire des conneries sur la télé du matin ? Vous devriez être en train de présenter le journal télévisé !*

La bouche de Terry était aussi pincée qu'une épingle à cheveux.

— Eh bien, je suis ravi que tu sois aussi populaire, déclara Darryl. Mais est-ce que tu souhaites approfondir cette histoire de vol ?

Elle secoua la tête tout en fixant Terry.

— Je n'ai aucune envie de faire des vagues. Je souhaitais simplement que tout le monde soit au courant.

Terry croisa les bras et se renversa dans son fauteuil. Son visage affichait un sourire insolent.

— Bon. C'est très bien, en effet, que tout le monde soit au courant. Je suis absolument ravi que tout le monde soit mis au courant de ce que tu es en réalité. (La température de la pièce dégringola soudain à vingt degrés en dessous de zéro.) Il y a des choses à propos de toi, Sophie, que tout le monde devrait savoir, ajouta Terry avec un sourire insidieux.

À ces mots, ils échangèrent un regard chargé d'une haine absolue et viscérale. Le fer croisé les dix derniers mois n'avait provoqué que de simples escarmouches. Ceci était une déclaration de guerre.

— Y a-t-il beaucoup de lettres d'hommes,

là-dedans ? demanda innocemment Terry, en attrapant l'une d'elles, avant de la relancer dans la pile énorme. Ou est-ce que tu es plus populaire chez les dames ?

— Il me semble que je suis appréciée des hommes et des femmes, répliqua-t-elle, cinglante.

Peu à peu, son cou, se marbrait de plaques rouges.

— Hum. Tu crois ? Je n'en suis pas si sûr, lâcha Terry avec un sourire sceptique.

— Euh, bon, d'accord. (Darryl déglutit nerveusement, sa pomme d'Adam plongeant de près de cinq centimètres.) En tout cas, merci d'avoir porté ceci à notre attention, Sophie et... euh, commençons la réunion. D'accord, tout le monde. Des idées, s'il vous plaît. Et n'oubliez pas – ceci est une émission familiale.

Vendredi soir les enfants revinrent à la maison ; j'allai les chercher à la gare de Charing Cross. Le lendemain matin, ils prirent le métro pour aller chez Peter et ne revinrent pas avant 20 heures.

— Vous avez passé une bonne journée ? m'enquis-je pendant que je lavais la salade.

— Ah oui, dit Matt. Formidable. On est allés au Tate Modern le matin.

— Et l'après-midi, qu'est-ce que vous avez fait ? demandai-je.

Ils se turent.

— Qu'est-ce que vous avez fait ?

— Euh, pas grand-chose, en fait, finit par lâcher Matt.

— Vous avez bien dû faire quelque chose. Vous êtes partis toute la journée.

— Eh bien, on est juste allé prendre le thé, c'est tout. Rien de spécial, tu sais.

— Où ça ? dis-je. Allez ! Crachez le morceau.

— Ça ne vaut pas la peine d'en parler.

— Hé, arrête les devinettes, Matt, fit Katie. On est allés chez Andie, maman.

— Ah. Je vois.

— Enfin, si Jos passe autant de temps ici, je ne vois pas pourquoi papa ne peut pas aller chez elle.

— Si tu veux, concédai-je.

Mais cela me faisait mal. Je savais que Peter y allait. Évidemment. Néanmoins, je haïssais l'idée que mes gamins y aillent eux aussi.

— Il faut que tu l'acceptes, maman, déclara brusquement Katie. Ça fait six mois que papa et toi êtes séparés.

Je la regardai tristement. Elle avait tout à fait raison. Je ne pouvais pas exiger le beurre et l'argent du beurre. Je déglutis douloureusement.

— Alors, à quoi ça ressemble chez elle ?

— C'est le luxe ! s'exclama Matt.

— Pas étonnant. Où est-ce ?

— A Notting Hill.

— Pas étonnant non plus.

— Il y a *cinq* chambres ! ajouta-t-il, les yeux écarquillés.

— Tu m'étonnes.

— Et un lit double gigantesque ! (J'allais me trouver mal.) Et tu sais ce qu'il y a sur son lit, maman ?

— Non, et je ne veux pas...

— Des peluches !

— Quoi ?

— Des tas de peluches, répéta Matt. Des douzaines de peluches... Et elles ont toutes un nom.

— C'est un peu curieux, fis-je remarquer, à trente-six ans.

— Mais non, maman..., dit Katie.

— Moi, je trouve.

— Non, elle a plus de trente-six ans.

— Ah bon ? Comment le sais-tu ?

— Parce que j'ai vu son passeport. Elle l'avait laissé sur la table de la cuisine alors j'y ai jeté un petit coup d'œil.

— Katie ! C'est très vilain. Alors... quel âge a-t-elle ?

— Quarante et un ans.

— Ça alors ! Et papa le sait ?

— Je ne sais pas. Je ne le lui ai pas demandé.

— Mais elle est vraiment drôle, dit Matt.

Je repensai à la blonde sans humour vue à la télé.

— Drôle ? Ça, j'ai du mal à le croire.

— Je veux dire, drôle... bizarre. Tu vois, elle s'est mise à appeler papa de toutes sortes de noms... Des noms de bébé, ajouta-t-il en riant.

— Des noms de bébé ? Comme quoi ?

— Eh bien, fit-il en gloussant, elle l'appelle mon petit Pete-chou.

— Non !

— Et son Pitou d'amour !

— Pouah !

— Et son nounours en sucre.

— Quelle horreur !

— Et son bibounet chéri.

— Beeuuurk ! (Graham mit ses pattes sur mes cuisses.) Je n'ai jamais fait ça, moi. Pas vrai, mon petit toutou en sucre ? Et comment réagit papa ?

— Avec un drôle de petit sourire, dit Matt.

— Et lui, comment l'appelle-t-il ?

— Andie. Mais elle, elle s'appelle...

— Non, ne me dis pas !

— Oui, lança Katie. Andie-Pandie ! (J'avais les yeux qui sortaient de la tête.) Papa n'aime pas trop. Je pense qu'il trouve cela avilissant et idiot. Je ne crois pas qu'il comprenne pourquoi elle fait ça. Mais moi, je sais. C'est une forme d'auto-infantilisation, expliqua-t-elle posément. Parce qu'Andie est manifestement angoissée par son âge. Elle essaie de projeter une vulnérabilité enfantine pour dissimuler son caractère dur et rapace. Les peluches relèvent de la même démarche, et, bien sûr, à un niveau psychologique profond, avec les cinq chambres à coucher, c'est relié, à son désir évident de...

— Attends un instant, la coupai-je. Cette femme est une chasseuse de têtes aguerrie. Elle ne peut pas vouloir être considérée comme une petite fille.

— À la maison, oui, précisa Katie. Elle veut être la petite fifille à son papa, pour qu'il s'occupe d'elle, parce qu'elle sait que les hommes préfèrent les femmes fragiles, ce qui, bien entendu, explique pourquoi Lily reste toujours célibataire. D'autre part, poursuivit-elle doctement, il s'agit aussi d'une forme de manipulation. Elle appelle papa par ces noms infantilisants afin de pouvoir le dominer. C'est une façon de l'émasculer, conclut Katie. Pour obtenir ce qu'elle veut.

— Ah, fis-je. Pauvre papa.

— C'est aussi une façon de marquer sa propriété, reprit-elle. Tous ses termes de tendresse sont précédés d'un « mon » très révélateur. C'est ça qui la trahit... il s'agit d'un signe manifeste de désespoir.

— Mon Dieu ! soupirai-je. Qu'est-ce que c'est tordu, tout ça... Tu es sûre que tu ne pousses pas l'analyse un peu trop loin, Katie ? Enfin, papa a l'air assez heureux. Il m'a dit qu'il n'avait pas d'inquiétudes majeures, et il dit toujours la vérité. (À ces mots, les enfants restèrent silencieux.) Il est heureux, n'est-ce pas ?

Matt haussa les épaules.

— Ch'sais pas.

— Nous ne lui avons pas posé directement la question, commença prudemment Katie. Nous ne pouvons nous fonder que sur ce que nous observons. Mais je dirais que papa est à peu près aussi heureux avec Andie que toi avec Jos.

— Mais je suis *tout à fait* heureuse avec Jos, merci, répliquai-je sèchement. Et comme tu le sais, c'est très sérieux entre nous.

— Oui, rétorqua Katie d'un ton insolent. Nous le savons.

À ces mots, elle me fixa avec un drôle de petit sourire – un tic agaçant qu'elle tient de son père. Elle ressemble tellement à Peter...

Ce soir-là, les remarques irritantes de ma fille m'ont tourné dans la tête, m'empêchant de dormir. J'ai dû m'assoupir à un moment, parce que je me rappelle un curieux rêve d'iceberg. Ce ne devait pas être un sommeil profond et paisible, car j'ai été réveillée par le bruit métallique de la boîte aux lettres lorsqu'on livra le journal. Graham et moi sommes descendus, vaseux. Je lui ai préparé une tasse de thé – avec du lait, pas de sucre, pas trop fort – puis j'ai parcouru le *Sunday Times*, en le tenant à environ trois centimètres de mes yeux puisque je n'avais pas mes lentilles de contact. J'allai directement aux pages culture, pensant qu'il y aurait peut-être quelques lignes sur l'opéra. Mais, à mon grand étonnement, j'y trouvai une double page sur Jos, intitulée « Le décorateur de *Butterfly* en plein essor ». Il y avait une photo de lui, souriant, les cheveux en bataille, plus craquant que jamais, avec ses grands yeux gris irrésistibles... L'article était flatteur – le journaliste était manifestement tombé sous le charme. D'ailleurs, c'était quasiment le même article que dans l'*Independent*, six mois auparavant. *J'imagine que j'ai eu beaucoup de chance... Mon travail, c'est ma passion... le travail de Stefanos Lazaridis est merveilleux... les désirs du metteur en scène viennent toujours en premier*.

Je fus étonnée par cette dernière remarque car je me souvenais de ce que Jos m'avait déclaré en me montrant le décor : « Le metteur en scène n'était pas sûr, mais j'ai finalement réussi à le convaincre. » Étrange. Soudain, à mon immense stupéfaction, je lus mon propre nom. *Cartwright a dernièrement été aperçu avec la miss météo de* AM-UK !, *Faith Smith*, écrivait le journaliste. *Je ne sais pas ce que je ferais sans Faith*, affirmait Jos. *Il y a six mois, j'ai été séduit par son sourire ensoleillé et, aujourd'hui, je suis tout à fait ensorcelé*. Je crois que j'ai relu cette phrase quatre-vingt-quinze fois. Et puis je l'ai relue encore. À présent, Jos parlait de *Madame Butterfly. L'opéra le plus bouleversant de Puccini... Je voulais montrer la vulnérabilité de Butterfly... sa jolie maison est écrasée par la laideur des immeubles, face auxquels elle semble fragile et solitaire... Oui, d'après moi c'est la plus grande héroïne de Puccini*, poursuivait-il. *Ses ailes sont faites d'acier. Elle renonce à tout pour l'homme qu'elle aime... Sa noblesse et son courage sont inoubliables*, concluait-il. *Son sacrifice déchirant me remplit d'admiration*. Mes yeux s'écarquillèrent et ma mâchoire s'affaissa légèrement. Je remontai pour mettre mes lentilles de contact, puis je relus... Pour être sûre. Par la fenêtre de la cuisine, je contemplai un moment la girouette de mes voisins tournoyant dans la brise matinale. Puis je regardai de nouveau le journal. Et la photo de Jos. Comment pouvait-il parler ainsi ? me demandai-je, l'estomac noué. Comment pouvait-il évoquer Butterfly avec un tel mépris en privé, puis l'encenser autant dans la presse ? Je fixai le vide, essayant de comprendre. La sonnerie du téléphone me tira brutalement de ma réflexion.

Qui diable pouvait bien m'appeler un dimanche matin à 7 h 30 ?

— FAITH ! hurlait Lily. LÈVE-TOI TOUT DE SUITE ET SORS ACHETER LE *SUNDAY TIMES* !

— Ça va. Je suis levée. Je l'ai.

— Tu as vu l'article sur Jos ?

— Mmm, je l'ai vu.

— Mais, mon chou, tu ne trouves pas ça *incroyable* ?

— Oui, fis-je posément. En effet.

La première de *Madame Butterfly* allait être une soirée de gala constellée de célébrités – l'un des événements les plus importants du carnet mondain. J'aurais dû me sentir surexcitée ; j'étais plutôt déprimée. Mon humeur était à peu près aussi basse et plate qu'un stratus, songeai-je en levant les yeux vers le ciel. J'aurais préféré que Lily m'accompagne, mais elle devait assister à un bal de charité. Je n'avais toujours pas choisi la tenue que j'allais porter. J'étais donc en train de fouiller dans mon placard. Il y avait ma vieille robe « chic » de chez Principles : c'était un choix sans risque, en velours noir et plutôt classe, mais je ne l'avais pas portée depuis très longtemps. Au cintre suivant était suspendue une jolie robe de chez Next – un achat impulsif et inutile. Il y avait également – ne riez pas – une robe en satin de What She Wants qui, quoique bon marché, était assez seyante. Mais je savais que ça n'irait pas. Je n'avais vraiment rien d'adéquat. Je demandai donc à Lily si elle voulait bien me prêter une fois de plus la robe Armani rose.

— La robe que tu as portée à Glyndebourne ?

— Oui.

— Ne sois pas ridicule. Bien sûr que non.

— Ah. Désolée de te l'avoir demandé.

— C'est hors de question, mon chou, parce que quelqu'un pourrait le remarquer ! Comment peux-tu imaginer assister à une soirée de gala à Covent Garden dans une robe que tout le monde a déjà vue ?

— Mais elle est ravissante et, de toute façon, ils ne seront pas tous là.

— Faith ! me gourmanda-t-elle. Tu ne peux tout simplement pas courir le risque. Mon chou, tu vas être le point de mire, demain soir. Tu vas être remarquée et photographiée. Pas seulement à cause de ta propre – bien que mineure – célébrité, mais parce que tu seras au côté de Jos. Bon, j'ai un sublime prototype de Clements-Ribeiro. Voilà ce que je vais te prêter.

Elle me fit livrer la robe par sa voiture de fonction le mardi après-midi, cinq heures avant le lever de rideau. Elle était en jersey de soie gris sombre, taillée en biais, avec de jolies bretelles rebrodées de strass, étincelante sans être tape-à-l'œil, glamour mais très discrète. En un mot, ravissante.

— Lily connaît son boulot, déclarai-je à Graham tout en m'admirant dans le miroir.

J'appelai Jos pour lui dire que je prendrais le métro jusqu'à Covent Garden. Il faillit s'étrangler.

— Chérie, tu ne vas pas prendre le métro !

— Pourquoi pas ? Je peux te rejoindre là-bas.

— Parce que, Faith, nous allons arriver ensemble, en voiture. Tu as oublié ? Je te l'ai dit la semaine dernière.

Alors, à 18 h 15, une grosse Mercedes, aussi noire et luisante qu'un corbeau, se gara devant la maison. Je pénétrai dans son habitacle sombre, puis nous roulâmes jusqu'à Burnaby Street. Jos émergea de chez lui en smoking blanc, aussi beau qu'un mannequin de GQ.

— Tu es superbe, dit-il en montant dans la voiture.

Je pressai sa main.

— Toi aussi.

— C'est l'événement le plus important de ma vie. Tu as vu l'article dans le *Sunday Times* ?

— Oui, chuchotai-je. Oui, c'était formidable.

Tandis que nous roulions au pas dans les embouteillages de fin de journée, il jeta deux ou trois fois un coup d'œil angoissé à sa montre. Lorsque nous atteignîmes Haymarket il était déjà 19 h 10. Nous avons roulé lentement sur le Strand, puis pris à gauche sur Wellington Street, puis Bow Street. Le portique corinthien de l'Opéra apparut, près de l'immense fenêtre en arche de Floral Hall. Lily avait raison – les paparazzi étaient en force. Qui photographiaient-ils ? J'étirai le cou. Kate Moss et son nouveau jules. Puis Emma Thompson et Greg Wise. N'était-ce pas Stephen Fry ?

— Les étoiles vont scintiller ce soir, déclara Jos. OK. Prends une grande inspiration. C'est à nous.

Le chauffeur s'arrêta et ouvrit la porte. Je sortis la première.

— Faith ! Par ici ! Faith ! Un sourire !

Nous avons marqué une pause en bas de l'escalier et souri. Je sentais la main de Jos au creux de mon dos.

— Une fois de plus, murmura-t-il. Très bien. Maintenant, on entre.

Dans un air voluptueusement chargé de parfums rares et d'eaux de toilette raffinées, le foyer scintillait de diamants, de cristaux et d'or. Nous avons grimpé le grand escalier au tapis rouge et pris nos places au balcon d'honneur. J'admirai les grands rideaux en velours rouge avec leurs broderies d'or et leur écusson royal. Les loges se trouvaient juste au-dessous et, plus haut – à une hauteur vertigineuse –, les galeries en gradins, incurvées comme le pont d'un paquebot. Je glissai un coup d'œil discret à droite et à gauche. Nous recevions souvent des célébrités à *AM-UK !* mais celles-ci appartenaient à une autre catégorie. Cate Blanchett et son mari étaient assis au bout de notre rangée. Juste en face, William et Ffion Hague. À gauche des loges, je remarquai Michael Portillo et son épouse, et, plus loin à droite, Tony et Cherie Blair. Dans l'une des loges, j'aperçus Joanna Lumley. Dans une autre, sir Paul McCartney. Il y avait tellement de gens célèbres que je fus soudain prise de l'envie irrésistible de lancer une ola.

— Comment te débrouilles-tu en italien ? me demanda Jos en souriant.

— Pas très *buono*, j'en ai bien peur. Je vais lire les surtitres.

Les lumières s'intensifièrent un instant, avant de s'éteindre, et un silence respectueux tomba sur la salle. Puis le chef d'orchestre apparut sous un tonnerre d'applaudissements. Il traversa la fosse, monta sur le podium, s'inclina une fois, puis se retourna et leva sa baguette. Il y eut un instant de silence. Rien qu'un battement. Puis, dans un tourbillon subit de violons, l'immense rideau rouge se leva et l'on découvrit Pinkerton, le jour de son « mariage ». Déjà, l'opulente beauté lyrique de la musique apportait un contraste cruel à ses paroles cyniques :

— *Je vais me marier selon la coutume japonaise...*, chantait-il. *Et je peux divorcer quand je veux...*

Maintenant, il buvait un toast au « *jour où j'épouserai une vraie fiancée américaine* ». Puis, des coulisses, nous parvint la voix de Butterfly, douce et aiguë, tandis qu'elle s'avançait vers la maison avec ses demoiselles.

— *Je suis la femme la plus heureuse du Japon*, chantait-elle. *C'est un très grand honneur.*

Elle portait son kimono de cérémonie, avec des fleurs dans les cheveux, et s'avançait à la rencontre de Pinkerton.

— *Butterfly ne peut plus s'envoler*, chantait-il tandis qu'ils étaient « mariés ». *Je t'ai attrapée, et maintenant tu es à moi.*

— *Oui. Pour la vie !* répliqua-t-elle en extase.

Je secouai la tête de compassion pour son terrible destin. Et j'ai dû soupirer, parce que j'ai soudain senti le bras de Jos se presser contre le mien ; du coin de l'œil je le vis lever l'index droit à ses lèvres. Mais c'était plus fort que moi. Je n'y pouvais rien. J'avais pitié d'elle.

Quand, une demi-heure plus tard, le rideau retomba sur le premier acte, ma gorge était douloureuse d'un sanglot trop longtemps réprimé.

— Chérie, j'espère que tu n'as pas l'intention de chialer comme ça jusqu'à la fin ! me reprocha Jos tandis que nous nous frayions un chemin jusqu'au bar.

— Ce n'est pas impossible, répondis-je avec un faible sourire.

— Eh bien, essaie de prendre sur toi. C'est agaçant.

— D'accord. Mais c'est tellement triste. Ils devraient agrafer deux mouchoirs en papier au programme, plaisantai-je.

Jos resta de marbre. Cela dit, il avait d'autres préoccupations. Après tout, c'était une soirée très importante pour lui, et j'étais en train de l'oublier.

— Le décor est magnifique, dis-je alors qu'il revenait avec notre champagne. Tu es vraiment, tellement génial, Jos. Je suis fière de toi.

Enfin, il me rendit mon sourire. Le bar de Floral Hall coulait sous un déluge de haute couture et de serge noire.

— ... une voix fabuleuse.

— ... je préfère Laurent Perrier.

— ... ah, jamais entendu parlé de lui. Il est bien ?

— ... un petit endroit super.

— ... je ne raffole pas de ce livret.

— ... nos deux plus jeunes sont à Stowe.

La sonnerie retentit une fois, puis une fois encore pour nous rappeler à nos places. Le champagne m'avait grisée et, tandis que nous attendions que les lumières s'éteignent, je sentais ma tête tourner. Il ne fallait pas que je pleure durant le deuxième acte, songeai-je, parce que cela ne plairait pas du tout à Jos. Pour me distraire, j'examinai à nouveau le public dans la salle. D'abord les loges, puis les fauteuils d'orchestre, en commençant par le premier rang. Tout à coup, mon cœur se mit à battre tellement fort que je crus qu'il allait exploser. Au milieu, vers la droite, était assis Peter... avec Andie. Ce fut comme si l'on venait de me pousser d'un avion en plein vol.

— Qu'est-ce qui se passe, Faith ? demanda Jos tandis que mon cœur dégringolait vers le sol.

— Rien, murmurai-je. Ça va.

Mon visage brûlait et ma bouche devint sèche ; mes poils se hérissèrent sur ma nuque. Mon estomac se retournait comme un malaxeur de ciment et quelqu'un essayait de me percer la poitrine avec un couteau mal aiguisé. Mon Dieu. Mon Dieu ! Je ne les avais encore jamais vus ensemble. Et ils étaient là ! Mon mari depuis quinze ans... et *elle*. Je les fixai, pitoyablement. C'était du masochisme, mais je ne pouvais pas ne pas regarder. Peter était en smoking et elle en robe de soie rouge. Elle papotait avec lui, lui ôta un grain de poussière du col, quand, brusquement, elle posa sa tête sur son épaule. J'eus envie de me lever et de hurler : « RETIRE TES PUTAIN DE MAINS DE MON MARI, ESPÈCE DE SALOPE ! » Heureusement, je me souvins à temps de l'endroit où je me trouvais. C'était le purgatoire. Pourquoi donc étaient-ils venus, précisément ce soir ? Pourquoi Peter ne m'en avait-il pas avertie ? Il aurait pu deviner que j'y serais. À présent, les lumières baissaient et Andie lui prenait la main. Qu'est-ce qu'elle pouvait lui chuchoter ? « Hou, il fait noir, mon petit Pete-chou, alors s'il te plaît, tu peux protéger ta petite Andie-Pandie ? Passe qu'elle a un peu peur. » J'avais la nausée, j'étais sur le point de m'évanouir, le champagne n'arrangeait rien... L'orchestre commença à jouer et le rideau se leva. Un soupir amer m'échappa.

— Chut ! souffla Jos.

La musique semblait s'accorder à mon âme, plaintive, funèbre, même, avec le battement lent et inexorable du tambour. Butterfly était chez elle, trois ans plus tard, seule et pauvre. Elle avait abandonné son kimono pour des vêtements occidentaux, et avait déroulé le drapeau américain. Suzuki, sa bonne, lui confiait qu'elle doutait du retour de Pinkerton.

— *Il reviendra*, affirmait Butterfly avec un air de défi. *Dis-le ! Il reviendra.*

Puis elle chanta « *Un beau jour* », au cours duquel elle imaginait le vaisseau de Pinkerton revenir au port, et lui en train de gravir la colline jusqu'à elle. « *Il m'appellera "ma petite femme", et "parfum de verveine", tous les noms qu'il me donnait quand il est venu pour la première fois.* »

Elle était toujours si amoureuse, et si pleine d'illusions – il aurait fallu un cœur de pierre pour ne pas être ému. Sharpless fait son apparition, portant une lettre de Pinkerton, dont le sens est facile à deviner. Mais Butterfly soutient obstinément que Pinkerton est toujours amoureux d'elle. Sharpless tente de lui faire comprendre la vérité avec tact, mais elle refuse d'entendre. Il est sur le point de renoncer, et la musique pendant tout ce temps-là monte, crescendo, quand soudain, elle s'élance dans la maison. Elle en émerge avec un enfant dans les bras. Un petit garçon. Elle l'étreint avec un air de défi, tandis que la musique enfle jusqu'à être presque insupportable. L'explosion de trombones, de bassons et de cors français meurt dans le fracas assourdissant d'un énorme gong.

— *Et lui* ? chante-t-elle en s'avançant avec son enfant, sa voix s'élevant jusqu'aux dieux. *Peut-il aussi l'oublier, lui* ?

Sharpless sembla choqué.

— *C'est son enfant* ? dit-il faiblement.

— *Qui a jamais vu un enfant japonais aux yeux bleus ? Regardez sa bouche, ses boucles dorées.*

Je sentis Jos se raidir à côté de moi. Je lui glissai un coup d'œil, mais il ne pleurait pas. Pas une seule larme. Il se concentrait sans doute davantage sur le décor et les costumes. Puis je baissai les yeux vers les fauteuils d'orchestre, pour tenter de distinguer Peter dans l'obscurité. Je me demandai s'il pleurait... Sans doute : il est sentimental, comme moi. Lui n'aurait pas abandonné Butterfly, me dis-je, émue. Ah non. Il aurait fait ce qu'il fallait. À présent, toujours convaincue que Pinkerton allait lui revenir, Butterfly était en train de parsemer sa maison de fleurs et avait revêtu son kimono de mariage. Puis elle attendit et s'endormit. Je sentais le public se figer au fur et à mesure que la tension montait. Enfin, Pinkerton, sa femme et Sharpless apparurent. Sharpless lui rappela qu'il avait toujours su que Butterfly l'aimerait profondément.

— *Oui*, chantait Pinkerton, *je constate mon erreur. Et je crains de ne plus jamais être affranchi de ce tourment. Jamais ! Je suis un lâche !* Oui, songeai-je. C'est bien ça. Tu es un lâche ! Puis, quand il vit que Butterfly s'éveillait, il s'enfuit. Comment un homme – qui plus est un lieutenant de la marine – peut-il être assez couard pour fuir devant une femme et un petit enfant ? Butterfly comprit brusquement l'affreuse vérité.

— *Tout est mort pour moi !* sanglotait-elle. *Tout est fini ! Ah !*

Puis vint l'affreux moment où elle dit adieu à son fils.

— *C'est toi, mon petit amour* ? chantait-elle doucement. *J'espère que tu n'apprendras jamais que Butterfly est morte pour toi... Adieu, mon amour. Va jouer.*

Autour de moi, j'entendais des sanglots réprimés. Je tentai de ravaler mes larmes. En vain. Elles débordèrent quand même. Je fus incapable de regarder Butterfly s'emparer de l'épée de cérémonie de son père pour la plonger dans son flanc. Il y eut encore quelques reniflements tandis que la musique s'intensifiait pour diminuer peu à peu avant de mourir.

Le silence qui s'ensuivit, alors que le rideau tombait devant le corps sans vie de Butterfly, dura bien trente secondes. Voire plus. Puis les applaudissements fusèrent et s'amplifièrent jusqu'à résonner jusqu'au plafond, tel un grondement de tonnerre. Les gens lancèrent des « hourra » et des « bravo ». Moi, j'en étais incapable – j'étais trop vidée. J'essuyai mes joues de mon étole. Le lourd rideau s'ouvrit, et un à un les chanteurs réapparurent.

— *Bravo ! Bravo ! Encore !*

Soudain Jos se leva.

— Je dois aller sur scène moi aussi, chuchota-t-il. Je te retrouve après dans le foyer.

Butterfly vint saluer, ouvrant grands les bras pour accueillir les acclamations enthousiastes et les roses qui pleuvaient à ses pieds. Le public était debout, ovationnant les chanteurs. Mes yeux étaient toujours pleins de larmes. Ça n'arrêtait pas de couler. Puis le chef d'orchestre monta sur scène, avec le metteur en scène et Jos. Les bravos explosèrent à nouveau. Ils s'inclinèrent, puis applaudirent l'orchestre, toujours assis dans la fosse.

Tandis que le premier violon se levait, je regardai au premier rang et vis Peter s'essuyer les yeux. Les applaudissements s'arrêtèrent enfin et on ralluma dans la salle. Tandis que je revenais peu à peu à la réalité, une bouffée de panique me submergea. Qu'est-ce que je devais faire ? Rester assise jusqu'à ce que la voie soit libre ? Le spectacle de Peter avec Andie m'était insupportable. Je décidai de rester sur place, mais je compris que cela serait impossible, parce que le reste de la rangée voulait partir. Je me laissai donc porter par la marée humaine. Les spectateurs semblaient effondrés, vidés. Plusieurs avaient pleuré. Lorsque j'arrivai au pied de l'escalier, je regardai nerveusement par-dessus mon épaule pour voir s'*ils* étaient là. Je tournai la tête pendant une fraction de seconde, rien de plus, mais ma lentille de contact sauta. Mon Dieu ! Elle était partie. Ma vision se brouilla et je la sentis tomber, effleurant légèrement ma joue. Merde ! C'était le pompon. Il y avait des gens partout ! Ils allaient l'écraser... Alors je me suis mise à quatre pattes, à tâtonner le tapis sans rien voir. Tandis que je sondais le sol du bout des doigts, je sentis qu'un espace se dégageait autour de moi.

— Vous avez perdu une lentille, c'est ça ? (Je hochai la tête.) Voyons si on peut la retrouver.

— Ah, merci.

— Rigide ou souple ?

— Rigide, répondis-je.

Malgré ma vision brouillée, je pus distinguer environ six personnes qui s'étaient mises à chercher.

— Dieu merci, ce n'est pas une lentille souple, dit une voix. C'est un cauchemar pour les retrouver.

— Vraiment ?

— Oui, elles se dessèchent et se désintègrent, et elles sont beaucoup plus difficiles à repérer.

— ... d'un autre côté, elles sont plus faciles à porter.

— Ah, moi je ne trouve pas.

— Non, on peut les porter beaucoup plus longtemps.

— Personnellement, je préfère les rigides.

— Je l'ai ! Ah non, c'est une paillette.

— ... moi, j'en ai des teintées.

— ... moi, je préfère les lunettes, merci.

— Vous les portez depuis longtemps ? entendis-je demander derrière moi.

— Des années ! répondis-je. Je ne les perds pas souvent. Mais là, elle a... comment dire... elle a sauté !

Ces gens étaient adorables de m'aider, mais je me sentais quand même totalement ridicule. Jos serait blême, j'en étais sûre, si, après un tel triomphe, il découvrait sa petite amie à quatre pattes par terre.

— J'espère que vous en avez de rechange, dit une femme.

— Non.

— Eh bien, il faut absolument la retrouver... sinon, vous allez être dans le brouillard.

— Nous aurions besoin d'une lampe de poche ! lança un homme en smoking.

— Quelqu'un en a une ?

— Hélas non.

Je soupirai ; nous n'allions jamais la retrouver. Je serais sérieusement handicapée pour faire mon boulot demain. Mon Dieu, mon Dieu. Quelle soirée épouvantable ! Et quelle conclusion burlesque.

— Je renonce. C'est très gentil à vous, mais je ne crois pas que j'aurai de la chance, ce soir.

Soudain, une main se tendit vers moi. Au creux de la paume se nichait ma petite lentille.

— Dieu merci ! soufflai-je.

Je la pris, crachai dessus, puis me l'appliquai rapidement.

— Merci infiniment, repris-je en levant les yeux, tout en clignant des paupières. Je...

— C'est bon, dit Peter.

— Elle l'a trouvée, alors ? entendis-je quelqu'un dire. Elle l'a ou pas ?

— Oui, oui, je l'ai retrouvée, merci beaucoup. Merci, Peter.

Nous nous relevâmes tous les deux en titubant tandis qu'autour de nous la foule s'écoulait vers la sortie. Il me souriait, mais je remarquai que le blanc de ses yeux était strié de rouge.

— L'opéra t'a plu ? demanda-t-il.

— Oui. Non. Pas vraiment. Trop triste.

— Pareil pour moi, dit-il. C'est terrible.

— Terrible. (Nous nous sourîmes.) Je ne savais pas que tu serais là, ajoutai-je doucement.

— Moi non plus. C'était une surprise.

— Eh bien, comme c'est charmant ! dis-je avec entrain alors qu'intérieurement j'étais aussi désolée qu'une lande du Yorkshire.

Mes nerfs se tordaient douloureusement d'appréhension. Andie allait apparaître d'un instant à l'autre. Peter me sourit à nouveau, d'un air malheureux. Puis il saisit ma main.

— Ah, Faith... (Il avait enfermé ma main dans les deux siennes.) Faith, c'est de la *folie*. C'est insupportable. Cette chose... *insensée* que nous sommes en train de faire. Faith, m'implora-t-il. Je ne veux pas divorcer.

— Non, dis-je faiblement. Je sais. Où est-elle ?

— Aux toilettes. Elle va revenir dans un instant. Et lui ? Où est Jos ?

— Il arrive lui aussi.

— Nous n'avons pas longtemps, Faith, dit Peter. (Il agrippait violemment ma main.) Nous devons parler. Nous devons vraiment discuter, Faith. Nous n'avons pas beaucoup de temps, tu comprends. Nous devons...

Il laissa tomber ma main comme si elle avait été chauffée à blanc.

— Peter, chéri !

C'était Andie. Elle fonçait dans l'escalier comme une harpie sur un festin.

— Allez, ma poupoule, s'écria-t-elle de sa voix enrouée. Je veux que tu me ramènes à la maison...

Soudain, elle me remarqua, à côté de lui, et s'arrêta tout net. Elle me décocha un sourire glacial, et tourna les talons en entraînant Peter.

Octobre

Cette Butterfly a des ailes ! claironnait le *Telegraph. Une Butterfly en plein envol !* annonçait le *Times. Puccini à la perfection !* proclamait le *Guardian. Une Butterfly enflammée !* disait le *Mail.* Pour les critiques, unis et unanimes, cette production était un énorme triomphe. Je lus et relus les critiques avec Jos tandis que nous prenions notre petit déjeuner. *Absolument déchirant... Covent Garden arrosé de larmes... La Butterfly de Li Yuen est plus qu'une victime... fière et digne... Le Pinkerton de Mark Bell est sans cœur, mais il dévoile aussi une souffrance cachée... La superbe scénographie de Jos Cartwright...*

— Tu as réussi, le félicitai-je. Tu es une star.

— Disons que je m'en suis assez bien sorti. Et, aujourd'hui, je me sens... comblé.

— Tu as bien raison. Le monde entier est à tes pieds, maintenant.

Déjà, Jos était inondé d'offres de travail. On l'avait approché pour monter *Le Tour d'écrou* à Glyndebourne, *The Rake's Progress* au Met de

New York, *Don Giovanni* à San Francisco et *Rigoletto* à Rome. On lui passait commande pour des opéras qui ne devaient être présentés que dans trois ou quatre ans.

— Je vais choisir très soigneusement. Je ne veux pas voyager autant qu'avant. (Il porta mes doigts à ses lèvres avant d'ajouter :) C'est parce que je ne veux pas être trop loin de toi. Voilà pourquoi aucune de mes histoires n'a marché jusqu'ici. J'étais toujours parti. Maintenant, c'est différent, Faith. J'ai trente-sept ans. Ce que j'aimerais vraiment faire, glissa-t-il avec un sourire lourd de sous-entendus, c'est le cycle de l'*Anneau*.

— L'anneau ? répétai-je. Ah.

— Pourquoi pas ? murmura-t-il en caressant ma main gauche. Après tout, c'est sérieux entre nous. Et le divorce, reprit-il d'une voix suave, ça avance toujours ?

— Oui. Pour autant que je sache.

— Et puis je veux organiser ce voyage à Parrot Cay. Tu peux t'échapper début décembre ? (Je hochai la tête.) Alors on va essayer d'y aller. Bon, il faut que je file, dit-il en attrapant son sac de sport. Le court est réservé pour 10 h 30.

Il se dirigea vers la commode de la cuisine pour prendre ses clés, puis quelque chose attira son attention. Il s'arrêta pour examiner la carte de vœux que j'avais achetée la veille.

— C'est joli. C'est pour qui ?

— C'est pour une vieille camarade de fac, répondis-je. C'est bientôt son... anniversaire de mariage.

— Tu envoies des cartes de vœux à tes amies

pour leur anniversaire de mariage ? (J'aquiesçai.) Faith, c'est tellement toi... Tellement adorable. (Il m'embrassa.) De toute façon, on se revoit dans deux heures.

Je fus légèrement gênée de la facilité avec laquelle je venais de mentir. La carte n'était pas du tout destinée à une camarade de fac – je l'avais achetée pour l'anniversaire de Peter, la semaine suivante. Je l'examinai à nouveau tandis que Jos faisait chauffer le moteur de sa MG, puis démarrait. Je repensai à ce que Peter avait dit l'autre soir : « C'est de la folie... ce qu'on est en train de faire. Nous n'avons pas beaucoup de temps. Nous devons parler... » Il m'avait fixée avec une telle intensité... Depuis, aucune nouvelle. Peut-être s'était-il laissé emporter par les émotions de l'opéra. Peut-être avait-il trop bu de champagne. Cela devait aller mieux avec Andie. Et puis, il était sans doute surmené, ces derniers temps... Comme Peter était toujours mon mari, je voulais qu'il sache que, le jour de son anniversaire, il serait dans mes pensées. Je sortis la carte de son enveloppe de cellophane et un feuillet de papier en tomba : *Cette carte a été laissée vierge pour que vous y inscriviez votre propre message.* Quel serait le contenu de ce message ? Bon anniversaire. Évidemment. Je l'écrivis. Comment allais-je signer ? « Bisous, Faith » ? Ou peut-être « Avec amour, Faith » ? Ou encore « Plein d'amour, Faith » ? « Avec beaucoup d'amour de Faith » ? « Amour et baisers, Faith » ? Non, c'était trop. Peut-être devrais-je simplement signer « F. » Ajouter un « x ». Ou deux. Peut-être même trois. Je fis l'essai sur un bout de papier mais je restais perplexe. Peut-être devrais-je ajouter un petit post-scriptum : « J'ai été ravie de te revoir l'autre soir. » Bien qu'en fait ç'ait été l'un des événements les plus traumatisants de l'année. Je soupirai, puis traçai très vite : « Avec amour, de Faith et Graham. » J'ajoutai un petit « x » à côté de mon nom, et deux empreintes de pattes, puis j'écrivis ; « J'espère que tu vas bien. » Satisfaite de cette phrase informelle, mais affectueuse, je regardai à nouveau la carte. C'était le dessin de deux mains tendues l'une vers l'autre – elles se touchaient presque. Je n'avais aucune raison particulière de choisir cette carte-là, c'était simplement ma préférée. Voilà tout. Je l'adressai au bureau de Peter, puis la postai immédiatement. Non pas que je fusse pressée de l'envoyer, mais c'était l'heure de la promenade de Graham. Je n'attendais pas non plus de réponse – ce n'était qu'une petite carte d'anniversaire, somme toute.

Tandis que Graham et moi marchions dans le parc de Chiswick, je me demandai comment Peter passerait la journée. Andie inviterait-elle quelques amis pour boire un verre ? Lui préparerait-elle un petit dîner en tête à tête ? L'emmènerait-elle au théâtre ? Que lui offrirait-elle ? Des boutons de manchettes en or, très probablement. Ou plutôt, des menottes en or. Ou peut-être une laisse. Elle avait enfoncé ses dents de piranha dans sa chair, et elle n'était pas prête à lâcher sa proie.

Au fur et à mesure que les jours passaient, je n'avais toujours pas de nouvelles de lui. Aussi tentai-je d'écarter Peter de mes pensées. De toute façon, Jos était tellement attentionné – nous nous voyions davantage maintenant – et j'avais pas mal de boulot. Terry et Sophie étaient toujours à couteaux tirés. Mais si l'ambiance dans le studio était toujours désagréablement glaciale, au moins la température avait un peu grimpé dehors. Le front occlus s'était déplacé, et une ceinture de haute pression approchait.

— Alors la température va gentiment grimper, annonçai-je, jeudi matin à 7 h 55.

— On commence le décompte, Faith.

— Et comme vous pouvez le constater d'après les isobares, expliquai-je en appuyant sur la télécommande, la pression commence à remonter.

— Huit, sept...

— Alors nous devons nous attendre à de très belles journées ensoleillées.

— Putain, il est temps.

— Après un mois de septembre décevant.

— À qui le dis-tu... Six, cinq...

— Et avec un peu de chance nous aurons même...

— Trois, deux, un...

— Un vrai été indien.

— Zéro.

Pendant que les grands titres de l'actualité se déroulaient, je montai vérifier mes chartes. Je regardai ma maison baromètre – le petit bonhomme était rentré maintenant, et sa femme sortait – et j'étais tout juste en train de lire le dernier point faxé par l'office météorologique, lorsque mon poste sonna.

— Faith, c'est l'accueil. Pourriez-vous descendre ? Votre mari est là.

En état de choc, je courus plus que je ne marchai le long du couloir. Pourquoi donc Peter s'était-il pointé ici à une heure si matinale ? me demandai-je anxieusement en pressant le bouton de l'ascenseur. Dans ma tête, les sonnettes d'alarme résonnaient dans tous les sens – il avait dû se passer un drame.

— Qu'est-ce qu'il y a ? lui dis-je, hors d'haleine, dès que je le vis à l'accueil. Pourquoi es-tu là ?

— Eh bien...

Il avait l'air tendu et ému.

— Oui ? (J'hyperventilais.) Quoi ?

— Tu vois..., tenta-t-il à nouveau.

C'était insoutenable.

— Dis-moi simplement, Peter, qu'est-ce qui se passe ?

— C'est... mon anniversaire, annonça-t-il en rougissant.

Quoi ?

— Oui, fis-je, perplexe. Je sais.

— Et... je voulais tout simplement te remercier pour ta carte de vœux.

— Ah. Je vois.

— Elle est arrivée hier, et je l'ai trouvée... superbe. Je voulais te le dire en personne. Mais je savais que je ne pourrais pas te voir ce soir, reprit-il, parce qu'il faut que je sorte avec Andie ; et je ne peux pas venir durant la journée parce que je suis chez Bishopsgate. Alors j'ai pensé que je pouvais, enfin, simplement passer te voir en allant au travail.

— Mais c'est dans la direction opposée, Peter ! fis-je remarquer. Ça te fait un détour d'au moins huit miles.

— Eh bien oui, je... c'est vrai. (Il rougit de nouveau.) Mais je t'ai toujours vue le jour de mon anniversaire, alors je voulais te voir aussi cette année.

Je souris et poussai un soupir de soulagement.

— Eh bien, tous mes vœux, Peter. (Comme il restait planté là, je me suis avancée pour l'embrasser sur la joue.) Tous mes vœux, répétai-je, réprimant mon envie de rire. Bon, alors c'est tout ? (Il hocha la tête.) Alors merci d'être passé.

— Non, ne t'en va pas. (Il avait posé la main sur mon bras.) Il fallait absolument que je te voie. Mais tu sais, c'est compliqué parce que...

Tout à coup, l'air de *C'est un bon camarade* déborda de sa veste sport dans un couinement métallique. Il grimaça, puis sortit son téléphone mobile et ouvrit le couvercle.

— Oui. Bonjour. Oui... Hum. Écoute, je suis au milieu d'un petit déjeuner de travail. On se reparlera plus tard. Oui, bien sûr, je te rappelle. Salut. (Il rangea le téléphone et me regarda d'un air coupable.) Elle aime savoir où je suis.

— Peter, dis-je. Je suis très heureuse de te voir. Vraiment, oui. Mais je dois y aller. Je reprends l'antenne dans dix minutes.

— Bien sûr. OK.

Je lui souris en m'éloignant.

— Faith ! s'écria-t-il brusquement.

— Oui ?

Je me retournai. La sueur perlait à son front.

— Faith, je suis venu pour autre chose, en fait.

— Ah bon ?

— Oui. Quelque chose que je voulais te dire.

— Vraiment ?

— Quelque chose que je voulais te demander.

— Oui ?

— Écoute... Voudrais-tu dîner avec moi la semaine prochaine ?

Lundi, je me suis préparée à rencontrer Peter, une bulle d'appréhension gonflait dans ma poitrine. Un rendez-vous clandestin avec mon mari. Quelle ironie ! Qu'est-ce que j'allais bien pouvoir me mettre ? Le parquet de la chambre était déjà jonché de vêtements choisis, puis rejetés l'instant d'après. Je passai ma robe sans manches rose – pas parce que Peter l'aimait bien, mais parce qu'elle mettait mon teint en valeur. Je n'avais pas dit à Jos que je voyais Peter ; il n'avait pas besoin de savoir. Pourquoi compliquer les choses ? Mieux valait que cela reste entre nous. Tout faillit capoter lorsque Jos me téléphona pour me proposer d'aller au cinéma.

— Je suis navrée, chéri, dis-je, mais, hélas, c'est impossible ce soir.

— Mais pourquoi pas ?

— Juste un... truc de boulot. Tu sais...

— Un truc de boulot ? Quoi ?

Bon, je n'avais pas prévu qu'il me poserait la question. Tandis que je cherchais un alibi plausible, je sentis mon pouls s'accélérer.

— Un... séminaire, expliquai-je.

— Ah bon ? Sur quoi ?

— Euh... le réchauffement de la planète.

À 18 h 15, je vérifiai ma tenue une dernière fois dans le miroir du hall d'entrée, puis je pris le métro à Chalk Farm. Peter m'avait proposé de le rejoindre à Regent's Park, chez Odette. Le serveur m'accompagna jusqu'à sa table, dans une petite alcôve discrète au fond de la salle. Lorsque Peter me vit il se leva, m'embrassa sur la joue, puis tout d'un coup me serra dans ses bras.

— Ah, Faith, c'est si bon de te voir.

— Eh bien... pour moi aussi, répliquai-je.

— J'adore ta robe, dit-il avec un sourire tandis que nous nous installions.

— Quoi ? Ce vieux machin ? Je l'ai depuis des lustres.

— Je sais, répondit-il. Je m'en souviens. Tu es toujours si jolie en rose.

Le serveur vint prendre nos commandes et je demandai un verre de vin blanc. Au-dessus de nos menus, nous échangions des regards timides. Personne n'aurait pu se douter que nous étions mariés depuis quinze ans.

— C'est merveilleux de te revoir, fit-il, songeur. Je suis désolé de t'avoir fait venir jusqu'ici, mais tu vois, c'est à l'abri... d'elle.

— Ah. C'est un peu triste, ce que tu me dis là.

— En effet.

— Où est-ce qu'elle te croit ?

— À un lancement de livre dans la City. Je lui ai promis que je serais rentré avant 22 heures. Mais j'avais besoin de te parler, Faith, parce que... (Il soupira.) Eh bien, il le fallait. (Il fixa son gin tonic d'un air morose.) Faith, c'est l'enfer.

— Je vois, murmurai-je en jouant avec ma fourchette.

Peut-être attendait-il simplement quelques conseils.

— C'est ce que j'essayais de te dire à l'opéra, expliqua-t-il avec un soupir d'amertume. Je voulais te téléphoner le lendemain, mais j'avais peur que tu me prennes pour un dingue.

Il avala une nouvelle gorgée de gin tonic, tandis que je sirotais tranquillement mon vin blanc.

— J'en ai assez, gémit-il en tortillant sa serviette de table.

Et, brusquement, tout est sorti. Andie était d'une possessivité suffocante ; elle était manipulatrice, et mesquine ; il trouvait ses enfantillages gênants ; ses vacances avaient été sinistres ; elle ne possédait pas un seul livre ; elle avait menti sur son âge.

— Elle a prétendu qu'elle avait trente-six ans, ajouta-t-il amèrement. C'est faux. Elle en a quarante et un.

— Eh bien, je n'aurais jamais cru que je me retrouverais à défendre Andie, dis-je d'un ton si raisonnable que je m'en étonnai moi-même, mais des tas de femmes soustraient quelques années de leur âge... Ce n'est pas un crime.

— Oui, mais le pire c'est qu'Andie a menti pendant six mois. Ce n'est que lorsque Katie a vu son passeport que j'ai découvert la vérité. Alors je me suis demandé à propos de quoi d'autre elle avait pu mentir. Je ne suis pas heureux dans cette relation, Faith. Je vais la quitter.

— C'est vrai ?

Il hocha la tête.

— Je me tire. Dès que possible, reprit-il. Je pourrais simplement laisser une note sur la table de la cuisine, mais ça, ce serait lâche. De toute façon, de quelque manière que je m'y prenne, elle ne va pas être contente – il y aura une scène affreuse.

Peter me regarda fixement, puis, soudain, saisit ma main.

— Faith, Faith, je suis vraiment désolé de tout ce... gâchis.

— Ça va, murmurai-je. Ça... va.

— C'est ma faute... Je le sais. J'ai été con de te parler de mon aventure.

— Non, Peter, répliquai-je fermement. Ce n'est pas ça le problème. Tu as été con *d'avoir* cette aventure.

— Eh bien... oui. Mais elle m'a flatté. Elle était séduisante. C'était excitant, et je me suis laissé entraîner. Je n'ai jamais cessé de t'aimer, Faith, mais ça allait plutôt mal entre nous.

— Pas si mal que ça.

— D'accord, mais nous étions ensemble depuis tellement longtemps. Si longtemps, répéta-t-il, songeur, comme si lui-même ne pouvait arriver à y croire. Quinze ans, Faith. *Quinze ans*. Toi, tu ne t'es jamais ennuyée ?

— Non, pas vraiment, fis-je, offusquée. Je suis désolée d'apprendre que c'était ton cas.

— Alors Andie est arrivée et le fait qu'elle s'intéresse à moi m'a donné l'impression d'être plus... vivant. Tu n'as jamais eu envie de ça, Faith ? Tu n'as jamais eu envie que quelque chose... arrive ? Quelque chose qui te tombe dessus, comme ça... tout d'un coup ?

— Non, dis-je en tripotant le poivrier. J'étais parfaitement satisfaite des choses comme elles étaient.

— Tu n'as jamais eu envie même d'un petit changement ?

— Je pense que nous avons eu assez de changements, merci. (Je le fixai.) Peter, tu jouais avec le feu.

— Oui. C'est vrai. Et j'adorais ça. J'adorais la façon dont ça me secouait. Toi, tu n'arrêtais pas de me prendre la tête avec ma prétendue infidélité. Alors je me suis dit : merde, si elle veut que je la trompe, je vais la tromper. C'est tout. Rien qu'une aventure. Je n'avais pas l'intention que ça nous nuise, et pourtant, avant même que j'en aie pris conscience, notre mariage était en miettes. Mais il n'est pas trop tard, Faith, ajouta-t-il, désespéré. Pourquoi est-ce qu'on ne peut pas recoller les morceaux ?

Ah. Je fixai mon assiette de salade de crabe, tandis que des pensées contradictoires s'agitaient dans ma tête :

Il panique à l'idée d'être seul ! Reste avec Jos, il s'occupe bien de toi ! Trop de sang a coulé sous les ponts maintenant ! Il l'a fait une fois, il pourrait recommencer !

— Dis quelque chose, Faith, me pressa Peter. Dis-moi qu'on peut s'en sortir.

— Peter, fis-je prudemment, ce n'est pas aussi facile.

— Ah bon ? Pourquoi pas ?

— Parce que le fait est que je suis... avec quelqu'un.

— Mais tu n'es pas heureuse, pas vrai ?

— C'est très présomptueux de ta part, Peter. En fait... oui. Je le suis.

— Je ne le crois pas.

— Je suis très heureuse, insistai-je en cassant en deux un gressin.

— Je ne te crois pas, Faith. Cette carte d'anniversaire que tu m'as envoyée, par exemple, laissait entrevoir un désir de réconciliation.

— Non, ce n'est pas vrai ! m'indignai-je. C'est simplement que j'aimais le dessin.

— Et il est significatif que tu n'aies pas écrit « Bon anniversaire », Faith, mais « Tous mes vœux ».

— Tu y vois des choses qui n'y sont pas. Le fait est que je suis très heureuse avec Jos.

— Faith, tu ne peux pas me mentir. Je te connais par cœur. Freud dit que la vérité suinte de nous par tous les pores. Et je connais la vérité te concernant.

— Mais je *suis* heureuse avec lui, insistai-je.

— Vraiment ?

— Mais oui. Bien sûr. J'admets que nous ayons nos problèmes de croissance, ajoutai-je en prenant ma fourchette, et qu'il peut être un peu... compliqué. Que, parfois, il y a des choses qui me font douter. (Je me rendis compte que je fixais un point dans le vide.) Mais, cela mis à part, nous sommes très compatibles, conclus-je, et puis, nous... sommes ensemble, maintenant.

— Mais *pourquoi* êtes-vous ensemble ? Enfin, qu'est-ce qui te plaît chez lui ?

— Pour l'amour du ciel, Peter ! C'est déjà assez d'avoir Katie sur le dos. Je ne vais pas m'allonger sur le divan du psy pour toi.

— Mais je suis simplement curieux de savoir ce qui t'attire chez Jos. Si tu étais vraiment amoureuse de lui, tu me le dirais.

Ah. D'accord.

— Eh bien, commençai-je d'un ton dégagé, il m'estime beaucoup, et j'étais très seule et angoissée après notre séparation. Jos est arrivé à ce moment-là, et il s'est jeté sur moi. Je le trouve très séduisant, et il est aussi très talentueux, et il est gentil avec les enfants, et... euh... je ne sais pas, Peter... Maintenant je me suis faite à lui.

— Faite à lui ? C'est comme si tu parlais d'un meuble qui ne te plaît pas vraiment. Alors c'est tout, Faith ? Ce sont tes raisons ?

— Oui.

— Ce n'est pas suffisant.

— Tu *trouves* ? Il y a des gens qui restent ensemble pour bien moins que ça.

— Mais il y a une chose que tu n'as pas dite, Faith, ajouta-t-il en prenant son couteau. Une omission très révélatrice.

— Qu'est-ce que tu veux dire ?

— Tu n'as pas dit que tu l'aimais.

— Eh bien...

— C'est *la* chose que tu n'as pas dite.

— Je n'avais pas besoin de la dire, rétorquai-je, parce que... ça va de soi.

— Pas du tout.

— Tu commences à m'énerver, Peter !

— Et toi, tu te racontes des salades.

— Écoute, dis-je sèchement, je suis désolée que ta liaison se soit révélée aussi décevante, mais si tu penses que cela te donne le droit de chercher la petite bête dans mon histoire actuelle, j'ai bien peur que tu ne t'abuses.

Peter m'adressa un de ses petits sourires exaspérants, puis se renversa sur sa chaise.

— Ton histoire actuelle ? fit-il d'un air interrogateur. Tu es sûre d'avoir l'intention que ça dure ?

— Bien sûr, rétorquai-je, cassante. Jos et moi, nous allons convoler.

— Convoler ? Qu'est-ce que ça veut dire ? Voler chacun de son côté ?

— Non. Tu le sais très bien. Convoler... Nous marier.

— Vraiment ? Ah, c'est sérieux, donc.

— Oui. Très sérieux.

— Alors où pense-t-il que tu es, en ce moment ?

— Pardon ?

— Où Jos pense-t-il que tu es ce soir ?

— Euh...

— Est-ce qu'il sait que tu es avec moi ?

— Eh bien, non, dis-je en sirotant une gorgée de vin. En fait, il ne le sait pas.

— Ah, ha !

— Il pense...

— Oui ?

— Que j'assiste à un séminaire.

— Alors tu lui as menti.

— Non.

— Si !

— Pas vraiment, répétai-je en faisant tournoyer mon verre par le pied.

— Tu as menti ! triompha-t-il. Tu lui as menti parce que tu ne voulais pas qu'il sache qu'on se voyait.

— Eh bien...

— Mais si votre relation était aussi solide que tu me l'affirmes, alors tu lui aurais dit la vérité. (Je tapotai des ongles sur la nappe.) Tu ne voulais pas qu'il sache.

— Écoute, répliquai-je, furieuse, les joues brûlantes. Le fait est que je suis avec Jos. *Lui*, il ne m'a jamais *blessée*, ajoutai-je d'un ton significatif. Et, oui... je l'aime beaucoup.

— Tu es amoureuse de lui ?

— Là n'est pas la question.

— Si. Et pourquoi est-ce que tu ne me regardes pas dans les yeux ?

— Laisse-moi te répéter : je ne peux pas plaquer Jos comme ça, Peter, simplement parce que tu as décidé de la plaquer, elle.

— Mais si, tu peux ! dit-il passionnément. Tu le peux ! Qu'est-ce que six mois, par rapport à quinze ans ? Reviens, Faith, ajouta-t-il. Tu n'es pas amoureuse de Jos. Reviens, et nous recommencerons à zéro.

— Je ne peux pas, Peter. Ce serait mal. Jos et moi, nous sommes ensemble. Nous nous voyons beaucoup ces jours-ci, et nous avons prévu de partir en vacances.

— Eh merde ! grogna Peter en regardant sa montre. Il est 21 h 30. Je dois y aller.

Il paya la note, puis nous nous sommes retrouvés sur le trottoir à attendre nos taxis.

— Mieux vaut que tu prennes celui-ci, dis-je tandis qu'une lumière ambrée se profilait.

Peter donna au chauffeur l'adresse d'Andie, puis se tourna à nouveau vers moi :

— Je ne veux pas te perdre, Faith, dit-il doucement. Alors, je t'en prie, penses-y, avant qu'il ne soit trop tard.

Je le regardai.

— Impossible.

— Tu es tentée, Faith, ajouta-t-il. Je le sais.

— Écoute, Peter, soupirai-je. Je ne veux vraiment pas te faire souffrir... Je suis contente que nous nous soyons revus ce soir, et je suis navrée que tu ne sois pas heureux, et je comprends que ce soit dur pour toi d'avouer que tu as commis une grosse erreur. Mais si tu penses que je vais me lancer dans un autre désastre émotionnel rien que parce que tu as décidé, après avoir provoqué une crise *gigantesque* dans notre mariage, que nous devrions tout bonnement nous remettre ensemble comme des personnages de roman à l'eau de rose, alors je...

Soudain, Peter m'avait agrippée, enlacée, et avait planté ses lèvres sur les miennes. Une vague d'adrénaline me secoua comme un éclair. Il ne m'avait pas embrassée comme cela depuis des années.

— Je suis désolé, marmotta-t-il en reculant. Mais je t'aime, Faith. Je t'ai toujours aimée... Et je crois que tu m'aimes toujours. (Il ouvrit la porte du taxi et y grimpa, puis abaissa la vitre.) Pas vrai ?

— Non, fis-je faiblement. C'est faux.

— Mais si, tu m'aimes. Tu es encore en colère, alors tu me le fais payer. Mais tu m'aimes, je le sais.

— Tu ne m'as pas entendue ? m'écriai-je, furieuse. Je ne t'aime pas !

— Tu *mens* ! lança-t-il joyeusement tandis que le taxi démarrait.

— Je ne MENS pas ! rétorquai-je.

— Tu m'aimes encore, Faith, entendis-je

tandis que le taxi tournait à l'angle. C'est pour ça que tu es toujours plantée là !

— Ce n'est pas vrai que JE T'AIME ENCORE ! hurlai-je. Et JE ne SUIS pas plantée LÀ !

— Vraiment très intéressant, affirmai-je à Jos le lendemain, lorsqu'il me téléphona pour savoir comment s'était passé le séminaire.

— Et c'était où ? s'enquit-il.

— À la Royal Geographical Society, répliquai-je avec une plausibilité qui me remplit d'une curieuse fierté. Le réchauffement de la planète est un problème très grave, dis-je, en m'échauffant, pour ainsi dire, à mon propos.

— Il y a du nouveau ? demanda-t-il.

— Euh... oui. Quelques trucs.

— Par exemple ?

— Eh bien, les météorologues sont... en train de ré-évaluer la situation. Nous sommes persuadés que l'atmosphère se réchauffe effectivement, mais ce que nous ne savons toujours pas c'est... si c'est temporaire ou non. C'est un phénomène fascinant, ajoutai-je. D'ailleurs, il y a une série de conférences deux fois par semaine sur le sujet et je suis assez tentée d'y assister. Tu vois, ce qui se passe avec l'effet de serre, c'est que... (Tout à coup, Graham émit une volée d'aboiements.) Désolée, Jos, il y a quelqu'un à la porte. Je te rappelle.

— Madame Smith ? dit le livreur en brandissant un énorme bouquet.

— Oui ?

— Floribunda. Vous pouvez signer ici ?

Je pris le bouquet de grosses roses roses et,

souriant d'un air intrigué, je refermai la porte. Puis je déchirai l'enveloppe et lus le message. *J'aimerais y croire encore*, disait-il.

— Merci, Peter, disais-je trente secondes plus tard, les doigts tremblants sur le téléphone. Merci. Elles sont ravissantes.

— Je sais que tu adores le rose.

— Oui, c'est vrai.

Il y eut un long silence durant lequel ni lui ni moi ne semblions sûrs de ce qu'il fallait dire.

— C'était très agréable de te voir hier soir, ajouta-t-il.

— Mmm.

— Je ne veux pas te perdre.

— Je sais.

— Tu y as repensé ?

— Oui.

— Et ?

— Je crains que la réponse ne soit toujours non.

— Alors on devrait dîner encore ensemble, tu ne penses pas ?

Je tripotai un moment le cordon du téléphone.

— Eh bien, oui. Pourquoi pas ?

Je décidai de ne rien dévoiler à Lily de mes petits rendez-vous avec Peter. Normalement, je lui raconte tout. Mais, là, j'avais l'impression qu'elle ne serait pas d'accord. Elle croirait que j'étais folle de mettre en péril mon histoire avec Jos. Mais c'était tout à fait innocent. Après tout, me raisonnais-je, je n'étais pas infidèle. Personne n'allait être blessé. D'ailleurs, pourquoi ne serais-je pas l'amie de mon futur ex-mari ? Je n'avais aucun compte à rendre à Lily, ni même à Jos. Je pris soin, toutefois, de cacher la carte que Peter avait jointe aux fleurs. Lorsque Jos me demanda de qui elles étaient, je dis qu'il s'agissait d'un fan.

— Qui est-ce ? demanda-t-il en fixant les trente roses à longue tige dans leur vase.

— Je ne sais pas, répondis-je. Un type.

— Manifestement très amoureux de toi.

— Mmm. Sans doute.

— Tu sais quelque chose sur lui ?

— Euh, enfin, un petit peu.

— Peut-être que tu devrais tracer son profil psychologique.

— Oui. C'est une idée.

— Il faut que tu fasses très attention aux maniaques. Si c'est un obsédé, tu me le fais savoir. Promis, Faith ? Tu me le diras ?

— Ne t'inquiète pas. C'est promis.

Le jeudi suivant, je revis Peter, cette fois dans les Docklands, à Tower Bridge. C'était très agréable d'être assis en terrasse dans l'air sublimement tiède, tandis que la Tamise luisait comme de l'argent martelé sous le soleil.

— C'est magnifique, non ? dit Peter. (Je hochai la tête.) Je rêve de ponts, reprit-il.

Mon verre resta suspendu en l'air.

— C'est curieux. Moi aussi. D'icebergs, aussi. Et de toiles d'araignée.

— Comment va Lily ? demanda-t-il soudain.

— Très bien. Comme toujours. Très occupée par *Moi !* et puis elle a pas mal bougé pour les dernières collections. Au fait, je ne lui ai pas avoué que je te revoyais. Je ne crois pas que cela soit très indiqué.

— Que tu me revois ? fit-il avec un sourire. C'est vrai : on se revoit...

Je me penchai en avant et retirai une poussière de son col.

— Qu'est-ce qui peut bien te faire croire ça ?

— Et où est-ce que Jos te croit ce soir ? demanda-t-il en me caressant la main.

— À un autre séminaire sur les modifications climatiques.

— Alors l'atmosphère se réchauffe un peu, non ? sourit-il.

— Oui. Je crois que c'est en effet le cas.

— Tu vois, expliquai-je plus tard à Jos, le climat a toujours connu des variations naturelles, mais le principal problème aujourd'hui est que personne ne sait précisément de combien la température va augmenter. Ça peut se réchauffer ou rester stationnaire. C'est justement cela qu'on a besoin de savoir.

— Qu'est-ce qui produit ce réchauffement ?

— Les gaz à effet de serre, expliquai-je, notamment le dioxyde de carbone provenant de la pollution automobile. La combustion du charbon, du pétrole et du bois produit également du CO_2. Le méthane des rizières et de l'élevage des bovins y contribue beaucoup aussi. Et puis il y a les CFC, évidemment – aussi connus sous le nom de chlorofluorocarbones – des aérosols et des réfrigérateurs.

— Tu as l'air d'apprendre plein de choses dans ces séminaires, dit-il.

— C'est vrai, Jos. Tu as raison.

Au cours des jours suivants, Peter me téléphona plus souvent, et ses appels devinrent le centre de ma journée. Lorsqu'il m'avertit de son départ pour la Foire du Livre de Francfort, je ressentis un pincement au cœur. Mais, bien qu'il fût très occupé, il me téléphona beaucoup.

— Comment ça va ? lui demandai-je, en entendant derrière lui le bourdonnement de la foule.

— Tu trouverais ça très intéressant, Faith, parce que ça brasse surtout du vent. D'ailleurs, ici, il y a assez d'ego gonflés pour relancer le Hindenberg – à propos d'ego gonflé, devine qui je viens de voir passer ?

— Pas Charmaine et Oliver-de-terre ?

— En personne ! Il lui portait son sac !

— Quel paillasson ! Ils t'ont parlé ?

— Ah non ! pouffa-t-il. On ne se parle pas. Ils se trouvent trop bien pour m'adresser la parole.

— Enfin, c'est toi qui as ri le dernier dans cette histoire, Peter, gloussai-je.

— Hum... ce n'est pas encore certain.

— Qu'est-ce que tu veux dire ?

— Ah, rien.

— Bon, tu rentres quand ?

— Dimanche. J'adorerais te revoir. Tu crois que tu peux assister à un autre séminaire, Faith ?

— Euh... oui. Je crois que j'y arriverai.

Il me fut étonnamment facile de berner Jos. S'il se doutait de quelque chose, il ne le montrait pas. D'ailleurs, il était plus attentionné que jamais.

— Tu as l'air très heureuse ces jours-ci, fit-il remarquer tandis que nous rentrions à Chiswick, samedi soir, après être allé voir *Tout est bien qui finit bien* au Globe Theater.

— Mais je *suis* heureuse, Jos. (Il pressa ma main.) Je crois que je suis de plus en plus heureuse.

— C'est ça, l'amour, non ? dit-il en garant la voiture.

— Je suis on ne peut plus d'accord, répliquai-je alors qu'il mettait le frein à main.

En ouvrant la porte d'entrée je remarquai que la lumière du répondeur clignotait. J'attendis que Jos monte, baissai le volume et actionnai la touche « écoute ».

— Salut, ma chérie, c'est maman. Je voulais juste te dire qu'on part aux Maldives. BING-BONG ! *Tous les passagers du vol Icarus 666 sont priés de se présenter en porte treize*. Gerald ! GERALD ! Où sont les passeports ? On revient dans dix jours...

— Maman, c'est Katie. Je veux juste te prévenir que Matt et moi on ne rentrera pas à la maison les prochains week-ends. On a des répétitions pour la pièce de fin d'année...

— Chérie, c'est Peter ! (Je descendis rapidement le volume au niveau un et pressai mon oreille contre la machine.) Je reviens de Francfort... j'ai hâte de te voir... je t'aime comme un fou, Faith. Au revoir !

— Faith !

C'était Jos. Il se tenait sur la dernière marche et me regardait. Je ne l'avais pas entendu descendre. Je me redressai si vite que je faillis me coincer le dos.

— Veux-tu bien me dire ce que tu fabriques ?

— Je vérifie mes messages, c'est tout.

— Pourquoi fais-tu autant de mystère ?

— Mystère ? m'indignai-je. Honnêtement, Jos, je ne fais *pas* de mystère. Je n'en fais *jamais*. Tu m'as déjà vue en faire ? Mystère, mon chéri, ne fait pas partie de mon vocabulaire.

— Non, mais c'est seulement la façon dont tu écoutais le répondeur comme si tu ne voulais pas que j'entende.

Ça, c'est ce que *tu* faisais, avant, pensai-je, même si je n'osai l'énoncer tout haut.

— C'est parce que j'ai eu un... (Je soupirai.) Un message un peu bizarre.

— Bizarre ?

— Pas net, dis-je.

— Mon Dieu ! Je peux l'entendre ?

— Non. Je... l'ai effacé.

— C'était ton obsédé ? s'enquit-il, horrifié.

— Oui... c'était lui, en effet, répondis-je. Je n'avais pas l'intention de t'en parler parce que je ne voulais pas t'inquiéter.

— Comment a-t-il obtenu ton numéro ? (Je haussai les épaules.) Tu dois te procurer ce truc qui te permet de filtrer les appels des gens à qui tu ne veux pas parler.

— J'y penserai.

— Tu as une semaine chargée, Faith ? me demanda-t-il un peu plus tard quand nous étions au lit.

— Comme d'habitude. J'ai un autre séminaire lundi.

— Bon, si ça te fait plaisir.

— J'ai l'impression d'être une vraie salope, confiai-je à Peter ce lundi-là, chez Frederick's à Islington. Je n'ai jamais fait ça auparavant.

— Je suis ravi de l'entendre, dit Peter.

— Je veux dire, des rendez-vous secrets dans des restaurants où on ne va jamais, dans des quartiers excentrés... Écouter mon répondeur avec le volume au plus bas... Jouer un double jeu avec Jos, alors que j'ai toujours été franche. Penser à toi, pas à lui.

— Tu penses à moi ?

— Oui, murmurai-je. Je pense à toi. Je pense à toi tout le temps.

Nous nous sourîmes à la lueur vacillante des bougies.

— Et Andie ? repris-je. Elle se doute de quelque chose ? (Il secoua la tête.) Quand vas-tu lui dire la vérité ?

— À la fin du mois. Elle est surchargée de boulot, alors je vais attendre que ça se tasse et puis je vais lui avouer, pour nous. Elle va être furieuse, ajouta-t-il, mais elle s'en remettra. Il y a tant d'autres têtes à chasser.

— Avant, je la détestais. Mais maintenant, j'ai pitié d'elle, de la même façon qu'elle devait avoir pitié de moi.

— Ne te fais pas d'illusions. La compassion ne fait pas partie de son répertoire affectif.

— Je me sens tellement... fourbe. Ces... rendez-vous clandestins. Peut-être que je devrais aller me confesser.

— Mais tu n'as rien fait de mal, Faith.

— Non... C'est vrai.

— Pour l'instant, ce n'est qu'une relation platonique, n'est-ce pas ?

— Mais oui. Tu as raison. C'est tout à fait innocent, ajoutai-je d'un ton insouciant tout en sentant le pied de Peter se presser contre le mien.

— Enfin, nous n'avons pas... tu sais... n'est-ce pas ? ajouta-t-il en caressant ma cheville de ses orteils.

— Non, murmurai-je. On n'a pas... Peter, je t'ai dit que Jos allait à New York le week-end prochain ?

— Vraiment ? Comme c'est intéressant !

— Mmm. J'ai pensé que cela te ferait plaisir. Il doit rencontrer des gens au Met. Il veut que je l'accompagne, mais, évidemment, c'est impossible. À cause de Graham.

— Bien sûr que c'est impossible, dit Peter. C'est hors de question. Parce c'est avec moi que tu vas partir. (Il couvrit soudain ma main de la sienne.) Tu le ferais, Faith ?

— Peter... (Mes joues étaient en feu.) Tu n'es pas en train de suggérer, n'est-ce pas, que je trompe Jos ?

— C'est *exactement* ce que je suis en train de faire, répliqua-t-il en souriant timidement. Viens avec moi, Faith.

— Eh bien, peut-être. Je... je ne sais pas.

— Pourquoi hésites-tu, chérie ? murmura-t-il en caressant ma joue.

— Parce que ce marivaudage est bien agréable... Mais je n'ai jamais trompé qui que ce soit auparavant.

— Alors, je vais te faciliter les choses. Nous descendrons dans un relais-château. (Je soupirai. Ce serait le paradis.) J'en choisirai un royal ! reprit-il, tentateur. Dans les Cotswolds. Un qui accepte les chiens.

— Un château ? fis-je rêveusement.

— Oui. Avec un jacuzzi et du champagne bien frappé.

— Et des produits de toilette de luxe dans la salle de bains ?

— Évidemment.

— Et une corbeille de fruits enrubannée ?

— Oui.

— Et un mini-bar bien fourni ?

— Naturellement. Avec du Toblerone.

— Et des serviettes bien moelleuses aussi ?

— Ah oui.

— Des serviettes très, très moelleuses, Peter ?

— Extrêmement moelleuses.

— Dans ce cas, j'accepte.

— Chérie, me souffla Jos le lendemain matin. Tu m'inquiètes un peu.

— Quoi ? fis-je sans émerger de ma rêverie. Je vais très bien.

— Deux fois, hier soir, je t'ai entendue prononcer le nom de Peter dans ton sommeil.

Je me redressai brusquement dans mon lit.

— Vraiment ? J'ai dû rêver de lui, j'imagine. Ce devait être un cauchemar, ajoutai-je avec un petit rire sardonique. J'étais probablement en train de rêver qu'il avait une autre maîtresse. Oui ! Voilà ! C'est ça ! Ah, quelle horreur...

Jos m'embrassa.

— Bon, ne te mets pas dans tous tes états. C'est fini maintenant. Tu es avec moi. Tu es bien sûre que tu ne peux pas m'accompagner à New York le week-end prochain ?

— J'adorerais, chéri... Mais je ne peux pas laisser Graham.

— Tes parents ne peuvent pas s'en occuper ?

— Ils seront encore aux Maldives, mentis-je.

— Et Peter ?

— Euh... il a un truc.

— Voilà un week-end où j'aurais préféré qu'il n'ait rien de prévu.

— Je vois ce que tu veux dire.

— Mais qu'est-ce que tu vas faire de Graham quand nous irons à Parrot Cay ?

— C'est dans six semaines. Je pense que d'ici là, j'aurai trouvé une solution.

— Et le mois prochain, Faith, j'aimerais qu'on aille rendre visite à ma mère. Tu veux bien ?

— Naturellement.

Ce jour-là, mes beaux mensonges à Jos m'ont donné l'impression de me rabaisser. Je ne l'avais jamais trompé, mais c'était pourtant ce que j'envisageais de faire. Je songeai à ma nouvelle parure La Perla, toujours dans son papier de soie, au fond de mon tiroir à petites culottes.

— Nous allons prendre des petites vacances avec papa, chuchotai-je à Graham, plus tard, dans la cuisine.

Il me lécha le nez, puis balaya le parquet de sa queue.

— Mais Jos ne doit pas savoir. C'est un secret, d'accord ? Allez, serre-moi la pince ?

Il m'offrit sa patte droite.

— Tu vas me manquer à New York, entendis-je Jos dire. Mais je t'appellerai tous les jours.

Je me rebaptisai Judith Iscariote tout en lui souriant. Jos me faisait confiance et, d'ici vendredi, j'aurais trahi cette confiance. Mais j'avais besoin d'être seule avec Peter. Il le fallait. Alors, je saurais...

— Un superbe week-end en vue, proclamai-je avec enthousiasme juste avant 9 h 30, vendredi matin.

— Six, cinq...

— Vraiment *torride*. Des températures très élevées. Le chant du cygne de l'été.

— Quatre, trois...

— Profitons au maximum de ces journées dorées.

— Deux, un.

— En tout cas, c'est ce que j'ai l'intention de faire.

— Et zéro.

— Alors, je vous souhaite un fabuleux week-end à tous.

— Merci, Faith.

— À la semaine prochaine.

Je sortis pratiquement au pas de course de *AM-UK !* et rentrai à la maison pour dormir, puis faire mon sac. Je n'oubliai pas la laisse de Graham, son bol, son sac haricots, de la nourriture et des Scooby Snacks.

— Nous allons dans un hôtel de luxe, lui expliquai-je en brossant son pelage. Il faut que tu sois sur ton trente et un.

Avec Peter, nous étions convenus qu'il passerait nous prendre à l'intersection, pour que les voisins ne remarquent rien. Après tout, ils avaient l'habitude de voir la MG de Jos.

— Alors où va-t-on ? demandai-je en souriant tandis que Graham et moi montions à bord, à 17 h 30.

— Destination mystère.

— Chipping Camden ?

— Non, un peu plus au sud.

Graham était debout sur la banquette arrière, sa tête appuyée sur l'épaule de Peter.

— Il aime ta nouvelle voiture, fis-je remarquer en baissant le pare-soleil pour me protéger de la lumière.

— Évidemment. Est-ce qu'il mordille toujours Jos, au fait ?

— Plus maintenant. Il semble avoir fait une trêve. Peut-être que ça a fini par l'ennuyer, ajoutai-je.

— Nan, il a seulement pitié de lui. Pas vrai, Graham ? Je parie qu'il est en train de se dire : « Pauvre couillon, si seulement tu savais. »

— Alors qu'est-ce que tu as raconté à Andie ?

— Que je suis en Écosse, avec un auteur, en train de retravailler son nouveau bouquin.

— Elle a avalé ?

— Pour autant que je sache.

— Elle ne va pas t'appeler sur ton portable ?

— Je l'appellerai toutes les deux heures. Pour la rassurer.

Nous nous sommes dirigés vers le nord-ouest, par-delà Bracknell et Reading. Graham s'était enroulé pour dormir, bercé par les cahots apaisants de la route. Puis nous quittâmes l'autoroute pour prendre la direction de Cirencester, le long de routes boisées de campagne. À notre gauche, plongeaient des collines, dont les flancs, morcelés par des murets en pierres sèches, s'embrasaient dans la lumière de l'automne. Puis nous avons traversé Bisley dont les maisons couleur de miel luisaient comme du vieil or. Enfin, nous sommes entrés dans Painswick et nous nous sommes garés devant un vieux manoir.

— Bienvenue à Painswick Hotel ! dit Peter.

— Quel paradis, soufflai-je.

Le bâtiment était large et haut, de style Palladien. Des rosiers grimpaient généreusement le long de sa façade, un balcon de style italien, brodé de vieilles glycines, surplombait un terrain de croquet bien soigné. Les carreaux des fenêtres étincelaient dans le soleil couchant.

— Votre nom, s'il vous plaît ? demanda la réceptionniste.

— M. et Mme Smith, répondit Peter.

La femme ricana d'un air indulgent. Elle avait l'habitude.

— Et ceci est...

Elle regarda le chien.

— Graham Smith, lançai-je tandis qu'il se levait sur ses pattes arrière pour lui offrir un baiser.

— Votre chambre est la numéro un, au premier étage. Je vais demander qu'on vous monte vos bagages.

Quand Peter et moi étions vraiment fauchés, c'est-à-dire pratiquement tout le temps, je fantasmais sur ce genre d'hôtel. Et, dans mes rêves, il ressemblait exactement à celui-ci, avec son lit à baldaquin tendu de lourds rideaux de brocart et un papier peint de Colefax and Fowler sur les murs, ses meubles anciens bien cirés et une table de toilette ornée d'un assortiment de brosses et de peignes incrustés d'argent. Un grand bow-window avec des sièges capitonnés donnait sur des collines ondulantes, parsemées de moutons. Le bain jacuzzi était assez vaste pour y nager la brasse, et – ô extase ! – une pile de serviettes blanches et moelleuses nous tendaient les bras. Soudain, je fus saisie d'une pensée affreuse.

— Peter, comment se fait-il que tu connaisses un tel endroit ? Enfin, je... tu es venu ici avec *elle* ?

— Non. Bien sûr que non. Je l'ai trouvé sur le Web.

Soudain, on frappa à la porte. C'était le room service.

— Votre champagne, monsieur.

Cinq minutes plus tard, Graham était installé devant le téléviseur, en train de regarder l'émission culinaire de Delia Smith tandis que Peter et moi trempions jusqu'au cou dans les bulles du bain tourbillon.

Et maintenant, je vais vous montrer comment faire de petits pains aux graines de pavot..., disait Delia.

— Ce livre que tu es censé éditer, fis-je ironiquement en sirotant mon champagne, ça traite de quoi ?

Il glissa son pied le long de ma jambe.

— Du langage du corps.

— Le langage du corps ? Je vois.

Et ce qui est le plus délicieux...

— Oui. Le langage du corps.

C'est qu'ils ne mettent pas longtemps à lever.

Peter déposa sa flûte, puis m'attira vers lui tandis que nos membres s'entrelaçaient.

Il faut verser la levure liquide au centre...

— Ceci, fit-il en m'embrassant, est un exemple de langage corporel positif.

— Vraiment ? Et ceci ? chuchotai-je en posant la main sur sa cuisse.

Et pour pétrir une pâte bien rebondie...

— Oui, ça c'est très positif aussi.

Elle devrait être élastique et souple maintenant.

— En effet.

— Et ceci, reprit-il en glissant ses mains sur mes seins, est le signe d'un intérêt soutenu.

— Tu crois ?

Laissez-le tout gonfler dans un endroit chaud...

— Et ceci, dit-il en faufilant une main entre mes cuisses, est le signe que nous sommes tout à fait en phase.

Nous nous levâmes en nous embrassant toujours, puis nous effondrâmes sur le carrelage de la salle de bains.

Placez-les côte à côte...

— Oh, Faith, murmura Peter, son visage au-dessus du mien.

Ajoutez une giclée de belles graines...

— Oh, Peter !

— Je t'aime, Faith.

— Je t'aime.

Et glissez les petits pains dans le four.

Lorsque je m'éveillai le lendemain matin, je restai allongée sur le dos, savourant le chuchotement du pur lin sur ma peau. J'écoutai la respiration de Peter, douce et régulière, avec autant de ravissement que si c'était de la musique. Et, tandis que le soleil se déversait à travers l'entrebâillement des rideaux, j'eus le sentiment qu'un miracle venait de se produire. Je me sentais aussi débauchée que Madame Bovary. « J'ai un amant », me dis-je. Car ceci n'était plus guère innocent. C'était une liaison. J'avais été infidèle. J'en pris soudain conscience avec un coup au cœur. J'avais transgressé le septième commandement. D'une certaine façon, j'avais commis l'adultère. C'était de l'extase non adultérée. En songeant à Jos, j'éprouvai un pincement de regret, mais pas précisément de la culpabilité. Dans mon esprit, notre histoire était déjà terminée ; elle s'était finie hier soir. À mon retour, je lui expliquerais, aussi gentiment que possible, que cela ne pouvait pas continuer entre nous. Je me demandai comment il réagirait, puis je me rendis compte que ça m'était plus ou moins égal. Peter avait raison. Je ne l'aimais pas. Je l'avais trouvé séduisant, et intéressant, et tellement attentionné, et, bien sûr, je m'étais faite à sa présence. Je chassai Jos de mes pensées et me tournai vers Peter, enlaçant son corps endormi de mes bras. Voici l'homme de ma vie, me dis-je en posant ma joue sur son épaule nue. Je ne désirerai jamais personne d'autre. Nous étions si collés l'un contre l'autre que mes cils lui chatouillaient la peau. Il bougea, ouvrit les yeux et sourit.

— Je t'aime, marmotta-t-il d'une voix ensommeillée.

— Je t'aime aussi.

— Ça fait combien de temps qu'on n'a pas couché ensemble ?

— Je ne sais pas. Plus d'un an.

— Il va falloir qu'on se rattrape, non ? (Je hochai la tête. Il m'embrassa, puis me caressa le visage.) C'est un nouveau début pour nous, Faith, dit-il sérieusement.

— Oui, je sais.

— Un nouveau chapitre, ajouta-t-il. Enfin, il a fallu te persuader un peu, dit-il, taquin. Tu étais pleine d'*Orgueil et Préjugés*.

— Non. C'était simplement *Raison et sentiments*. À cause de ta... *Liaison dangereuse*.

— Tu ressentais *Ce sentiment d'incertitude*, pas vrai ?

— Oui. Alors je t'ai répondu... *Autant en emporte le vent*.

— Mais maintenant, nous sommes *Loin de la foule déchaînée*.

— Dans une *Chambre avec vue*...

Je savais que je repenserais toujours à ce week-end comme à l'un des plus magiques de ma vie. Il n'y avait pas un nuage dans le ciel. L'air était si limpide qu'il semblait briller. Les forêts étaient vêtues de vieil or, de bronze et de rouge profond. Je m'en souviendrai toute ma vie, me dis-je tandis que nous nous promenions avec Graham dans les collines de Cotswold. Nous déambulions le long d'une allée de hêtres cuivrés. Les feuilles crissaient sous nos pieds.

— C'est quoi, au juste, l'été indien ? me demanda soudain Peter.

— J'ai cherché l'autre jour. L'été indien est

« une période de températures douces, ayant lieu en automne ou au début de l'hiver ; ou une période inopinément agréable, tranquille ou florissante ».

Il m'attira contre lui pour m'embrasser.

— Alors, ceci est *notre* été indien à nous. C'est la fin de nos malheurs, n'est-ce pas, Faith ?

— Oui. C'est vrai. C'est la fin. Ou plutôt, c'est le début de la fin.

— Nous allons arrêter le divorce.

— Je téléphonerai à Rory Cheetham-Stabb pour lui dire de rompre.

— Ce sont habituellement les fiançailles qui sont rompues, pas les divorces, fit ironiquement remarquer Peter.

À cet instant, son téléphone résonna de la ritournelle signature d'Andie. Peter avait pensé que cela éveillerait ses soupçons s'il éteignait carrément.

— Salut, Andie. Oui, tout va bien, mais je suis très occupé. Eh bien, je te l'avais dit. Oui. Tout se passe très bien. Et toi, ça va ? Bon. On est en plein boulot, là. Des oiseaux ? Ah, non, on a juste ouvert les fenêtres, c'est tout. Oui, je te rappellerai plus tard, d'accord ? Bien sûr que je te rappelle. Salut.

Il rangea le téléphone.

— Je suis désolé. Je n'aime pas mentir devant toi. Je n'aime pas lui mentir, point. J'y suis obligé pour l'instant, mais plus pour très longtemps parce que je vais rompre la semaine prochaine.

Le reste du week-end se déroula dans une brume de mets exquis, de champagne, de balades, de conversations, de jacuzzis partagés, de journaux lus à deux, et d'amour. Nous avons joué au croquet, au backgammon, nous avons parcouru la vallée du Slad. Pour notre dernière soirée, nous nous sommes promenés dans le cimetière de Painswick parmi les ifs taillés, en regardant leurs ombres s'allonger. Puis nous repartîmes en voiture, repus de plaisir et d'amour. Peter me déposa au carrefour, avec Graham. Comme nous ne voulions pas qu'on nous voie nous embrasser, nous nous contentâmes d'une poignée de main.

— Je te verrai mardi chez Snow's, Faith me lança-t-il. Nous déciderons de tout à ce moment-là.

— *Trick or treat* ? s'écria un couple de garçonnets en capes noires et masques de vampires que je croisai en chemin, mardi. *Trick or treat* ? répétèrent-ils d'un ton de défi.

J'avais oublié que c'était Halloween.

— Euh, *treat*, répondis-je en ouvrant mon sac.

Dans un accès de générosité induit par l'amour, je leur offris un billet de cinq livres. Je poussai la porte de Snow's – Peter n'était pas encore arrivé – et on m'indiqua la table même où nous avions célébré notre anniversaire de mariage neuf mois auparavant. Ça avait marqué le début de notre rupture, songeai-je. Cette rencontre au sommet en marquait la fin. En janvier, la vague de froid s'était installée, mais maintenant, cette froideur avait fondu comme de la rosée. Regardant par la fenêtre, j'aperçus Peter qui arrivait. Il avait l'air tellement heureux et détendu.

— Bonsoir, ma chérie ! (Il m'embrassa.) On va s'offrir du champagne.

— Du champagne ? fis-je, dubitative.

— Oui. Nous avons quelque chose à fêter, après tout.

— Chéri, je n'en suis pas si sûre. Nous sommes sur le point de blesser deux personnes, ajoutai-je d'un ton coupable en baissant la voix.

Il se mordit la lèvre inférieure.

— C'est vrai. Nous sommes sur le point de nous conduire assez mal. Donc, par respect pour nos futurs ex-partenaires, nous ne boirons que du mousseux italien.

Le serveur l'apporta, et nous, tandis que nous sirotions notre asti, nous nous sentions comme deux adolescents amoureux le soir de leur premier bal.

— Tu as parlé à Lily ?

— Euh, non... pas encore.

— Tu as peur qu'elle ne soit pas d'accord, c'est ça ?

— Ah, ne sois pas idiot, mon chéri.

— As-tu téléphoné à Rory Cheetham-Stabb ? me demanda Peter tandis que nous étudions le menu.

— Il a été pris toute la journée, mais je lui ai laissé deux messages pour qu'il me rappelle.

— Il va être furieux de perdre une cliente, non ?

— Oh, il a des tas d'autres femmes à secourir.

— Ah, Faith, dit Peter, je suis si heureux.

— Moi aussi, souris-je. Qu'est-ce qu'on est vilains ! ajoutai-je malicieusement.

— Affreusement. (Ma tête tournait d'amour et de vin pétillant.) Mais nous les laisserons tomber avec des égards, ajouta Peter sérieusement.

— Absolument.

— Nous resterons corrects.

— Mais oui.

— Nous allons les plaquer avec beaucoup, beaucoup de sensibilité, dit-il.

— Beaucoup de sensibilité, acquiesçai-je. D'ailleurs, nous les plaquerons si gentiment que ce sera un plaisir pour eux.

— Oui. C'est ça. Par exemple, j'offrirai un superbe cadeau à Andie. Pour me faire pardonner.

— Et moi, j'enverrai Jos en vacances, dis-je, déterminée à le surpasser.

— Ah, tu es si attentionnée !

— Oui, je vais l'envoyer faire une croisière autour du monde à bord du *Queen Elizabeth 2*.

— Faith, tu es un amour ! Il va sûrement apprécier le geste.

— Je vais le foutre à la porte très gentiment. Et voilà ce que je vais lui déclarer... (Je me penchai sur la table et regardai Peter droit dans les yeux.) Je suis désolée, Jos, mais j'ai malheureusement quelque chose à te dire. J'ai bien peur que tout ne soit fini. Nous ne pouvons rester ensemble. Pourquoi ? Parce que c'est la volonté du destin. Alors, je suis terriblement désolée de te décevoir, mais je penserai toujours à toi avec beaucoup d'affection et de respect. Je songerai toujours à toi avec amour...

— Doucement, là ! protesta Peter.

— Euh, bon, d'accord. Euh... Je penserai toujours à toi comme à un ami. Et je suis désolée que cela n'ait pas marché entre nous... (Je sentais presque une boule dans ma gorge.) Je sais que je t'ai fait du mal, ajoutai-je en déglutissant, mais je te serai toujours très reconnaissante des moments que j'ai passés avec toi. Et je serai toujours fière d'avoir été ta petite amie, pendant un moment.

— C'est génial, Faith ! applaudit Peter.

— Je dois dire que je me trouve plutôt douée. Et toi ?

— Je n'aurai pas la chance de faire un aussi joli discours, répliqua-t-il. Elle va être en train de me balancer toute la maison à la tête avant même que j'en sois arrivé à « Andie, j'ai quelque chose à te dire ». Mais elle s'en sortira, ajouta-t-il d'un ton prosaïque. Elle ne restera pas seule longtemps. (Il se leva.) Excuse-moi, chérie, je dois faire un tour au petit coin.

Tandis que je suivais Peter des yeux, je remarquai un homme dont l'aspect me sembla vaguement familier. Il était assis tout seul, à lire le journal. Je savais que je le connaissais, mais je ne pouvais pas le situer, et l'effet du vin mousseux n'aidait pas. Bizarrement, il était à la fois inoubliable et quelconque.

— Je sais ! me dis-je subitement. Je vois exactement qui c'est.

C'était le détective privé, Ian Sharp. Je l'examinai de nouveau et tentai de croiser son regard, j'eus presque envie de lui faire un petit signe de la main, mais je me retins. Après tout, il était peut-être sur une affaire.

— Chérie, tu connais cet homme ? dit Peter en revenant à la table.

— Quoi ? Si je connais cet homme ?

— Cet homme, assis, là. Tu le regardais fixement à l'instant.

— Mais non, non, non. Je ne vois pas qui ça peut être, mentis-je.

Comment pouvais-je reconnaître devant Peter ce que j'avais fait ? Il me jeta un regard incrédule. Mais le malaise se dissipa dès que le serveur arriva avec nos plats principaux. J'avais repris une selle d'agneau, comme la dernière fois, et Peter une sole au citron.

— Bon, voyons ce qu'on va faire, reprit Peter. Pourquoi ne déménagerions-nous pas ? Nous en avons les moyens, après tout. Et cela nous aiderait à repartir sur de nouvelles bases. On pourrait acheter quelque chose au bord de la Tamise, avec quatre chambres, plutôt que trois. Après tout... nous pourrions peut-être penser à agrandir la famille.

— Mmm.

— J'adorerais avoir un autre bébé, Faith, pas toi ?

Du coin de l'œil je vis Ian Sharp se tortiller sur sa chaise. Il semblait marmonner quelque chose dans sa barbe. Soudain, je fus consciente de deux choses à la fois : la porte s'était brutalement ouverte derrière moi, et le visage de Peter se décomposait.

— Mon Dieu ! murmura-t-il.

— Peter !

Andie se tenait, debout, devant notre table.

— Ça ne t'ennuie pas que je me joigne à vous, mon chéri ? demanda-t-elle avec un petit sourire pincé. Alors vous vous offrez un joli petit dîner romantique, à ce que je vois ? ajouta-t-elle en traînant une chaise de la table voisine pour s'asseoir.

Peter secoua la tête.

— Écoute, Andie... Je crois vraiment que tu devrais t'en aller.

— Mais je ne veux pas m'en aller, répondit-elle. Je veux te parler.

— Comment as-tu su que j'étais ici ? questionna Peter d'une voix métallique.

— Ah, un ami m'a filé le tuyau.

Je jetai un coup d'œil à la table de Ian Sharp. Vide. *Évidemment*. Je me sentis curieusement trahie.

— Écoute, ma cocotte, grinça Andie en saisissant une tranche de pain. Je suis désolée de gâcher votre petite fête, mais tu mises perdant.

— Je ne trouve pas, dis-je.

— Te taper une petite aventure sordide avec mon mec. C'est classe, ça, tu trouves ?

Je la fixai en silence.

— Et votre petit séjour à Cotswold ? Je vous ai fait filer partout.

— Andie, chuchota Peter, irrité, allons finir cette conversation ailleurs.

— L'hôtel Painswick a l'air charmant, Peter. Tu devrais m'y emmener, un de ces jours.

— Andie, insista-t-il, j'ai quelque chose à te dire. J'aurais préféré te le dire demain, mais je vais le faire maintenant.

— Ah, et de quoi s'agit-il, mon chéri ?

— Je retourne vivre avec Faith. Si elle veut bien de moi.

— Mais bien sûr que je veux de toi.

— Je te quitte, Andie, reprit Peter, enhardi. Je suis tout à fait désolé de te blesser, mais c'est comme ça.

— Non, tu ne me quitteras pas, murmura-t-elle.

Elle affichait une expression à la fois menaçante et légèrement hautaine.

— Je suis désolé Andie. Mais je pars.

— Je ne crois pas que tu me quitteras, mon chéri. Vraiment, dit-elle calmement. Parce qu'en fait... je suis enceinte, conclut-elle avec un sourire.

Novembre

— Eh bien, c'est la fin de l'été indien, décrétai-je d'un ton cassant qui ne m'était pas coutumier.

— Huit, sept, Faith est en pétard...

— Je vous avais bien dit d'en profiter tant que vous pouviez.

— Six, cinq...

— Parce que maintenant, tout à coup, sans prévenir...

— Quatre, trois...

— Un front atlantique extrêmement *vicieux* se manifeste...

— Deux, un...

— Qui va provoquer une dépression *majeure*.

— Mais qu'est-ce qui la fout en rogne comme ça ?

— Résultat : une première semaine de novembre sinistre.

— Zéro.

— Merci, Faith, dit Sophie.

Elle m'adressa un sourire légèrement étonné, puis se tourna vers la caméra deux.

— Et si vous venez de vous joindre à nous, vous écoutez *AM-UK !* Tout de suite après la pause publicitaire – la bête de Bodmin est-elle un chaton génétiquement modifié ? Dix nouvelles façons d'interpréter le dahlia, et rappelez-vous, rappelez-vous, rappelez-vous, le 5 novembre.

— Oui, l'interrompit doucereusement Terry en ricanant face au prompteur, c'est la nuit de Guy Fawkes samedi prochain, alors nous avons quelques conseils utiles à vous donner concernant votre sécurité. Et vous, Sophie, allez-vous vous offrir une petite sauterie ? demanda-t-il innocemment.

— Pardon ? fit-elle en se tortillant d'embarras sur le canapé.

— Avez-vous un galant pour allumer vos feux d'artifice ? s'enquit-il facétieusement.

— Eh bien, je...

— Ah, laissez tomber, Sophie, dit-il, son sourire fat cachant à peine son air de menace muette. Je suis sûr que vous allez vous éclater sur le gazon !

— Il est 8 h 30, coupa Sophie en faisant comme si elle ne l'avait pas entendu. Et maintenant, les actualités et la circulation... où que vous soyez.

Je ne savais pas de quoi parlait Terry. De toute façon j'étais bien trop absorbée par ma propre détresse. En montant à l'étage, jusqu'à mon bureau, je luttai pour réprimer mes émotions. Je fis semblant de me plonger dans mes images satellite, et clignai les yeux pour retenir mes larmes de colère. Enfin, moi, une professionnelle de la prévision... Je gagne ma vie en regardant de l'avant. Dans mon aveuglement, mon ravissement d'avoir retrouvé Peter, je n'avais pas su prévoir cela. C'était horrible, sinistre ! J'avais l'impression qu'on m'avait tiré dessus. Les harpies avaient fondu sur moi, sans prévenir, pour m'arracher mon festin. Je fixai d'un œil triste les nuages noirs qui roulaient sur l'écran, puis décrochai le combiné pour appeler Lily.

— Quelque chose d'affreux, vient d'arriver, chuchotai-je, consciente qu'une boule de la taille d'un citron s'était formée dans ma gorge.

— Quoi ?

— Quelque chose... d'insoutenable.

— Jos ne t'a pas plaquée, non ? demanda-t-elle.

Elle paraissait affolée, presque paniquée.

— Non, non, ce n'est pas ça, dis-je tandis que le bureau commençait à devenir flou. C'est seulement que, enfin... (Je relevai la tête. Plusieurs paires d'yeux s'étaient discrètement tournées vers moi.) Je ne peux rien dire au téléphone, gémis-je. Mais... bouh-hou... j'ai besoin de te parler.

— Bon, ne pleure pas, Faith. Ne pleure pas ! Jennifer et moi, on t'emmène déjeuner, d'accord ? Rendez-vous chez Langan à 13 heures.

— Vous avez une *réservation*, madame ? s'enquit le maître d'hôtel d'un air légèrement dédaigneux, trois heures plus tard.

Lily le toisa d'un regard impérieux.

— Oui. Pas terrible, ce papier peint. Enfin,

viens, Faith, dit-elle en lançant son pashmina par-dessus son épaule comme un matador, nous allons nous asseoir ici.

Elle posa Jennifer Aniston sous la table, puis m'écouta attentivement tandis que je lui narrais toute l'histoire d'une voix larmoyante.

— Tu t'envoyais en l'air avec *Peter* ? s'étrangla-t-elle, les yeux comme des soucoupes. Mon Dieu, Faith, tu jouais avec le feu !

— Je sais, chuchotai-je, cachant mes yeux de ma main droite en fondant à nouveau en larmes.

— Jos ne soupçonne rien, dis-moi ? (Je secouai la tête.) Dieu merci ! souffla-t-elle en plaquant la main gauche à son sein dans un geste de soulagement extrême. Tu as failli tout faire capoter, Faith, ajouta-t-elle, furieuse, ce qui me parut une curieuse réaction de sa part.

— Qu'est-ce que tu veux dire par « tu as failli tout faire capoter » ?

Lily se tortilla sur sa chaise, puis m'adressa un petit sourire gêné, ses yeux brun tabac allant de la table à mon visage mouillé de larmes.

— Eh bien, reprit-elle en sirotant son eau minérale, que si Jos l'avait appris, il t'aurait larguée, et ensuite, tu aurais été dans la merde jusqu'au cou.

Je la regardai en hochant la tête. J'ai honte d'avouer que l'idée m'avait déjà traversé l'esprit.

— Alors ça aurait pu être bien pire, conclut-elle.

— J'ai du mal à voir comment, grinçai-je. C'est tellement, tellement épouvantable, Lily ! Mon Dieu, comme je déteste cette *salope* ! Elle va avoir le bébé de Peter, gémis-je doucement.

— Mon chou, dit fermement Lily, tandis qu'une larme brûlante serpentait sur ma joue. Ça ne sert à rien d'être en colère contre Andie, quand c'est toi qui étais adultère. Sois honnête, tu étais en train de t'envoyer en l'air avec son jules, et, franchement, ça n'est pas très sympa. Non, vraiment, ce n'était pas très sympa de ta part, Faith, reprit-elle, irritée. Mais je suis ta meilleure amie et je ne veux pas te juger.

— Eh bien *toi aussi*, tu as fait des bêtises, répliquai-je, piquée au vif. Tu as eu plein d'histoires avec des hommes mariés. Au moins, moi, j'avais une aventure avec un homme marié qui était marié avec moi !

— Oui, mais tu trompais Jos, mon chou, fit-elle remarquer d'un ton réprobateur. Je dois reconnaître que je suis plutôt étonnée.

— Ah, ne sois pas aussi désagréable ! gémis-je en sentant mes lentilles de contact glisser sur mes pupilles. Je ne t'en aurais jamais parlé si j'avais su que tu réagirais comme ça. Tu es mon amie... je veux de la compassion !

— Faith, dit-elle posément en me passant un mouchoir en papier, c'est justement parce que je suis ton amie que je suis un peu dure avec toi aujourd'hui. Ça me ferait de la peine de te voir gâcher tes chances avec Jos. Et, sois honnête..., tu as failli le faire.

— Et alors ? rétorquai-je tandis que mes yeux s'emplissaient à nouveau de larmes. C'est Peter que je veux, Lily... Peter. Je ne sais pas pourquoi cela t'embête autant.

Soudain, Lily m'agrippa la main et nous nous sommes regardées droit dans les yeux.

— Faith. Tu es ma seule vraie amie en ce monde. Il n'y a que ton bonheur qui m'intéresse. (Malgré toutes les manies bizarres et obsessionnelles de Lily, je savais qu'elle disait la vérité.) Je suis absolument désolée que tu sois malheureuse, reprit-elle sérieusement, mais je crois que tu peux redresser la situation.

— *Comment* ? sanglotai-je en pressant le mouchoir plein de traces de mascara contre mes yeux.

— En oubliant ta petite... incartade, dit-elle simplement. Jos ne le saura jamais. De toute façon, Peter n'était pas la réponse à tes problèmes, Peter *était* le problème.

— Ce n'est pas vrai.

— C'est vrai, insista-t-elle. Enfin, tout d'abord il a une aventure avec Andie, et ça t'a fait très mal ; maintenant il a une aventure avec toi, il fait du mal à Andie. Franchement, je ne trouve pas ça très réglo.

— La façon dont tu en parles rend les choses pires qu'elles ne le sont, Lily, le défendis-je alors que le serveur nous apportait nos salades. Oui, il a eu une aventure. Mais il l'a regretté, et alors il a essayé de me revenir. Est-ce que ce n'est pas facile à comprendre ? Et c'est ça que je voulais, moi aussi. Parce que Peter est mon *mari* ! m'écriai-je passionnément, les yeux débordant à nouveau de larmes. Je ne peux pas me l'arracher (je pinçai mon avant-bras) il est *ici*, je l'ai dans la peau. Et, ça, tu ne peux pas le comprendre, Lily. Parce que tu n'es jamais restée avec personne pendant plus d'une *semaine* !

Lily me fixa, bouche bée. Je ne lui avais

jamais parlé sur ce ton auparavant. Mais, des tréfonds de mon désespoir – et de mon épuisement –, je semblais avoir trouvé une nouvelle voix.

— J'aime Peter. Je l'ai toujours aimé – je le sais maintenant – et je veux qu'il revienne.

— Mais tu ne peux pas l'avoir, énonça crûment Lily.

— Non, grinçai-je. Plus maintenant.

Peter, lui, voulait que nous restions ensemble. Il était venu me voir le lendemain – nous étions tous les deux bouleversés – et il avait juré qu'il trouverait une solution.

— C'est possible, Faith. Nous allons nous en sortir. (Je l'avais fixé de mes yeux rougis.) J'y ai réfléchi, avait-il ajouté. Et ce n'est pas ça qui va nous séparer.

— Ah bon ? Je crois que tu te trompes.

— Pourquoi donc ?

— Parce qu'un bébé, c'est quelque chose d'énorme. Je peux me remettre d'une aventure, Peter – je le sais maintenant –, mais d'un bébé avec une autre femme, c'est impossible.

— Mais je veux être avec *toi*, Faith. Je veux retrouver mon ancienne vie.

— C'est trop énorme, Peter, avais-je sangloté. Un bébé. Un bébé qui sera toujours là. Et l'idée de ton enfant en train de pousser dans le ventre d'Andie me rend physiquement malade. Maintenant, je sais pourquoi je rêvais d'iceberg ces derniers temps... Parce que nous étions sur le point de nous écraser contre lui !

— Reste avec moi, Faith ! avait-il supplié.

— Je ne crois vraiment pas que j'en sois capable. Parce qu'à présent Andie et son enfant vont toujours nous rappeler cet épisode malheureux de nos vies. Nous pourrions faire semblant d'être heureux. Oh oui, nous pourrions en faire des tonnes. Mais, à l'intérieur, nous resterions si malheureux. Je ne suis pas sûre de pouvoir surmonter ça, Peter. C'est le genre de chose qui sépare les couples. Regarde, Jerry Hall a supporté des tas d'aventures de Mick Jagger, mais ce qui les a séparés, c'est le bébé.

— Je dois faire ce qu'il faut pour Andie.

— Oui, bien sûr. Je *sais*. Je suis la première à savoir que tu fais toujours ce qu'il faut. Mais ça me rendrait la vie tellement difficile, Peter, et ça donnerait à Andie une prise permanente sur toi. Elle serait là à jamais. Nous ne pourrions jamais oublier. Je ne crois pas que ça puisse marcher. Sincèrement.

— C'est vraiment ton sentiment ?

J'avais hoché la tête.

— C'est ce que je pense vraiment. J'ai tellement retourné cette histoire dans ma tête. J'ai examiné la situation sous tous les angles possibles. Ma réponse doit être non. Je m'imagine belle-mère de l'enfant d'Andie, et je ne crois pas que j'en serais capable. Certaines femmes y arriveraient peut-être, mais je sais que pour moi, c'est impossible. J'ai l'impression que tout est gâché maintenant, Peter. Alors je pense qu'il vaut mieux laisser tomber.

Oui, tout était *gâché*. Tout s'était mué en cendres entre nos mains, à cause des Lucky Strike d'Andie.

— Tu poursuivais une chimère, Faith ! entendis-je Lily chuchoter. Tu vivais dans un paradis artificiel. Parce que, même si Andie n'était pas tombée enceinte, le fait est que Peter t'a déçue.

— Oui, fis-je d'une petite voix, tout en grappillant une feuille de laitue. C'est vrai qu'il m'a déçue. Mais j'ai été capable d'oublier et de pardonner. Je n'aurais jamais cru pouvoir surmonter son infidélité. Finalement, j'ai appris que j'en étais capable.

— Alors tu es une idiote, lâcha Lily d'un air méprisant.

Je la fixai. Ses yeux luisaient de dédain et sa bouche s'était tordue en un rictus dur et cruel. Enhardie par le désespoir, je lui posai une question qui me brûlait les lèvres depuis très longtemps.

— Lily, dis-je calmement, pourquoi es-tu toujours si dure avec Peter ?

Elle ne répondit rien et se contenta de me fixer, irritée, puis elle cligna les yeux et détourna la tête.

— Pourquoi as-tu une dent contre lui ? insistai-je. Je t'avoue que je ne comprends pas. Je sais que tu ne l'as jamais tellement aimé...

— Non. En effet.

— Mais, auparavant, tu l'avais toujours toléré.

— Oui, soupira-t-elle en buvant une gorgée d'eau minérale. Je l'ai toléré. Par amitié pour toi.

— Mais récemment, persévérai-je. Cette dernière année, on aurait dit que tu voulais vraiment te payer sa peau. Comme si tu le détestais vraiment. Tu ne lui passes rien.

— Et pourquoi lui passerais-je quoi que ce soit ? cracha-t-elle, soudain véhémente. Il ne m'a jamais donné la moindre chance, lui.

— Lily, dis-je, perplexe, je ne pense pas que cela soit vrai. Tu te conduis comme s'il avait une sorte d'animosité envers toi. Mais je peux te dire que c'est faux.

— Ah, vraiment ? ironisa-t-elle.

— Oui, vraiment. Mais tu lui es tellement hostile ces derniers temps. Comme si tu lui tenais rancune de quelque chose.

— D'accord, reconnut-elle en éparpillant sa roquette dans son assiette. Je l'avoue. J'en ai beaucoup voulu à Peter. Mais si je lui en veux, c'est *uniquement* à cause de ce qu'il t'a fait. Et bien que tu lui aies pardonné, je crains d'en être incapable, moi.

— Mais ce n'est pas à *toi* de lui pardonner, Lily, fis-je remarquer. C'est à moi. Et si j'ai décidé de reprendre Peter, alors pourquoi diable est-ce que ça te défrise ?

Elle haussa dédaigneusement les épaules.

— Je suis désolée, Faith, mais je n'y peux rien. C'est simple : si Peter t'a fait mal, alors il m'a fait mal à moi aussi. Oh oui ! ajouta-t-elle, en plantant sa fourchette au centre de l'assiette. Peter m'a fait mal, à moi aussi.

Je fixai la table en secouant la tête. De quelque manière qu'elle tentât de se justifier, la réaction de Lily était extrême. Maintenant, je me souvenais de ce que Katie disait parfois... qu'au fond, Lily avait toujours été jalouse de Peter, parce qu'elle me considérait, d'une certaine manière, comme « à elle ». En la dévisageant de l'autre côté de la table je fus ramenée vingt ans en arrière. Je me souvenais d'elle, en train de parler avec enthousiasme, quand nous avions seize ans, de tous les plaisirs que nous nous offririons en sortant de l'école. Elle évoquait les voyages que nous ferions ensemble, et les fêtes que nous donnerions dans les appartements que nous partagerions. Mais, en fin de compte, je me suis mariée à vingt ans. Je n'oublierai jamais le visage bouleversé et désapprobateur de Lily lorsque je lui annonçai mes fiançailles.

— Tu n'as jamais vraiment voulu que j'épouse Peter, c'est ça, dis-je tandis qu'elle allumait un cigarillo.

Il y eut un blanc. Puis elle exhala la fumée.

— Pas vraiment, admit-elle en haussant les épaules.

— Pourquoi pas ? Qu'est-ce que ça pouvait bien te faire ?

— Ça me paraissait être un gâchis.

— De quoi, exactement ?

— Eh bien, pour commencer, de ton diplôme.

— Mais tu n'as pas terminé tes études toi non plus, fis-je remarquer. Tu as quitté Cambridge en deuxième année.

— Oui, mais seulement parce que j'ai eu une merveilleuse occasion de me lancer dans ce dont j'avais toujours rêvé... le journalisme.

— Et moi, j'ai eu l'occasion de me lancer dans ce dont j'avais toujours rêvé – être une épouse et une mère. (Elle roula des yeux.) Tu peux mépriser ça autant que tu veux, Lily, mais c'était mon but. Je n'ai jamais eu l'intention de faire une carrière fabuleuse comme la tienne, repris-je. Je n'étais ni brillante ni ambitieuse, comme toi. J'ai rencontré Peter à l'âge de dix-neuf ans et voilà...

la flèche de Cupidon m'a frappée du premier coup. Tu pourrais faire un article sur ça dans *Moi !* « Quand votre premier amour est aussi votre dernier amour. » C'est exactement cela que Peter a été pour moi. D'une certaine façon, tu lui en as toujours voulu. Mais ce n'est pas ta vie... c'est *la mienne*. Je veux désespérément ravoir Peter, conclus-je doucement. Et ça me tue de savoir que, maintenant, c'est impossible.

Elle fixa la table en tripotant la salière et le moulin à poivre. Pour la première fois, je crus apercevoir quelque chose comme une étincelle de culpabilité traverser son ravissant visage.

— Enfin... Il est sûr que c'est son bébé ? s'enquit-elle maladroitement.

— Oui, il n'y a aucun doute possible.

— Et comment sait-il qu'elle est enceinte ?

— Parce qu'elle a fait le test.

— Et elle en est à combien ?

— Deux mois et demi.

— Alors ça a dû se faire quand ils étaient aux USA.

— Je ne sais pas quand ça s'est fait, murmurai-je d'une voix morne. Je sais seulement que nous sommes tous les deux désespérés.

— Tu l'as dit aux enfants ?

— Pas encore. Ce n'est pas urgent. Peter leur annoncera la nouvelle à la fin du trimestre.

— Eh bien, je... je suis désolée, marmonna Lily quand nous nous levâmes pour partir. Je suis désolée que tu sois malheureuse. Vraiment. Mais je persiste à croire que tu as de la chance d'avoir encore Jos.

Je regardai par la fenêtre, mon œil momentanément attiré par un panneau « Entrée interdite ».

— Oui, lâchai-je d'un ton neutre. Si tu veux, j'ai de la chance qu'il soit toujours là.

— Et tu es certaine qu'il ne sait rien ? ajouta-t-elle en prenant Jennifer dans ses bras.

— Tu sais, c'est très curieux, mais il n'a pas eu le moindre soupçon.

En prenant le métro pour rentrer à Chiswick, je repensai une fois de plus à tout ça. Je trouvais très étrange que Jos n'ait rien remarqué alors que, depuis un mois, j'avais à peine été moi-même. Mon bonheur de revoir Peter crevait pourtant les yeux. Quant aux bobards que j'avais racontés... Voilà pourquoi j'avais rêvé de toiles d'araignée – j'étais devenue experte à tisser les mensonges. Mais non seulement Jos avait paru aveugle à mon comportement cachottier, il était même devenu plus affectueux que jamais.

J'avais en effet de la chance, soupirai-je amèrement, et Lily, dans sa brutalité, avait sans doute raison. Mon rapprochement avec Peter n'avait été qu'une illusion. Une désillusion. Rien de plus qu'un mirage ondoyant. Qu'allais-je faire maintenant ? me demandai-je, découragée, à bord de la rame brinquebalante qui me ramenait chez moi. L'idée d'être à nouveau célibataire m'emplissait d'appréhension... Je n'avais pas le courage de rester seule. Et l'idée d'avoir à tout recommencer avec quelqu'un de nouveau me donnait le tournis. Je décidai de m'estimer heureuse d'avoir Jos. J'allais rester avec lui. Je n'étais pas fière de cette décision. Je me dégoûtais même. Je me trouvais méprisable de faire ce genre de calcul affectif. Mais qu'auriez-vous fait à ma place ? Jos était toujours là, et il voulait toujours de moi, et je ne voulais pas être seule.

Lorsque je rentrai à la maison, il y avait un gentil message de Jos sur le répondeur.

— Je passerai faire un tour dimanche soir, chérie, disait-il. On pourra regarder les feux d'artifice ensemble.

À peine entendis-je ces mots, qu'une bouffée de soulagement m'envahit : tout pouvait continuer comme avant. Il y avait un second message, cette fois de Rory Cheetham-Stabb. Je n'avais pas eu de nouvelles de lui depuis des siècles.

— Désolé de vous avoir laissée tomber, madame Smith, dit-il de sa voix doucereuse lorsque je le rappelai.

— Ce n'est pas grave.

— Je traite plusieurs dossiers à la fois.

— Je n'en doute pas.

— J'imagine que vous rongez votre frein, n'est-ce pas ?

— Enfin, pas vraiment. Je veux dire – oui.

— Merci de m'avoir renvoyé tous ces documents.

— Je vous en prie.

— Maintenant, je crois qu'il est temps de foncer. Alors, mettons ce divorce en route. Il n'y a plus rien qui vous retienne, n'est-ce pas, madame Smith ?

— Plus maintenant, répliquai-je.

— Votre jugement provisoire de divorce sera prononcé à la fin du mois et deviendra définitif, ou final, six semaines et un jour plus tard. Ce qui signifie que vous serez divorcée en janvier. (Janvier ? Le mois de notre anniversaire de mariage.) Bon, m'autorisez-vous à demander le jugement définitif pour vous ? Cela vous simplifiera tellement les choses, et vous n'aurez plus à signer d'autres formulaires assommants. Puis-je faire cela pour vous, madame Smith ?

— Oui. Je vous en prie.

— Bien. Bon, vous êtes contente ?

— Folle de joie.

— Un sou pour Guy Fawkes ? quémandèrent deux garçonnets tandis que je me rendais au kiosque à journaux dimanche matin.

— Quoi ? fis-je en relevant la tête.

— Un sou pour Guy, mademoiselle ? répétèrent-ils.

J'examinai leur épouvantail cabossé et ouvris à contre-cœur mon portefeuille, pour remettre à l'un d'eux une pièce de vingt pence avec un soupir d'impatience.

— Voici.

— C'est *tout* ? s'indigna-t-il.

— Oui, rétorquai-je, contrariée. C'est tout.

— La plupart des gens nous donnent au moins une livre, renchérit son copain.

— Eh bien, pas moi.

— Allez, mademoiselle ! Donnez-nous un peu plus.

— Non, espèce de petits morveux ingrats !

Graham haussa les sourcils d'étonnement. Comme je l'ai déjà dit, il est très sensible à mes humeurs. De toute façon, c'était de la mendicité – voilà ce que c'était. Ça ne devrait pas être permis... Et, maintenant – horreur des horreurs ! –, une femme enceinte passait devant moi. Le spectacle de son ventre énorme, comme un spi gonflé par le vent, me donna envie de vomir. Puis une jeune mère me croisa avec sa poussette et je fus pratiquement renversée par une vague de détresse. Je souffrais de dépression prénatale. J'avais la nausée du malheur, voilà. La seule idée du bébé de Peter et d'Andie me remplissait de venin et de bile. Misanthrope. Voilà ce que j'étais devenue. Miss Anne Thrope, songeai-je avec un petit sourire sardonique. En arrivant chez le marchand de journaux... *Parents*, voilà. Seigneur ! Et *Neuf mois*...

Soudain, ma colère s'évapora comme de la buée lorsque je découvris les gros titres des journaux.

SCANDALE SEXUEL À *AM-UK !* hurlait le *Sunday Express*.

LA HONTE DE LA STAR DU MATIN ! s'écriait le *Mail*.

MES FOLLES NUITS SUR LE SOFA DE SOPHIE ! vociférait le *Sunday Mirror*.

LE SECRET HONTEUX DE SOPHIE ! beuglait *News of the World. Reportage exclusif ! Voir pages 2, 3, 4, 5, 6, 7, 9 et 23 !*

Je sentis ma mâchoire s'affaisser, mes yeux s'écarquiller et mon cœur tambouriner. Je rentrai précipitamment avec une brassée de journaux et je les étalai sur la table de la cuisine. J'étais tellement estomaquée par cette histoire que mes lentilles de contact en tombèrent pratiquement de mes yeux.

Sophie Walsh de AM-UK ! *affiche un visage calme et serein devant les caméras tous les matins*, disait le *Mail. Mais cette intello de vingt-quatre ans, diplômée d'Oxford, cachait un sordide secret qui pourrait bien ruiner sa carrière. Une ancienne amante exige qu'on lui rende des objets de valeur et des bijoux qui lui ont été offerts au cours d'une relation qui a duré deux ans. Lavinia Davenport, quarante-cinq ans, président-directeur général de Digiform, société d'équipement de radiodiffusion, a demandé que des articles d'une valeur de dix mille livres lui soient restitués. Sa relation avec Walsh s'est mal terminée, il y a cinq mois, après la liaison de Walsh avec l'élégante attachée de presse de mode, Alexandra Jones, vingt-trois ans. Suite à ces révélations, l'avenir de Walsh à* AM-UK *! paraît maintenant bien compromis.*

Ah. Alexandra. Alors « Alex » était une fille. Mais pourquoi l'avenir de Sophie était-il compromis ? Elle était lesbienne, et alors ? Quelle bande de pharisiens idiots, ces journalistes de tabloïds ! Je poursuivis ma lecture, et sentis mon cœur s'enfoncer jusque dans mes chaussures.

Lavinia Davenport a accordé à un journal du dimanche une interview au cours de laquelle elle relate la façon dont les deux femmes se sont connues, alors que Walsh travaillait comme strip-teaseuse lesbienne dans une boîte de nuit de Soho – le Candy Bar. Davenport avoue avoir glissé un billet de vingt livres dans le soutien-gorge de Sophie...

En pages deux et trois, *News of the World* publiait deux énormes photos de Sophie, l'air un peu plus jeune et ne portant rien d'autre qu'un boa en plumes stratégiquement placé et une paire de longs gants blancs en satin. Mon Dieu, me dis-je. Pauvre fille. C'était affreux. Ça ne plairait pas du tout à Darryl. À cet instant, je me rappelai les paroles de Sophie : « Les journaux à scandales se régaleraient avec moi. »

Je tournai aux pages quatre et cinq. Il y avait une photo de Lavinia Davenport, l'air larmoyant, se répandant sur la façon dont Sophie l'avait « déçue ».

J'ai été bouleversée par l'infidélité de Sophie... Je l'avais financée pendant deux ans... J'avais équipé cette fille... Chanel, Ferragamo, tout le bazar... maintenant j'ai l'impression d'avoir été utilisée et trahie... Je crois que les mères de famille qui la regardent tous les matins devraient connaître la vérité sur son passé.

Comme c'était vil ! me dis-je lugubrement. Comme c'était vil. Cette femme était la patronne d'une société florissante – elle n'avait pas besoin de faire ça. Il n'y avait qu'une raison à son geste – la vengeance. Elle voulait détruire la carrière de Sophie. Je me souvins des remarques vicieuses de Terry vendredi, à propos de « s'éclater dans le gazon ». Terry et Tatiana. Évidemment. Qui d'autre ? Puis je me souvins des commentaires venimeux de Terry à la réunion. Eh oui, ces deux-là avaient mené leur petite enquête.

Toute la journée, des feux d'artifice ont éclaté comme des tirs de snipers, nous faisant sursauter Graham et moi. À 19 heures, Jos arriva et je lui préparai à dîner. Tout semblait aller pour le mieux. Nous avons décidé de ne pas aller voir le grand feu d'artifice à Ravenscourt Park, mais plutôt d'observer du jardin le *blitzkrieg* rouge et orange qui illuminait le ciel.

Nous avons entendu des BOOOOUM !

BANG !, comme des canons de la Grande Guerre ; puis un KRA-AK-A-TAC-A-RAC-A-TACKKK ! de mitraillette. Les chandelles romaines se sont envolées comme des feux de détresse, traçant une piste flamboyante dans l'obscurité, retombant dans un sifflement sinistre de bombes en chute libre – OUIIIIIIIIIIIIIIIIIII ! ! ! OUIIIIIIIIIIIIIIIIIII ! ! ! Des douzaines d'énormes têtards argentés se tortillèrent dans le ciel, me rappelant que trop, hélas !, des spermatozoïdes.

« OOOOOOH ! » avons-nous soufflé, et puis « AAAAHHHHH ! » tandis que les dernières fusées partaient comme des missiles sol-air ; clles s'embrasèrent un instant en déchirant la nuit, puis soudain, leur intensité diminua, elles pâlirent, puis moururent.

Longtemps après nous être couchés, nous avons entendu par intermittence des détonations provenant des maisons voisines. Je restai allongée, fixant le plafond, à les écouter faire « pop » et « crac ».

— Ça va, Faith ? chuchota Jos. Il est 1 h 30.

— Pardon ?

— On dirait que tu n'arrives pas à t'endormir.

— Ah bon ?

— Quelque chose te préoccupe ?

— Ah, non, non, non, mentis-je. C'est seulement les pétards.

Mais je dus finalement m'assoupir, parce qu'à 3 h 30 le choc brutal du réveille-matin transperça ma semi-inconscience comme autant d'aiguilles. Je m'arrachai au lit.

Lorsqu'à 4 h 15 j'arrivai au travail, j'avalai

deux doubles espressos, puis regardai les journaux. Sophie était partout à la une.

SUSPENSION POUR SOPHIE ! criait le *Mirror*.

LA LESBIENNE EST LOURDÉE ! grinçait le *Sun*.

PAUSE COMMERCIALE POUR SOPHIE ! hurlait le *Mail*.

Il y avait des photos d'elle quittant son appartement de Hampstead, pâle et défaite. Le *Daily Express* publiait une interview nauséabonde de Terry dans laquelle il disait à quel point tout cela « l'attristait ». *C'est tellement dommage... sa carrière allait si bien... elle aurait dû être plus franche d'entrée de jeu... non, aucun d'entre nous n'avait deviné... eh bien, il s'agit d'une émission familiale... non, non, évidemment que cela ne me fait pas plaisir... d'ailleurs, je suis terriblement bouleversé.*

Ça, j'en doute, me dis-je furieusement en le regardant se pavaner comme un coq de concours.

— Pauvre petite, soupira Iqbal lorsque je vins me faire maquiller. Elle se débrouillait si bien.

— C'est une animatrice géniale, fit remarquer Marian. Elle ne mérite pas tous ces emmerdements. En tout cas, Tatiana a obtenu ce qu'elle voulait, ajouta-t-elle. Regarde !

Sur le moniteur, nous vîmes Tatiana prendre la place tant convoitée sur le canapé à côté de Terry.

— Tu crois que Sophie va revenir ? demandai-je à Iqbal tandis qu'il appliquait du fond de teint sur mes joues.

— J'en doute fort, répliqua-t-il.

— Mais cela n'a rien à voir avec sa carrière.

— Oui, mais tu connais Darryl. Apparemment, il raconte partout qu'elle a donné une mauvaise réputation à l'émission.

— Une mauvaise réputation ! m'exclamai-je. Comment une émission qui sert quotidiennement un régime de mamies médiums et de cacatoès en rollers peut-elle acquérir une mauvaise réputation ?

Je me traînai ce matin-là, d'autant plus déprimée par ma rupture avec Peter que la présence amicale de Sophie me manquait. Nous n'étions pas des amies intimes, mais, au cours des derniers mois, nous étions devenues des alliées. Je n'avais jamais oublié combien elle avait été gentille avec moi, et j'aurais aimé pouvoir l'aider maintenant. Mais qu'aurais-je bien pu faire ? J'avais son numéro de téléphone personnel et je décidai de l'appeler dès que je rentrerais du travail. Je l'appellerai cet après-midi, me dis-je en rentrant à 10 h 15. J'emmenai Graham au parc de Chiswick, où des feux d'artifice carbonisés jonchaient la pelouse. Puis je rentrai et m'effondrai dans mon lit. Mais, malgré mon épuisement, mon esprit était dans une telle agitation que le sommeil m'échappait. Par désespoir, j'allumai ma radio transistor, réglée sur Radio 4.

— Retrouvez *L'Heure des femmes* demain, au même horaire, disait un annonceur. L'émission a été présentée par Jenni Murray, et produite par Mimi Clark.

Mimi, songeai-je, épuisée. Je n'avais pas eu de ses nouvelles depuis des mois. Mais il est vrai qu'elle avait été occupée par le bébé, et que j'avais évité nos amis communs à cause du divorce. Je me rappelai qu'elle voulait inviter Lily à *L'Heure des femmes*. C'était une bonne émission. *L'Heure des femmes...* Mais, bien sûr ! Je rejetai la couette, dévalai l'escalier et composai le numéro de la maison de la radio.

— Faith ! s'exclamait chaleureusement Mimi cinq minutes plus tard. Quelle agréable surprise ! Je pensais justement à toi ! ajouta-t-elle. Avec tout ce chambardement à *AM-UK !*

— C'est pour ça que je t'appelle, en fait, expliquai-je, légèrement hors d'haleine, parce que Sophie Walsh est une amie à moi. Elle a été salement amochée, Mimi, et elle a besoin de bonne presse, tout de suite. Pourrais-tu l'inviter dans ton émission ?

— Écoute, c'est possible, répliqua-t-elle d'un ton pensif. Mais je ne suis pas tout à fait sûre du contexte. Laisse-moi parler à ma rédactrice en chef, mais je te promets de faire tout ce que je pourrai. Tu connais son agent ? ajouta-t-elle.

— Swann Barton. Ils sont dans l'annuaire.

— Et toi, ça va, Faith ? s'enquit doucement Mimi. Je suis désolée de ne pas avoir été plus présente.

— Ah, ça va, soupirai-je. Ça... ça va.

— J'ai entendu une charmante rumeur disant que toi et Peter remettiez le couvert.

Ce fut comme si un poignard m'avait transpercé le cœur.

— C'est faux. Nous divorçons.

— Je suis désolée, Faith, murmura-t-elle. Vous avez toujours eu l'air si heureux.

— Nous étions heureux, répliquai-je. Nous l'avons été pendant quinze ans, Mimi. Nous étions heureux comme des poissons à marée haute.

Tandis que je posais le combiné, je me rendis compte que Peter et moi, nous ne nous étions pas parlé depuis dix jours. C'était sans doute aussi bien ainsi... Après tout, que pourrions-nous nous dire ? Les animaux blessés courent se terrer, et c'est ce que nous avions fait. Comme les enfants ne rentraient pas les week-ends, il n'y avait aucune raison qu'il appelle ; et, bien qu'il me manquât désespérément, j'en étais très soulagée. Car lui parler aurait été tellement plus douloureux, depuis que nous n'avions plus aucun espoir d'être réunis. Quant à le voir... ce serait une torture. À présent, je devais apprendre à le regarder autrement. Je devais penser à l'avenir, me dis-je fermement. Je devais continuer ma vie. Je devais essayer de parvenir à – comment appelait-on ça déjà ? – une « clôture » de cette histoire, parce que mon mariage prendrait bientôt fin. Après l'effet déboussolant de mon aventure, l'aiguille de ma boussole affective se remettait à s'orienter tout doucement vers Jos. C'est ce soir-là, en dînant avec lui, que je lui appris la grossesse d'Andie. Il parut sincèrement stupéfait.

— Il savait qu'elle voulait tomber enceinte ? demanda-t-il.

— Pas vraiment. Elle l'a fait sans le prévenir.

— Les femmes ne devraient pas faire ça, dit-il.

À ces mots, un infime frisson convulsa son corps, mais je savais pourquoi.

— Ça va. Tu n'as pas à t'inquiéter. Je ne te ferai jamais ce coup-là.

Il tendit la main sur la table et pressa la mienne.

— Je le sais bien.

— Mais Andie l'a fait, repris-je. Et elle a parié, assez judicieusement, que Peter ne s'enfuirait pas. Tu vois, Peter est vraiment quelqu'un de bien, ajoutai-je. Il fait toujours ce qu'il faut.

Jos posa nos assiettes sur le plan de travail, puis m'enlaça.

— Alors c'est cette grossesse qui t'a rendue un peu distante ces derniers temps, Faith ?

J'acquiesçai, soulagée qu'on me tende la perche d'une excuse.

— Ça a dû être un sacré choc.

— Tu ne crois pas si bien dire.

— Quoi ?

— Enfin, oui... ça a été un choc, parce que... enfin, nous ne sommes même pas encore divorcés.

— Mais ce n'est pas comme si ça changeait quelque chose pour toi, reprit Jos sans se troubler. (Et je songeai *si seulement tu savais*.) Enfin, Peter est manifestement en train de refaire sa vie, ajouta-t-il, raisonnablement, et toi aussi. Bon, et si on discutait de quelque chose d'agréable ? Je veux réserver nos vacances aux îles Turks et Caïcos. On peut parler des dates ?

La perspective de vacances me remonta le moral. Je n'étais pas partie depuis plus d'un an. Un changement total de paysage, et la chaleur du soleil me feraient sans doute le plus grand bien. La possibilité de passer deux semaines avec Jos, rien que nous deux, nous aiderait à nous rapprocher.

Alors, dès le lendemain, j'ai demandé un congé, puis Jos a réservé notre vol pour les Caraïbes : nous partirions le 3 décembre. En me brossant les dents, ce soir-là, je contemplai dans le miroir le reflet du trompe-l'œil, derrière moi. Je détaillai les palmiers et la mer bleu azur, et songeai que cette vue serait réelle, bientôt.

Entre-temps, à *AM-UK !* c'était motus et bouche cousue sur le départ de Sophie. Elle avait été oblitérée de la chaîne comme une dissidente soviétique excisée d'un livre d'histoire. Dès lundi après-midi, son nom avait disparu de la porte de sa loge. Sophie, c'était fini. Elle n'existait plus. Je lui téléphonai trois fois mais je tombai toujours sur son répondeur. J'en déduisis qu'elle ne voulait pas parler. Ce mercredi soir-là, je fus donc assez étonnée d'entendre le nom de l'invité du *Dédale Moral*, sur Radio 4.

— Notre témoin cette semaine, sur le thème de la liberté de la presse, est Sophie Walsh, annonça Michael Buerk.

— C'est Sophie ! m'exclamai-je.

Graham agita la queue.

— Sophie Walsh, commença Michael Buerk, votre vie privée a été étalée dans tous les tabloïds et presque tous les quotidiens cette semaine. J'imagine que vous êtes en faveur d'une loi protégeant la vie privée.

J'entendis Sophie inspirer pour se calmer les nerfs, puis elle parla.

— C'est l'historien français Alexis de Tocqueville qui a suggéré que, pour profiter des bénéfices inestimables apportés par la liberté de la presse, il est nécessaire d'accepter les maux inévitables qu'elle entraîne, fit-elle calmement. Je suis catégoriquement contre l'interdiction judiciaire lorsqu'il s'agit de la liberté de la presse et totalement en faveur de ce dont nous disposons déjà – l'autorégulation.

Les autres invités s'en étranglèrent.

— Vous êtes en train de dire que ce qu'on vous a fait subir cette semaine ne vous dérange pas ? s'indigna David Starkey.

— Non, ce n'est pas du tout ce que je dis, répliqua-t-elle posément. Bien sûr que ça me dérange. Ça ne vous dérangerait pas, vous, d'avoir huit photographes devant votre maison, en train de vous mitrailler dès que vous mettez le nez dehors ? Ça ne vous dérangerait pas que quelqu'un fouille dans vos poubelles ou essaie de voler votre courrier ? Ça ne vous dérangerait pas qu'un plumitif de la presse à scandale téléphone à toutes vos connaissances ? Mais ce que je peux dire, c'est que ma passion pour les droits d'une presse libre surpasse mon indignation devant cette atteinte à ma vie privée.

— Mais on n'a pas attenté à votre vie privée, on l'a grossièrement envahie, tempêta Janet Daley.

— Oui. En effet.

— Et le gouvernement, *via* la Déclaration des droits de l'homme, pourrait maintenant empêcher les journaux de trouver des justifications à la publication d'histoires comme la vôtre, qui n'ont aucun intérêt public quel qu'il soit.

— C'est vrai, répondit Sophie. Mais je crois que ce serait une erreur. Car le Parlement finirait par faire la police dans la presse, et je ne peux rien imaginer de pire. Après tout, dans la plus grande partie du monde, la réalité de la vie des journalistes, c'est d'être les porte-parole des puissants, agissant uniquement en tant que propagandistes, ou alors de dire la vérité, parfois au risque de leur vie. Est-ce cela que nous voulons voir ici ? Bien sûr que non. Une presse libre – et occasionnellement libre d'être *mauvaise* – demeure une sauvegarde importante de la démocratie. Comment, autrement, est-ce que des escrocs comme Maxwell ou Jonathan Aitken auraient pu être dénoncés, si l'on avait pu si facilement museler les journaux ? Si un ministre du cabinet trompe sa femme tout en promettant un gouvernement moins corrompu à son électorat, alors il est sûrement de l'intérêt de l'électorat de le savoir.

— Oui, mais votre histoire ne présente aucun facteur d'intérêt public, n'est-ce pas ? fit remarquer Michael Buerk.

— Non. En effet. C'était du pur sensationnalisme, voilà tout. Mais le fait est que c'était vrai, ajouta-t-elle, alors pourquoi me plaindrais-je ? Personne ne m'a diffamée. Bien que je rejette catégoriquement les demandes de Mme Davenport concernant la restitution de certains articles qu'elle m'a volontairement donnés, et que je dispute la valeur qu'elle leur attribue, je peux me défendre moi-même. Mais, sur le fond, conclut-elle, pour répondre à votre question, je dirais que j'étais une cible parfaite.

— Comment pouvez-vous dire ça tranquillement ? questionna Janet Daley, incrédule. Vous êtes masochiste ?

— Non, je suis réaliste, répliqua Sophie. Je

savais que cet épisode existait dans mon passé et qu'il risquait d'être dévoilé tôt ou tard. Mais j'avais volontairement accepté un poste qui me plaçait devant quelque cinq millions de personnes tous les jours. Lorsqu'on fait ça, alors, dans une certaine mesure, on abandonne son droit à une vie totalement privée. Certes, j'ai été affectée par la perte de mon travail, conclut Sophie. Non seulement parce que ce n'était pas nécessaire, mais aussi parce que je sais que je le faisais bien. Mais c'est un tout autre thème que celui dont nous discutons ici, et mes avocats s'en chargeront.

— Sophie Walsh, merci, dit Michael Buerk.

Je décrochai le téléphone pour appeler Mimi.

— Mimi, je viens d'entendre Sophie. Elle a été *fantastique* ! exultai-je. Ça doit venir de toi ! Merci.

— Eh bien, j'ai entendu dire que le *Dédale Moral* préparait quelque chose sur la liberté de la presse, expliqua-t-elle, alors j'ai passé un coup de fil au rédacteur en chef. Ils ont été renversés par sa prestation.

Je passai un coup de fil à Sophie, *via* son agent, pour lui dire à quel point je l'avais trouvée géniale, en exprimant le souhait qu'elle me contacte un de ces jours. Entre-temps, le remplacement de Tatiana était devenu un poste permanent en tant que co-présentatrice de Terry, et la vie reprenait son cours. Jos devait travailler pour l'Opéra du Nord en janvier et je commençais à avoir hâte de partir pour Parrot Cay.

— Bien sûr qu'on va s'occuper de Graham, dit maman lorsque je téléphonai. Les îles Turks et Caïcos... c'est super. Ce n'est qu'à un saut de puce de Cuba, ma chérie, et la vieille Havane est fascinante, tu sais, et puis bien sûr Haïti n'est pas loin... et tu pourrais faire un petit tour en République dominicaine...

— Maman, la coupai-je, je ne veux pas faire tout ça. Je veux rester au même endroit. J'ai été très secouée cette année, ajoutai-je d'une voix lasse. J'ai simplement besoin de... vacances.

— Mais bien sûr que oui, ma chérie. Alors ça doit bien se passer avec Jos, ajouta-t-elle, si vous partez ensemble. Tu as déjà rencontré ses parents ?

— Je vais chez sa mère la semaine prochaine. Elle vit dans les environs de Coventry.

— Et son père ?

— Il ne voit pas son père. Et il n'en parle jamais, alors je ne pose pas de questions.

— Eh bien, nous avons hâte de faire la connaissance de Jos un de ces jours prochains, Faith. Comment va Peter ?

— Ça va, je pense. Enfin, à vrai dire, je ne sais pas vraiment.

Je n'avais pas le courage d'annoncer la grossesse d'Andie à maman. Je supportais à peine d'y penser, encore moins d'en parler. J'avais déjà besoin de toutes mes forces pour ne pas imaginer le ventre d'Andie en train de s'arrondir...

— Je sais que ma mère va t'adorer, déclara Jos tandis que nous roulions sur la M1 vers Coventry la semaine suivante. Elle a déjà l'impression de te connaître, ajouta-t-il gaiement, tellement elle t'a vue souvent à la télé.

— Je suis sûre que je l'aimerai... (Je pris une profonde inspiration.) Jos, j'espère que la question ne te dérange pas... Mais ton père ? Tu ne le vois jamais ?

— Non. Jamais.

— Pardonne-moi, dis-je en voyant son visage assombri. Je ne voulais pas être indiscrète.

— Ça va. Tu as parfaitement le droit de poser la question, mais il n'y a pas grand-chose à dire. En fait, mon père s'est très mal conduit envers nous, expliqua-t-il. Il a laissé tomber ma mère. J'avais trois ans quand il est parti, alors je me souviens à peine de lui.

— Pourquoi est-il parti ?

— Il prétendait que maman avait perdu tout intérêt pour lui et qu'elle était devenue obsédée par moi. Il s'est remis très vite avec une autre femme et ils sont partis vivre en France. C'était en 1967, Faith, et je ne l'ai pas revu depuis.

— Tu n'en as pas envie ? demandai-je gentiment.

— Non. Non. Pas du tout. Lui, si, ajouta-t-il. Il m'écrit de temps en temps, mais j'ai bien peur qu'il ne soit trop tard.

Je regardai par la vitre tandis que nous filions sur l'autoroute, méditant sur ce que Jos venait de me révéler. Comme c'était triste. C'était trop triste, de se sentir rejeté par son propre père. Cela m'aidait à mieux comprendre Jos, et son besoin manifeste d'approbation et d'amour. Pauvre Jos... Il avait probablement tenté de compenser cette perte toute sa vie. Une couverture de stratus gris pâle s'était installée et une pluie glacée s'était mise à tomber. À travers le balancement de métronome des essuie-glaces, je contemplais le ruban noir de la route se dérouler devant nous. Les hêtres argentés qui la bordaient, déjà dépouillés de leurs feuilles, semblaient à l'abandon. Nous dépassâmes Northampton, puis les panneaux indiquant Coventry, ensuite nous prîmes la M6. Bientôt, nous nous rangeâmes devant un petit pavillon au nord de la ville. En garant la MG, Jos klaxonna deux fois. La porte s'ouvrit toute grande, et sa mère apparut. Ils se ressemblaient tellement : les traits de Jos étaient une version plus virile des siens. Mêmes grands yeux gris, mêmes boucles blondes...

Je tendis la main.

— Bonjour, madame Cartwright.

Ma légère nervosité s'évapora comme de la rosée quand elle me serra chaleureusement dans ses bras.

— Faith ! s'exclama-t-elle avec un sourire ravi. Comme je suis heureuse de vous rencontrer. Jos parle de vous *tout* le temps. Et je vous en prie, ne m'appelez pas madame Cartwright, ajouta-t-elle. Je m'appelle Yvonne.

Désarmée par la chaleur de son accueil, je souris et la suivis dans la maison. J'étais soulagée de la trouver si amicale, car je ne savais pas du tout à quoi m'attendre. Je retirai mon manteau et le lui remis, puis levai le nez et clignai les yeux. Chaque parcelle de mur était recouverte des œuvres de Jos. Des croquis de ses décors pour l'opéra et le théâtre étaient entassés contre ses prix Olivier. Des affiches encadrées de ses productions couvraient les murs, jusqu'en haut de l'escalier : *Carmen* au Coliseum ; *Les Pêcheurs de Perles* à Rome ; *Othello* au National Theatre, et *Hedda*

Gabler à la Royal Shakespeare Company. Chaque centimètre carré de la maison rendait hommage au succès de Jos. Mais ce furent les photos qui me frappèrent le plus. Il devait y en avoir au moins huit de lui sur le côté de l'escalier, et six encore alignées sur une table du hall. Dans le petit salon, son visage nous contemplait d'au moins dix ou douze cadres en argent. Ici, à son premier jour d'école ; là, à douze ans environ, sur son vélo ; et puis là, à l'école des Beaux-Arts, sur le point de recevoir un prix. Ici, dans sa salopette éclaboussée de peinture, en train de travailler sur un décor ; là encore, en vacances quelque part, les cheveux blondis par le soleil. Il y avait des photos de lui avec Bernard Haitink, avec Sam Mendes et Trevor Nunn... Et au moins huit encore avec Yvonne.

— Ouaouh ! fis-je poliment. Vous êtes manifestement très fière de Jos.

— Ah oui. C'est bien vrai.

— Navré de t'infliger l'expo photo, dit Jos avec un sourire. C'est très gênant pour moi, mais maman adore les avoir sous les yeux.

— Je pense bien ! s'exclama-t-elle avec un éclat de rire. Je suis sa fan numéro un.

Tandis que Jos aidait sa mère dans la cuisine, je songeai aux photos que j'avais à la maison. Il n'y en a qu'une de chaque enfant sur mon bureau dans le salon, et la photo de mariage avait depuis longtemps été reléguée dans un tiroir. Nous nous sommes assis pour prendre le thé, et Yvonne m'a interrogée sur mon travail et mes enfants. J'aimais bien discuter avec elle, même si elle ne ratait aucune occasion de couvrir son fils d'éloges.

— C'est un si bon garçon, vraiment... il a si

bien réussi... il ne m'oublie jamais, pas vrai, chéri... J'assiste à la plupart de ses spectacles... pas pu me déplacer pour *Butterfly*... j'étais un peu souffrante... oui, beaucoup mieux maintenant, merci... mais oui, Londres, ce n'est pas la porte à côté.

Pendant qu'elle babillait, je compris que Jos était toute sa vie. Elle n'avait pas de mari, pas d'autres enfants. Jos était le centre de son existence, et ses pensées semblaient tourner uniquement autour de lui. Il alla à la cuisine pour refaire du thé, et nous restâmes seules. Pour éviter des pauses gênantes dans la conversation, je décidai de lui raconter nos projets de vacances. Mais, avant même que je puisse ouvrir la bouche elle s'était mise à parler, et ce qu'elle dit me prit par surprise.

— Je veux vous remercier, Faith, m'annonça-t-elle sur le ton de la conspiration.

— Me remercier ? fis-je, perplexe. De quoi ?

— D'avoir rendu Jos heureux. (Je rosis.) Je ne l'ai jamais vu aussi épanoui.

— Vraiment ? dis-je en souriant.

Je crus qu'il valait mieux changer de sujet, mais elle avait autre chose à ajouter.

— Il a eu quelques fiancées, vous savez, dit-elle en balayant une miette de sa jupe.

— C'est vrai ? Il n'a jamais tellement parlé de son passé.

— Oh, là, là ! Ça oui ! confia-t-elle avec un petit rire dégagé. Mais c'est normal : Jos est un homme très séduisant.

— Absolument.

— Et un homme exceptionnellement séduisant et talentueux attire forcément les femmes.

— C'est bien vrai.

— Certaines tenaient mordicus à se faire épouser.

— Ah bon ? fis-je poliment.

C'en était plus que je voulais savoir.

— Et je crains qu'une ou deux ne se soient montrées très persistantes.

— Vraiment ?

— Ah oui. *Très* persistantes.

Mais qu'est-ce qu'elle pouvait bien vouloir dire ?

— Parfois il les amenait ici, reprit-elle, et elles étaient dans tous leurs états. Elles me disaient : « Yvonne, il ne veut pas *s'engager*. » Évidemment, j'étais triste pour elles, poursuivit-elle avec bienveillance, mais qu'est-ce que je pouvais y faire ? Vous voyez, il n'était pas prêt à s'engager... du moins, jusqu'à ce qu'il fasse votre connaissance. Il adore vos enfants.

— Oui, il est très gentil avec eux.

— Et je suis sûre qu'il ferait un père merveilleux.

— J'en suis convaincue.

Sur le chemin du retour, dans la voiture, je me tournai vers Jos.

— Ta mère m'a raconté ton passé palpitant.

— Quoi ? fit-il, légèrement agacé.

— Elle m'a divulgué tous tes secrets les plus sombres, plaisantai-je.

— Ah ? Et qu'est-ce qu'elle t'a dit ?

— Oh, toutes sortes de choses, ajoutai-je, taquine. À propos de toutes tes petites amies. Un sacré harem !

— Non, mais qu'est-ce qu'elle t'a dit ? répéta-t-il.

Sa bouche avait pris un pli sévère.

— Je plaisante, mon chéri, le rassurai-je. Elle n'a rien dit de mal. Évidemment pas... elle t'adule. Tout ce qu'elle m'a raconté, c'est que tu ferais un très bon père. Mais ça, je le savais déjà.

Sans répondre, il alluma la radio. C'était une rediffusion de *Commencez la semaine*. À mon grand étonnement, j'entendis à nouveau la voix de Sophie. Voilà pourquoi elle n'avait pas rappelé : elle avait été occupée. Elle parlait de l'Union européenne.

— Une Europe à deux vitesses est un concept dangereux... la France et l'Allemagne... union politique en bonne et due forme... extension du vote de la majorité...

— C'est mon amie Sophie ! déclarai-je, ravie. Tu sais, la fille au travail.

Soudain, la main de Jos s'abattit sur le bouton de la radio.

— Mais chéri, je t'en prie, ne change pas de fréquence, j'aimerais écouter.

— L'Europe devrait demeurer une communauté d'états égaux... les institutions de l'UE appartiennent à tous ses membres... et bien sûr notre droit de veto doit être maintenu.

— Elle est tellement intelligente, dis-je chaleureusement. Elle est géniale en politique – c'était un gaspillage de la faire travailler à *AM-UK !*

— Tu l'as... bien connue ? demanda-t-il prudemment.

— Pas très bien. Mais je l'aimais énormément. Elle s'est toujours montrée très amicale.

Puis je me rappelai soudain ce que Sophie

avait dit de Jos. Qu'elle ne l'avait jamais rencontré en personne... Où avait-elle voulu en venir ? Peut-être qu'elle était inquiète parce qu'il avait eu pas mal de copines – ce que sa mère venait de confirmer. Ce devait être ça. Mais cela ne me dérangeait pas parce que Jos semblait très épris de moi.

Le lendemain, j'étais occupée à faire mes valises pour les Caraïbes, lorsque je décidai de tenter une nouvelle fois de joindre Sophie.

— Allô Sophie, c'est Faith. Je n'arrête pas de t'entendre sur Radio 4... tu es géniale. J'aimerais beaucoup te voir, alors rappelle-moi. Je serai absente deux semaines à partir de mardi prochain, mais je serai rentrée d'ici le 15 décembre. Alors j'espère qu'on pourra se voir, peut-être avant Noël ? Je te redonne mon numéro...

Je continuai à faire mes bagages, de plus en plus gaie, glissant mon bikini dans la valise avec mon paréo et les trois robes que j'avais achetées chez Épisode, en plus de mes tongs et de deux romans. J'étais sur le point de déterrer mon vieux bob, lorsque le téléphone sonna. C'était peut-être Sophie.

— Allô, Faith ? demanda une voix de femme inconnue.

— Euh, oui. En effet.

— Vous ne me connaissez pas, hésita la voix. Je m'appelle Becky.

— Ah. En quoi puis-je vous être utile ?

— Eh bien... Enfin... (Sa voix se fêla, puis s'éteignit.) Mon Dieu, qu'est-ce que c'est difficile !

— De quoi s'agit-il ? Voulez-vous bien me dire pourquoi vous m'appelez ?

— Ça ne me plaît pas du tout, ce que je suis en train de faire, poursuivit-elle, en larmes. Mais je ne sais pas quoi faire d'autre. Je rassemble mon courage depuis des jours et des jours. Je ne vous veux aucun mal, ajouta-t-elle tristement, mais, vous voyez, je ne peux plus continuer comme ça. (Ma main se resserra sur le combiné et je sentis la chair de poule me hérisser les bras.) Je vous ai vue... Je vous ai vue à la télé... (Mon Dieu – une fan cinglée !) Et je sais tout sur vous, sanglota-t-elle. (Mon Dieu !) Par Sophie. (*Sophie* ?) Et puis j'ai vu cette photo de vous deux au match de polo...

— Une photo ? dis-je d'une voix presque inaudible.

— Dans le magazine *Moi !* Je l'ai vue par hasard. Celle de vous et Jos. Vous comprenez, je suis tellement désespérée, haleta-t-elle. Mais il ne veut pas me parler. D'ailleurs, il filtre mes appels. Mais j'ai trouvé que vous aviez l'air gentille, reprit-elle, et Sophie me l'a confirmé, alors j'ai pensé que vous comprendriez.

— Comprendre quoi ? (Maintenant, j'étais au bord du malaise.) Que suis-je censée comprendre ?

Il y eut un silence. Puis.

— Il ne vous en a pas parlé, alors ?

— Parlé de quoi ?

— De moi ?

Il ne manquait plus que ça. Une fiancée éconduite. L'une des femmes « persistantes » évoquées par la mère de Jos.

— Je suis désolée, dis-je, mais, non, Jos ne m'a pas parlé de vous. Et pour être franche, je ne suis pas sûre de ce que vous voulez ou de ce que vous pensez que je peux faire pour vous.

— Mais il ne vous a pas parlé... d'*elle* ? insista-t-elle.

— Elle ? répétai-je.

Mon Dieu. Une *autre* femme ?

— Écoutez, m'énervai-je, je ne comprends rien à ce que vous me racontez.

— Mais il ne vous a jamais parlé de Josie ? sanglota-t-elle.

— Qui ?

— Josie.

— Qui est-ce ?

Il y eut un moment de silence.

— C'est notre bébé.

Le tapis du hall se précipita pour m'accueillir tandis que je m'écroulais sur les marches.

— Cela fait des mois que je n'ai pas dormi une nuit complète, pleura-t-elle. Mais Jos ne veut rien savoir.

Ma tête tournait et je tendis la main gauche pour m'appuyer au mur. J'entendais la fille hoqueter.

— S'il vous plaît, s'il vous plaît, pouvez-vous lui demander de m'appeler, sanglota-t-elle. Je vous en supplie, dites-lui que j'ai besoin de son *aide*. Je ne peux pas continuer comme ça, et je suis tellement... *fatiguée*. Je n'ai pas travaillé depuis le mois de janvier. Enfin, c'est impossible, elle est tellement petite. Et je ne peux pas avoir d'allocations à moins de leur donner le nom du père. Et je ne veux pas le faire dans son dos, mais il refuse de me parler. Et maintenant, chaque fois que je... lui téléphone, sanglota-t-elle, une femme insupportable me répond « la personne que vous tentez de joindre ne souhaite pas... accepter votre appel ».

À présent, Becky pleurait à chaudes larmes. Je ne savais pas quelle tête elle avait, je ne pouvais qu'imaginer ses yeux rouges, ses joues trempées et son menton chiffonné.

— Vous avez eu un enfant de Jos ? dis-je faiblement. Mon Dieu. Je ne savais pas. *Quand ?*

— En février. Elle a dix mois. (Soudain, à l'arrière-plan, j'entendis des cris vigoureux.) Chut, ma chérie, chut ! Je suis désolée, reprit-elle. Je suis vraiment désolée. Vous n'étiez pas au courant, c'est évident.

— Non, murmurai-je. En effet. Je connais Jos depuis huit mois et nous sommes devenus très proches, mais il n'en a jamais dit un mot. Je suis tout simplement... en état de choc.

— Je savais, pour vous, dit-elle en ravalant ses larmes, par Sophie. Mais je pensais que votre histoire ne durerait pas. Ça n'a jamais duré avec aucune des autres. Il revenait toujours à moi. Mais quand je lui ai annoncé, pour le bébé... Il était blême. Il m'a dit de... mais j'ai refusé. Je croyais qu'il s'y ferait à la longue. Mais il n'accepte toujours pas. Et aujourd'hui je ne sais plus quoi faire.

— Il ne vous a pas donné d'argent ? m'enquis-je, incrédule.

— Pas un sou, sanglota-t-elle. Il refuse d'accepter que Josie soit de lui. Mais elle *est* de lui, ajouta-t-elle passionnément. Il n'y a qu'à la voir pour le savoir. Il dit qu'il n'acceptera pas de reconnaître la paternité sans test ADN... Et ça coûte six cents livres ! Mais s'il venait, tout simplement, et voyait Josie, alors il verrait qu'elle ne peut être que sa fille.

— Comment avez-vous obtenu mon numéro de téléphone ? demandai-je, au bord de l'évanouissement.

— J'étais chez Sophie l'autre jour, quand vous avez appelé. Elle était aux toilettes et le répondeur était allumé. Lorsque je me suis rendu compte que c'était vous, j'ai noté votre numéro et j'ai décidé de vous appeler. Sophie était contre. Elle supposait que vous saviez mais que vous ne vouliez pas vous en mêler.

— Alors, vous êtes une amie de Sophie ? dis-je, hésitante.

— Non. Je suis sa sœur.

Décembre

— Pourquoi ne m'en as-tu jamais parlé ? demandai-je à Sophie, le lendemain, au Café Rouge de Kensington.

— Comment aurais-je pu ? répondit-elle. Je ne te connaissais pas très bien, et de toute façon, que pouvais-je te dire ? Ne t'approche pas de Jos, Faith, il a abandonné ma sœur enceinte ?

— Eh bien, si elle avait été ma sœur, je crois que je l'aurais fait.

Sophie soupira, puis sirota son cappuccino.

— Lorsque j'ai appris que tu sortais avec lui, j'ai été très tentée de te révéler la vérité. Mais je me suis tue parce que j'ai vu combien tu étais heureuse, et je savais à quel point tu avais été malheureuse avant. Je ne voulais pas tout gâcher pour toi, Faith. C'était à lui de te parler, pas à moi.

— J'aurais préféré que tu m'en parles, dis-je en fixant mon café au lait. C'était trop grave.

— Toutefois, j'avais une autre raison de me taire : Becky m'avait fait jurer le secret. Elle l'adore. Elle a toujours espéré – et cru – qu'il finirait par accepter l'enfant. Elle ne tenait pas à ce que j'aille me répandre là-dessus.

— Pourtant, tu as fait... des allusions. Je m'en souviens maintenant.

Sophie cala une courte mèche blonde derrière son oreille.

— Oui. En effet. Mais je ne pouvais pas aller trop loin. Et puis, j'étais sûre qu'un jour tu l'apprendrais... enfin, mon Dieu, on ne peut pas cacher éternellement un *enfant* !

Je contemplai de nouveau la photo du bébé que Sophie avait apportée avec elle. Elle souriait avec ravissement dans sa poussette, agitant avec exubérance ses bras et ses jambes potelés. C'était le portrait craché de Jos, en miniature.

— Et il ne l'a jamais *vue* ? demandai-je, incrédule.

— Jamais. Pas une seule fois.

— Et sa mère le sait ?

— Oh oui ! lâcha Sophie. Becky a envoyé une photo à Yvonne, en espérant qu'elle ferait pression sur Jos. Mais cette femme se fait tellement d'illusions sur son fiston chéri qu'elle refuse d'accepter ce qui s'est passé. Elle croit que le soleil lui brille par le trou du cul.

— Je sais. Sa maison est un temple dédié à ses talents.

Je jetai un coup d'œil par la fenêtre vers Kensington Church Street, où un père Noël distribuait des publicités pour un nouveau magasin. Et je me rappelai soudain les paroles d'Yvonne. Elle avait affirmé que Jos « ferait un père merveilleux ». Mais il était *déjà* père. Même si « merveilleux » n'était pas exactement le terme qui convenait.

— Becky a été stupide, évidemment, reprit Sophie. C'est elle qui lui a couru après.

— Est-ce qu'ils ont jamais eu une vraie histoire ?

— Pas vraiment, répliqua-t-elle. Elle l'a connu en 1997 quand elle était étudiante en arts à Slade. Jos a donné une série de cours sur la scénographie et ils ont eu une petite aventure. Un mois plus tard, il lui a expliqué que c'était fini, mais Becky est devenue obsédée par lui. Elle a même quitté l'université et décroché un boulot comme peintre de décors au Coliseum pour pouvoir bosser près de Jos. Il avait treize ans de plus qu'elle, poursuivit Sophie, et il avait toutes les cartes en main. Il lui a déclaré qu'il ne l'épouserait jamais, ajouta-t-elle avec mépris, mais, en même temps, il la revoyait chaque fois qu'il n'avait rien de « mieux » à se mettre sous la dent. Et elle, bien sûr, se persuadait, que c'était sérieux. Elle s'imaginait que, parce qu'il revenait toujours, il finirait par « y voir clair ». C'est ce qu'elle me disait : « Il va finir par y voir clair, Sophie. J'en suis sûre... il comprendra. » Mais, lorsqu'elle lui a dit qu'elle était enceinte... (Sophie passa l'index en travers de sa gorge.) Il l'a très mal pris. Il lui a crié de s'en débarrasser, et a refusé de reconnaître que l'enfant soit de lui. Comme si Becky avait pu *regarder* un autre homme !

— Qu'est-ce qu'elle a fait ?

— Elle a décidé de ne plus le contacter jusqu'à la naissance de l'enfant. Elle craignait de faire une fausse couche s'ils avaient une autre dispute. Alors elle a adopté un profil bas pendant sept mois ; puis, en février, quand elle a eu Josie, elle lui a finalement téléphoné pour le lui annoncer. Il n'a même pas demandé le sexe du bébé – et, jusqu'à ce jour, il n'a toujours pas vu Josie.

Tandis que j'écoutais Sophie, je me souvins du moment où j'avais rencontré Jos. En avril, Jos roulait dans sa décapotable, insouciant, lançant gaiement sa carte de visite sur les genoux d'une inconnue. Pourtant, il savait que Becky avait donné le jour à son enfant. Ça me rendait malade, rien que d'y penser. Malade, aussi, de repenser à tous les efforts qu'il avait faits avec mes propres enfants alors qu'il avait si cruellement négligé le sien.

— Il a ignoré tous les coups de fil de Becky, reprit Sophie. Elle l'a menacé de débarquer chez lui avec le bébé, mais, finalement, elle a changé d'avis... elle était trop bouleversée. Alors, elle lui a envoyé sa photo, qu'il a aussi ignorée. Il a changé son numéro de portable pour qu'elle ne puisse pas l'appeler et, à la maison, il laissait le répondeur branché.

Je me rappelai la façon furtive dont Jos écoutait ses messages quand j'étais là, penché sournoisement sur l'appareil avec le volume au plus bas.

— Puis, en juillet, continua Sophie, Becky a compris qu'elle ne pouvait plus le contacter... il filtrait ses appels.

— Ah. « Choisissez de Raccrocher », dis-je.

— Quoi ?

— « Choisissez de Raccrocher. » C'est un service de British Telecom. Mon amie Lily lui en a parlé quand il a prétendu qu'il se faisait harceler au téléphone.

— Pour lui, effectivement, Becky le harcelait, lâcha Sophie d'une voix mate. Mais parce qu'elle n'avait plus de moyen de le contacter elle m'a dit qu'elle allait te demander d'intercéder. Elle a prévenu Jos que, s'il ne la contactait pas, c'est ce qu'elle comptait faire. Je lui ai conseillé de ne pas t'appeler. Tu as dû tomber des nues.

— C'est un euphémisme. Je n'arrivais pas à croire que je l'avais fréquenté pendant huit mois et qu'il ne m'avait jamais parlé de son enfant.

— Quel gâchis ! soupira Sophie. Ma sœur a vingt-deux ans, elle est sans boulot, sans homme, avec un gosse. Je paie son loyer depuis un an, et son amie Debbie l'a énormément aidée.

— Debbie ? Ça me dit quelque chose.

— C'est la meilleure amie de Becky, depuis la fac. Becky lui a demandé d'être la marraine de Josie ; c'est une jeune scénographe qui monte.

Debbie... Ah oui ! La fille de Glyndebourne. Celle qui avait fait cette remarque bizarre. Qu'est-ce que c'était déjà ? Ah oui... *j'ai entendu dire que tu t'étais lancé dans de nouvelles productions très excitantes*. Maintenant, je comprenais ce que cela signifiait. Puis je me rappelai le mensonge de Jos à propos de Debbie, qui était fâchée contre lui parce qu'il ne l'avait pas embauchée sur *Madame Butterfly*. *Madame Butterfly*... Pas étonnant que l'intrigue de l'opéra l'ait mis hors de lui... elle avait manifestement touché un point sensible.

— C'est un salaud ! décrétai-je.

Curieusement, cette idée ne me troubla pas. Au contraire, je me sentais curieusement calme.

— Ce n'est qu'un salaud ! répétai-je.

Sophie haussa les épaules.

— Oui. C'est vrai. Il avait tout à fait les

moyens de faire vivre Josie – et il finira bien par y être obligé – mais jusqu'ici il n'a pas sorti un sou.

— Mais vos parents ?

— Ils sont morts tous les deux, répliqua-t-elle. Dans un accident de voiture, il y a six ans. Cela nous a beaucoup affectées, bien sûr. Becky plus que moi, peut-être. Ça l'a rendue très collante... Jos est lui aussi en grande demande affective. Mais Becky a une excuse : elle est très jeune. Lui n'en a aucune : il l'a tout simplement utilisée.

— Ça ne la dérangeait pas qu'il sorte avec d'autres femmes ?

— Bien sûr... elle en souffrait affreusement. Pis encore, il lui parlait de ses autres copines, sachant qu'elle lui pardonnerait toujours. J'ai honte de dire ça de ma propre sœur, mais Becky n'a malheureusement aucun amour-propre. Il n'y a rien qu'elle ne ferait pas pour Jos, ajouta-t-elle. Pour elle, il ne peut rien faire de mal.

— Même *maintenant* ? demandai-je, incrédule.

— Oui. C'est l'homme de sa vie. Elle le reprendrait demain. Elle est convaincue que, quand il verra le bébé il va craquer... mais je sais qu'elle se trompe... Il n'y a qu'à regarder son passé, reprit-elle avec véhémence. Pour Jos, un père, c'est quelqu'un qui fout le camp, parce que c'est ce que son propre père a fait. Je ne l'ai jamais rencontré. Je n'y tiens pas. Mais je sais tout de lui par Becky. Il est avide d'amour et de reconnaissance, mais dès qu'il en reçoit il n'éprouve plus que du mépris. Tout ce qu'il désire, c'est que les femmes tombent amoureuses de lui, mais, dès l'instant où elles le sont et le disent, il disparaît.

Ça lui allait très bien de voir Becky de temps en temps. Il croyait que c'était sans engagement... Il avait tort.

— Je ne lui ai jamais dit que je l'aimais, fis-je, pensive, en me tournant de nouveau vers la fenêtre.

— Bien joué ! répliqua Sophie. C'est pour ça que votre histoire a duré si longtemps. Mais si tu l'avais dit, tu ne l'aurais plus revu.

— Ce n'était pas volontaire, expliquai-je. Je n'y arrivais pas parce que je savais que ce n'était pas vrai. Je ne suis pas amoureuse de Jos, dis-je posément. Je ne l'ai jamais aimé. J'aime mon mari, mais nous sommes en train de divorcer.

— Je suis désolée. Alors tu n'as pas pu... lui pardonner ?

— Si, répliquai-je en déglutissant avec difficulté. Le plus curieux c'est que... j'y suis arrivée. Mais... les choses se sont compliquées. Alors, j'ai pris la décision désespérée, et assez méprisable, de rester avec Jos.

— Tu lui as parlé du bébé ? ajouta-t-elle tandis que je demandais l'addition.

— Pas encore, répliquai-je. J'avais besoin de te parler avant. Il pense que je suis allée faire des courses à Chiswick, il ne sait pas que je suis avec toi.

— Et qu'est-ce que tu vas faire ? s'enquit-elle alors que nous nous apprêtions à partir.

Je contemplai la photo de Josie.

— Je vais le revoir une dernière fois.

Tandis que j'avançais vers la station de métro de High Street Kensington, fendant la foule qui faisait son shopping de Noël, mes pensées se tournèrent vers Lily. Je ne lui avais rien confié encore sur Jos, parce que je n'avais pas tellement envie de lui parler. Je lui en voulais... Non, je ne lui en voulais pas, j'étais furieuse contre elle... de m'avoir poussée dans les bras de Jos. C'était bien ce qu'elle avait fait. Depuis le début. Certes, elle ne savait pas, pour le bébé – si ça avait été le cas, elle m'en aurait informée. Depuis que je l'avais rencontré, elle l'avait inlassablement porté aux nues. À présent, je me demandais sérieusement *pourquoi*. Je me rappelais comment elle avait paniqué l'autre jour lorsqu'elle avait cru que Jos risquait de me plaquer. Je me souvins de tout ce qu'elle avait dit :

Il est beau et il est talentueux.

Il ne te laissera jamais tomber.

C'est un cauchemar d'être célibataire, tu sais.

Peter l'a fait une fois, il recommencera !

Tu as tellement de chance d'avoir rencontré Jos, Faith.

Jennifer et moi, on est ravies !

Je songeai aussi à tout ce que Lily avait *fait*. À la façon dont elle m'avait prêté la robe d'Armani et ses autres tenues de créateurs, et offert de faire du baby-sitting... Je songeai à la façon dont elle nous avait fait photographier ensemble dans *Moi !* Je me rappelai maintenant sa fureur à peine contenue lorsque je lui avais confessé mon « aventure ».

Je pensai à Jos et au malaise que, depuis le

début, je tâchais de refouler. Je me souvins de ses mensonges à propos du curry « maison », et de l'ordinateur de Matt, et de la façon dont il avait flirté avec un homme pour décrocher un boulot. Je me rappelai sa réaction hystérique à *Madame Butterfly* et ses mensonges, ensuite, dans l'article du *Sunday Times*. Je repensai à la façon à la fois terrible et absurde dont il avait engueulé Graham. Et puis du rêve où il était nu à l'Opéra. Je l'avais naïvement interprété comme un signe d'honnêteté, mais c'était Katie qui avait deviné la vérité : « *Les rêves de mise à nu signifient que tu as peur que quelqu'un ne découvre quelque chose sur toi, quelque chose que tu préfères garder secret.* » Son enfant. Qu'il ait un bébé ne me gênait pas – il n'y avait aucune raison – mais qu'il n'ait pas agi correctement, oui. Mais le pire, c'étaient ses mensonges – ses mensonges éhontés. Peter ne m'avait jamais menti. Peter m'avait toujours dit la vérité. Si Jos mentait là-dessus, sur quoi d'autre était-il capable de mentir ?

J'ouvris la porte d'entrée et Graham bondit et m'accueillit d'une volée de jappements joyeux. Je m'accroupis, mis mes bras autour de lui et le fixai droit dans ses yeux bruns et doux.

— Je te dois des excuses, mon chéri. Parce que tu avais raison depuis le début.

— Du Krug ! s'exclama joyeusement Jos deux jours plus tard. Eh bien on peut dire que tu me gâtes.

— Mais pourquoi pas ? Hélas, il n'est pas millésimé.

— Peu importe. Je crois que j'arriverai à supporter, répondit-il avec un sourire.

— Apparemment, on en boit souvent lors des baptêmes.

— Vraiment ? dit-il distraitement. Je ne savais pas.

— Alors tu n'as pas assisté à un baptême récemment ?

— Mais non, pas depuis des années. Hé, c'est adorable, ça ! s'exclama-t-il en examinant le calendrier de l'Avent que j'avais accroché au mur. J'adore les calendriers de l'Avent, mais tu n'as pas ouvert la fenêtre d'aujourd'hui. Je vais le faire et c'est... Ah ! une malle. À propos, Faith, tu as fait tes bagages pour les Caraïbes ?

— Pas tout à fait.

— Tu voyages léger ? me demanda-t-il en glissant son bras autour de ma taille.

— Pas d'habitude, mais cette fois, oui.

— Et tu as hâte de partir ?

— Oh oui !

— Mmm... du canard ! s'exclama-t-il, gourmand, quand nous passâmes à table pour dîner.

— En fait, c'est du caneton, précisai-je en servant les légumes – de minuscules pommes de terres nouvelles, des haricots mangetout, des épis de maïs et des carottes miniatures, et de toutes petites courgettes.

— C'est une pouponnière de légumes ! plaisanta-t-il.

— Eh bien, j'adore les bébés légumes, Jos, pas toi ? (Il sourit en haussant les épaules.) J'adore ces jolis petits bébés carottes tout mignons, et les haricots et les épis de maïs. Tu aimes les bébés,

Jos ? (Il hocha la tête en sirotant son champagne.) Tu les aimes ? répétai-je. Je n'en suis pas sûre. Eh non, Jos, soupirai-je en secouant la tête. Pas sûre du tout. Tu vois, j'ai l'impression que tu n'aimes pas tellement les bébés – surtout le tien.

Il abaissa lentement son couteau et sa fourchette, puis me fixa avec une intensité de laser, comme s'il essayait de lire dans mes pensées. Mais j'avais assez joué avec lui. Je ne suis pas du genre sadique.

— Jos, fis-je posément, je *sais*.

Il y eut un silence. On n'entendait que le lent tic-tac de l'horloge de la cuisine.

— Quoi ? Qu'est-ce que tu sais ?

— Pour le bébé.

Jos reposa son couteau et sa fourchette près de son assiette.

— J'imagine que Becky t'a parlé ?

— En effet. Jos, pourquoi est-ce que *toi*, tu ne m'as rien dit ?

— Parce que ce ne sont pas tes affaires, répliqua-t-il calmement en reprenant sa fourchette.

— En es-tu certain, Jos ? Comment peux-tu envisager de vivre une histoire sérieuse avec quelqu'un pendant huit mois sans lui parler de ton enfant ?

— Écoute. (Il s'était mis à bafouiller.) Ça a été une période très... difficile pour moi. J'ai eu des problèmes épouvantables avec elle.

— C'est ce que j'ai cru comprendre, répliquai-je tranquillement. Et j'ai cru comprendre aussi qu'elle avait eu des problèmes épouvantables avec toi. Tu m'as menti. Tout comme tu m'as menti à propos de bien d'autres choses. Mais ça, c'est un mensonge énorme, Jos ! Parce que, quand nous nous sommes rencontrés, tu as prétendu que tu n'avais pas d'enfants, tu te souviens ? Je t'ai posé la question, et tu m'as affirmé que non.

— Je ne pensais pas que c'était le mien, se défendit-il, et je n'en suis toujours pas convaincu à ce jour.

— Moi, si, dis-je calmement. Et, au fait, ce n'est pas *ça*, c'est *elle*.

Je me levai, allai vers la commode et en sortis la photo que Sophie m'avait donnée.

— Tu es sûr qu'elle n'est pas de toi ? demandai-je en la plaçant devant lui. (Il grimaça, puis détourna les yeux.) Elle te ressemble beaucoup, tu sais, Jos. Les mêmes grands yeux gris, la même bouche, les mêmes boucles blondes. Presque le même prénom...

Je replaçai la photo dans le tiroir, puis je me rassis.

— C'est mon problème, insista-t-il. Ça n'a rien à voir avec toi.

— À vrai dire, Jos, je crois que si. Parce qu'en théorie elle aurait pu être ma belle-fille, alors, naturellement, j'aurais préféré connaître son existence. Mais le pire, c'est que si tu étais prêt à me mentir là-dessus, je me demande à propos de quoi d'autre tu m'aurais menti.

— Ça a été un cauchemar, gémit-il en passant ses doigts dans ses cheveux. Je ne voulais pas t'ennuyer avec ça, Faith, parce que c'est injuste.

— Allez, Jos ! lançai-je d'une voix lasse. C'est toi qui ne voulais pas être ennuyé. Sophie m'a dit que tu n'avais pas donné un sou à Becky. Rien du tout. C'est vrai ?

— Ce que je lui ai donné ou pas donné ne te concerne pas ! rétorqua-t-il. Et tu n'aurais pas dû écouter cette... putain de lesbienne !

Son agressivité ne m'étonna guère. Après tout, il s'agissait d'un homme capable de faire une scène à un chien.

— Tu as raison, Jos. Ce ne sont effectivement pas mes affaires. Plus maintenant. Parce que toi et moi, on va se quitter.

Il fixa la table.

— Je ne vois pas pourquoi cela changerait quoi que ce soit entre nous.

— Le simple fait que tu ne le voies pas prouve à quel point nous sommes incompatibles.

— Alors, tu essaies de me larguer, c'est ça ? s'écria-t-il, furieux, les lèvres déformées par un rictus désormais familier. Tu essaies de te débarrasser de moi ? C'est ça ?

— Oui, si tu veux.

— Je ne te laisserai pas faire !

— Je suis désolée, Jos, mais tu n'as pas vraiment le choix. Je sais que d'habitude, c'est toi qui largues, mais, là, ce sera moi. Pas à cause du bébé, mais parce que je n'ai pas confiance en toi. Tu es un menteur. Je l'ai toujours su. En plus, je n'ai jamais été amoureuse de toi. (À ces mots, il me fixa, stupéfait.) Il y a toujours eu quelque chose chez toi qui me gênait, poursuivis-je. Et maintenant, je sais ce que c'est. Tu n'es pas quelqu'un de vrai. Tu n'es que surface. Comme l'un de tes magnifiques trompe-l'œil. Une charmante illusion, rien de plus.

— Je t'ai toujours bien traitée, cracha-t-il.

— Oui. En effet. Mais seulement parce que tu voulais que je tombe amoureuse de toi. « Je vais me faire aimer de cette femme »... ce n'est pas ça que tu t'es dit ? Et, récemment, tu as été exceptionnellement gentil avec moi. À présent, je comprends pourquoi – tu savais que Becky risquait de cracher le morceau, alors tu essayais de m'amadouer. À vrai dire, Jos, la gentillesse ne sert à rien, quand on a été un tel salaud avec son enfant.

— Qu'aurais-tu fait à ma place ? protesta-t-il. Comment te sentirais-tu si tu avais catégoriquement affirmé à une femme que ce n'était pas sérieux, et qu'ensuite elle te fasse un enfant dans le dos ! Tu devrais comprendre ma situation. Après tout, c'est ce qui vient d'arriver à Peter !

— Mais la différence entre Peter et toi, c'est que Peter va faire ce qu'il faut. Becky a besoin d'argent, dis-je. Et tu as largement les moyens de l'aider.

— Ah, elle finira bien par l'avoir, son argent ! Mais je n'ai pas l'intention de lui faciliter les choses alors que tout est de sa putain de faute.

— Pourquoi est-ce que tout est de sa faute ? Après tout, tu as couché avec elle en sachant qu'elle t'avait dans la peau.

— Oui. C'est vrai. Mais j'ai été honnête. Je lui ai dit qu'elle ne devait s'attendre à rien. Je n'arrêtais pas de le lui répéter, fit-il, la voix étranglée dans une sorte de bêlement de fausset. Je n'arrêtais pas de lui répéter qu'elle devait se trouver un vrai fiancé.

— Quelle noblesse d'âme !

Les traits de son beau visage se tordirent de colère.

— Je n'aurais jamais cru qu'elle irait jusque-là, couina-t-il.

— Jos, pourquoi t'imaginais-tu qu'elle ne le ferait pas ?

— Parce que c'était du suicide affectif, voilà pourquoi. Je n'ai jamais fait semblant de l'aimer. Alors pourquoi aurait-elle voulu avoir mon enfant ?

— Parce qu'elle t'aimait. Tu le savais. Alors tu aurais dû faire attention.

— Mais j'ai fait attention. Je lui ai donné de l'argent.

— Tu lui as donné de l'argent ? Pourquoi ?

— Pour la pilule du lendemain.

— C'est ça, ton idée de la contraception ? fis-je avec un rire sans joie. Mon Dieu, tu devais éprouver un vrai désir d'autodestruction pour te comporter comme ça ! Pauvre Becky... Plus tu parles, plus tu parais méprisable. Tu es comme Pinkerton. Tu ne vaux pas mieux que lui.

— Mais elle connaissait les règles ! siffla-t-il. (Il s'était levé et me dardait un regard noir.) Elle connaissait les règles. Elle savait qu'il ne s'agissait que d'un arrangement temporaire, alors elle n'a qu'à s'en prendre à elle-même !

Je songeai que j'avais déjà entendu la chanson. C'était exactement ce qu'il avait dit de *Madame Butterfly* lorsque nous étions dans la salle des maquettes.

— C'est une folle, une salope pathétique, reprit-il, méprisant. Déterminée à jouer les victimes. Je lui ai demandé de ne pas l'avoir ! siffla-t-il en se versant une rasade de Krug. Je lui ai dit que je paierais l'avortement, mais cette idiote de petite vache a refusé. J'espérais qu'elle ferait une fausse couche, ajouta-t-il, avec une note d'hystérie dans la voix. J'ai prié pour qu'elle en fasse une. Je me suis mis à genoux et j'ai *prié*. Ah *oui* ! cria-t-il en agitant la bouteille de champagne en l'air. Si Becky avait fait une fausse couche, ça aurait été du Krug millésimé POUR TOUT LE MONDE !

Ses paroles m'atteignirent comme un coup de poing dans le plexus solaire. Je le fixai, vidée maintenant de toute émotion, le mépris excepté.

— J'aimerais que tu partes, maintenant exigeai-je tranquillement, l'estomac noué. Et, s'il te plaît, appelle l'agence de voyages demain pour les prévenir que tu vas aux Caraïbes tout seul.

Lorsqu'il fut parti, je restai dans le salon, avec Graham, à regarder le vide. Sachant que j'étais malheureuse, il avait posé la tête sur mes genoux. Je lui caressai les oreilles.

— Tu es tellement intelligent. Tu as tout pigé en une seconde. J'ai cru que Jos allait me guérir, mais ce n'était qu'un charlatan.

Je saisis distraitement l'exemplaire de *Moi !* que j'avais pris au Cartier. Je relus à nouveau le questionnaire sur la compatibilité, brûlant de honte, un rire sombre montant dans ma gorge.

Votre partenaire a-t-il des habitudes agaçantes ? Oui, hélas. *Votre partenaire dit-il toujours la vérité ?* Malheureusement pas. C'est même un menteur. *Vos amis et votre famille aiment-il votre partenaire ?* Pas vraiment... surtout le chien. Et finalement, *Éprouvez-vous parfois un sentiment de malaise par rapport à ce que votre partenaire dit ou fait ?* Avec un sourire sardonique, j'effaçai le « non » que j'avais inscrit au crayon en juillet, puis je pris ma plume et cochai « oui ».

Trois jours plus tard je rentrai du travail à 10 h 30 pour trouver une pile de lettres sur le paillasson et le répondeur qui clignotait gaiement.

— *Mon chou*, entendis-je Lily s'écrier tandis que je ramassais les lettres. *Bon anniversaire* !

— Merci, lâchai-je piteusement.

— *Ça fait un moment que tu ne m'as pas donné de nouvelles ! Je pensais à toi parce que Jennifer Aniston a fugué, hier soir.*

— Comme c'est tragique !

— *Oui... Elle s'est rendue jusqu'à King's Road, la vilaine.*

— Je suis étonnée qu'elle soit arrivée à trouver.

— *J'imagine que Jos t'emmène dans un endroit de rêve ce soir, et que vous devez partir bientôt pour les Caraïbes.*

— Non, dis-je froidement en ouvrant la première lettre... une carte d'anniversaire des enfants.

— *Si je ne te revois pas avant que tu partes, amuse-toi bien... En fait, je t'appelle parce que le* Moi ! *de janvier vient d'arriver de l'imprimerie et que je voulais te lire ton horoscope. Il est absolument génial, ma chérie. Tout va aller pour le mieux.*

— Ah, vraiment ?

— *Bon, écoute ça.* (Je l'entendis se racler la gorge avec emphase.) *Sagittaire : l'amour est très présent dans votre esprit ce mois-ci.* (J'émis un rire sans joie.) *Et quand arrivera la pleine lune en Balance le 6 janvier, vous aurez compris pourquoi une certaine personne semble vous attirer durablement. N'est-ce pas fabuleux, mon chou ?*

— Non, je ne trouve pas, crachai-je.

— *Je voulais simplement partager ça avec toi. Salut !*

Il y avait un autre message de maman qui me souhaitait joyeux anniversaire et me demandait quand je lui amenais Graham. Merde ! J'avais oublié de la prévenir. Je la rappelai immédiatement.

— Finalement, je n'ai pas besoin de toi pour garder le chien. J'avais l'intention de te le dire... c'est annulé.

— Ah, ma chérie, quel dommage ! Pourquoi ?

— J'ai simplement... changé d'avis, expliquai-je.

— Mais les îles Turks et Caïcos sont divines.

— J'en suis sûre, maman, mais je ne veux pas y aller.

— Et Jos, alors ? Qu'est-ce qui s'est passé ?

— J'ai Choisi de Raccrocher.

— Tu as fait quoi ?

— Choisi de Raccrocher. Je ne veux plus le revoir.

— Aïe, dit-elle. Et pourquoi pas ? Enfin, vous étiez compatibles, non ?

— Non. Nous ne l'étions pas, répliquai-je. (Je repensai à mes trois nouvelles robes d'été.) Ce n'était qu'un Épisode.

— Alors qu'est-ce que tu fais ce soir, ma chérie ? C'est ton anniversaire, après tout.

— Mon Dieu, maman ! Franchement je ne sais pas, et, à vrai dire ça m'est parfaitement égal.

J'ouvris le reste de mon courrier. Il y avait une carte ravissante de Peter – sans message – simplement signée « P. » avec une croix pour un baiser. Sarah m'avait envoyé une carte aussi, et il y en avait une de Mimi et Mike. J'ouvris ensuite la lettre de Rory Cheetham-Stabb et tombai sur le jugement provisoire de divorce. *Ceci m'est parvenu il y a quelques jours*, disait la note qui l'accompagnait, *mais j'ai cru que vous voudriez en avoir un exemplaire*. Pas vraiment, me dis-je. Je l'étudiai d'un air morne, le cœur lourd. C'était fini. Je tenais la preuve palpable de l'échec de mon mariage, comme une bombe à retardement, prête à exploser dans quelques semaines à peine. Les enfants allaient bientôt rentrer. Je la dissimulai dans un tiroir. Je voulais les protéger des détails de notre rupture, même s'il allait falloir leur apprendre bientôt, pour Andie.

Puis je traînai les pieds jusqu'à l'étage, consciente de la musique insupportablement guillerette du camion de marchand de glaces, et m'effondrai dans mon lit. Mais c'était l'un de ces jours où, malgré mon épuisement, je n'arrivais pas à dormir. D'autant moins que le téléphone ne cessait de sonner. D'habitude, je mets le répondeur, mais aujourd'hui je n'arrêtais pas de me lever. D'abord, c'était Sophie qui voulait savoir comment s'était passée ma soirée avec Jos, et me dire qu'elle avait retrouvé du travail à la BBC. Ensuite, Sarah qui fulminait contre Andie, qu'elle avait vue la veille.

— Elle fait tout un plat de cette grossesse ! C'est ridicule ! Elle ne voulait pas manger ceci, elle ne voulait pas manger cela, elle m'interrogeait sur ce que j'avais préparé pour le repas, et m'a accusée de lui avoir servi du fromage non pasteurisé. Et, enfin, Faith... elle ne peut pas être à un stade si avancé de grossesse... elle portait une espèce de robe tente ! Et Peter avait l'air tellement déprimé, reprit-elle sans souffler. Je ne l'ai jamais vu comme ça. Il a passé presque toute la journée à travailler – un dimanche – pour éviter d'être avec elle ! Tel père, tel fils, ajouta-t-elle amèrement. J'ai bien peur qu'il n'ait fait *exactement* comme son père. Maybelline ! cracha-t-elle, méprisante. Enfin, quel prénom ridicule !

Je la laissai parler encore cinq minutes, puis allai à la cuisine me préparer un café. J'ouvris la fenêtre du calendrier de l'Avent. Une pluie de paillettes en jaillit et tomba par terre, comme du givre. Eh bien, pour moi, les choses ont perdu leur éclat, me dis-je.

Je passai le reste de la journée dans un état d'abattement ; j'avais l'impression d'être un petit bateau emporté au large par la tempête. Mon divorce ne devenait que trop réel, et Peter prendrait bientôt le reste de ses affaires. J'errai dans la maison, suivie de Graham, identifiant tout ce qui était à Peter. Ses deux vieilles vestes dans l'entrée, et ses bottes en caoutchouc, et ses chaussures, et puis ses livres. Peter en avait tellement – des centaines... Ils couvraient les murs du salon. J'inspirai leur douce odeur de moisi avec un profond sentiment de regret. Il y avait de nouveaux livres à la couverture luisante, et quelques premières éditions précieuses, et tous les romans de ses auteurs, évidemment...

Je suis seule, maintenant, pensai-je en m'asseyant dans la salle de bains avec Graham, ce soir-là. J'ai trente-six ans, les enfants grandissent et je n'ai ni partenaire, ni époux. Je contemplai la création de Jos, avec ses palmiers dans le vent et sa mer turquoise. Elle était d'une beauté tentatrice, mais elle n'était pas vraie. Je descendis à la cave, trouvai un pot de peinture blanche et un pinceau, et les apportai en haut. Puis je me mis à recouvrir la murale de grands coups de pinceau déterminés. Le pinceau allait et venait, avec un doux claquement, oblitérant le ciel lapis-lazuli et les sables brillants. Une goutte de peinture coula sur le coquillage tandis que je recouvrais le bateau de pêche à l'horizon. Un petit sanglot m'échappa. Puis un autre... Bientôt, mes joues furent inondées. Je crois que j'aurais pleuré très, très longtemps si le téléphone n'avait sonné à nouveau.

— Bon anniversaire, maman ! dit Matt joyeusement.

— Merci, mon chéri, grinçai-je.

— Tu as passé une bonne journée ?

— Ah, merveilleuse.

— Tu es enrhumée ?

— Non. Enfin, oui. Oui, j'ai... un petit rhume, répondis-je en ravalant mes larmes.

— Est-ce que Jos t'emmène dîner ? me demanda-t-il.

— Non. D'ailleurs, je peux aussi bien te le dire : Jos ne m'emmènera plus nulle part.

Il y eut un moment de silence, puis j'entendis le bruit du téléphone qui changeait de main. Katie prit la ligne.

— Maman ? C'est moi. Qu'est-ce qui s'est passé ?

— Oh, rien. Ce sont des choses qui arrivent.
— Tu ne vas pas aux Caraïbes, alors ?
— Euh, non. Plus maintenant.
— Tu as plaqué Jos ?
— Euh...
— J'espère que oui.
— Bon, alors, puisque tu me poses la question... oui.
— Ah, tant mieux. Nous trouvions que c'était un con. Vraiment pas aussi bien que papa. (Je m'entendis soupirer.) Tu veux m'en parler ? ajouta-t-elle avec entrain. Je peux travailler là-dessus avec toi si tu veux.
— Non merci, Katie, dis-je sèchement.
— Je crois que tu aurais besoin d'une petite thérapie comportementale.
— Je t'assure que non.
— Mais tu vas certainement éprouver des sentiments négatifs.
— Je n'éprouve pas le moindre sentiment négatif, assurai-je en pressant le mouchoir en papier trempé sur mes paupières.
— Alors qu'est-ce que tu fais ce soir ? demanda Katie.
— Je reste à la maison. J'ai... quelque chose à repeindre.
— Ah, ça c'est un mécanisme de compensation.
— Non, pas du tout, c'est simplement une petite corvée urgente. Bon, changeons de sujet... Dis-moi, comment ça se passe, pour la pièce ?
— Très bien. Nous faisons les répétitions costumées cette semaine. Je tiens un rôle assez important, et Matt est responsable des accessoires. Tu vas venir nous voir ?

Si j'y allais ? J'avais été trop préoccupée pour y penser.

— Allez, maman, insista-t-elle. Viens nous voir.

— D'accord, dis-je tout d'un coup. Je viendrai. Oui, bien sûr que je viendrai.

Je voulais encourager mes enfants, et cela me remonterait peut-être le moral.

— Mais Katie, rappelle-moi de quelle pièce s'agit-il, déjà ?

— *Quand nous serons mariés.*

Divorcer, c'était comme tomber dans un grand trou noir, me disais-je la semaine suivante tout en roulant seule vers Seaworth. Non, pire que ça – c'était comme tomber d'un avion. J'avais atteint la vélocité maximale et j'allais inexorablement m'écraser au sol. Cela ne me tuerait pas – de cela j'étais sûre – mais j'allais être grièvement blessée. Je devrais alors poser des attelles à mes os fracassés, me relancer dans la mêlée, et *vivre.* Ça va être atroce, me dis-je calmement. Ça va représenter des années de douleur. Je vais devoir être courageuse. Je vais devoir faire des choses que je n'ai jamais faites auparavant. Et, tandis que je me traînais sur la voie réservée aux véhicules lents, je m'imaginai assistant à des cours du soir ou allant à des dîners toute seule. Je me vis sortir avec des mecs hideux, qui m'ennuieraient à mourir en me parlant de golf. Souvent, je m'étais demandé ce que ce serait d'être célibataire. Maintenant, j'allais le découvrir. Il y avait tant de situations que j'allais devoir affronter par moi-même.

Je n'étais jamais allée à l'école des enfants sans Peter, par exemple. Mais voilà : à partir d'aujourd'hui, c'était comme ça. J'allais devoir me débrouiller toute seule. Peut-être serais-je seule pour toujours. Qu'est-ce que Lily avait dit ? Ah oui. *Pense seulement à toutes les divorcées esseulées qui ne retrouvent jamais personne.* J'allais probablement finir comme ça : frustrée, amère et triste. J'eus du mal à trouver la sortie d'autoroute et je regrettai que Peter ne soit pas au volant, à ma place. Les enfants m'avaient précisé qu'il ne venait pas voir la pièce, et j'en étais immensément soulagée. Il leur avait expliqué qu'il avait une semaine très chargée au boulot, mais je connaissais la vraie raison de son absence. Il ne voulait pas venir parce qu'il savait que cela nous rendrait tous les deux trop malheureux. Je me rappelai la dernière fois que nous étions venus, le jour des remises de prix. Il faisait chaud, tellement chaud. Peter était furieux à cause de cet article médisant dans le *Mail*, et puis il y avait eu tout ce ramdam avec Matt. Eh bien, j'allais devoir faire face toute seule, cette fois, songeai-je en garant la voiture.

Lorsque nous serons mariés... Disons plutôt, *Lorsque nous serons séparés* ou *Lorsque nous serons divorcés*. La pièce était décrite dans le programme comme « une évaluation tragi-comique de la vie conjugale ». Je jetai un coup d'œil au programme et lus le nom de Katie avec un pincement de fierté. Elle jouait l'une des trois épouses du Yorkshire qui célébraient leurs noces d'argent. Peter et moi n'arriverions jamais jusque-là, pensai-je en poussant un soupir douloureux. Nous avions tenu quinze ans – nos noces de cristal – et puis nous avions tout démoli...

Quand le rideau se leva, j'oubliai peu à peu mes problèmes. La pièce m'absorba tout entière. Katie jouait Clara Soppit, la plus autoritaire des trois épouses.

PARKER : Le mariage est une affaire sérieuse.
CLARA : En effet, Albert. Que serions-nous sans lui ?
SOPPIT : Célibataires !
CLARA : Ça suffit, Herbert.
PARKER : Nous sommes rassemblés ici pour célébrer l'anniversaire de nos mariages, mes amis, alors je vous propose... un toast !

Ensuite, les personnages découvrent que le prêtre qui les a tous mariés le même jour n'était pas qualifié pour le faire, et que – ô horreur pour l'époque ! – ils vivent « dans le péché » depuis vingt-cinq ans.

PARKER : Vous avez beau vous sentir mariée à lui ; mais, strictement parlant, et aux yeux de la loi, en fait, vous n'êtes pas mariée. Aucun d'entre nous ne l'est.
CLARA : Il y a des voisins qui ont mal entendu. Vous pouvez le répéter plus fort ?
PARKER : D'accord, d'accord, d'accord. Mais nous n'arriverons à rien si nous ne regardons pas les choses en face. Ce n'est pas notre faute, mais notre infortune.
CLARA : Laissez-moi vous dire qu'aux yeux du Ciel, Herbert et moi sommes mariés depuis vingt-cinq ans.

PARKER : Là encore, vous vous trompez, car aux yeux du Ciel, personne n'est marié du tout.

Le rideau tomba pour l'entracte sous une salve d'applaudissements et tout le monde sortit. C'était le moment que je redoutais le plus, car je n'avais jamais été toute seule à une réception de l'école. Je saluai d'un sourire poli toutes les personnes que nous avions vues le jour de la remise des prix. Puis, pour dissimuler mon embarras, je fis semblant de m'intéresser au programme.

— Madame Smith ?

Je levai la tête. Seigneur ! C'était cette horrible bonne femme, Mme Thompson. C'était elle qui m'avait fait tout un plat en juillet dernier sur le prix de mathématiques de Matt. Cette vieille peau revenait probablement pour m'achever. Elle me fonçait dessus, l'œil luisant. Sans Peter pour me protéger, je sentis mes poings métaphoriques se lever. Voilà ce que ça allait être désormais. Je devrais me battre dans mon coin toute seule. Quand elle m'aborda, je vis qu'elle souriait largement. Elle semblait... différente.

— Comme je suis ravie de vous voir ! (J'en restai pratiquement tétanisée d'étonnement.) Comment allez-vous, madame Smith ? s'enquit-elle avec sollicitude.

— Très bien, merci, mentis-je. Vous avez l'air en pleine forme.

— Ah, mais je *suis* en pleine forme, dit-elle avec le sourire.

Tandis qu'elle babillait sur la pièce, je détaillai ses transformations. Elle avait perdu pas mal de poids, elle était joliment maquillée et sa permanente rigide avait été remplacée par une coupe en dégradé au balayage subtil. Elle portait une robe-manteau en angora d'allure très dispendieuse et elle exhalait un parfum délicieux. J'ai un assez bon nez, mais je n'arrivais absolument pas à l'identifier.

— Katie est fabuleuse ! fit-elle remarquer tandis que nous sirotions nos cafés.

— Ah oui, eh bien... merci, répliquai-je.

Et de l'entendre vanter ainsi ma fille, elle devint aussitôt ma Nouvelle Meilleure Amie.

— Johnny est merveilleux, aussi, ajoutai-je chaleureusement.

Elle m'adressa un sourire ravi.

— Mais il n'est pas aussi bon que Katie.

— Non, franchement, il l'est.

— Katie a un vrai talent de comédienne.

— Mais Johnny aussi... et il a une diction divine.

— Non, vraiment, c'est Katie la star, aujourd'hui. Son sens du rythme comique est formidable.

— Mais Johnny est tout simplement... fantastique ! insistai-je, déterminée à ne pas être surpassée.

— Ah, c'est terriblement gentil à vous, madame Smith, mais je crois que nos enfants sont merveilleux tous les deux... enfin, ils sont tellement beaux et intelligents !

À ce stade, j'aimais tellement Mme Thompson que j'aurais voulu l'embrasser sur la bouche.

— Et la façon dont Matt a remboursé tout le monde, ajouta-t-elle. Vous savez, nous en sommes tous *très* impressionnés.

— Je vous demande pardon ? dis-je.

— Ah, vous ne saviez pas ? reprit-elle en touillant son café. Il a remboursé tous ses amis.

— Euh, c'est vrai? C'est bien. Je... l'ignorais.

— Oui. Il a gagné de l'argent.

— Il a gagné de l'argent ? Comment ?

— En jouant au poker.

— Mais il ne joue pas au poker.

— Mais si. Il paraît qu'il est génial. Il a dit à Johnny que c'était sa grand-mère qui le lui avait appris cet été.

— Non, non, c'est faux, madame Thompson, vous voyez, elle lui a seulement enseigné à jouer au... rami. Ah, dis-je lentement. *Ah*.

N'y avait-il aucune limite aux méfaits de ma mère ?

— Johnny a raconté que Matt jouait sur Internet en utilisant la carte de crédit de sa mamie. C'est très entreprenant de sa part, madame Smith. Il paraît qu'il a gagné cinq mille livres. C'est tellement mieux que de miser sur ces start-up absurdes, vous ne trouvez pas ? Mais, pour changer de sujet, poursuivit-elle sans ciller, je voulais simplement vous dire...

— Oui ? émis-je faiblement, décidée à régler son compte à ma mère dès que je me sentirais plus forte.

— J'espère que vous ne m'en voudrez pas d'en parler...

— Non...

— Que je suis désolée, pour votre divorce.

— Ah, dis-je avec un coup au cœur. Merci.

Évidemment, tout le monde était au courant. Les enfants avaient averti leurs amis.

— Est-ce que vous tenez le coup ? demanda Mme Thompson avec sollicitude.

— Ah, absolument, mentis-je.

— Vous avez pris Rory Cheetham-Stabb, pas vrai ?

— Euh oui, en effet, c'est exact. Euh, comment savez-vous que c'est mon avocat ?

— Parce que c'est le mien aussi !

— *Vraiment* ? Je l'ignorais.

— Eh oui, répliqua-t-elle. Mon mari est parti avec l'intérimaire, madame Smith, mais à vrai dire cela m'est tout à fait égal. Je m'amuse trop, ajouta-t-elle gaiement. Je m'amuse même comme une folle. J'ai été mariée pendant vingt ans, j'ai élevé trois enfants, et maintenant, je veux prendre du bon temps.

— Eh bien... tant mieux !

À présent, je riais.

— Mais est-ce qu'il n'est pas formidable ? roucoula-t-elle, les yeux embués.

— Qui, Johnny ? Mais oui.

— Non, pas Johnny, gloussa-t-elle comme une fillette. Je veux dire Rory Cheetham-Stabb.

— Ah, euh...

— Je trouve qu'il est tout simplement merveilleux ! lâcha-t-elle avec effusion.

— Enfin, en tout cas, il est efficace. Et assez impitoyable.

— Ah oui. C'est vrai. Je suis tellement contente qu'il s'occupe de moi, madame Smith. Il se donne vraiment à fond, vous ne trouvez pas ?

— Euh...

— C'est tout à fait ce dont j'avais besoin, poursuivit-elle, un drôle de petit éclat dans l'œil. Vous voyez ce que je veux dire, madame Smith ?

— Oui, mentis-je. Je vois.

Nous échangeâmes des protestations d'amitié éternelle, puis reprîmes nos places pour la seconde partie du spectacle. Les trois couples n'étaient plus sûrs de vouloir rester avec leurs « époux » respectifs. Maintenant, qu'elles se savaient techniquement libres, les femmes tournaient dans tous les sens. Herbert, le mari dominé par Clara, se rebelle, et les autres entrevoient eux aussi les possibilités de la situation. J'étais en train de suivre les péripéties de la pièce, lorsque soudain le nom du parfum de Mme Thompson me revint... *Sans Regrets*.

La semaine suivante, les enfants rentrèrent à la maison. Ce serait la première fois que nous n'étions pas tous ensemble pour Noël, alors j'essayai de rendre les choses plus gaies. Nous avions assisté à une messe avec des chants de Noël, confectionné des tourtes à la viande, accroché les cartes de vœux sur des ficelles. Puis, dimanche, le 20 décembre, les enfants ont passé la journée avec Peter.

— Comment allait papa ? demandai-je à Katie, comme si de rien n'était, le soir tandis que nous décorions l'arbre de Noël.

— Ça va, répondit-elle. Au fait, il nous a prévenus, pour Andie, maman. Elle l'a bien coincé, maintenant.

— Il... vit avec elle ?

— Non, non, il est toujours dans son appartement. Pauvre papa, ajouta-t-elle en démêlant les fils de lampions. Pauvre de toi, aussi.

— Ça va aller, mentis-je.

En réalité, je me sentais aussi fragile et vide que la boule en verre que je tenais dans la main. Rien qu'un petit choc et elle volerait en éclats... Il n'en fallait pas plus.

— Tu avais tout à fait raison pour Jos, au fait, lançai-je. Tout ce qu'il voulait, c'était être aimé.

— Il doit compenser quelque chose qui lui est arrivé dans son enfance.

— Oui, c'est sûrement ça.

Puis je lui ai raconté ce que j'avais découvert sur lui. Elle était assez grande pour savoir.

— Ah ! Alors ce n'était pas Graham qui avait besoin de se les faire couper ! s'indigna-t-elle. C'était lui ! Lily l'aimait bien, n'est-ce pas ?

— Oui, dis-je sèchement. En effet.

— C'est vrai qu'elle est un peu comme Jos, d'une certaine façon – elle recherche toujours l'adulte qui est en elle. Maman..., reprit-elle, un peu hésitante, tout en drapant une guirlande rouge sur les branches. Je ne t'ai jamais posé la question avant, mais pourquoi Lily et toi êtes-vous de si grandes amies ?

— Tu sais, il y a des moments où je me pose moi-même la question, répondis-je en accrochant une étoile dorée. Parce que Lily me rend folle parfois...

— Elle a toujours besoin d'être le centre d'intérêt, reprit Katie en plaçant la fée au sommet de l'arbre. Et elle veut toujours gagner. (Je levai les yeux au ciel. C'était vrai.) Mais, toi, tu es totalement différente, maman, alors je me suis parfois demandé pourquoi vous étiez aussi liées, toutes les deux.

— Parce qu'à l'école, pas mal de filles étaient dégueulasses avec elle, et je trouvais ça insupportable, alors j'ai décidé d'être son alliée. Puis, quand elle a pris confiance en elle-même, j'ai vu à quel point elle pouvait être amusante. J'étais timorée, raisonnable. Lily me libérait, parce qu'elle était déchaînée.

— L'attirance des contraires, c'est ça ?

— Oui, si tu veux. Pour moi, elle était tellement énergique. Tellement audacieuse. Et elle m'aimait, parce que je ne l'ai jamais vraiment menacée. J'ai toujours pensé qu'une fois que je serais mariée nous nous éloignerions insensiblement l'une de l'autre. Mais ça n'a pas été le cas et, à mon grand étonnement, nous sommes toujours restées en contact.

— Il est évident qu'elle a besoin de toi, maman.

— Oui. Peut-être.

— Enfin, tu es sa seule véritable amie. Et parce qu'elle t'a connue quand elle était si jeune, tu lui rappelles probablement tout le chemin qu'elle a parcouru.

— C'est sans doute vrai, soupirai-je en accrochant une petite boule de miroirs à l'arbre.

— Et bien sûr, il est évident qu'elle t'adore.

Ma main resta suspendue dans son geste.

— C'est évident ? dis-je, incrédule.

— Oh oui. Ça ne fait aucun doute. Tu comptes beaucoup pour Lily. Mais c'est vrai que vous êtes amies depuis vingt-cinq ans. Peut-être que vous devriez fêter vos noces d'argent ! ajouta-t-elle avec un éclat de rire.

— Hum... peut-être, en effet. Mais, Katie,

plus on est ami longtemps avec quelqu'un, plus cette amitié devient importante.

— Elle est manifestement un peu jalouse de papa, fit-elle remarquer. Comme si elle te connaissait mieux que lui. C'est peut-être pour ça qu'il ne l'aime pas vraiment, suggéra-t-elle. Trois, c'est toujours un de trop.

— Ah, je ne sais pas. Je pense qu'il la trouve un peu superficielle et vaniteuse. Il admire énormément son intelligence, mais il trouve qu'elle a gaspillé ses talents. Il dit qu'elle aurait dû être neurologue ou chercheur scientifique. Il pense qu'elle a vendu son âme à la mode et aux paillettes.

— Mais c'est à elle de décider ce qu'elle fait de sa vie. Pas à papa.

— Oui. C'est certain.

— J'aime bien Lily, dit Katie. Elle est drôle. Et intrigante.

— Intrigante... ? murmurai-je. Oui.

— C'est quelqu'un de très complexe, ajouta Katie. Enfin, elle est tellement passionnée, tellement ambitieuse. Cela dit, papa travaille très fort, lui aussi.

— Depuis toujours.

— Non, il travaille vraiment très fort sur un truc en ce moment, mais il n'a pas voulu nous dire à Matt et moi de quoi il s'agissait.

— Il négocie probablement le contrat d'un nouvel auteur de best-sellers, suggérai-je, ou une alliance importante avec une société à l'étranger. Bon, alors ça va aller pour vous deux demain soir ? m'enquis-je en admirant l'arbre. Je ne serai pas sortie longtemps.

— Ça va très bien aller, dit-elle avec légèreté. Nous sommes presque grands, tu sais.

— Oui, acquiesçai-je tristement, je le sais, en effet. Je ne le sais que trop.

Quand Katie alluma les guirlandes, les petites ampoules se mirent à clignoter et je songeai, avec nostalgie, qu'elle et Matt quitteraient bientôt la maison. Peter avait voulu me faire un autre bébé. Mais c'était Andie qui allait l'avoir.

— Ce sera une soirée marrante ? s'enquit Katie tandis que nous rangions les boîtes.

— Pas vraiment. C'est rarement le cas pour les fêtes au bureau.

En fait, j'avais toujours trouvé les fêtes de Noël d'*AM-UK !* un peu stressantes. Rester plantée là dans la salle de réunion à boire du vin blanc bas de gamme n'était pas ma façon préférée de me divertir. Mais ce sont mes collègues, me persuadai-je en allant au travail ce lundi matin-là, et ce ne serait pas confraternel de ma part de ne pas y aller.

Comme d'habitude, je pris mon espresso à la machine à café, puis jetai un coup d'œil aux journaux avant de me mettre à l'ouvrage. Je regardai le *Mail*, puis pris l'*Independent* et soudain mon gobelet en plastique resta suspendu en l'air. « BISHOPSGATE RACHÈTE FENTON & FRIEND. » Je ressentis une énorme poussée d'adrénaline en parcourant rapidement l'article : *La plus récente fusion entre géants de l'édition... Fenton & Friend a été avalé... Bishopsgate a payé 35 millions de livres... des rumeurs qui circulent depuis six mois... intensifiées à Francfort... Smith a montré une vraie perspicacité financière... le bureau de la directrice, Charmaine Carlisle, déjà débarrassé... Oliver Sprawle sur le point de s'en aller.* Mes mains tremblaient en posant le journal. Voilà donc sur quoi il travaillait. C'est pour ça qu'il suait sang et eau. Dire qu'en décembre dernier, Peter était sur le point d'être viré par Charmaine... Maintenant, tout juste un an après, c'était *lui* qui l'avait virée. J'avais beau essayer de me concentrer sur mes cartes météo, une pensée ne cessait de me tarauder – Peter avait sans doute raison de supposer qu'Oliver était à l'origine des rumeurs empoisonnées qui avaient alimenté la presse. Je comprenais maintenant qu'Oliver *avait* un motif, s'il connaissait les plans de Peter pour racheter la société. Je parcourus à nouveau l'article. On disait que Peter projetait de racheter Fenton & Friend depuis plus de six mois. Le frère d'Oliver était banquier et avait facilement pu lui dire ce qui se tramait. D'où les tentatives continuelles d'Oliver de miner Peter... Je me rappelais que Peter avait fait allusion à des choses qui s'étaient passées à la foire du livre de Francfort. Je lui avais dit que ce serait lui qui rirait le dernier avec Charmaine et Oliver, et il avait répondu : « Ce n'est pas encore sûr. » Mais voilà, c'était fait et ils n'avaient que ce qu'ils méritaient. J'étais tellement heureuse pour Peter et tellement fière de lui que j'avais l'impression que mon cœur allait éclater. Puis je fus renversée par une vague de regrets, en me souvenant que nous divorcions. Ce soir, Peter célébrerait son succès... mais pas avec moi.

— Ça va ? dit Darryl.

— Quoi ?

— Tu as l'air un peu abattue.

— Non, non, murmurai-je. Ça va.

— Tu viens à la fête de Noël ?

— Oui. J'y serai.

À 7 h 30, ce soir-là je me retrouvai donc debout au milieu de mes collègues, un verre de mauvais chardonnay à la main.

— ... super drôle.

— ... une fouine qui chante ?

— ... le spécial Princesse Diana.

— ... tu as vu Sophie au JT ?

— ... oui, cette nana sur l'autre chaîne.

Terry se pavanait, fier comme Artaban. Quelqu'un mit de la musique. Une chanson qui m'énervait particulièrement : « Joyeux Noël. » Eh bien, non, ça n'allait pas être un joyeux Noël pour tout le monde ! Surtout pas pour moi.

— Faith ! (C'était Iqqy. Je lui fis la bise.) Comment vas-tu, ma chérie ?

— Ça va, fis-je en haussant les épaules, avant d'ajouter : en fait, je n'ai vraiment pas le moral... Mon divorce est sur le point d'être prononcé.

— Mon pauvre chou. Et moi, je viens juste de laisser tomber Wilf. Enfin.

— C'est vrai ? Ça, c'est une bonne nouvelle ! D'après ce que tu me dis, il te traitait plutôt mal.

— C'est le moins qu'on puisse dire, soupira-t-il. J'ai décidé que je ne pouvais plus le supporter, alors je lui ai dit que cette fois, c'était fini. Ciao !

— Maintenant, tu vas être plus heureux.

— Oui, en effet, Faith. Et toi aussi.

Je lui souris en me disant que je n'avais jamais été moins heureuse de ma vie. Je commençais à me sentir un peu pompette, à force de vin et de musique. Iqqy alla bavarder avec quelqu'un d'autre, j'échangeai quelques phrases avec Darryl, et Marian, et Jane du bureau du planning, mais j'évitai Lisa la geignarde qui avait saboté le prompteur de Sophie. De toute façon, elle était en grande conversation avec Tatiana. Je me retrouvai à côté d'une fille qui s'appelait Stacey, une intérimaire arrivée la semaine dernière. Elle avait visiblement pas mal picolé, et elle était d'humeur bavarde. Je compris qu'elle avait fait des remplacements dans des journaux et des magazines avant d'atterrir à *AM-UK !*

— J'aime bien faire des remplacements, dit-elle en avalant cul sec son verre de vin, tout en attrapant un vol-au-vent au passage, ça veut dire qu'on n'est pas lié. Je ne suis pas du genre fidèle, professionnellement, gloussa-t-elle. J'aime bien ma liberté.

— Ça t'a plu de travailler pour la presse écrite ? lui demandai-je poliment.

— Ah oui... beaucoup. Surtout dans les rubriques de potins, ça, c'était marrant ! s'exclama-t-elle.

— Tu as fait ça où ? m'enquis-je, brusquement intéressée.

— Oh, un peu partout. À l'*Express*, au *Daily Telegraph* ; et j'ai passé quelques jours au *Daily Mail*. J'ai aussi travaillé un peu pour *TV Quick !* puis j'ai eu un contrat de quelques semaines à *Hello !*

— Ah bon ? Quand ça ?

— Entre mars et juillet de cette année.

— Vraiment ? Parce qu'on a sorti des ragots assez vicieux sur moi à cette époque-là.

— Je sais, je m'en souviens, dit-elle avec un rire aviné.

— Vraiment ? répétai-je. Tu les as lus ?

— C'est moi qui les ai saisis sur ordinateur.

— Et tu as... juré la confidentialité ? demandai-je tandis qu'elle vidait son verre.

— En théorie, oui, répondit-elle. Mais tu sais ce que c'est avec les remplaçants, ça va, ça vient...

— Dans ce cas, repris-je, tu pourrais me révéler la source de l'article ?

— Tu veux vraiment savoir ?

— Oui. En fait, je sais très bien qui c'est, ajoutai-je, mais j'aimerais simplement que tu me le confirmes, c'est tout.

— D'accord, acquiesça-t-elle. Je te dirai si tu as raison. Allez, donne-moi des noms !

— Oliver Sprawle. (Elle me fixa d'un œil vide.) Il travaillait avec mon mari chez Fenton & Friend, expliquai-je. Nous étions tous les deux convaincus qu'il s'agissait de lui.

Elle mordilla sa lèvre inférieure.

— Oliver Sprawle ? Non, ce nom-là ne me dit rien.

— Il y a eu deux petits articles venimeux, expliquai-je. L'un dans *Hello !*, en avril, l'autre dans le *Mail*, en juillet.

— Eh bien, je travaillais dans ces titres à l'époque, et je peux t'assurer que ce n'est pas lui.

— Tu en es sûre ? (Elle hocha la tête. J'étais perplexe.) J'étais convaincue que cela venait de lui. Alors qui était-ce ?

— Je vais te le dire. Si tu promets de ne pas lui casser la gueule – je pourrais avoir des ennuis avec ça.

— Je te promets de ne pas commettre de voies de fait. Mais j'ai besoin de savoir.

— D'accord. C'était Lily Jago... cette nana qui dirige *Moi !*

Je gravis quatre à quatre les marches qui menaient à mon bureau. Échauffée par un mélange d'alcool et de fureur, je composai le numéro de téléphone de Lily.

— Lily, fis-je, le souffle court. Je veux te parler, je...

— Bonjour, vous êtes bien chez Lily Jago..., disait le répondeur.

— Lily, je sais que tu es là. Veux-tu décrocher, s'il te plaît ?

— Merci de m'avoir appelée...

— Décroche, Lily ! Tu m'entends ? Je veux te parler !

— Mais je suis à St. Kitt pour les vacances de Noël... (Ah. Et merde ! J'avais oublié.) Et je ne serai pas de retour avant le 30... Tard dans la soirée.

Je raccrochai, puis regardai par la fenêtre, en essayant de comprendre. Pourquoi Lily ferait-elle une telle crasse à Peter ? Parce qu'elle ne l'aimait pas, évidemment. Mais elle m'aimait, moi. Elle savait que, si elle faisait du mal à Peter de quelque manière que ce soit, cela me nuirait aussi. De toute façon, ces vicieux petits ragots étaient sans fondement. Il ne s'agissait que de spéculations malveillantes, lancées pour lui faire du tort. Comment avait-elle osé ! Et bon sang, *pourquoi* ?

— La paix soit avec vous, dit le prêtre le jour de Noël. (Je vais la *tuer*, pensais-je.) Maintenant, en cette saison de bonne volonté pour toute l'humanité... (C'est vrai, je vais la tuer, cette *salope*, cette traîtresse !) Remémorons-nous nos péchés...

Je lui arracherais le cœur et je le donnerais à manger à Graham si j'étais sûre que cela ne l'empoisonnerait pas. Quant à Jennifer Aniston, je la transformerais en shihtzu kébab. Puis, vint la première lecture, à propos de la grossesse de Marie et de son accouchement dans une étable. Je crus que j'allais vomir. Je jetai un coup d'œil à l'enfant Jésus dans sa crèche et songeai que j'en avais ma claque des bébés, cette année. Puis, du fond de l'église, monta une douce voix cristalline.

Au cœur du sinistre hiver... Ah non. Non, de grâce. Pas ça ! *Un vent glacial gémissait.* Des larmes me jaillirent aux paupières. C'était le plus sinistre hiver que j'aie jamais vécu. *La terre était dure comme du fer.* Tellement triste. *La neige tombait, neige sur neige.* C'est comme ça que tout a commencé, songeai-je. Chez Snow's. *Neige sur neige. Au cœur du sinistre hiver, il y a bien longtemps.* Les vêtements sacerdotaux du prêtre se brouillèrent et je sentis Katie presser ma main. Je n'avais pas parlé aux enfants de ce que j'avais découvert... Ils n'y comprendraient rien. Pas plus que moi. Je devais d'abord parler à Lily, ce qui était impossible avant six jours.

Le no man's land entre Noël et le jour de l'An se déroula dans un brouillard douloureux. Mes parents vinrent, et Sarah, et les enfants allèrent voir Peter. Évidemment. Je mangeai à peine et tout le monde trouva que j'avais mauvaise mine, mais ils l'attribuèrent à l'imminence du divorce. Un étrange reste de loyauté envers Lily m'empêcha de leur dire la vérité. Mais la nuit du 30, je restai éveillée, dans le salon, les paroles de Katie et de Lily résonnant dans mes oreilles.

Elle t'adore, maman, c'est évident.

Tu es ma plus chère amie au monde.

Tu comptes beaucoup pour elle. Elle t'aime.

Je n'ai que tes meilleurs intérêts à cœur.

Je portai le kaléidoscope en argent à mes yeux et en fis tourner doucement l'extrémité, regardant les paillettes en technicolor glisser, onduler et se regrouper en formes ravissantes. Elles étaient d'une beauté et d'une complexité hypnotique, et impossibles à fixer.

— Alors ça va geler ! annonçai-je aux téléspectateurs le lendemain.

— Sept, six... elle a une mine de déterrée, tu ne trouves pas ?

— Un front d'air froid massif est en train de s'amasser.

— Cinq, quatre... il paraît que c'est la pression du divorce.

— En fait, il s'amasse depuis un bon moment déjà.

— Tu as vu Sophie à *L'Heure des questions*, hier soir ?

— Et il y a beaucoup de glace vive dans les rues.

— Elle était fantastique. Deux, un...

— Ce qui peut être extrêmement traître.

— Zéro.

— Alors prenez vos précautions !

Lily ferait mieux de prendre ses précautions elle aussi, pensai-je, furieuse, en me rendant à Chelsea, ce soir-là. Je ne lui avais pas annoncé ma visite : je préférais une attaque surprise. De toute façon, je sais que la Saint-Sylvestre est le seul soir de l'année où elle ne sort jamais. Je dévalai King's Road au pas de charge, et un vent glacial me piquait les joues. Les lumières de Noël, tels des colliers de pacotille, se balançaient dans la bise. Les vitrines étaient pailletées de guirlandes et placardées d'affiches rouges de soldes, comme autant de plaies sanglantes. *Réductions massives !* annonçaient-elles. C'est exactement ce qu'il va y avoir, me dis-je : une réduction massive. J'allais descendre Lily.

— Bonne année, entendis-je quelqu'un me lancer.

Non ! Ça ne risquait pas ! Grâce à Lily, j'allais passer un nouvel an épouvantable. En traversant Wellington Square, j'évoquai une fois de plus tous les événements de l'année passée. Le 6 janvier dernier, j'étais une femme mariée parfaitement heureuse en ménage. À présent, grâce aux interventions de Lily, j'étais seule et malheureuse. Tout est de sa faute ! Et je vais me charger de le lui faire savoir.

— Faith, mon chou ! s'exclama-t-elle en ouvrant sa porte d'entrée enguirlandée. Quelle charmante surprise. Ah, mais qu'est-ce qu'il y a ? ajouta-t-elle en me scrutant. Tu as l'air... dans tous tes états.

— Je *suis* dans tous mes états répliquai-je sèchement. Grâce à toi.

— Mais de quoi veux-tu parler ?

— Lily, tu le sais parfaitement.

— Faith, dit calmement Lily, la période de Noël est très stressante, tout le monde le sait. Ce dont tu as besoin, c'est d'un petit remontant.

— Je n'ai pas besoin de petit remontant, grinçai-je en la suivant dans son appartement. Ce dont j'ai besoin, c'est de la vérité.

Dans l'immense salon, je trouvai Jennifer Aniston affalée sur le canapé en cuir blanc en train de regarder *Un homme et son chien*. Sa petite face de chrysanthème poilu fixait l'écran, en pleine extase.

— Pourquoi n'es-tu pas plus bronzée, Faith ? demanda soudain Lily. Tu reviens des Caraïbes, après tout.

— Je ne reviens pas des Caraïbes, annonçai-je froidement. J'ai décidé de ne pas y aller.

— Pourquoi ?

— Parce que je n'en avais pas envie, c'est tout. Et la raison, c'est que Jos – le merveilleux, le sublime, le fabuleux Jos, pour te citer – est en fait un salaud de première !

Je lui racontai, pour Becky et le bébé. Je crus qu'elle allait s'étrangler avec son petit four.

— Mon Dieu ! souffla-t-elle. Quel mufle absolu ! Mais... il avait l'air tellement parfait.

— C'est ce que tu croyais, sifflai-je.

— Ah, je vois, reprit-elle en hochant lentement la tête. Ton Noël est raté, et maintenant tu veux me faire porter le chapeau.

— Car c'est ta faute.

— Pourquoi ? À cause de Jos ?

— Oui, dis-je. Exactement. Enfin, tu m'as

poussée dans ses bras, Lily. Depuis l'instant où je l'ai connu tu n'as pas cessé de me faire sa promo. De me répéter à quel point il me convenait. Et combien il était séduisant.

— Mais je le pensais ! s'exclama-t-elle.

— Tu ne pouvais pas me laisser me débrouiller toute seule. Il fallait que tu t'en mêles !

— Mais Peter t'avait laissée tomber, Faith, et je voulais que ta nouvelle histoire se passe bien.

— Ah, Lily, ça va beaucoup plus loin que ça. C'est toi qui as pratiquement géré toute l'affaire. Tu la manipulais des coulisses, comme si tu poursuivais tes propres objectifs.

Je songeai soudain à la soubrette intrigante, Despina, dans *Cosi Fan Tutte*. Elle avait tout manigancé, comme Lily. Katie avait bien dit que Lily était une intrigante... Oui, elle avait intrigué. Je le savais, maintenant...

— Tu m'as sapée avec tes fringues de créateurs, tu m'as offert de garder les enfants, tu m'as fait passer en photo avec Jos dans *Moi !* pour que tout le monde voie qu'on était ensemble, tu as fait sa promo avec tellement d'enthousiasme qu'on aurait cru que c'était le dernier sac Chanel. Mais, pendant tout ce temps, je sentais bien qu'il avait quelque chose chez lui qui sonnait faux, et creux.

— Si tu le savais, tu n'aurais pas dû sortir avec lui, s'énerva-t-elle. C'est ta vie, après tout. Mon Dieu, tu es restée tellement naïve. Faith-la-Poire, c'est toujours toi.

— Oui, et tu le savais. Tu me connais depuis vingt-cinq ans. Tu sais que je t'écoute toujours. Et, comme d'habitude, c'est ce que j'ai fait. Mais, avoue-le, tu m'as systématiquement donné de mauvais conseils.

— Alors pourquoi les avoir suivis ?

— Eh bien... parce que j'étais tellement malheureuse et tellement vulnérable après ce que Peter m'avait fait.

— Ce que Peter t'a fait était impardonnable, lâcha-t-elle d'un ton contrarié.

— Tu trouves ? répliquai-je. Je n'en suis pas si sûre. De toute façon, c'est un peu fort, de la part d'une femme qui est sortie avec des camions entiers d'hommes mariés. Oui, Peter a eu une aventure, Lily ! Ça arrive à plein de gens. Tu as soutenu que je ne m'en remettrais jamais, mais c'est fait. Et puis, quand je t'ai dit que j'étais revenue avec lui, tu as été horrifiée. Presque furieuse. J'ai trouvé ta réaction *bizarre*. Maintenant, je comprends qu'il y avait autre chose en dessous de tout ça. Tu *voulais* que je divorce. C'est ton but, depuis le début. Tu voulais que Peter et moi on se quitte. Tu vois, durant les vacances, j'ai tout compris. Ça a commencé chez Snow's, pas vrai, avec cette petite remarque insidieuse : « Je trouve que tu es merveilleuse de lui faire confiance. » C'est ça que tu as dit, non ? Tout à coup, à propos de rien, tu as laissé tomber ta petite phrase dans la conversation, comme une pierre tranchante. C'est comme ça que j'ai commencé à soupçonner Peter, Lily. C'est là que tout a changé. Tu as attisé mes soupçons, comme une flambée. Tu as nourri mon insécurité, parce qu'elle te tenait au chaud. Tu m'as envoyé cet article sur l'infidélité, et tu m'as fait consulter le site web voustrompetil.com. Mon Dieu, tu as même payé le détective privé, ajoutai-je, pour être bien sûre que j'aurais des preuves. Mais tu as agi avec tellement de subtilité... En prétendant que tu étais certaine qu'il ne se passait rien, tout en t'assurant que je découvre le pot aux roses. En me poussant, contre tous mes instincts, à l'interroger à propos des cigarettes et du chewing-gum. Puis, dès l'instant où il a avoué son aventure, tu t'es jetée dessus. Et, chaque fois que j'étais tentée de revenir vers Peter, tu me persuadais de rester avec Jos.

— Je trouvais que Jos était un bon investissement, dit-elle. Ce n'est pas ma faute si c'est un salaud.

— Non, mais c'est ta faute si j'ai eu une histoire aussi sérieuse avec lui. Parce que, si je ne t'avais pas écoutée, j'aurais pardonné à Peter. Mais je *t'ai* écoutée... À mon éternel regret. Tu as détruit mon mariage ! hurlai-je. Nous étions heureux. Et, aujourd'hui, nous allons divorcer. Et c'est ta putain de faute !

Lily sirotait son champagne en affichant une expression vaguement méprisante.

— Espèce d'idiote, tu t'aveugles toi-même, annonça-t-elle calmement. Tu n'étais pas heureuse du tout.

— Mais si, je l'étais, rétorquai-je. Nous étions heureux comme des poissons dans l'eau, Lily. Heureux comme des cochons dans leur soue. Nous étions heureux comme des fous. Alors oui, Lily ! Pour répondre à ta question, j'étais très heureuse dans mon mariage, merci beaucoup.

— Et tu t'ennuyais à mourir. C'est vrai, Faith. C'était écrit sur ton visage. Tu rêvais désespérément d'un changement.

— Qu'est-ce que tu peux bien en savoir ? Tu n'as jamais été mariée.

— Je sais ce que je vois. Tu étais devenue un zombie dans ta routine conjugale, Faith. Vous l'étiez tous les deux... c'était aussi visible que le nez au milieu de la figure. Alors, j'avoue que je vous ai donné un coup de pouce. J'imagine que je m'emmerderais aussi, après quinze ans avec le même homme. Avec tes petits voyages merdiques chez Ikea, et ta petite maison merdique, et tes petits fantasmes sexuels pathétiques sur lesquels tu plaisantais... Mais, comme Freud l'a si bien dit, Faith... « Les plaisanteries n'en sont jamais vraiment. »

— J'aimais Peter, insistai-je. Nous étions heureux.

— Ça, ça m'étonnerait, répliqua-t-elle. Tu m'as dit que tu n'avais pas couché avec lui depuis plus d'un an. Tu préférais dormir avec le chien !

— Pourquoi pas ? Ça me plaît de dormir avec le chien. Tu dors bien avec le tien. Et Peter avait des difficultés au travail. Et, comme tu le sais, j'ai des horaires épouvantables.

— Faith, tu étais totalement frustrée, et lui aussi. L'ennui vous suintait par tous les pores. Rappelle-toi ce petit discours bizarre qu'il a fait le soir de votre anniversaire, quand il a accidentellement décrit vos quinze années de mariage comme une « épreuve » ? Alors, ne me fais pas ce numéro de « nous étions si heureux ensemble », parce que je sais que c'est faux.

— C'est vrai !

— C'est faux.

— C'est vrai.

— C'est faux.

— Et comment le saurais-tu ?

— Parce que si tu *avais* été heureuse, espèce de débile mentale, tu ne m'aurais *jamais* écoutée !

Je fixai Lily, frappée de mutisme par la logique choquante de ce qu'elle venait de déclarer.

— Si tu avais été aussi heureuse que tu le prétends, ajouta-t-elle calmement, tu m'aurais dit d'aller me faire foutre.

— J'aurais dû.

— Mais ce dont tu ne te rends toujours pas compte, Faith, pendant que tu m'insultes, c'est que j'ai seulement ton bonheur à cœur.

— Tu n'arrêtes pas de le répéter, mais c'est un mensonge.

— Non. C'est tout à fait vrai.

— C'est un mensonge éhonté, Lily. Parce que, si tu avais eu mon bonheur à cœur, tu n'aurais pas glissé ces articles venimeux sur mon mari dans la presse ! (La flûte de Lily resta suspendue en l'air.) C'était toi, ajoutai-je simplement. (Elle balaya des miettes imaginaires de sa jupe.) C'était toi, n'est-ce pas ?

— Mais de quoi parles-tu ? dit-elle nerveusement.

— C'était toi qui colportais ces ragots dans les journaux.

— Faith, je...

— N'essaie pas de le nier, parce que je le tiens de source sûre. Et le pire, c'est que ce n'était même pas vrai. Ce n'était qu'une spéculation malveillante dans le but de discréditer davantage Peter et de donner un petit coup de pouce à notre divorce. C'était toi, répétai-je, incrédule. Pendant longtemps j'ai cru que ce pouvait être Andie, puis j'ai décidé que ce devait être Oliver. Mais, malgré toutes tes manies et tes obsessions, Lily, je n'aurais jamais imaginé que ça puisse être toi. Parce que nous sommes meilleures amies, tu te souviens ? Nous sommes amies depuis vingt-cinq ans.

— Je...

Visiblement, les mots lui échappaient. De toute façon, je ne lui laissai pas le temps de parler.

— Pourquoi as-tu fait ça ? repris-je. J'aimerais vraiment le savoir. Qu'est-ce que je t'ai jamais fait, pour encourir ton célèbre courroux ? En quoi t'ai-je blessée, qu'est-ce qui pourrait justifier ce que tu as fait ? Tout ce que je sais, c'est que ça remonte à ce dîner d'anniversairc. Quelque chose s'est produit ce soir-là... je sais ! m'exclamai-je soudain. *Othello*, c'est ça ? Parce que j'ai accidentellement parlé de la pièce. Je t'ai rappelé, sans égards, l'unique occasion où tu n'as pas gagné. Ça a toujours été un point sensible pour toi, pas vrai, alors peut-être que tu as décidé, à ce moment-là, que tu allais me punir.

— Ah, ne sois pas aussi *ridicule*, dit-elle. Comme si, dix-huit ans après, ça pouvait me faire quelque chose.

— Alors, pourquoi, Lily ? Je veux savoir. Toutes ces foutaises sur mon bonheur, alors que tu t'acharnais à détruire mon mariage et la carrière de Peter. Pourquoi en veux-tu à ce point à Peter ? Il ne t'a jamais rien fait de mal.

— C'est là où tu te trompes ! rétorqua-t-elle. Il m'en a fait, du mal.

— Comment ça ?

— Il y a des choses que tu ignores de Peter, expliqua-t-elle, tandis que sa voix accrochait les aigus. Oui, tu ne sais pas ce qu'il a essayé de me faire. Eh oui, il y a des choses que tu ignores. Des choses que j'ai découvertes l'an dernier.

— *Quelles* choses ? Bon sang, de quoi parles-tu ?

— Je vais te l'apprendre. (Puis elle se rassit.) Il y a un peu plus d'un an, commença-t-elle nerveusement, en novembre, j'ai dîné avec l'éditeur de *Moi !*, Ronnie Keats. Ce type que tu as rencontré au match de polo.

— Je vois. Mais qu'est-ce qu'il a à voir dans tout ça ?

— Eh bien, dit-elle en inspirant profondément, comme si elle souffrait physiquement. Je n'avais ce boulot que depuis un mois quand Ronnie – il n'aurait pas dû, vraiment – m'a appris quelque chose d'affreux. (Lily respirait par le nez, maintenant, et il y avait des larmes dans ses yeux.) Il m'a dit, fit-elle, la lèvre inférieure tremblante, que quand on m'avait pressentie pour diriger *Moi !* il avait demandé des références à quatre personnes différentes. L'une d'entre elles était Peter.

— Oui, je sais.

— Eh bien, Ronnie a tendance à bavarder quand il a un peu bu et il m'a dit... (Elle arracha un mouchoir en papier de sa boîte.) Que l'une de ces personnes m'avait descendue en flammes.

— Oui ?

— Et que, par conséquent, ma nomination à ce poste avait été *énormément* discutée.

— Oui ?

— Alors, sachant que Peter ne m'avait jamais aimée, j'ai su que ça ne pouvait être que *lui*.

— Tu l'as eu, le poste, fis-je remarquer.

— Mais j'ai bien failli ne pas l'avoir !

— Et tu le reproches à Peter !

— Oui !

— Ah ! Je vois. Alors tu as mijoté ta vengeance.

— Oui, gémit-elle, en se levant. C'est ça. J'ai décidé que je lui rendrais la monnaie de sa pièce. Parce que, dans la vie, Faith, soit on est une lavette, soit un Terminator... et moi, je suis un Terminator !

J'eus brusquement envie d'éclater de rire.

— Tu es folle, dis-je posément en lui faisant face. Folle, méchante et pathétique.

— Je ne suis *pas* folle ! cria-t-elle.

— Si, tu es folle à lier.

— Mais tu ne comprends pas, Faith ? C'était le sommet de ma carrière. Être directrice de *Moi !*, c'était *tout* pour moi... J'y ai rêvé toute ma vie. J'allais leur faire bouffer leurs insultes, à ces petites vaches morveuses du collège. Tu ne te souviens pas combien elles ont ri quand je leur ai dit que j'allais diriger un magazine de luxe ? Elles ont ri de moi, Faith – ces petites gosses de riches avec leur poney et leur maman et leur papa et leurs robes qui coûtaient une fortune. Et j'ai pensé : « Je vais vous montrer. » Et je leur ai montré, Faith... c'est moi qui ai ri la dernière. Puis j'ai découvert que Peter avait failli tout faire rater.

— C'est là que tu te trompes.

— C'est vrai, insista-t-elle. C'était lui.

— Ce n'était pas lui.

— Et moi, je te dis que si !

— Vraiment ? Alors, où sont tes preuves ?

— Allez, Faith ! Laisse tomber, je n'ai pas

besoin de preuves. Il ne m'a jamais aimée. Sinon qui d'autre ?

— L'un des trois autres. Parce que je sais *exactement* ce que Peter a dit de toi à Ronnie Keats. Tu veux que je te le dise, Lily ? Tu veux savoir ? Je ne m'en souviens pas mot pour mot, mais c'était plein d'expressions comme « un talent énorme, de l'envergure et de l'ambition ». Ah, et il a loué ta « superbe imagination visuelle », aussi, et ton « brillant savoir-faire éditorial ». Il a également vanté ton « superbe intellect », ta « tête bien faite » et affirmé que tu écrivais « comme une déesse ». Il m'a fait jurer le secret dans la mesure où c'était censé être confidentiel... Voilà exactement ce qu'il a dit.

À présent, Lily semblait aussi tétanisée, et déconcertée, que si je m'étais mise à parler en sabir.

— Tu as tout faux, Lily, repris-je calmement. Peter a fait ton éloge.

Elle me fixa, trop bouleversée pour battre des paupières. Puis ses yeux s'écarquillèrent davantage, et elle plaqua sa main sur sa bouche.

— Et *merde* ! fit-elle d'une voix éteinte.

— Tu as fait une erreur d'aiguillage.

— Je...

— Tu t'es ridiculisée.

— Mais je... je ne comprends pas, couina-t-elle. J'étais convaincue.

— Tu avais tort.

— Mais je sais que Peter ne m'aime pas... Alors pourquoi dirait-il des choses aussi gentilles ?

— Parce qu'il ne laisserait jamais ses sentiments personnels influencer la haute opinion qu'il a de toi professionnellement.

— Mais je ne... comprends pas, répéta-t-elle faiblement.

— Eh bien, c'est dommage. Tu ne comprends pas que Peter ne mentirait jamais sur tes compétences professionnelles. J'imagine que certains le feraient... peut-être toi, Lily... mais Peter dit toujours la vérité.

— Ah, murmura-t-elle. (Elle s'enfonça dans un fauteuil.) Et merde, répéta-t-elle. (Maintenant, clle avait l'air horrifié, presque coupable, en considérant son épouvantable crreur.) Mais j'étais sûre que c'était lui, croassa-t-elle. J'étais certaine, j'étais...

— Obsédée, voilà ce que tu étais. Mais tout était fondé sur une illusion, Lily. Une méprise, si tu préfères. Maintenant, grâce à toi, je suis pratiquement divorcée et Andie va avoir le bébé de Peter.

— Faith, je...

— Ou plutôt, c'est *mon* bébé qu'elle va avoir. Peter et moi, on allait en faire un autre, Lily, parce qu'on était retombés amoureux lui et moi. Je n'ai jamais su à quel point j'aimais Peter avant ces dernières semaines. Aujourd'hui, grâce à toi, tout est en cendres et je vais recevoir mon jugement définitif de divorce dans une semaine ! (Jennifer Aniston se mit à japper.) Andie va avoir mon BÉBÉ ! répétai-je, et je vais devoir vivre avec ça pour le reste de ma VIE ! Alors j'espère que tu es SATISFAITE ! hurlai-je, la gorge endolorie, parce que tu n'aurais pas pu faire plus de mal si tu avais ESSAYÉ !

— Non, mais attends...

— Tout est FOUTU..., sanglotai-je, les larmes inondant mon visage. Tout est complètement FOUTU...

— Faith, écoute...

— C'est trop, trop affreux ! criai-je tandis que les digues cédaient et que mes mains se pressaient contre mes joues.

— Faith, j'ai quelque chose à te dire.

— Je ne veux pas L'ENTENDRE ! Ne me dis plus jamais rien ! Parce que j'en ai assez de toi, Lily ! J'en ai entendu ASSEZ !

— Mais, c'est important !

— Ouaf ouaf !

— Tais-toi, Jennifer ! Espèce de grosse petite... GARGOUILLE !

— Faith ! hurla Lily. Elle n'est pas grosse !

— Si, elle est *grosse*. Elle est GROSSE ! Parce que tout ce qu'elle fait, c'est de rester assise sur son cul poilu toute la journée, à farcir son vilain petit museau de petits fours en fantasmant sur Graham !

— Mon Dieu, Faith, c'est très grossier ce que tu viens de dire !

— Je m'en fous ! Je t'ai fait confiance, Lily... quelle erreur ! Je t'ai fait plus confiance qu'à mon propre mari, et maintenant, je vais en payer le *prix* !

— Ouaf ouaf !

— Ah, tais-toi, Jennifer, aboya Lily en se levant de son siège. Maintenant, écoute-moi, Faith.

— *Non*, je ne t'écouterai pas ! Je ne t'écouterai plus jamais de ma vie !

— Ouaf ouaf !

Lily avança vers moi, enjambant prudemment de ses pieds déchaussés l'océan de magazines éparpillés.

— Faith ! Il y a quelque chose...

— Va te faire voir ! Laisse-moi tranquille, Lily. Je ne veux pas savoir. Tu es épouvantable, Lily... *épouvantable.* Tu es tellement revancharde, et tellement superficielle. En plus, tu es d'un snobisme effréné !

— Je ne suis *pas* snob !

— Si, tu *l'es* ! Regarde-toi, tu ne prends même pas Qantas parce que tu trouves que ce n'est pas chic.

— Ce n'est pas juste ! Mais écoute-moi...

— Et tu es tellement obsédée par toi-même. *Moi !* C'est tout toi. Ce n'est pas *Om, om, om* que tu psalmodies devant ton espèce d'autel bouddhiste, pas vrai ? C'est *Moi, moi, moi* ! Quant à toutes tes foutaises astrologiques, c'est un tas de conneries. Sauf que ton signe te va à ravir, non ? Parce que tu es Scorpion, Lily, avec un dard empoisonné. Tu fais du *mal* aux gens. Tu le savais ? Tu infliges beaucoup de douleurs inutiles. Oui, Lily, tu t'en fous de faire mal aux autres. Pas vrai ?... à condition de finir toujours première. Enfin, tu...

Le visage de Lily, qui avait jusque-là exprimé un mélange de contrition et d'anxiété, afficha soudain une expression de choc absolu. En avançant vers moi, elle avait raté le morceau de tapis libre qu'elle visait et marché sur un magazine. Brusquement, elle fut projetée en l'air dans un éclair de string doré, avant d'atterrir, tête la première, et avec un bruit mat écœurant, contre la cheminée de marbre blanc.

— Merde ! Lily ! *Lily* !

— Ouaf ouaf !

Jennifer Aniston s'était jetée en bas du canapé et reniflait la forme prostrée de Lily.

— Mon Dieu, murmurai-je, la panique m'étreignant la poitrine. Mon Dieu ! répétai-je en lui tapant sur les mains. Mon Dieu, Lily... Lily ! Parle-moi, s'il te plaît !

Je tâtonnai en vain pour trouver son pouls, puis courus jusqu'au téléphone et composai le 999.

— C'est mon amie ! criai-je. Elle a glissé sur un magazine, elle s'est cogné la tête, et je crois... (Je sentais mon souffle sortir en petites bouffées haletantes.)... je crois qu'elle est morte.

Les cinq minutes suivantes furent les plus longues de ma vie. J'attendais auprès du corps inanimé de Lily, quand enfin j'entendis la sirène s'approcher ; puis des lumières bleues tournoyèrent sur le plafond et les murs, pulsant comme des stroboscopes sur son visage sans vie.

Nous foncions à travers les rues de Chelsea dans l'ambulance, quand j'entendis les douze « bong » profonds de Big Ben. Soudain, à travers les vitres fumées, je vis les feux d'artifice exploser comme des étoiles.

— Il est minuit, me dit l'auxiliaire médical. (Je hochai la tête sans comprendre et lui adressai un sourire vide.) Permettez-moi de vous souhaiter une très heureuse année !

Janvier

— Bonne année, me dit poliment l'infirmière.

Je lui adressai un sourire larmoyant. Puis je me tournai vers Lily, inconsciente – elle était évanouie depuis près de trois heures.

— Je vous en prie, mon Dieu, priai-je, faites qu'elle guérisse. Je ferai n'importe quoi si vous la laissez guérir. J'irai régulièrement à la messe, je donnerai tout mon argent de poche aux pauvres, je serai même la marraine du bébé d'Andie, mais, je vous en prie, ne la laissez pas mourir.

La vie de Lily semblait suspendue à un fil, ou plus exactement, à quatre fils reliés à deux écrans, qui bipaient doucement à côté de son lit.

L'infirmière saisit le dossier de Lily, puis le cocha deux fois.

— Il y a du changement ? m'enquis-je anxieusement.

Lèvres pincées, elle secoua la tête. Je contemplai le visage endormi de Lily en revivant mentalement les trois dernières heures. Notre trajet jusqu'à l'hôpital Chelsea and Westminster, la course jusqu'aux urgences, les rais de lumière projetés dans les yeux de Lily, les tapotements aux genoux pour vérifier ses réflexes. L'évocation alarmante d'un scanner cérébral, et, finalement, son admission au quatrième étage.

J'étais brisée par le stress et le manque de sommeil, et ma vessie était prête à exploser, alors je demandai à l'infirmière si elle pouvait rester auprès de Lily pendant que je faisais un saut rapide aux WC. Je descendis le couloir au pas de course, puis revins en sprint, quasi hystérique à l'idée qu'elle meure pendant mon absence. Tandis que je cavalais sur le linoléum bleu pâle, j'étais consciente de la légère odeur d'antiseptique et des tableaux colorés sur les murs, du bruit d'un ronflement lointain et du trille sourd d'un téléphone.

M'approchant du lit fermé de rideaux de Lily, j'entendais la voix de l'infirmière.

— Perrier ? disait-elle.

Elle semblait perplexe.

— Ou-ui... Perr-ier..., gémissait Lily. Perr-ier..., répéta-t-elle faiblement.

Je repoussai vivement les rideaux.

— Vous voulez de l'eau, Lily ? demanda l'infirmière. C'est ça ?

Elle en versa dans un verre et l'approcha des lèvres gercées, mais les yeux de Lily restèrent clos.

— Perr-ier..., marmonna à nouveau Lily. Veux... Perr-i-er.

— Oui, je suis en train de vous donner de l'eau, en voici.

— Non, *Perrier*, répéta-t-elle, péremptoire.

L'infirmière me regarda en haussant les épaules.

— De l'eau ordinaire devrait suffire, non ? D'accord, Lily. Plate ou gazeuse ?

— Non, pas de l'eau... *Perrier* ! cria Lily, et soudain je compris.

— C'est du Laurent Perrier qu'elle veut ! m'exclamai-je. C'est sa marque préférée de champagne. Lily. Tu veux du Laurent Perrier ? Je vais aller t'en chercher si tu veux. Je vais aller t'en chercher une bouteille. Je vais t'en prendre un magnum si tu t'éveilles. Lily, Lily... tu peux m'entendre ? ajoutai-je, désespérée. C'est Faith. Tu sais qui je suis ?

Les paupières de Lily palpitèrent quelques secondes, clignèrent deux fois, puis s'ouvrirent toutes grandes.

— O-oh ! gémit-elle quand ses pupilles se fixèrent sur moi, puis elle leva la main gauche à sa tête enveloppée de pansements. O-oh, répéta-t-elle.

Elle referma les yeux, puis les ouvrit tout grands à nouveau, comme si elle était étonnée.

— Oh merde, Faith, j'ai vraiment fait une connerie.

— Lily ! soufflai-je, en agrippant sa main. Lily, Dieu merci tu vas bien. Je suis désolée de t'avoir engueulée. C'est ma faute si tu t'es cogné la tête.

— Non, c'est moi qui suis désolée, dit-elle tandis que, aidée par l'infirmière et moi, elle s'asseyait lentement dans son lit. Tout est ma faute, ajouta-t-elle d'une voix pâteuse. Je me suis complètement plantée.

— Mais, si je ne t'avais pas engueulée, tu ne serais pas tombée. Tu as glissé sur un exemplaire de *Vogue*.

— *Vogue* ! grogna-t-elle en levant les yeux au ciel. Il ne manquait plus que ça ! Je leur ferai un procès, ça, je peux te le promettre. Mais Faith, j'ai quelque chose à te dire, ajouta-t-elle anxieusement.

— Ça n'a aucune importance.

— Si, au contraire, insista-t-elle. Malheureusement, je ne me rappelle pas ce que c'est. Tout ce que je sais, c'est que c'est terriblement important, mais je... ah, si, ça y est !

— Sincèrement, Lily, on laisse tomber, d'accord ?

— Non, tu vois...

— Je n'en ai rien à faire. Sincèrement, tout ce qui compte, c'est que tu n'aies rien.

— Mais c'est à propos... d'elle, chuchota-t-elle.

— Qui ?

— Mme Ovary. *Andie*, expliqua-t-elle.

— Et alors, qu'est-ce qu'elle a ?

Lily inspira lentement, puis me regarda.

— Elle n'est pas enceinte, annonça-t-elle.

— Je te demande pardon ?

— Andie n'est pas enceinte, répéta-t-elle.

— Quoi ?

— Il n'y a pas de polichinelle dans le tiroir, mon chou.

— Il n'y a pas... ? dis-je faiblement. Ah. Ah, rejetai-je. Mais comment le sais-tu ?

— Il y a trois semaines j'étais à une soirée au Savoy. Je suis allée aux WC dames et j'y ai trouvé Andie, qui essayait de prendre des tampons dans le distributeur.

— Ah. Je vois. Eh bien, elle les prenait peut-être pour quelqu'un d'autre.

— Ça m'étonnerait. Et puis elle a eu l'air légèrement confuse lorsqu'elle s'est aperçue qu'elle avait été surprise.

— Tu es *sûre* que c'était elle ?

— Oh oui. Je ne l'ai jamais rencontrée, mais je sais à quoi elle ressemble. C'était bien *elle*.

— Et tu crois qu'elle n'est pas enceinte ?

— Oui. C'est ça que j'essayais de te dire hier soir.

— Mais, attends un instant, Lily, fis-je, le cœur battant. Pourquoi est-ce que tu ne me l'as pas dit *auparavant* ?

— Pourquoi je ne te l'ai pas dit auparavant ? fit-elle en écho tout en regardant d'un air morne dans le vide... Parce que je suis une vraie salope, voilà tout.

— Tu savais déjà à la mi-décembre ? (Elle hocha la tête d'un air coupable.) Et tu ne m'as rien dit ? (Elle hocha à nouveau la tête.) Tu n'as pas parlé ?

— Je te demande pardon, Faith, souffla-t-elle en tripotant son bracelet d'hôpital. J'aurais dû.

— *Oui* ! m'exclamai-je, furieuse. *En effet !*

— Mais je me suis convaincue que ça ne ferait pas tellement de différence pour toi, puisque tu étais avec Jos.

— Mais Lily, tu savais que je n'étais pas heureuse avec lui.

— Oui, marmonna-t-elle.

— Et tu savais que je voulais revenir avec Peter.

— Oui, bégaya-t-elle.

— Et tu savais que la seule raison pour laquelle je ne pouvais pas revenir avec lui, c'était le bébé d'Andie.

— Oui, gémit-elle. Tu as raison.

— Oh Lily ! Je ne comprends pas comment tu as pu faire quelque chose d'aussi vil et mesquin.

Maintenant ses énormes yeux bruns débordaient de larmes.

— Je suis désolée, Faith, dit-elle en prenant ma main. Mais j'étais furieuse contre Peter. C'est seulement quand tu m'as dit quelle magnifique recommandation il m'avait donnée que j'ai pris conscience de mon *affreuse* erreur. Alors j'ai essayé de te dire, pour Andie, mais tu ne voulais pas écouter, et puis je me suis cassé la gueule.

— Alors Andie n'est pas enceinte ! (Une vague d'euphorie me submergea, et ma colère s'évapora.) Et tu es vivante ! m'exclamai-je doucement. Et Andie ne va pas avoir mon bébé. Alors, Dieu existe, conclus-je, émerveillée.

Puis, enfin, j'éclatai en sanglots.

— Je suis désolée, répéta Lily. (Son front était plissé d'anxiété et son menton se creusait de fossettes de détresse.) Je suis vraiment désolée, dit-elle à nouveau tandis que deux grosses larmes dégringolaient sur ses joues. Tu vois, j'étais absolument convaincue pour Peter, j'étais furieuse, j'étais...

— Obsédée.

— Oui. J'étais pleine de haine pour lui, avoua-t-elle.

— Lily, tu en étais infectée.

— Oui. Mais tu sais que ma carrière, c'est *tout* pour moi.

— Alors tu étais décidée à punir Peter pour une offense imaginaire, mais c'est moi que tu as punie. Ah, Lily. Tu m'as tellement fait de mal !

— Oui, renifla-t-elle. Je sais. Je ferais n'importe quoi pour tout arranger, Faith, mais je ne sais vraiment pas quoi.

— Moi, si, dis-je soudain en pressant un autre mouchoir en papier contre mes yeux.

Je ravalai mes larmes, puis jetai un coup d'œil à l'horloge, qui affichait maintenant 4 h 30.

— Je veux que tu appelles Peter. Je veux que tu l'appelles tout de suite et que tu lui dises ce que tu viens de m'apprendre.

— À cette heure-ci ? fit-elle nerveusement.

— Oui ! Ce n'est pas grave, il voudra savoir.

— Mais je n'ai pas mon téléphone.

— Il y a le téléphone de l'hôpital, fis-je remarquer.

— Ah, d'accord. Va le chercher.

Je fis rouler le trolley avec le téléphone jusqu'à son lit, le branchai et y glissai des pièces de dix pence. Puis je composai le numéro de portable de Peter et passai le combiné à Lily. Elle inspira profondément, puis parla.

— Peter, dit-elle doucement, c'est Lily. Oui, je sais qu'on est au milieu de la nuit. Mais écoute, non, non, non, je t'en prie, attends... je crois qu'il y a quelque chose que tu devrais savoir...

La conversation ne dura pas plus d'une minute, puis elle me tendit le récepteur.

— Faith, dit Peter, la voix fêlée par l'émotion et la fatigue. Faith ?

— Oui, mon amour ?

Je pleurais.

— Je reviens à la maison. Donne-moi quarante-huit heures.

— Bonne et heureuse année ! me lança mon kiosquier, deux jours plus tard.

— Et une excellente année à vous aussi ! répliquai-je en achetant un exemplaire du *Mail*.

— Vous avez pris un autre chien, alors ? demanda-t-il en pointant vers Jennifer Aniston.

— Non, je la garde pendant que sa maman est à l'hôpital.

— Aïe, j'espère que ce n'est rien de grave.

— Non, répondis-je. Ça va. D'un autre côté, ajoutai-je d'un air entendu, ça pourrait devenir sérieux.

— Elle sera longtemps à l'hôpital, alors ? s'enquit-il avec sollicitude.

— Aussi longtemps qu'elle le peut, répliquai-je.

L'homme me regarda d'un air interrogateur, mais je n'avais pas le temps d'expliquer. Le fait était que Lily refusait de quitter l'hôpital. J'avais deviné pourquoi.

— J'ai encore une espèce de... mal de tête, disait-elle au beau neurologue consultant, le Dr Walker, lorsque je suis allée la voir plus tard.

L'infirmière esquissa un sourire soupçonneux.

— Eh bien nous avons pratiqué tous les examens, Lily, répliqua le Dr Walker en vérifiant sa température. Vous n'avez eu qu'une méchante contusion, mais je pense que maintenant vous pouvez sortir.

— Oh non ! s'exclama-t-elle, légèrement paniquée. Je suis sûre que j'ai besoin d'être encore un peu observée. Je ne peux pas rester une nuit de plus ?

— Mais vous en avez déjà passé trois ici.

— S'il vous plaît !

— Eh bien... comme vous êtes dans un lit privé, pourquoi pas, concéda-t-il, mais demain il va falloir que vous rentriez chez vous.

— Mais si j'ai une rechute ? suggéra-t-elle, pleine d'espoir.

— Lily, tout va très bien aller.

— Mais j'ai peut-être subi des lésions cérébrales irréversibles, reprit-elle gaiement.

— C'est hautement improbable.

— Alors, est-ce que je peux revenir en consultation externe ? lança-t-elle, désespérée, tandis qu'il s'apprêtait à partir.

— Je ne crois pas que ce sera nécessaire.

— Mais j'aurai besoin d'examens réguliers, dit-elle tandis qu'il ouvrait les rideaux.

— D'accord, concéda-t-il, je vous reverrai une fois.

— Peut-être que vous pourriez m'examiner lors d'un dîner ? suggéra-t-elle. Chez-moi. C'est tout près de King's Road.

— Ah, dit-il en voyant soudain où elle voulait en venir. C'est assez tentant, mais je vais devoir y réfléchir... l'éthique médicale, tout ça. Au fait, reprit-il en indiquant le porte-chien Louis Vuitton que j'avais introduit avec moi à la demande de Lily. Je suis sûr que vous savez que les chiens ne sont pas autorisés.

Elle lui décocha un sourire contrit.

— Je sais, dit-elle en dé-zippant le sac. Mais elle ne fait que me rendre visite, par vrai ma chérie ? Elle m'aide à guérir, ajouta-t-elle en sortant Jennifer de son sac.

— Ma mère aussi a un shihtzu, fit remarquer le Dr Walker.

— Non ! s'exclama Lily, visiblement ravie.

— Elle a participé au concours de Crufts, d'ailleurs, ajouta-t-il.

— Vraiment ? ronronna-t-elle. Je pensais inscrire Jennifer. Son nom de pedigree est Fantasme Coquin. Son père était de la meilleure race. Vous ne trouvez pas qu'elle est adorable ? ajouta-t-elle avec enthousiasme tandis que Jennifer la dévisageait d'un œil trouble.

— Euh... oui, concéda-t-il avec réticence. Si on aime ce genre de chose. Mais je ne crois pas que vous la ferez concourir cette année, ajouta-t-il d'un air entendu, parce que vous êtes sûrement au courant qu'elle est enceinte.

Les mains superbement manucurées de Lily s'envolèrent vers sa bouche, puis elle fixa son chien, bouche bée.

— Ma mère les élevait, dans le temps, expliqua le Dr Walker. Alors j'en suis passablement certain.

Il palpa Jennifer, qui se roula sur le flanc avec obligeance. Le rideau de poils blonds écarté, nous pouvions nettement distinguer le renflement de son ventre.

— Elle va mettre bas dans un mois, à mon avis. Vous l'avez fait couvrir ?

— Oui, elle a une assurance vie complète.

— Non, je veux dire, vous l'avez fait s'accoupler ?

— Non ! Jennifer ! Comment as-tu pu ? Petite traînée ! (Elle se tourna vers moi.) Ça ne pourrait pas être Graham, non ?

— Ça ne risque pas.

— Alors ça a dû se passer quand elle a fait une fugue en décembre, expliqua-t-elle en roulant ses yeux immenses. Elle s'est rendue jusqu'au bout de King's Road. Oh oui, mademoiselle Jennifer Aniston ! dit-elle en agitant un index comminatoire, tu es visiblement allée jusqu'au bout. Dieu seul sait à quoi ils vont ressembler, reprit-elle avec une expression consternée. Je doute que Jennifer soit parvenue à se trouver l'équivalent canin de Brad Pitt. Mon Dieu, gémit-elle, ils vont être bâtards.

— Croisés, la corrigeai-je sèchement. Et il n'y a rien de mal à ça.

— Mais ils seront peut-être hideux, dit-elle. (J'observai un silence diplomatique.) Ce seront peut-être des chiens incroyablement *laids*, Faith. D'un autre côté..., reprit-elle, excitée, semblant entrevoir toutes les possibilités de la situation, je pourrais la mettre dans le magazine. Oui ! s'écria-t-elle, soudain impatiente, tendant la main pour saisir son téléphone portable. Je vois ça d'ici. Jennifer... nue et enceinte, sur la couverture de *Moi !* Si Demi Moore peut le faire, pourquoi pas Jennifer Aniston ? On pourrait programmer ça pour le numéro d'avril, ce serait un spécial chiens : on l'appellerait *Dogue*. Je vais prendre quelqu'un de vraiment super pour faire les photos !

Surexcitée, elle composa un numéro sur son téléphone.

— Allô, Polly ? Écoute, c'est Lily. Je veux que tu me réserves une séance avec John Swannell.

— Ne vous fatiguez pas trop, prévint le Dr Walker avec bienveillance. Je passerai vous voir après déjeuner, d'accord ?

— Oh oui ! fit-elle avec un sourire béat. Vous pouvez passer me voir *quand* vous voulez. Ah, Faith, soupira-t-elle tandis que le Dr Walker disparaissait, tu ne le trouves pas divin ?

J'acquiesçai. Il était certainement très séduisant, et il avait l'air plutôt gentil.

— Et dire, reprit-elle gaiement, que c'est parce que je suis tombée sur la tête que j'ai rencontré cet envoyé du ciel ! Bon, comment va Peter ? Comment ça se passe ?

— Il rentre à la maison demain.

— Tu as de la lingerie fine ? demanda-t-elle anxieusement.

— Je ne crois pas que j'en aurai besoin.

Le lendemain matin je bondis hors du lit à 3 h 30, pris ma douche, puis vaporisai mon sublime nouveau parfum *C'est la vie !* et arrivai au travail à 4 h 15, excitée et heureuse. Pas mal du tout, me dis-je joyeusement en étudiant les images satellite.

— Alors nous pouvons nous attendre à une journée *superbe*, annonçai-je, extatique, en commençant mon bulletin de 8 h 30.

— De quoi elle parle ? On se gèle.

— La température est en train de remonter gentiment.

— N'importe quoi... il fait moins deux !

— Bien qu'il y ait soixante pour cent de possibilités de pluie.

— Huit, sept...

— Mais un peu d'eau, qu'est-ce que ça peut bien faire ?

— Six, cinq...

— Et, de toute façon, ce qui est bien avec la pluie...

— Deux, un...

— C'est que sans elle, on n'aurait pas d'arcs-en-ciel, pas vrai ?

— Qu'est-ce qu'elle a fumé ce matin ?

— Alors habillez-vous chaudement, prenez un parapluie au cas où, et passez une très belle journée.

— Zéro.

— Merci, Faith, dit Terry tandis que Tatiana minaudait derrière lui sur le canapé. Quelle âme ensoleillée vous avez. (Je souris. Il se retourna vers le prompteur.) Et maintenant, la question importante, mais épineuse, du fluor dans l'eau du robinet. Les autorités locales devraient-elles être habilitées à contraindre les fournisseurs d'eau potable à ajouter ce produit chimique controversé à nos koalas libéraux Clinton ourlets... (Terry s'arrêta et cligna des yeux vers la caméra, dans la confusion la plus totale.) Privatisation neurosciences blaireaux mobiles... petits oiseaux..., tenta-t-il à nouveau de déchiffrer.

Puis il s'arrêta, cherchant en vain un sens quelconque au bizarre agglomérat de mots qui se déroulait sur l'écran.

— Taille des seins, reprit-il lentement en

passant un doigt sous son col de chemise. Confidentialité des informations fiscales, Livingstone, trottoir, spray fixatif...

Je le fixai tandis qu'il se tortillait inconfortablement sur son canapé pastel, le visage écarlate.

— Putain, qu'est-ce qui se passe ? entendis-je Darryl siffler dans mon oreillette. Qu'est-ce que tu fous, Lisa ?

— Mamie rose hélicoptère seau d'eau feuilleton...

— Ce n'est pas ma faute, couina-t-elle. On dirait que les textes se sont mélangés.

Je cessai de prêter attention au chaos de la régie pour me tourner vers Tatiana. Elle arborait un drôle de petit sourire.

— Oh là là, Terry, l'interrompit-elle d'une voix apaisante. Vous semblez avoir des problèmes.

— Eh bien, je...

— À votre âge, c'est probablement vos yeux, dit-elle, pleine de fausse sollicitude. Vous devriez vraiment vous faire examiner la vue. Mais maintenant, passons directement à notre sujet suivant, chers téléspectateurs, et à une nouvelle approche radicale des transports publics. Le maire de Londres, Ken Livingstone, va maintenant nous rejoindre, pour discuter de nouvelles manières de financer le métro. Bonjour, Ken, dit-elle avec un sourire patelin. Bienvenue sur *AM-UK !*

Je grimpai jusqu'à mon bureau pour appeler Sophie.

— Tu as vu Terry, haletai-je.

— Oui ! gloussa-t-elle. C'est à mourir de rire ! J'ai eu *presque* pitié de lui, ajouta-t-elle. Mais tu as vu le *Daily Mail* ?

— Non. Qu'est-ce qu'il y a ?

— Moi !

Je saisis un exemplaire sur le bureau du planning, le feuilletai rapidement et découvris une énorme photo de Sophie, dans un tailleur pantalon élégant, sous le titre « LE CHOIX DE DYKE ! » *Sophie Walsh, récemment congédiée de* AM-UK ! *après des révélations sur sa vie privée, a été engagée par la BBC, pour un contrat d'une valeur de 200 000 livres. Le directeur général Greg Dyke a lui-même proposé à l'animatrice, lesbienne avouée, d'animer une nouvelle version télévisée du* Dédale Moral *sur la BBC1*.

— Sophie ! m'exclamai-je. Tu es une star !

— Tu m'as aidée, Faith, dit-elle.

— Non, disons que Terry et Tatiana t'ont donné un coup de pouce.

— Oui. On peut dire ça. Plus de mamies médiums, ajouta-t-elle gaiement. Plus de chats en rollers. Plus de prompteurs bidouillés, et plus de réveils à 3 heures du matin. Et, tu sais ? Ma sœur a dénoncé Jos à l'Agence de protection de l'enfance.

— Hourra !

— Et toi, Faith ? Ça va ? Je t'ai trouvée rayonnante tout à l'heure.

Je fis tourner mon alliance sur mon doigt.

— C'est vrai, je suis terriblement heureuse.

Peter et moi n'avions pas dit aux enfants qu'il revenait vivre avec nous. Nous voulions leur en faire la surprise. Mes parents les avaient emmenés à la montagne pour une semaine ; lorsqu'ils rentreraient, ils le trouveraient à la maison. Alors le 5 janvier, je me suis installée dans le salon avec Graham pour attendre l'arrivée de Peter. Il y avait une bouteille de champagne au frais dans le frigo, avec les ingrédients d'un risotto aux fruits de mer – son plat préféré. J'étais en train de signer une carte de vœux parsemée de petits cœurs pour notre anniversaire de mariage le lendemain. Nous étions le 6, jour de l'Épiphanie : il fallait enlever les décorations de Noël. Nous avions eu suffisamment de malchance l'an passé, et je ne voulais pas courir le risque d'en attirer encore.

Alors, en attendant Peter, je descendis la fée du sommet de l'arbre. Puis je me mis à dérouler les guirlandes et à décrocher les boules et les étoiles. Soudain, Graham courut en aboyant vers la porte et j'entendis le déclic de la serrure.

— Peter ! (Mes bras entourèrent son cou et les siens enlacèrent ma taille.) Peter ! répétai-je tandis que Graham sautait, couinant de bonheur, pour lui lécher l'oreille. Ah, Peter !

Il posa sa valise, retira son manteau, saisit ma main et me conduisit à l'étage.

— Ah, Faith, dit-il tandis que nos membres s'entremêlaient dans le silence de la chambre, à la lueur des chandelles. Ah, Faith, Faith ! Nous avons failli tout gâcher.

— Je sais.

— Nous nous sommes mis dans une telle... embrouille.

— Oui, dis-je en lui caressant les cheveux, c'est vrai, mais tout va bien maintenant.

Nous sommes restés longtemps allongés. Graham avait sauté sur le lit et s'était étendu, en extase, entre nous deux, sa tête posée sur ses pattes.

— Je t'aime, dis-je en caressant ses oreilles soyeuses.

— Je t'aime aussi, dit Peter.

— Papa et maman t'aiment *tous les deux*, conclus-je.

Graham poussa un soupir de satisfaction. Nous nous sommes habillés et sommes descendus. Peter a ouvert la bouteille de champagne. J'ai commencé à préparer le risotto, et pendant que je touillais le riz, nous avons discuté des événements des derniers jours.

— Tu as fait arrêter le jugement définitif, non ? me demanda-t-il.

— Bien sûr. J'ai téléphoné à Rory Cheetham-Stabb avant-hier et laissé un message sur son répondeur.

— Et qu'est-ce qui se passe avec le jugement provisoire ?

— Rien. Mais nous pouvons simplement écrire au tribunal pour leur demander d'annuler notre demande.

— Oliver a quitté Fenton & Friend, annonça Peter en mettant la table.

— Quel soulagement !

— C'est vrai. Bien que je lui aie reproché plus qu'il n'en avait fait. Je croyais que cette vilaine petite campagne d'intox était de lui, parce qu'il avait eu vent de mes projets de rachat. Je n'aurais jamais deviné que ce pouvait être Lily. J'étais persuadé qu'elle ne ferait jamais rien qui puisse te nuire.

— Ah, mais elle s'était convaincue que tu étais l'Antéchrist, mon chéri, et que ce qu'elle faisait était pour mon bien. Elle s'était mis dans la tête que je méritais d'être libérée de ma vie plan-plan de banlieusarde avec toi.

— Pendant un moment, tu t'en es effectivement libérée.

— Oui, mais ensuite j'ai voulu qu'on me la rende. J'adore être une banlieusarde plan-plan, ajoutai-je en l'embrassant, si je peux être banlieusarde et plan-plan avec toi. Tu pardonnes à Lily ?

— Oui, dit-il, pensif. Je pardonne. Elle m'a juré qu'elle était sincèrement désolée, alors ça me suffit.

— Mais Andie ? repris-je en versant du bouillon dans la poêle. Elle a fait une scène ?

— Non. Elle n'était pas en position de faire une scène, parce qu'elle savait que la partie était terminée.

— Elle a vraiment été enceinte ?

— Non, mais elle a cru qu'elle l'était. Elle avait un retard de deux mois, alors elle était fermement persuadée d'attendre un bébé. Elle ne m'a pas vraiment menti... c'était une grossesse nerveuse, j'imagine.

— Mais je croyais qu'elle avait fait un test.

— Oui, mais elle était tellement excitée à l'idée d'être enceinte qu'elle n'a pas lu correctement la notice. Elle s'est trompée. Et quand, en décembre, elle s'est rendu compte qu'elle n'était pas enceinte, elle n'a pas trouvé le courage de m'apprendre la vérité. Je l'aurais découvert assez tôt, alors la révélation de Lily n'a fait qu'accélérer les choses.

Le risotto était prêt, nous avions bu le champagne et nous nous sentions légèrement ivres, et très détendus. Peter lava la salade et prépara une vinaigrette, et nous avons ouvert une bouteille de bon sancerre. Tout en mangeant et en bavardant, je contemplai le visage de Peter dans la lueur vacillante des bougies en me disant, je t'aime *tellement*. Je n'aimerai jamais aucun homme autant que toi. J'ai failli te perdre, mais maintenant tu es revenu.

— Nous allons déménager, annonça Peter. Tu veux bien ?

— Oui. Bonne idée !

— Pour marquer un nouveau début.

— Mmm.

— C'est un nouveau chapitre qui commence, Faith. Ceci est notre *vrai* nouveau début.

— Et notre dénouement heureux.

— Je crois que oui. Ah, Faith, nous avons tellement, tellement de chance, ajouta-t-il en posant sa fourchette. Enfin, mon Dieu, je l'ai échappé belle.

— Ça, c'est bien vrai, soufflai-je.

— Je ne voulais pas avoir à me conduire comme un gentleman une deuxième fois, s'exclama-t-il avec un rire bon enfant.

— Pardon ?

— Je ne voulais pas avoir à me conduire comme un gentleman une deuxième fois, répéta-t-il. Avec Andie.

— Qu'est-ce que tu veux dire, *une deuxième fois* ?

Il me regarda sans comprendre.

— Mais Faith, tu le sais très bien.

— Non, dis-je posément. Je ne sais pas.

— Mais si, insista-t-il. (Je sentis mon cœur se serrer.) Écoute, ça ne me fait plus rien maintenant, ma chérie, mais comme tu le sais, je me suis déjà conduit en gentleman quand j'avais vingt ans. Je ne voulais pas le faire une seconde fois.

— Qu'est-ce que tu insinues ? dis-je en sentant le sang me monter au visage.

— Je n'insinue rien. J'affirme.

— Quoi ?

— Faith ! dit-il d'une voix lasse. On en a tellement bavé. Si on faisait une trêve ?

— Non, insistai-je en tripotant mon verre. Tu viens d'insinuer que quelque chose de... pas bien s'était passé.

— Écoute, ma chérie. Nous savons toi et moi que tu étais enceinte quand nous nous sommes mariés. Mais, à vrai dire, je m'en fous. Nous avons réussi notre couple, et nous avons été heureux, alors laissons les choses comme elles sont.

— Ça, il n'en est pas question. Je trouve que ta remarque n'est pas particulièrement galante.

— Eh bien, je suis désolée, mais c'est un fait.

— Nous nous sommes mariés parce que nous étions amoureux, Peter.

— Oui, fit-il d'une voix lasse. C'est vrai. Mais la raison principale pour laquelle nous nous sommes mariés, si tu veux bien t'en souvenir, c'est parce que tu étais enceinte de trois mois. Alors, maintenant, je t'en prie, changeons de sujet, parce que ma petite plaisanterie s'est manifestement retournée contre moi.

— Alors c'était une plaisanterie, c'est ça ? Eh bien, comme l'a dit Freud « les plaisanteries n'en sont jamais vraiment », Peter. Et maintenant c'est clair comme de l'eau de roche : tu m'en as voulu pendant des années.

— Évidemment, je ne prévoyais pas de me marier à vingt ans, Faith, mais je n'allais pas te laisser tomber.

— Ah, c'est *très* aimable de ta part. Et j'imagine que je devrais t'être reconnaissante ?

— Non, ce n'est pas ce que j'ai dit.

— Eh bien, je n'aime pas du tout que tu en parles en laissant entendre que je t'ai piégé, et que tu n'as fait que te comporter en gentleman, même si c'est le cas, parce que je ne pense pas qu'il soit nécessaire d'en parler, surtout aujourd'hui, après avoir passé une année aussi difficile, quand tout s'annonçait si bien.

— Mais ça s'annonce *toujours* bien !

— Manifestement, tu m'en veux, rien que parce que je n'ai pas pris la pilule, parce que ça me rendait malade. J'ai fait des sacrifices, moi aussi, tu sais, y compris ne pas terminer mes études, élever les enfants, ne pas avoir beaucoup d'argent, et je ne sais pas pourquoi tu en parles après tant d'années.

— J'imagine que la pseudo-grossesse d'Andie m'a fait revivre tout ça.

— Je suis très offensée par ce que tu me dis là, Peter. Après tout, ce sont des choses qui arrivent, elles arrivent tous les jours de l'année, et je ne l'ai pas fait délibérément. Tu as eu tort de me dire quelque chose d'aussi blessant.

— Alors laisse tomber, d'accord ? fit-il en débarrassant la table. Je ne m'étais pas rendu compte que je touchais un point sensible.

— Bien sûr que tu as atteint un point sensible, parce que tu es en train de m'accuser d'être sournoise et menteuse et d'essayer de te piéger, et peut-être, oui... Peut-être que c'est pour ça que tu as eu ton aventure, pour me punir, parce que tu m'en as voulu secrètement pendant toutes ces années. Mais, comme tu le sais *parfaitement*, Peter, il faut deux personnes pour danser le tango et ce n'était pas précisément une immaculée conception, alors ça ne me plaît vraiment pas que tu parles comme ça, parce que moi aussi, j'en ai beaucoup bavé.

— Peut-être que c'est *toi* qui rêvais d'une aventure, dit-il. Ou peut-être qu'on en avait envie tous les deux. (Je le regardai fixement. Puis je détournai les yeux.) Peut-être que nous avions tous les deux envie d'un petit changement, l'entendis-je dire. Ce n'est pas ce que tu voulais aussi, Faith ?

— Oui, fis-je d'une voix étranglée. C'est vrai, murmurai-je. Je me demandais depuis longtemps, et *si*... ?

— Moi aussi. Et nous l'avons appris. Mais « et si ? » ne nous a pas rendus heureux, pas vrai ?

— Non. Pas heureux du tout.

— Et sommes-nous heureux, maintenant ?

Ma colère s'était évanouie.

— Oh oui ! dis-je, les larmes dans la voix. Nous le sommes. Je suis si heureuse, ajoutai-je tandis qu'il m'attirait vers lui.

— Moi aussi. Je suis heureux, parce que j'ai ma Faith. Alors s'il te plaît, veux-tu arrêter d'être de mauvais poil, chérie ? (Je hochai la tête.) Parce que nous sommes de nouveau ensemble. Nous sommes de nouveau ensemble, répéta-t-il en m'enlaçant. Pas pour toujours, ajouta-t-il. (Je le regardai.) Mais de façon permanente. Tu sais, peut-être que, bizarrement, Lily nous a rendu un service, ajouta-t-il en me serrant contre lui.

— Oui, souris-je. Peut-être bien que oui.

À 3 h 30, le lendemain matin, le réveil bipa deux fois et je me glissai hors du lit ; Peter gémit doucement, puis se retourna. C'est comme si rien n'avait changé, me dis-je en contemplant sa silhouette endormie. Comme si l'année qui venait de passer n'était qu'un mauvais rêve. Aujourd'hui, c'est notre anniversaire de mariage, songeai-je en me douchant et m'habillant. Aujourd'hui, nous sommes mariés depuis seize ans. Je laissai la carte de vœux sur mon oreiller pour qu'il la trouve en s'éveillant, puis serrai Graham contre moi avant de descendre prendre mon taxi.

En arrivant au bureau je souris gaiement à mes collègues penchés sur leurs terminaux. Je pris mon double espresso, comme d'habitude, puis j'allumai mon ordinateur, avec son économiseur d'écran en arc-en-ciel. Ce qu'il y a de bien avec les arcs-en-ciel, songeai-je soudain, c'est qu'on ne les aperçoit que quand le soleil est revenu. Je suis de nouveau heureuse, me dis-je en feuilletant les journaux.

Je jetai un coup d'œil à la une du *Times* qui, à mon grand étonnement, comportait un petit article sur Lily. *Le nouveau* Moi ! *amélioré*, annonçait-on. *Lily Jago, directrice de la rédaction de* Moi ! *a appelé tous les magazines féminins à faire imprimer leur couverture sur papier mat, après l'accident qui a failli lui coûter la vie la semaine dernière, lorsqu'elle a glissé sur un exemplaire de* Vogue. « Moi ! *inaugurera ce principe de couvertures anti-glissades », déclare-t-elle. À compter du mois prochain*, Moi ! *sera le premier mensuel sur papier déglacé, sans rien perdre de son éclat naturel.* » Je souris, puis tournai la page. Je me retrouvai nez à nez avec une photo de mon avocat. *Une star du barreau attaquée en justice*. Je parcourus l'article. *Rory Cheetham-Stabb... réputation de Doberman... accusé de faute professionnelle*. Quoi ? Mais qu'est-ce qu'il avait bien pu faire ? *Il aurait, semble-t-il, eu des relations sexuelles avec plusieurs de ses clientes*. Seigneur. *William Thompson a porté plainte auprès du Barreau, affirmant que la liaison de Stabb avec sa femme était une chose, mais que de facturer les heures qu'il passait au lit avec elle en était une autre*. Je feuilletai les autres journaux – les tabloïds s'étaient déchaînés. « LE CHOC : L'AVOCAT BAISAIT SES CLIENTES ! » annonçait ironiquement le *Sun*, tandis que M. Thompson déclarait que, puisqu'il payait la note du divorce, il n'avait pas envie d'être « baisé deux fois ». Il devait y avoir une audition à la société des avocats aujourd'hui, expliquait le journal. Je plaignais Cheetham-Stabb, mais d'un autre côté je n'étais pas étonnée. Pourquoi, sinon, nous aurait-il toutes considérées comme « ses femmes » ?

Lorsque, plus tard, je me levai à l'heure du déjeuner, je téléphonai à Peter. Il avait vu l'article.

— Pauvre gars, dit-il. Il t'a fait des avances ?

— Je suis désolée de t'apprendre que non.

— Ah, comme c'est décevant, ma chérie ! Au fait, Faith, tu es bien sûre qu'il avait définitivement annulé sa demande pour un jugement définitif ?

— Je suis certaine qu'il l'aura fait. Il est très efficace.

— Peut-être bien, mais je crois que tu devrais appeler son assistante pour vérifier.

— D'accord. Je vais le faire tout de suite.

Je descendis pour appeler la secrétaire de Rory Cheetham-Stabb, qui me précisa qu'il était sorti.

— Il a une journée... très chargée, expliqua-t-elle avec tact.

— Vous voyez, je voudrais simplement vérifier que M. Cheetham-Stabb a bien fait annuler ma demande de jugement définitif, comme je le lui avais demandé.

— Je suis certaine qu'il l'a fait, assura-t-elle, mais la seule personne qui puisse vous le confirmer est M. Blake, et il ne sera de retour qu'à 14 h 30.

Alors je décidai d'aller me promener avec Graham, puis je fis le ménage. Je rangeai les vêtements de Peter dans notre penderie, et suspendis son manteau dans l'entrée. Je remplis le lave-vaisselle et versai les dernières gouttes de la provision d'un an de liquide de rinçage que j'avais gagnée l'année d'avant. Puis je sortis notre photo de mariage d'un tiroir, la nettoyai, et la replaçai à son ancien emplacement. Et je décidai de faire réparer le ravissant miroir en forme de soleil offert par Lily. Car le soleil était revenu dans nos vies. Il brillait de nouveau pour nous. À 14 h 30 précises, j'appelai M. Blake.

— Vous savez, je me suis réconciliée avec mon mari, expliquai-je. Alors il y a trois jours, j'ai laissé un message à M. Cheetham-Stabb pour lui demander d'annuler la demande de jugement définitif qui, je l'imagine, passera bientôt.

— Laissez-moi vérifier... Votre jugement provisoire a été prononcé le 22 novembre, alors six semaines et un jour à partir de cette date – plus trois jours fériés – cela nous amène au... 6 janvier.

— Le 6 janvier ? répétai-je. Mais c'est aujourd'hui !

— Euh oui, dit-il. C'est exact.

— Eh bien alors, je dois vraiment m'assurer que M. Cheetham-Stabb a fait annuler le jugement définitif. C'est pour ça que je vous appelle.

J'entendis un froissement de papiers tandis que M. Blake parcourait ses dossiers.

— À vrai dire, je ne trouve aucune note précisant qu'il l'ait fait. D'ailleurs, en regardant ces documents je suis presque certain qu'il ne l'a pas fait.

— Quoi ?

— La réponse est non.

— Il ne l'a pas fait ?

— Hélas non, madame Smith.

— Mais je ne comprends pas. J'ai laissé un message sur son répondeur il y a trois jours l'instruisant d'annuler la demande immédiatement.

— Eh bien je suis tout à fait désolé, madame Smith, mais on dirait qu'il ne l'a pas fait. C'est très, très inhabituel que l'on annule une demande de jugement définitif, et, de toute façon, M. Cheetham-Stabb est très pris en ce moment.

— Oui. Je suis au courant. Mais c'est incroyablement important, ajoutai-je. Mon mari et moi ne voulons plus divorcer !

— Vous m'en voyez confus, répéta-t-il tandis que je commençais à paniquer. Mais la demande est déjà passée. Elle a été transmise au tribunal ce matin.

— Alors nous devons l'arrêter.

— C'est impossible. Vous comprenez, ils les traitent très rapidement. J'ai bien peur que votre divorce ne soit déclaré définitif d'ici la fin de la journée.

— Mais je ne veux *pas* ! m'écrirai-je, désespérée. Je ne veux pas divorcer !

— Madame, j'ai le regret de vous apprendre qu'il est trop tard.

— Trop tard ? Non. C'est impossible. Laissez-moi vous dire, monsieur Blake, que je suis mariée depuis des années, et que je compte le rester.

— Ce n'est pas dc la mauvaise volonté, madame Smith, mais il n'y a absolument rien à faire.

— Mais je...

— Je suis navré, madame Smith, vraiment. Vous allez devoir en parler avec M. Cheetham-Stabb, lorsqu'il sera de retour. Mais là, voyez-vous, je dois entrer en réunion maintenant.

J'agrippais toujours le combiné quand il raccrocha, fixant le vide d'un œil affolé. Mon Dieu ! Nous ne voulions plus divorcer. Nous voulions rester mariés jusqu'à la fin de nos jours. J'appelai Peter et lui appris la nouvelle.

— Merde ! dit-il. C'est une catastrophe ! Moi aussi, je vais poursuivre Cheetham-Stabb pour faute professionnelle.

— Mais qu'est-ce qu'on va faire, Peter ? Notre divorce est prononcé aujourd'hui !

— Appelle Karen. Pose-lui la question. Elle nous a toujours donné de bons conseils.

Alors j'ai appelé.

— Quelle horreur ! s'exclama Karen. Cheetham-Stabb aurait dû s'en occuper tout de suite. Surtout dans la mesure où il savait que le jugement définitif était imminent.

— M. Blake affirme que nous ne pouvons rien faire, expliquai-je, les yeux picotant de larmes.

Je contemplai notre photo de mariage. Les minutes s'écoulaient inexorablement.

— Il y a une chose que tu peux essayer de faire, en dernier recours. Tu peux aller à la First Avenue House.

— Qu'est-ce que c'est ?

— C'est l'immeuble qui abrite le registre principal où tous les documents de divorce sont visés. Il y a peu de chances pour que ça réussisse..., mais d'un autre côté tu n'as rien à perdre. C'est au 42 High Holborn Street. Vas-y tout de suite, demande à l'un des fonctionnaires de sortir ton dossier et, avec un peu de chance, il n'aura pas encore été visé. Mais tu vas devoir te dépêcher, parce que ça ferme à 16 h 30.

Je regardai l'horloge. Mon Dieu, mon *Dieu*, il était déjà 14 h 55. Je la remerciai et rappelai Peter.

— Tu peux y aller maintenant ? lui demandai-je.

— Non, j'ai une réunion de 15 à 16 heures.

— Tu vas devoir l'annuler, c'est urgent.

— Impossible. C'est avec le président, Jack Price. Mais je peux partir tout de suite après. Faith, il vaut mieux que tu prennes un taxi.

— Je ne veux pas courir le risque d'être coincée dans des embouteillages, je vais prendre le métro. Rendez-vous à la station de Chancery Lane à 16 h 10.

Je sortis en courant de la maison, chargée d'adrénaline et excédée. Heureusement, un train arriva deux minutes après. Mais, chaque fois qu'il s'arrêtait au milieu d'un tunnel, je paniquais en regardant ma montre. À 15 h 40, j'étais à Victoria, à 15 h 50, à Oxford Circus. Mais j'avais oublié à quel point la correspondance de Victoria à la Central Line était longue. Et bien sûr la foule était compacte et, bien entendu, les escalators étaient en panne.

Il était déjà 16 h 15 quand j'arrivai à la station de Chancery Lane. Peter m'attendait, affolé.

— Allez ! dit-il. Je crois que c'est par là.

Nous avons pris à gauche et sommes passés devant l'immeuble de brique rouge de la Prudential en direction de l'église St. Giles. Je ne trouvais le numéro 42 nulle part... il faisait presque noir. Puis je repérai le 236.

— Peter, on se plante ! On va dans la mauvaise direction !

Nous sommes revenus en courant à la station. Nous sommes passés devant United House, puis Rymans, et l'entrée en arche de Gray's Inn. Après avoir trouvé Alliance House, nous n'arrivions toujours pas à repérer le numéro 42. Brusquement, nous nous sommes arrêtés... Peut-être était-ce de l'autre côté de la rue ?

— Excusez-moi...

Je me retournai. Une vieille dame me regardait d'un air interrogateur. Elle devait avoir plus de quatre-vingts ans. Elle était minuscule, légèrement voûtée, avec des cheveux blancs et me dévisageait avec un sourire un peu embarrassé.

— Excusez-moi, répéta-t-elle. Mais est-ce que je ne vous connais pas ?

— Non, je...

— Vous me semblez si familière. Je suis *sûre* de vous connaître.

— Non, honnêtement, vous ne me connaissez pas... En fait, je suis vraiment pressée, voyez-vous.

— Ça y est ! s'exclama-t-elle doucement. Vous êtes la fille de la télé. (Je soupirai et hochai la tête.) Eh bien, je voulais vous dire...

Je me préparai à entendre à quel point j'étais nulle, comme l'autre fois, quand ce mec m'avait reconnue au supermarché.

— Je voulais vous dire à quel point je vous apprécie, reprit-elle. Vous éclairez vraiment ma journée. Oui, vous éclairez vraiment ma journée, répéta-t-elle joyeusement en posant sa main frêle sur mon bras.

Je la regardai ; sous la peau fine comme du papier on percevait le delta des veines bleues.

— Oui, répéta-t-elle béatement, vos charmantes prévisions météo me remontent vraiment le moral.

— Eh bien, c'est terriblement gentil à vous, dis-je, mais hélas, je n'ai pas le temps de bavarder, parce que...

— Vous savez, vous m'avez tout particulièrement remonté le moral récemment parce que mon mari est mort il y a un mois.

— Ah.

— Nous sommes navrés, dit Peter. C'est très triste.

— Oui, ça a été triste. Ça a été triste, et... (Soudain, des larmes lui perlèrent aux paupières.) Nous avons été mariés pendant soixante ans, expliqua-t-elle. Nous nous sommes mariés à vingt ans, vous voyez. Ce n'est pas comme aujourd'hui. (Elle sortit un mouchoir en papier de sa poche.) Tout le monde se marie si tard. Soixante ans, répéta-t-elle avec nostalgie en pressant le mouchoir sur ses yeux.

— C'est merveilleux, dis-je, mais nous...

— Et vous savez quel est le secret ? (Je secouai la tête.) C'est l'amour. J'ai toujours dit à mon mari à quel point je l'aimais. Tous les jours, je lui disais : « Je t'aime, Harry. Je t'aimerai toujours. » Vous savez, je l'ai toujours aimé. J'espère que je ne vous ennuie pas en vous racontant tout ça. C'est simplement parce que j'ai l'impression de vous connaître, d'une certaine manière...

— Mais non, ça ne m'ennuie pas du tout, fis-je tandis que ma gorge se serrait. Et je suis désolée pour vous, mais enfin, il faut que...

— Vous êtes mariés tous les deux ?

— Oui, dit Peter.

Elle hocha la tête.

— C'est bien ce que je pensais. Vous avez l'air amoureux.

— Nous le sommes, assura Peter. Mais, vous comprenez, nous devons nous presser si nous voulons arriver à First Avenue House avant 16 h 30, sinon nous allons divorcer... Alors je ne veux pas que vous nous croyiez grossiers, mais hélas nous devons y aller.

— Ah, je comprends ! Je ne vous retiens pas, mes enfants. Bonne chance, ajouta-t-elle. Ça a éclairé ma journée. De vous rencontrer. J'espère que vous passerez soixante ans ensemble, vous aussi.

Nous descendîmes la rue au pas de course, et, enfin – enfin ! – nous aperçumes l'édifice.

— C'est *là* ! hurlai-je. C'est là.

À ce moment précis, deux sonneries puissantes retentirent. Nous nous sommes approchés, comme pour aller sur l'échafaud, conscients que la demi-heure avait sonné. Nous sommes restés un long moment plantés devant la First Avenue House. Les grandes portes en chêne étaient fermées à double tour.

— Nous les avons ratés, murmurai-je. (Peter hocha la tête.) Nous sommes arrivés trop tard, Peter. Nous sommes *divorcés. Nous* sommes divorcés, répétai-je en secouant la tête. Nous ne l'avons jamais voulu !

— Non.

— Nous sommes divorcés, répétai-je, en larmes, pleine de désespoir impuissant.

Peter me regarda ; il était blême.

— Et merde ! marmonna-t-il.

Une dépression sans fond nous happa tandis que nous tournions les talons et revenions à notre point de départ. Le silence nous étreignit un instant. Puis Peter fouilla dans sa poche et en tira une enveloppe rouge.

— C'est une carte d'anniversaire. Peut-être qu'elle n'est plus appropriée, maintenant. Nous sommes divorcés, ajouta-t-il, comme s'il n'arrivait pas à y croire. Mais, d'un autre côté, reprit-il en me passant un bras autour des épaules, d'un autre côté, nous n'allons pas nous séparer. Oui, nous sommes peut-être techniquement divorcés, Faith, mais nous sommes toujours ensemble.

— Ça, oui. C'est vrai.

— D’ailleurs, nous n’avons jamais été plus proches, pas vrai ?

— Oui, tu as raison.

— Et puis, c’est quoi, le mariage, finalement ? ajouta-t-il, ragaillardi, Sinon un bout de papier ?

— Bien sûr.

— Plein de gens vivent ensemble sans être mariés.

— C’est vrai.

— Alors nous pouvons être concubins, n’est-ce pas, ma chérie ?

— Oui, reniflai-je, on peut.

À présent, je commençais à retrouver le sourire. Au-dessus de nous, brillant dans un ciel noir d’encre, était accrochée une lune argentée, parfaitement ronde. Quelle était la prédiction de l’horoscope de Lily ? Qu’au moment de la pleine lune, le 6 janvier, je découvrirais pourquoi une personne m’attirait durablement. Et cette liseuse de doigts de pied m’avait dit que je divorcerais sûrement. Maintenant c’était fait.

— Nous allons vivre ensemble, ma chérie..., répéta Peter en me prenant par la taille. Mais, Faith, sais-tu ce qu’on pourrait faire ?

— Non.

— Allez, c’est évident. Nous pourrions nous remarier !

— Mmm.

— Enfin, Élizabeth Taylor l’a bien fait, pas vrai ? Pourquoi ne pas épouser son ex ? Pourquoi ne le fait-on pas, ma chérie ? Un petit saut à la mairie ? Ou préférerais-tu te remarier à l’église ?

— Eh bien...

— Ah, non, on ne peut pas, ajouta-t-il. J'oubliais. Les catholiques n'ont pas le droit de se remarier à l'église s'ils sont divorcés. D'un autre côté, ils feraient peut-être une exception pour nous, puisque nous sommes divorcés l'un de l'autre et que nous nous remarions. Tu veux qu'on voie ce qu'on peut faire, chérie ? Je pourrais écrire au pape.

— Mmm...

— Ce serait plutôt chouette de faire un autre mariage, tu ne trouves pas ? reprit-il. Décidément, l'idée me plaît. Tu crois que Lily voudra bien être demoiselle d'honneur à nouveau ? Et qu'est-ce que je devrais porter ? Graham pourrait être placier. Il a quelque chose d'un chien de berger, alors il devrait se débrouiller pour rassembler son monde. Il pourrait porter un joli ruban blanc dans son collier... Oui, ce serait parfait ! Et on pourrait organiser une réception vraiment chic, cette fois, dans un hôtel de luxe. Avec un groupe de jazz, poursuivit-il, rêveur. Et du vrai champagne, évidemment. Et le mieux, c'est qu'on recevrait plein de cadeaux. Oui, Faith, on pourrait se faire une belle fête. Ça ne te plairait pas ? Un vrai beau mariage ? Et, bien sûr, une lune de miel sublime. Allez, ma chérie, tu ne dis rien, dis-moi ce que tu penses.

Je levai la tête vers lui en souriant.

— Peter, dis-je. Tout ça me paraît très bien. Et je suis très flattée, bien sûr. Mais tu ne trouves pas ça un peu, tu sais, prématuré ?

— Prématuré ?

— Oui, parce que vraiment, je ne crois pas qu'on devrait se précipiter, chéri. Après tout – le mariage, c'est une étape *très* importante !

Remerciements

Une fois de plus, j'ai une énorme dette de gratitude envers mon agent, Clare Conville et mon éditrice, Rachel Hore. Pour les informations sur les prévisions météorologiques, j'aimerais remercier Helen Young, Sarah Wilmshurst, Andrea McLean et Tanya James. Pour m'avoir initiée aux émissions de la télévision matinale, je suis reconnaissante à Andrew Thompson et Michael Metcalfe ; pour avoir partagé avec moi quelques secrets des maquilleurs professionnels, j'aimerais remercier Judy Thonger et Marilyn Widdess. Pour leurs éclaircissements sur les mécanismes du divorce, je suis reconnaissante à Sarah Anticoni et Emma Arkell. Pour les dessous de la vie de détective privé, j'aimerais remercier Ian Terry et Annie Sinclair. J'ai une dette immense envers Colin Maxwell de la Royal Opera House, ainsi que Emily Stubbs de Wigmore Hall. Je suis très reconnaissante à ma mère, Ursula, pour ses souvenirs de ses années de couventine ; et pour leurs nombreux et précieux témoignages sur les émotions, j'aimerais remercier Catherine O'Sullivan, Kate Williams, Eleana Haworth, Amanda Denning et Jane Cole. Merci aussi à Lucy Ferguson pour sa relecture rigoureuse. Et, une fois de plus, je suis reconnaissante à mon père, Paul, et à Louise Clairmonte pour leur relecture du manuscrit et pour leurs commentaires éclairés tout au long de l'écriture. De plus, j'aimerais remercier tout le monde au Battersea Dogs' Home, Marian Covington à l'hôpital Chelsea and Westminster, Hester Lacey au quotidien *The Independent* et Helen Pug au Painswick Hotel. Je suis aussi reconnaissante à Peta Heskell de m'avoir enseigné l'art du flirt, à Patrick Harris pour ses conseils musicaux, à Julien Hofer pour m'avoir renseignée sur les jeux informatiques et à Jonathan Dicker pour ses informations sur le boursicotage sur Internet. Chez HarperCollins, j'aimerais remercier, enfin, tout le monde – mais surtout Fiona McIntosh, Yvette Cowles, Amanda McElvie, Anne O'Brien et Jennifer Parr, qui ont rendu ce travail si divertissant.

Une gentille petite ?

(Pocket n° 11090)

Si tous, parents, amis, collègues, s'accordent à dire que Minty Malone est une perle, elle fait aussi souvent figure de "bonne poire" auprès de ceux qui n'hésitent plus à abuser de sa gentillesse. Pourtant, le jour de son mariage, lorsque devant l'autel et quelque 280 invités, son fiancé répond "non" à la question rituelle, elle décide de donner à sa vie un nouveau tournant : à son tour, Minty Malone va apprendre à dire non.

Photocomposition Nord Compo
59650 Villeneuve-d'Ascq

Impression réalisée sur Presse Offset par

BRODARD & TAUPIN

GROUPE CPI

16322 – La Flèche (Sarthe), le 16-12-2002
Dépôt légal : décembre 2002

POCKET – 12, avenue d'Italie - 75627 Paris cedex 13
Tél. : 01.44.16.05.00

Imprimé en France